Hans-Georg Herrlitz, Wulf Hopf, Hartmut Titze
Deutsche Schulgeschichte
von 1800 bis zur Gegenwart

Hans-Georg Herrlitz, Wulf Hopf, Hartmut Titze

Deutsche Schulgeschichte von 1800 bis zur Gegenwart

Eine Einführung

Mit einem Kapitel über die DDR
von Ernst Cloer

2., ergänzte Auflage 1998

Juventa Verlag Weinheim und München

Die Autoren
Hans-Georg Herrlitz, Jg. 1934, Dr. phil., ist Professor für Pädagogik an der Universität Göttingen.
Wulf Hopf, Jg. 1944, Dr. rer. pol., ist Professor für Bildungssoziologie an der Universität Göttingen.
Hartmut Titze, Jg. 1944, Dr. phil., ist Professor für Allgemeine Pädagogik an der Universität Lüneburg.
Ernst Cloer, Jg. 1939, Dr. phil., ist Professor für Allgemeine Pädagogik an der Universität Hildesheim.

Die Deutsche Bibliothek – CIP-Einheitsaufnahme

Deutsche Schulgeschichte von 1800 bis zur Gegenwart: eine Einführung / Hans-Georg Herrlitz . . . Mit einem Kapitel über die DDR von Ernst Cloer. – 2., ergänzte Aufl. – Weinheim ; München : Juventa Verlag, 1998
ISBN 3-7799-1013-6
NE: Herrlitz, Hans-Georg

Diese Schulgeschichte erschien erstmals 1981 im Athenäum Verlag, Königstein/Ts.

Umschlaggestaltung: Atelier Warminski, 63654 Büdingen
Umschlagabbildung: Friedrich-Werder'sches Gymnasium, Berlin
Printed in Germany

ISBN 3-7799-1013-6

Inhalt

Vorwort

Vor mehr als einhundert Jahren hat der Pädagoge Friedrich Paulsen in die bildungspolitischen Auseinandersetzungen seiner Zeit mit einer „Geschichte des gelehrten Unterrichts“ eingegriffen, die mit der Frage beginnt, „ob es möglich sei, aus der Geschichte zu lernen, nicht bloß was war, sondern auch was kommen wird“. Paulsen hat diese Frage entschieden bejaht: „Wenn das Leben eines Volkes nicht in einem zusammenhanglosen Nacheinander von Zufällen besteht; wenn in ihm wie in einem Einzelleben Zusammenhang und Konsequenz ist, so muß es möglich sein, durch Beachtung der Richtung, in welcher die zurückgelegte Wegstrecke verlief, auf die Richtung der Fortsetzung Folgerungen zu ziehen.“ Erst das „Interesse an der Zukunft“ habe ihn dazu geführt, sich mit der Vergangenheit zu beschäftigen (PAULSEN 1885, Vorwort).

Der Versuch, Grundlinien und Grundprobleme der neueren deutschen Schulgeschichte transparent zu machen, ist von eben diesem Interesse bestimmt. Wir beabsichtigen nicht, dem Leser einen rasch erlernbaren Abriß historischer Daten und Fakten, Pläne und Meinungen anzubieten, den er als positiven „Wissensstoff“ getrost nach Hause tragen und auch wieder vergessen kann, sondern wir möchten ihn anleiten, Schulgeschichte als Ausschnitt und als Ausdruck eines unabgeschlossenen Prozesses gesellschaftlicher Auseinandersetzung zu begreifen, der auf Möglichkeiten künftiger Weiterentwicklung verweist und damit zu pädagogischer und politischer Stellungnahme herausfordert. Wir sind – wie Friedrich Paulsen – an der Vergangenheit unseres Schulsystems um seiner Zukunft willen interessiert.

Wie aber läßt sich die allgemeine „Richtung“ bestimmen, in der die „zurückgelegte Wegstrecke“ deutscher Schulgeschichte verlaufen ist und auf deren Fortsetzung hin nun „Folgerungen“ zu ziehen wären? Wir wollen zeigen, daß diese Richtung in einem kontinuierlichen, zunächst nur programmatisch geführten, dann sich auch real verschärfenden *Kampf um die Liberalisierung und Demokratisierung von Bildungschancen im öffentlichen Schulsystem* zu erkennen ist. Dabei handelt es sich um einen vielschichtigen, widerspruchsvollen Prozeß, der von politischen und ökonomischen Modernisierungszwängen ebenso wie von Klasseninteressen und Herrschaftsbedingungen beeinflußt war, der immer wieder auf Grenzen stieß und an den Schranken restriktiver Schulpolitik endete, der aber – einmal in Gang gesetzt – nie wieder vollends stillgestellt werden konnte.

Unsere Darstellung beginnt mit einer idealtypischen Rekonstruktion des Übergangs zur liberalen Gesellschaftsordnung am Beispiel der preußischen Reformpolitik zu Beginn des 19. Jahrhunderts. In dieser „Revolution von oben“ wurden die rechtlichen Voraussetzungen für die „Freisetzung“ des bürgerlichen Individuums aus der ständisch geschlossenen Lebenswelt des Ancien régime geschaffen und die Ansätze einer Bildungsreform entwickelt, die nicht mehr dem Konzept ständischer Berufserziehung, sondern dem egalitären Prinzip „allgemeiner Menschenbildung“ verpflichtet war. Das damals verkündete Programm ist bis heute unerfüllt geblieben. Vergleicht man die Schulreformpläne des Jahres 1810 mit denen des Jahres 1970, so zeigt sich bis ins Detail eine verblüffende Übereinstimmung, in der die Kontinuität der *Ideen*geschichte bürgerlicher Schulpolitik zum Ausdruck kommt. Freilich darf damit die *Real*geschichte des Schulsystems, seiner materiellen Bedingungen und sozialen Auswirkungen, nicht verwechselt werden, sondern es kommt uns in allen Kapiteln darauf an, das Spannungsverhältnis zwischen beiden Ebenen, zwischen Reformanspruch und Schulwirklichkeit, so herauszuarbeiten, daß die Dynamik des schulgeschichtlichen Entwicklungsprozesses, der Rhythmus von Reform und Restriktion, von Bildungserweiterung und Bildungsbegrenzung, sichtbar und verständlich wird.

Das Vorhaben, auf strikt begrenzter Seitenzahl die deutsche Schulgeschichte seit 1800 möglichst vielschichtig zu rekonstruieren, hat uns immer wieder vor schwierige Auswahl- und Darstellungsprobleme gestellt. Es galt, die verwirrende Fülle von Informationen und Aspekten auf das strukturell Wesentliche zu beschränken, dabei deutliche Akzente zu setzen und so unserer Lesart von Schulgeschichte ein ganz bestimmtes Profil zu geben:

- Primärer Gegenstand unserer Darstellung ist die staatliche Schulpolitik und das öffentliche Schulwesen, während die Konzepte einzelner Schulreformer und Reformbewegungen, die Mikroebene des Schul- und Unterrichtsalltags sowie die Entwicklungen des Privatschulwesens bewußt vernachlässigt werden.
- Wir bevorzugen eine strukturgeschichtliche und makrosoziologische Betrachtungsweise, während ideengeschichtliche Entwicklungen, wie sie im bildungs- und schultheoretischen Diskurs einer Epoche hervortreten, erst als freilich unverzichtbare Momente im sozial- und politikgeschichtlichen Zusammenhang eine Rolle spielen.
- Wir billigen dem Schulwesen und seiner historischen Entwicklung zu einem bürokratisch organisierten Schulsystem durchaus eine relative Autonomie zu, bestehen aber darauf, daß dieses relativ autonome Teilsystem in seinem gesellschaftlichen Umfeld wahrgenommen und damit immer wieder eine Rückkoppelung vorgenommen wird, die in unserer Darstellung insbesondere durch die beiden zentralen Kategorien „Modernisierung“ und „Herrschaftssicherung“ geleistet werden soll.
- Wir nehmen nicht in jedem Kapitel die Entwicklungslinien aller Bestandteile des Schulsystems chronologisch auf, sondern bündeln diese

Linien zu Darstellungsschwerpunkten, die in den verschiedenen Phasen der deutschen Schulgeschichte unterschiedlich stark hervortreten.

- Wir gehen vorwiegend auf die Probleme des „allgemeinbildenden“ Schulwesens, insbesondere auf Volksschule und Gymnasien ein und berücksichtigen den Bereich der beruflichen und akademischen Bildung nur dort, wo es der Textzusammenhang erfordert.
- Wir haben uns, auch der Forschungslage wegen, weitgehend auf die Entwicklung der preußischen Schulpolitik und des preußischen Schulwesens konzentriert, ohne aber die Verhältnisse in anderen deutschen Staaten gänzlich zu vernachlässigen, doch sahen wir keine Möglichkeit, unsere Darstellung auch noch durch internationale Vergleiche zu erweitern.

In einer seiner letzten Arbeiten hat sich Herwig BLANKERTZ (1983) kritisch mit dem „Einbruch der sozialwissenschaftlichen Methode in die historische Forschung“ auseinandergesetzt und beklagt, daß eine Geschichtsschreibung, die sich allein auf die Ergebnisse nomologisch orientierter Forschung verläßt, keine „Erzählung“, keine Sinndeutung des historischen Prozesses mehr zustande bekomme. Blankertz hat unsere kleine Schulgeschichte, die damals in 1. Auflage vorlag, ausdrücklich in seine Kritik einbezogen und ihr vorgehalten, es handele sich in Wahrheit „um eine Einführung in die Schulgeschichtsforschung“, nicht aber werde hier „im eigentlichen Sinne des Wortes Schulgeschichte selbst erzählt“. Doch eben das behaupten wir. Auch unser Text nimmt, der Tradition Friedrich Paulsens folgend, durchaus in Anspruch, Leserinnen und Leser historisch so weit zu informieren, daß sie, wie Blankertz zu Recht fordert, „die eigene Stellung zu aktuellen Problemen begründet in die Schulentwicklung einordnen können“. Die sozialwissenschaftlich orientierte Forschung der letzten Jahrzehnte hat allerdings den Blick für die beharrliche Eigendynamik historischer Bildungsprozesse geschärft und die Grenzen der politischen Steuerbarkeit der modernen Schulentwicklung sichtbar gemacht. Die Geschichte, die wir erzählen, ist dadurch notwendig komplizierter geworden als die, die Friedrich Paulsen vor hundert Jahren erzählt hat, aber auch wir erzählen eine Geschichte. Ob es uns gelungen ist, ihren komplexen Sinn transparent zu machen, kann freilich nur das Publikum entscheiden.

Das Konzept unserer Darstellung geht auf Vorlesungen und Übungen am Pädagogischen Seminar der Universität Göttingen in den 70er Jahren zurück. Die ersten beiden Auflagen erschienen 1981 und 1986. Für die Neuausgabe 1993 wurde der Text nicht nur gründlich bearbeitet, sondern auch durch die Kapitel 5 (Höhere Mädchenbildung) und 10 (Bildungspolitik der DDR) erweitert, wobei wir uns auf die kompetente Mitwirkung von Ernst Cloer, Professor an der Universität Hildesheim, stützen durften. Daß nun nach fünf Jahren eine weitere Auflage notwendig ist, bestätigt uns in der Hoffnung, daß sich didaktisch durchdachte und ordentlich gedruckte Lehrbücher auch in Zukunft am Medienmarkt behaupten werden. Wir haben den Text noch einmal auf Fehler durchgesehen, die kommentierten Literaturhinweise am Ende der einzelnen Kapitel auf den neuesten Stand gebracht und die abschließende Zeittafel bis in die unmittelbare Gegenwart fortgeschrieben. Für kritische Anmerkungen und Verbesserungsvorschläge sind wir unseren Leserinnen und Lesern auch weiterhin dankbar.

Göttingen/Lüneburg,
im Dezember 1997

Hans-Georg Herrlitz
Wulf Hopf
Hartmut Titze

Kapitel 1

Strukturelle Bedingungen der Freisetzung der bürgerlichen Gesellschaft

1.1 Die beschränkten Entfaltungsmöglichkeiten in der ständischen Gesellschaft

In der vorindustriellen Gesellschaft waren die Entfaltungsmöglichkeiten des einzelnen in der Regel auf den Lebenskreis beschränkt, in den er zufällig hineingeboren wurde. Die gegeneinander relativ abgeschlossenen Welten der verschiedenen *Geburtsstände* (die Herrschaftswelt des Adels, die städtische Welt des ehrbaren Bürgers, der bäuerliche Lebenskreis) waren durch ihr spezifisches Recht normiert, dessen Struktur sich als *Statusrecht* typisieren läßt. Die einzelne Person besaß Rechtsfähigkeit nur nach ihrer *Gruppenzugehörigkeit,* die auf einem Akt sozialer Zuschreibung beruhte. Das dabei vollzogene Initiationsritual sollte dem Neuaufgenommenen durch das feierliche Zeremoniell bewußt machen, daß er von nun an voll und ganz den Normen seiner Gruppe unterworfen war, und gegenüber den Außenstehenden den Ranganspruch der Gruppe in der hierarchischen Sozialordnung verdeutlichen. Das spezifische Statusrecht wies dem einzelnen seinen Platz in der durch die christliche Glaubenslehre sanktionierten und legitimierten „gottgewollten" Ordnung zu. In ihren Strukturen war diese hierarchische Ordnung der unmittelbaren Herrschaftswelt des „Hauses" nachgebildet: Der absolute Herrscher, der seine Autorität vom himmlischen Gottvater ableitete, verstand sich ebenso als Landesvater, wie sich der Hausherr in der spezifischen Standeswelt als Hausvater verstand, der gegenüber seinen Untergebenen selbstverständlichen Gehorsam forderte und Schutz- und Fürsorgepflichten wahrnahm. Das statusrechtliche System erstreckte sich in seiner sozial differenzierenden Wirksamkeit auf alle Lebensbereiche. Dabei glich die *soziale Herkunft* (Geburt) einem Kristallisationskern, um den herum sich nach Art und Umfang die spezifischen Anspruchslagen und Teilhabechancen der Stände lagerten. Die abgestuften *Privilegien und Rechtsminderungen* bezogen sich auf die Bildungsmöglichkeiten, den Zugang zu bestimmten Berufsgruppen, den Zuschnitt der allgemeinen Lebensführung (durch Kontrolle der „Nahrung“, Kleider- und Hochzeitsordnungen usw.) und vor allem die Teilhabe an der politischen Willensbildung (völliger Ausschluß oder abgestufte politische Mitwirkungsrechte). Bei der Aufnahme in ein zünftiges Handwerk beispielsweise mußte der Lehrling in einer „Ahnenprobe“ seine „standesgemäße“ Herkunft nachweisen. Wer die Forderungen nach ehelicher und christlicher Geburt nicht erfüllte (wodurch die Juden als Gruppe insgesamt ausgeschlossen waren), wurde ebenso zurückgewiesen wie die Kinder aus bestimmten Gewerben, die sozial verachtet waren und als „unehrlich“ galten. Wer als Meister eine der Zunft „unwürdige“ Frau wählte, dem drohte Ausschluß aus der Genossenschaft und Verlust des Amtes. Anfertigung und Verkauf schlechter Ware, Fälschungen und Betrug wurden in genossenschaftlicher Selbstkontrolle mit Geld- und Körperstrafen geahndet usw.

Die pädagogische Struktur der geburtsständisch differenzierten Erziehungsfelder war bestimmt durch die Institution des „ganzen Hauses“ (ROESSLER 1961, S. 34-95). Für den Heranwachsenden fielen Lebens-, Erlebnis-, in der Regel auch Arbeits- und Erziehungswelt zusammen, woraus sich die für uns heute kaum vorstellbare *pädagogische Wirksamkeit der funktionalen Erziehung* in der geschlossenen Ständegesellschaft erklärt. Die einfachen Rollenstrukturen der Erwachsenenwelt waren den Kindern anschaulich und konkret gegenwärtig; die Identifizierungen waren in der Regel problemlos, weil erstens die Vorbilder in ihrer gesamten Lebensweise sinnlich manifest erfahren wurden und zweitens Konflikte wegen der Geschlossenheit der ständischen Welt kaum auftreten konnten. Die Statusvererbung war das dominierende Muster der Generationenfolge, die Sozialstruktur entsprechend relativ stabil.

Die spezifische Leistung des ständegesellschaftlichen Statusrechts bestand darin, daß es die einzelne Person *sozial entlastete,* indem es sie voll in der durch die Herkunft weitgehend festgelegten Gruppe aufgehen ließ, freilich um den Preis starker *persönlicher Entfaltungseinschränkungen.* Wir können im strengen Sinne noch gar nicht vom *Individuum* als Träger sozialer Rechte und Pflichten sprechen, sondern nur vom *gruppengebundenen Selbst.* Der relativ geringe Grad der Arbeitsteilung und Rollendifferenzierung hatte die einzelne Person noch nicht als autonom agierenden Rollenträger freigesetzt, der im Schnittpunkt sozialer Verpflichtungen immer nur auf versachlichte, spezifischen Zwecken dienende soziale Erwartungen reagiert. Der durch Statusrecht normierte soziale Austausch war vielmehr in ein *sittliches Verhältnis* eingebunden, das die gesamte Person integrierte. Der Vasall war dem Herrn, der Lehrling dem Meister mit der Gesamtperson in einem Herrschafts- und Schutzverhältnis unterworfen.

In der modernen Gesellschaft gibt es nur noch wenige Institutionen, indenen statusrechtliche Normierungen wirksam sind und vorindustrielle

Traditionsbestände bewahren. Die *Ehe* ist ein Beispiel: Die Eheleute schließen in der Regel keine auf einen spezifischen Zweck zugeschnittene, nur Rollensegmente ausgrenzende Vereinbarung, sondern treten in einen umfassenden sozialen Austausch, der die gesamte Persönlichkeit in einer *status-en-bloc-Beziehung* integriert und insofern ein sittliches, kein zweckrationales Verhältnis begründet. Daß es in der Gegenwart nur noch geringe Traditionsbestände statusrechtlich normierter Sozialbeziehungen gibt, ist das Ergebnis eines Strukturwandels, den die Durchsetzung und fortschreitende Ausbreitung rationalisierter, kapitalistischer Verkehrsformen ausgelöst hat.

1.2 Vom Statusrecht zum Kontraktrecht

Die fortschreitende Ausbreitung des kapitalistischen Wirtschaftssystems machte die Grenzen des ständegesellschaftlichen Statusrechts als soziales Regelsystem deutlich. Der Widerspruch, in den die neue überlegene Produktionsweise zum überkommenen Statusrecht geriet, läßt sich auf *ökonomischer wie politisch-rechtlicher Ebene* plausibel rekonstruieren.

Kraft ihrer eigenen Gesetzlichkeit expansiver Kapitalverwertung bewirkte die neue Produktionsweise einen Trend langfristig stetiger *Markterweiterung,* der das ökonomische Fundament der ständegesellschaftlichen Ordnung zunehmend aushöhlte. Die ständische Welt beruhte ökonomisch auf dem *Selbstversorgungssystem* des ganzen Hauses. Durch den expandierenden kapitalistischen Warenmarkt verlor das ganze Haus seine relative Autarkie und schrumpfte zur bloßen Konsumptionseinheit zusammen. Die zunehmende Marktberührung führte zur Öffnung der ständischen Lebenswelten in eine Sphäre hinein, in der eine *neue Form der Vergesellschaftung* sich machtvoll durchsetzte. Auf dem Markt wird nämlich nur getauscht; und der ökonomische Tauschakt ist der Archetypus aller bloßen *Zweck-Kontrakte (*Max Weber 1964, S. 514), auf denen die Rechtsform der bürgerlichen Gesellschaft beruht. Im Unterschied zu den Statusnormierungen, die ein die gesamte Person umfassendes Herrschafts- oder Verbrüderungsverhältnis begründen, haben die Austauschverträge nur die Herbeiführung konkreter gegenseitiger Leistungen (meist ökonomischer Art) zum Zweck und lassen den Status der beteiligten Personen unberührt. Auf dem kapitalistischen Markt spielen Herkunft, Privileg, Standesehre, „gute Sitte“ usw. im Prinzip keine Rolle mehr; hier tauschen formal Gleiche und Freie Waren und Leistungen aus. Die soziale Beziehung, mit dem Tauschvollzug beendet, ist *zweckrational verselbständigt:* Auf dem Markt, in der Form der Marktvergesellschaftung, wird die Statusbeziehung gruppengebundener Standespersonen verdrängt durch die versachlichte reine Zweckvereinbarung von formal gleichen Rollenträgern.

Je mehr die langfristig steigende Markterweiterung sich durchsetzte, desto schärfer mußte sie in Widerspruch treten zu den Reglementierungen der Produktion, der Monopolisierung von Gütern und Märkten, die das ständegesellschaftliche System der Statusrechte auferlegte. Die ständisch vermittelten Privilegien und Rechtsminderungen wurden zur Fessel der kapitalistischen Weiterentwicklung, denn sie verhinderten, daß die neue Form der Marktvergesellschaftung die überschüssigen Arbeitskräfte aufnehmen konnte, die besonders in den unteren Ständen unter den engen Nahrungsspielräumen litten.

Auf politisch-rechtlicher Ebene manifestierte sich der Widerspruch des alten Statusrechts zur kapitalistischen Entwicklung in ähnlicher Weise. Bürgerliche Verwertungsinteressen, die durch die Klassenlage als solche gegeben und wirksam sind, lassen sich nur befriedigen, wenn Kapitalanlagen langfristig profitabel *rational kalkulierbar* sind, d.h. unter den stabilen Rahmenbedingungen eines geschlossenen *einheitlichen Wirtschaftsraumes* mit einem transparenten *generellen Rechtssystem.* In beiderlei Hinsicht stellte das Statusrecht hier ein Hemmnis dar. Es war ein historisch gewachsenes, dicht verästeltes Regelsystem mit vielen Ausnahmen, Sonderrechten, Zusatzklauseln usw., jedenfalls nicht transparent genug für den klare Verhältnisse schätzenden bürgerlichen Unternehmer. Es stand zweitens auch der Bildung eines einheitlichen Wirtschaftsraumes entgegen; die Marktexpansion endete an der Autonomie der Stände.

Diese vielfältigen in der Rechtsstruktur der Ständegesellschaft begründeten Widerstände gegen die kapitalistische Entwicklung machen verständlich, warum das Bürgertum an einer *Umarbeitung des Rechtssystems im Sinne des Kontraktrechts* interessiert war und einen Aufklärungsprozeß über die Fesseln des feudalen Rechtssystems anstrengte (MEDICK 1973). Die Philosophie des modernen rationalen Naturrechts lieferte die Argumente. Die Postulate der *natürlichen Freiheit und Gleichheit* aller Menschen zielten auf die Befreiung aus den statusrechtlich normierten ständischen Gruppenbindungen, die die neue kapitalistische Verkehrsform der bürgerlichen Marktvergesellschaftung strukturell erforderte. Formal freie und rechtsgleiche Individuen sollten zur Befriedigung ihrer Bedürfnisse in einen ungehinderten gewaltlosen Tauschverkehr eintreten, um ihre gleichen Entfaltungschancen selbstverantwortlich und frei gestalten zu können. Das Mittel dazu war der *Vertrag.* Das aufstrebende Bürgertum war sich seiner Sache, der überlegenen Rationalität des geforderten Rechtssystems, so sicher, daß es seine spezifischen Interessen mit den Forderungen der allen gegebenen *natürlichen* Vernunft identifizieren konnte. Hierin lag das utopische, die bürgerliche Klassenbasis überschreitende Moment der Aufklärungsbewegung. Sie versprach eine von Herrschaft und Gewalt freie Handlungs- und Entfaltungssphäre, in der der soziale Austausch formal freier und gleicher Individuen zur Wohlfahrt aller führen sollte.

Bei der Zurückdrängung und Ablösung des alten Statusrechts durch das moderne Kontraktrecht konnte das aufstrebende Bürgertum auf ökonomischer wie politisch-rechtlicher Ebene mit dem teilweisen Beistand des durch spezifische gemeinsame Interessen verbundenen *absolutistischen Staats* rechnen. Die merkantilistische Politik im 18. Jahrhundert betrieb eine aktive Gewerbeförderung und unterstützte den Trend kapitalistischer Markterweiterung. Andererseits bahnte auch die *Zentralisierungspolitik* des aufgeklärten Absolutismus der Ausdehnung kapitalistischer Verkehrsformen den Weg. Der wirksame Ausbau und die *Bürokratisierung der Staatsorgane,* besonders die Monopolisierung der Rechtssetzung, drängten bereits im Ancien régime die Autonomie der Stände zurück und bereiteten die institutionellen Voraussetzungen für die Schaffung eines einheitlichen Rechtssystems vor. Aber erst die Französische Revolution und die anschließenden europäischen Kriege schufen die Bedingungen für den Durchbruch der gesellschaftlichen Entwicklung in die liberalkapitalistische Phase.

1.3 Die Struktur der rechtsstaatlichen Verfassung

Der tiefgreifende Strukturwandel von der statusrechtlich normierten Ständegesellschaft zur kontraktrechtlich normierten bürgerlichen Gesellschaft läßt sich nur verstehen, wenn man sich die Grundgedanken der Struktur der rechtsstaatlichen Verfassung vor Augen geführt hat, nach der unser gesellschaftliches Leben seither eingerichtet ist (vgl. Abb. 1).

Die liberalkapitalistische Verfassung ist abstrakt auf die freie Entfaltung des von feudalen Bindungen emanzipierten Individuums bezogen. Aus dem Grundwert der *bürgerlichen Freiheit* als Norm aller Normen folgen die beiden wesentlichen Organisationsprinzipien des rechtsstaatlichen Bestandteils jeder modernen Verfassung:

(1) Durch *Ausgrenzung* einer vorstaatlich verbürgten privaten Handlungssphäre werden dem einzelnen *prinzipiell unbegrenzte* Entfaltungsmöglichkeiten eröffnet. Demgegenüber ist die Befugnis der *öffentlichen Gewalt* des Staates zu Eingriffen in diese Sphäre durch Verfassung und Gesetz *prinzipiell begrenzt.* Der staatliche Aktionshorizont bleibt auf die Funktionen allgemeiner Ordnungsgarantie (Polizei, Justiz, Militär) beschränkt; er soll nur die allgemeinen Rahmenbedingungen („constitutio") eines ungestörten gewaltlosen Tauschverkehrs in den ausgegrenzten Handlungssphären sichern. Was „Ausgrenzung" bedeutet, kommt besonders klar in zwei Artikeln der französischen Revolutionsverfassung von 1789 zum Ausdruck:

„Die Freiheit besteht darin, alles tun zu können, was anderen nicht schadet. Also hat die Ausübung der natürlichen Rechte bei jedem Menschen keine an-

Abbildung 1: Die Struktur der rechtsstaatlichen Verfassung

„Freiheit“

als Norm aller Normen. Aus ihr folgen zwei Organisationsprinzipien:

1. Organisationsprinzip: Ausgrenzung privatautonomer Handlungssphären durch allgemeine Grundrechte („Gleichheit“)

Persönliche Freiheitsrechte	Ökonomische Freiheitsrechte	Politische Freiheitsrechte
Freiheit der Person	Freiheit des Eigentums	Freiheit der Meinung
Glaubensfreiheit	Freiheit der Vererbung	Freiheit des Brief-, Post- und Fernmeldegeheimnisses
Gewissensfreiheit	Freiheit der Berufswahl	Freiheit der Presse
Freiheit der Wohnung	Freiheit des Vertrages	Freiheit der Kunst
Innerstaatl. Freizügigkeit	Freiheit des Gewerbes	Freiheit der Wissenschaft und Forschung
Auswanderungsfreiheit	Freiheit des Handels	Freiheit der Lehre
Freiheit der Heirat		Freiheit der Versammlung
		Freiheit des Vereins
		Freiheit des Wahlgeheimnisses
		Freiheit des Zugangs zu öffentlichen Ämtern

Funktion: Gewaltloser Tauschverkehr der Bürger zur Befriedigung ihrer Bedürfnisse („Brüderlichkeit“)

Eingriffe in die privatautonome Handlungssphäre der Bürger („Freiheit und Eigentum“) nur auf Grund von Recht und Gesetz. Zum Schutz des Bürgers ist die einzige, nämlich monopolisierte öffentliche Gewalt geteilt.

2. Organisationsprinzip: Gewaltenteilung der öffentlichen Gewalt (des Staates)

Funktion: Übernahme und Sicherung einer allgemeinen Ordnungsgarantie (Polizei, Justiz, Militär). Aufrechterhaltung von Recht und Gesetz deren Grenzen als die, den andern Mitgliedern der Gesellschaft den Genuß der gleichen Rechte zu sichern. Diese Grenzen können nur durch das Gesetz bestimmt werden“ (Art. IV).

„Das Gesetz hat nur das Recht, Handlungen zu verbieten, die der Gesellschaft schädlich sind. Was nicht durch das Gesetz verboten ist, darf nicht verhindert werden, und niemand kann gezwungen werden, etwas zu tun, was das Gesetz nicht befiehlt“ (Art. V; Abdruck in: MICHAEL/SCHEPP 1973, Bd. 1, S. 111).

Marx umschrieb den Ausgrenzungsgedanken 1843 sehr anschaulich: „Die Freiheit ist also das Recht, alles zu tun und zu treiben, was keinem anderen schadet. Die Grenze, in welcher sich jeder dem anderen *unschädlich* bewegen kann, ist durch das Gesetz bestimmt, wie die Grenze zweier Felder durch den Zaunpfahl bestimmt ist“ (MARX 1964, S. 192).

(2) Den *Grundrechten,* die als Ausgrenzungen autonome Entfaltungsmöglichkeiten verbürgen, korrespondiert als notwendiges Organisationsprinzip die in einem System verschiedener Kompetenzen erfaßte *Gewaltenteilung der staatlichen Macht.* Weil die öffentliche Gewalt die einzige, *monopolisierte* Gewalt darstellt, die die freie Marktvergesellschaftung willkürlich stören könnte, muß sie durch Teilung neutralisiert, durch eine ausgeklügelte Verfassungskonstruktion in gegenseitiger Balance und Kontrolle gehalten werden. Insbesondere soll das Rechtssystem darüber wachen, daß die staatliche Verwaltung nicht willkürlich, d.h. unter Mißachtung von Gesetz und Recht, in die privatautonome, grundrechtlich geschützte Handlungssphäre eingreift und „Freiheit und Eigentum“ verletzt.

Die Freisetzung der Gesellschaftssubjekte aus den statusrechtlich normierten Gruppenbindungen in die ausgegrenzte Handlungssphäre formaler Gleichheit und Freiheit läßt sich analytisch auf drei Ebenen systematisieren, die sich bei einer *Klassifizierung der Freiheitsrechte* ergeben.

Auf der Ebene der auf das isolierte einzelne Gesellschaftssubjekt bezogenen *persönlichen Freiheitsrechte* werden ständische Reglementierungen aufgehoben, wie Beschränkungen der Heirat, der innerstaatlichen Freizügigkeit, der Auswanderung usw. Dazu einige Beispiele aus der Paulskirchenverfassung des Deutschen Reiches vom 28. März 1849.

§ 138 Die Freiheit der Person ist unverletzlich . . .

§ 144 Jeder Deutsche hat volle Glaubens- und Gewissensfreiheit. Niemand ist verpflichtet, seine religiöse Überzeugung zu offenbaren.

§ 140 Die Wohnung ist unverletzlich . . .

§ 133 Jeder Deutsche hat das Recht, an jedem Orte des Reichsgebietes seinen Aufenthalt und Wohnung zu nehmen . . .

Besonders folgenreich sind die Freisetzungen auf der Ebene der *ökonomischen Freiheitsrechte,* die sich auf die materielle Reproduktion durch *gesellschaftliche Arbeit* beziehen. Durch die liberalen Reformen, die sich in Deutschland regional und sektoral unterschiedlich bis in das letzte Drittel des 19. Jahrhunderts hinziehen, werden alle relevanten ökonomischen Freiheitsrechte ausgegrenzt, die den Markt als Ort freier Vergesellschaftung in seiner Steuerfunktion konstituieren: die Freiheiten des Eigentums, der Vererbung, der Berufswahl, des Vertrages, des Gewerbes und Handels. Auch dazu einige Beispiele aus der Paulskirchenverfassung:

§ 164 Das Eigentum ist unverletzlich. Eine Enteignung kann nur aus Rücksichten des gemeinen Besten, nur auf Grund eines Gesetzes und gegen gerechte Entschädigung vorgenommen werden.

§ 165 Jeder Grundeigentümer kann seinen Grundbesitz unter Lebenden und von Todes wegen ganz oder teilweise veräußern . . .

§ 158 Es steht jedem frei, seinen Beruf zu wählen und sich für denselben auszubilden, wie und wo er will.

Auf der dritten Ebene werden die Handlungsmöglichkeiten freigesetzt, die sich auf die Rechte des einzelnen in der sozialen Interaktion beziehen. Die vollständige Ausgrenzung dieser Gruppe von *politischen Freiheitsrechten* (vgl. die Einzelrechte im Schema!) hat sich in Deutschland bekanntlich mit einer erheblichen Verzögerung gegenüber den persönlichen und ökonomischen Freiheitsrechten durchgesetzt. In den vormärzlichen süddeutschen Verfassungen wurden bereits einige politische Freiheitsrechte positiviert. Im Zusammenhang der bürgerlichen Revolution von 1848/49 hatten die Paulskirchenverfassung vom 28. März 1849 und die Verfassung für den preußischen Staat vom 31. März 1850 den Katalog der politischen Freiheitsrechte programmatisch komplettiert, allerdings weitgehend folgenlos. Zu einer wirklichen Durchsetzung der bürgerlichen politischen Freiheitsrechte ist es erst nach der Novemberrevolution in der Weimarer Reichsverfassung vom 11. August 1919 gekommen. Diese erhebliche historische Verzögerung, die mit den Besonderheiten der preußisch-deutschen Variante der bürgerlichen Gesellschaft zusammenhängt, macht den prekären und ambivalenten Charakter der politischen Freiheitsrechte deutlich. Sie besitzen nämlich eine Steuerungsfunktion, über die das gesellschaftliche Fundament der privaten Kapitalverwertung kritisch zur Disposition gestellt werden könnte. Wenn in der Folge der Wahrnehmung und vollen Ausschöpfung der bürgerlichen politischen Freiheitsrechte das fundamentale Interesse am bürgerlichen Eigentum auf dem Spiele zu stehen scheint, dann wächst aber zugleich die Gefahr, daß von interessierter Seite die Aufhebung dieser Freiheitsrechte betrieben und die auf überlegene Rationalität konzipierte bürgerliche Gesellschaft zu einem unberechenbaren System wird, das die historisch langerkämpften Freiheitsrechte wieder kassiert. Über diese Erfahrung belehrt die deutsche Geschichte in der Endphase der Weimarer Republik und im Dritten Reich.

Wie aus dieser Strukturskizze der rechtsstaatlichen Verfassung hervorgeht, hat die im Zusammenhang der kapitalistischen Markterweiterung erzwungene Ablösung des ständischen Statusrechts durch das moderne

Kontraktrecht *universalistische Verkehrsformen* durchgesetzt. Jedes Individuum soll unter den Bedingungen formeller Freiheit und Gleichbehandlung in dem Maße am gesellschaftlichen Leben teilhaben, wie es über die Institution des universellen Tauschverkehrs auf einem anonymen Markt' die Bedürfnisse der anderen befriedigt. Insofern erscheint das Modell der liberalen Marktvergesellschaftung auch rational und allgemein gültig: es ist auf die freie Entfaltung des von feudalen Bindungen emanzipierten Individuums bezogen. Als soziales Regelsystem kann es allerdings nur angemessen funktionieren und die Versprechungen der aufgeklärten bürgerlichen Sozialphilosophie wahrmachen, in einer von feudaler Herrschaft befreiten Gesellschaft ein Höchstmaß von Freiheit aller Menschen mit dem Gleichheitsanspruch aller zu verbinden, wenn auch unter den *konkreten* historischen Bedingungen der Realisierung zwei implizite Voraussetzungen erfüllt sind: In der durch die Freiheitsrechte ausgegrenzten privatautonomen Handlungssphäre müssen alle Menschen *tatsächlich* die gleichen oder annähernd gleiche Entfaltungschancen besitzen, damit sie die abstrakten offenen Möglichkeiten auch *konkret* ergreifen und nutzen können. Der soziale Austausch kann offensichtlich nur dann in einem substantiellen Sinne frei, und die wechselseitigen Befriedigungschancen können auch nur dann ausgeglichen verteilt sein, wenn die „Machtquanten" der sich über ihre Bedürfnisse austauschenden Gesellschaftssubjekte annähernd gleichgewichtig sind, d.h. wenn niemand die Tauschbedingungen einseitig nach seinen Interessen *diktieren* kann. Zum anderen muß der Markt als Ort freier Vergesellschaftung die ihm zugeschriebene Steuerungsfunktion der optimalen Regulierung wechselseitiger Befürfnisbefriedigungen der Menschen auch tatsächlich erfüllen. Er darf beispielsweise nicht, kraft eigengesetzlicher Dynamik, von den Bedürfnissen entfremden, zu deren Befriedigung er gerade in Funktion treten soll. Sind diese beiden Voraussetzungen nicht gegeben oder nicht hinreichend erfüllt, dann kann die Marktvergesellschaftung die ihr von der bürgerlichen Sozialphilosophie zugedachte emanzipatorische Wirkung nicht entfalten und befördert eher das Gegenteil, nämlich verschärfte soziale Ungleichheit und Entfremdung.

1.4 Die Freisetzung der frühkapitalistischen Gesellschaft

Die beiden zentralen Freisetzungsbewegungen, die seit den ersten Jahrzehnten des 19. Jahrhunderts die Entwicklung zur kapitalistischen Wirtschaftsgesellschaft beschleunigten, betrafen die Reform der Agrar- und Gewerbeverfassung, deren Verlauf und Folgen abschließend skizziert werden sollen.

Die einschneidende *Agrarreform,* gewöhnlich als „Bauernbefreiung“ charakterisiert, bezog sich auf nicht weniger als 75 bis 80 % der preußischen Bevölkerung. Die liberale Auflösung der ständischen Herrschafts- und Sozialordnung auf dem Lande stellte im wesentlichen *vier Probleme:* Erstens mußte die Realleibeigenschaft der erbuntertänigen Bauern aufgehoben werden, die vor allem in den östlichen Provinzen verbreitet war. Im Unterschied zur echten Leibeigenschaft erstreckte sich das Herrschaftsverhältnis hier nicht auf die gesamte Person, sondern auf die Person als Inhaber einer gutsherrlichen Bauernstelle. Zweitens mußten die ständisch gebundenen Besitz- und Nutzungsrechte an Grund und Boden in freie Eigentumsrechte umgewandelt werden. Drittens waren die ständisch-herrschaftlichen Zwangsdienste der untertänigen Bauern abzulösen. Viertens schließlich mußten auch die gemeinschaftlich genutzten Acker- und Weideflächen durch Flurbereinigung und -verteilung abgegrenzt und in privates Eigentum der Berechtigten überführt werden (sogenannte Separation).

Mit den Edikten vom 9. Oktober 1807 und 11. November 1810 wurde zunächst die Realleibeigenschaft der gutsherrlichen Bauern aufgehoben. Dies bedeutete u.a., daß die Bauern fortan keiner herrschaftlichen Heiratserlaubnis mehr bedurften, daß sie die Erbfolge unter ihren Kindern nach freiem Ermessen regeln konnten und vor allem keinem Gemeindedienstzwang für den Gutsherrn mehr unterlagen. Mit dem Regulierungsedikt vom 14. Sepember 1811 wurde für die untertänigen Bauern mit bloßem Nutzungsrecht die Eigentumsverleihung sowie die Ablösung von den Zwangsdiensten eingeleitet. Die Gutsherren haben die Anwendung dieses Gesetzes sabotiert und 1815 seine Suspension durchgesetzt. Am 29. Mai 1816, als der Sturm der Befreiungskriege vorüber und die feudale Reaktion wieder erstarkt war, wurde das Regulierungsedikt durch die sogenannte Deklaration ersetzt, die für die Bauern wesentlich ungünstigere Bedingungen enthielt. Nach dem ursprünglichen Edikt sollten die Bauern als Entschädigung für die Ablösung bei erblichem Besitzrecht ein Drittel ihres Landes an den Gutsherrn abtreten und bei nichterblichem Recht die Hälfte des Landes. Die Deklaration schränkte nun das Recht auf Ablösung wieder ein. Die Folge dieser Interessendurchsetzung der Gutsherren war, daß sowohl alle diejenigen Bauern, die erst durch die

Schutzpolitik Friedrichs II. zu einer Stelle gelangt waren, von der Reform ausgeschlossen wurden, als auch die Masse der kleineren Bauern, die nur handdienstpflichtig waren und keine Spanndienste verrichten konnten. Erst durch das Gesetz vom 2. März 1850, also nach der 48er Revolution, wurden auch die kleinen, nichtspannfähigen Bauern in das Recht auf Ablösung einbezogen. Sie mußten dieses Recht bis zum Ende des Jahres 1858 geltend machen. Zum Abschluß gelangte der langwierige Ablösungsprozeß erst im Jahre 1865. Das bisher vorherrschende Prinzip der Bodenabfindung, das zu großen Landeinbußen in Bauernhand geführt hatte, wurde durch die Loskaufregelung von 1850 aufgegeben zugunsten der Geldabfindung (in der Form ablösungsfähiger Renten), die in den anderen deutschen Staaten praktiziert wurde. Dort vollzog sich die Ablösung unter dem Druck der Julirevolution nach 1830, so in Sachsen, Hannover und Kurhessen, und vor allem nach der Revolution von 1848, so in Bayern, Württemberg und teilweise in Baden, wo allerdings für das altbadische Gebiet die Aufhebung der Realleibeigenschaft bereits vor der Französischen Revolution verfügt und bereits 1820 die Ablösung von den Feudallasten möglich geworden war.

Als Folge der interessenbestimmten Regulierungs- und Ablösungsprozesse erlitten die ostdeutschen Bauern ganz erhebliche Landverluste, während die Gutsherren im Zuge der „Bauernbefreiung" rund 4,7 Mill. Morgen gutes Ackerland hinzugewannen. Die weitere Ausdehnung des Großgrundbesitzes wurde vor allem durch die „Privatisierung" der unkultivierten Allmende (Weiden, Wälder, Heiden, Torflager, Unland) begünstigt, die seit jeher als Bauernland galt. Nicht weniger als 86 % dieses weiträumigen Gemeinlandes wurde den Gutsherren übereignet, die als Ergebnis der Separation 14,8 Mill. Morgen hinzu erhielten, von denen ein erheblicher Teil durch Kultivierung innerhalb der nächsten Jahrzehnte in die ökonomische Nutzung einbezogen werden konnte. Die Bauern wurden bei der Aufteilung dieser für den künftigen Landesausbau wichtigen Flächen erheblich benachteiligt; ihnen blieben hier nur 2,2 Mill. Morgen (14 %) als Eigentum übrig.

Auch nach dem Einbau der bisher feudal organisierten Landwirtschaft in die zum Durchbruch gelangende kapitalistische Wirtschaftsordnung blieben die großen Güter in den ostelbischen Gebieten Preußens bis weit ins 20. Jahrhundert hinein als *lokale politische Herrschaftszentren* weitgehend unerschüttert, in deren Umfeld von bürgerlichen „Freiheiten" kaum die Rede sein konnte. Bis zur Revolution von 1848 behauptete die Rittergutsbesitzerklasse das aristokratische Privileg der Patrimonialgerichtsbarkeit. Bis zur Kreisordnung von 1872 und Landgemeindeordnung von 1891 behielten die Rittergutseigentümer die Privilegien der patrimonialen Polizeigewalt und der persönlichen Kreisstandschaft. Noch 1885 befanden sich nicht weniger als 32 %, also fast ein Drittel der Gesamtfläche der sieben östlichen Provinzen, im Eigentum der adligen Großgrundbesitzer. Erst in der Weimarer Republik wurden ihnen die Reste der administrativen Gutsherrschaft durch die Auflösung der Rittergüter als selbständiger Kommunal- und Ortspolizeibezirke im Jahre 1927 genommen. Diese Rahmenbedingungen der sozialgeschichtlichen Beharrung muß man sich immer wieder vergegenwärtigen, wenn man die mühsamen Fortschritte der politischen Entwicklung im allgemeinen und der Landschulentwicklung im besonderen in Preußen verfolgt.

Das industrielle Gegenstück zu den liberalen Agrarreformen bildete innerhalb des gesamten Umbaus der ständischen zur frühkapitalistischen Gesellschaft die *Einführung der Gewerbe- bzw. Handelsfreiheit* durch das Gewerbesteueredikt vom 2. November 1810 und das Gewerbepolizeigesetz vom 7. September 1811. Danach war die Ausübung eines Gewerbes nur noch vom Besitz eines Gewerbescheins abhängig, den jede unbescholtene Person erwerben konnte. Die Notwendigkeit eines Gewerbescheines wurde am 30. Mai 1820 ebenfalls gesetzlich aufgehoben und nur auf das Hausiergewerbe beschränkt; für die Ausübung aller anderen Gewerbe reichte allein die Anmeldung bei der Behörde bzw. die Entrichtung der Gewerbesteuer.

Die Einführung der Gewerbefreiheit als Gewährleistung ausgegrenzter privatautonomer Handlungssphären beseitigte im wesentlichen drei überkommene Einschränkungen der bürgerlichen ökonomischen Entfaltungsfreiheit: Sie hob erstens den *Zunftzwang* auf und entzog damit der erstarrten Zunftordnung die gesetzliche Grundlage. Sie beseitigte zweitens die traditionelle *Trennung von Stadt und Land* in diesem Sektor durch die Aufhebung der Privilegien des städtischen Handwerks gegenüber dem ländlichen. Sie entzog drittens den *Reglementierungen des absolutistischen Staats* die gesetzliche Grundlage durch Beseitigung der merkantilistisch begründeten monopolistischen Privilegien, denn bisher konnte ein nichtzünftiger Bürger nur mit Hilfe staatlicher Konzessionierung einen Gewerbebetrieb errichten.

Ähnlich wie im Bereich der Agrarreform zog sich die Durchsetzung der liberalen Reform der Gewerbeverfassung bis in die zweite Hälfte des 19. Jahrhunderts hin. Aus politischen Gründen der Herrschaftssicherung gegen den aufstrebenden bürgerlichen Liberalismus kam es im Zusammenhang der gescheiterten Revolution von 1848 zu gewissen Einschränkungen der generellen Gewerbefreiheit. Durch gewerbepolitische Zugeständnisse sollte das traditionell konservative und ökonomisch gefährdete Handwerk als Stütze gegen den politischen Liberalismus des Großbürgertums gewonnen werden. In den 60er Jahren, unter den Bedingungen der schnellen industriellen Expansion, konnte sich der ökonomische Liberalismus in Deutschland dann endgültig durchsetzen (Sachsen 1861, Baden und Württemberg 1862, Bayern 1868, Gewerbeordnung des Norddeutschen Bundes vom 21. Juni 1869).

Auf dem Hintergrund der *sozialen Folgen der Freisetzungspolitik,* die abschließend in drei Punkten zusammengefaßt werden sollen, wird die

Struktur der rechtsstaatlichen Verfassung in ihren *ideologischen* Komponenten durchsichtig: sie ist *abstrakt,* d.h. als bloßer Möglichkeitsspielraum auf die freie Entfaltung aller von feudalen Bindungen emanzipierten Individuen bezogen, *konkret* aber nur auf die spezifische, vorpolitisch konstituierte *Interessenlage bürgerlicher Privatproduzenten* zugeschnitten, die ihre auf Besitz gegründete starke Marktposition extensiv ausschöpfen können, um die wechselseitigen Bedürfnisbefriedigungen durch den vertraglichen Austausch von Leistungen zu ihrem einseitigen Nutzen zu steuern und zu gestalten. Und zwar bei weitgehender rechtsstaatlicher Ausschaltung öffentlicher Kontrollmöglichkeiten, da ja die grundrechtlich geschützten privatautonomen Handlungssphären als Freiheitsrechte dem öffentlichen Zugriff weitgehend entzogen bleiben.

1. Die mit der Freisetzungsbewegung verbundenen Erleichterungen der Heirat, der Freizügigkeit, der Existenzgründung usw. verstärkten in ihrem komplexen Zusammenhang das bereits im 18. Jahrhundert begonnene und in der ersten Hälfte des 19. Jahrhunderts anhaltende vehemente *Bevölkerungswachstum.* Die Einwohnerzahl allein des preußischen Staates stieg von 10,4 Mill. im Jahre 1816 auf 16,8 Mill. im Jahre 1852.

2. Unter den Bedingungen der Freisetzung und ihrer Folgen (Überbesetzung des Handwerks, Krise des protoindustriellen Heimgewerbes, Anstieg der Landlosen und Landarmen, starker Anstieg und regionale Verdichtung der Fabrikarbeiter auf einem freilich noch niedrigen absoluten Niveau) eilte das Wachstum der Bevölkerung und des Arbeitskräftepotentials seit den 1830er Jahren dem wirtschaftlichen Wachstum voraus. Dadurch war die frühe Phase der Industrialisierung durch ein sozial explosives Mißverhältnis zwischen einem *Überangebot von Arbeitskräften* und einer erst geringen Aufnahmefähigkeit der noch in den Anfangsschwierigkeiten steckenden Industrie gekennzeichnet. Aus der wirtschaftlichen Enge der krisenhaften Umbruchphase führte erst – nach der Revolution von 1848 – der industrielle Wachstumsschub („take-off") der 50er und 60er Jahre heraus. KOSELLECK (1968, S. 71) hat diesen Zusammenhang in einem einprägsamen Bild formuliert: „Das Revolutionsjahr bezeichnet gleichsam den Engpaß, durch den hindurch die überschüssige Landbevölkerung teils in das Ausland, teils in die rapide wachsende Industrie abwandern konnte."

3. In der von der staatlichen Reformbürokratie freigesetzten Wirtschaftsgesellschaft führte das Mißverhältnis von überschüssigen Arbeitskräften und geringer Aufnahmefähigkeit der neuen Industrie zwangsläufig zu einer *Proletarisierung* der freigesetzten ländlichen und städtischen Unterschichten, solange der Staat der Marktvergesellschaftung freien Raum ließ und diese durch eine *soziale Gesetzgebung* nicht *verfassungsmäßig* einband. Überangebot von Arbeitskräften, Senkung des Lohnniveaus, Anstcigen der unter materieller Not erzwungenen Frauen- und Kinder-

arbeit, weiterer Druck auf das Lohnniveau – diese sich zirkelförmig reproduzierende und verschärfende Zwangsläufigkeit zunehmender Proletarisierung unter ungeschützten Marktbedingungen bezeichnet den Kern des Problems, das sich seit den 30er und 40er Jahren immer unausweichlicher als „soziale Frage" stellte. Die Leidtragenden des gesellschaftlichen Fortschritts von der ständischen zur bürgerlichen Gesellschaft, darüber kann es keinen Zweifel geben, waren die „freigesetzten" Arbeitermassen auf dem Lande und in den Städten, denen als Eigentumslosen die Hauptlasten der frühindustriellen Durchgangsphase aufgebürdet wurden. Das Massenelend der Freigesetzten in den unteren Schichten war insofern die Voraussetzung für den schnellen industriellen Aufschwung (Kapitalakkumulation) und die Steigerung des Lebensstandards in der zweiten Hälfte des 19. Jahrhunderts.

1.5 Zusammenfassende Thesen

(1) In der traditionalen (vorindustriellen) Gesellschaft waren die Entfaltungsmöglichkeiten des einzelnen Menschen auf ständisch geschlossene Lebenswelten beschränkt, die durch *Statusrecht* normiert waren. Aus der Zugehörigkeit zu hierarchisch geordneten herrschaftlichen Verbänden ergaben sich für den einzelnen *abgestufte Entfaltungschancen nach sozial zugeschriebenen Kriterien* (Rechtsfähigkeit nach Stand, Recht als Privileg).

(2) Der soziale Wandel von der traditionalen zur modernen Gesellschaft läßt sich idealtypisch als *Übergang vom Statusrecht zum Kontraktrecht* beschreiben, durch den ständisch vermittelte Privilegien und Rechtsminderungen zu einer durchschnittlichen Vollrechtsfähigkeit des einzelnen Menschen eingeebnet wurden *(formale Rechtsgleichheit).* Das moderne Kontraktrecht eröffnete dem einzelnen die Möglichkeit, seine Entfaltungschancen selbstverantwortlich durch *privatautonomes Vertragshandeln* zu gestalten.

(3) Auf der Ebene soziologischer Analyse läßt sich der Übergang vom Status- zum Kontraktrecht als *Freisetzung der liberalkapitalistischen Wirtschaftsgesellschaft* durch die Agrar- und Gewerbereformen seit Beginn des 19. Jahrhunderts beschreiben. Die Freisetzung der Gesellschaftssubjekte aus den ständisch geschlossenen Lebenswelten in die vorstaatliche privatautonome Handlungssphäre der bürgerlichen Gesellschaft manifestierte sich in der *Ausgrenzung persönlicher, ökonomischer und politischer Freiheitsrechte.*

(4) Auf dem Hintergrund der *sozialen Folgen* der Freisetzungspolitik (Bevölkerungsexpansion, Überangebot an Arbeitskräften, breite Proletarisierung, erzwungene Frauen- und Kinderarbeit, „soziale Frage") wird die Struktur der rechtsstaatlichen Verfassung in ihren *ideologischen Kompo-*

nenten durchsichtig: sie ist bloß *abstrakt* auf die freien Entfaltungsmöglichkeiten aller Individuen bezogen, *konkret* aber auf die *spezifische Interessenlage bürgerlicher Privatproduzenten* zugeschnitten.

1.6 Weiterführende Literatur

Eine grundlegende Orientierung über die Verfassungsprobleme des 19. Jahrhunderts ermöglicht der von BÖCKENFÖRDE (1972) herausgegebene Reader. Wer sich gründlicher mit speziellen Aspekten beschäftigen möchte, findet dort eine ausführliche Bibliographie (S. 472-492). – Nach Jahrzehnten weit fortgeschrittener Spezialforschungen liegen inzwischen zwei gelungene Versuche vor, den neuesten Stand des Wissens über den Weg der deutschen Gesellschaft in die Moderne für ein breiteres Publikum in überschaubarer Weise zusammenzufassen: NIPPERDEYS „Deutsche Geschichte" (für den Zeitraum 1800-1866 ein Band, erstmals 1983; für 1866-1918 zwei Bände 1990/92) und WEHLERS „Deutsche Gesellschaftsgeschichte" (1. und 2. Bd. 1987 für die Zeiträume 1700-1815 und 1815-1848/49; 3. Band für den Zeitraum 1849-1914). Bei aller Unterschiedlichkeit sind beide Darstellungen gut geeignet, die begrenzte Teilgeschichte des Schulwesens in die größeren Zusammenhänge der Entwicklung des gesellschaftlichen Lebens insgesamt einordnen zu können. Die Wehlerschen Bände enthalten bewertende Fingerzeige und Wegweiser durch die Literaturfülle. Für das weitere Studium ist auch die entsprechende übersichtlich geordnete Bibliographie zur neueren deutschen Sozialgeschichte zu empfehlen (WEHLER 1993). – Bereits an dieser Stelle ist auf das sechsbändig angelegte „Handbuch der deutschen Bildungsgeschichte" hinzuweisen, dessen Erscheinen den inzwischen erreichten Reifestand der historischen Bildungsforschung in Deutschland dokumentiert. Neben den übersichtlichen Zusammenfassungen für die Kernbereiche (Familie, Kindheit, Jugend; Pädagogisches Denken; Schul- und Hochschulwesen) liegt der Wert dieses Handbuchs vor allem darin, daß es durch interdisziplinäre Beiträge auch die anderen Bereiche systematisch berücksichtigt, die zu einer kritisch angeeigneten Bildungsgeschichte zweifellos dazugehören (wie z.B. Berufsbildung, Sozialarbeit/ Sozialpädagogik, Erwachsenenbildung, Militär, besonders auch die Medien und die kulturellen Institutionen bis zum Museum). Inzwischen liegen die Bände I, III, IV und V vor. Der hier zuerst zu nennende dritte Band des Handbuchs schließt den Zeitraum 1800 bis 1870 ein (hrsg. von JEISMANN/LUNDGREEN 1987). – Für die akademische Lehre und das eigene Weiterstudium gut geeignet sind auch die Sammelbände, die U. HERRMANN innerhalb der Reihe „Geschichte des Erziehungs- und Bildungswesens in Deutschland" herausgegeben hat. Der 1. Band zur Volksaufklärung und Erziehung zur Armut im 18. Jahrhundert (1981) und der 2. Band zur Formierung der bürgerlichen Gesellschaft und zur

Rolle der Gebildeten im 18. Jahrhundert (1982) eignen sich als Einstieg, wenn man sich mit der Vorgeschichte der Freisetzungsbewegung näher beschäftigen möchte.– Eine gedankenreiche soziologische Studie über die Rolle der Intelligenz beim Übergang vom absolutistischen Regime zur frühbürgerlichen Reorganisation von Staat und Gesellschaft bietet HANS GERTHS Dissertation aus dem Jahre 1933, die 1976 neu herausgegeben wurde. – Die Probleme, die sich aus dem Zerfall der pädagogisch wirksamen Einheit von Arbeits- und Lebensraum für die Berufserziehung ergaben, sind von STRATMANN (1967) untersucht worden. – Den Erfahrungsbereich der vielschichtigen Bilddokumente, die als reichhaltiger Quellenbestand für eine umfassende Geschichte der Schule erst in jüngster Zeit intensiver genutzt werden, erschließen die „Bilderwelten der Erziehung“ von H. SCHIFFLER und R. WINKELER (1991). – Einen anderen, systematischen Zugriff zum Problemfeld, der auch die historischen Entstehungsbedingungen des modernen Schulwesens kurz und problemorientiert einbezieht, bietet das benutzerfreundliche und anspruchsvolle Studienbuch von J. DIEDERICH und H.-E. TENORTH (1997). – Die neueste interdisziplinäre Forschung zur Geschichte des Schulwesens ist im „Jahrbuch für historische Bildungsforschung“ zu verfolgen, das von der HISTORISCHEN KOMMISSION DER DEUTSCHEN GESELLSCHAFT FÜR ERZIEHUNGSWISSENSCHAFT (1993 ff.) herausgegeben wird.

Kapitel 2

Das bildungspolitische Reformprogramm des Liberalismus (Neuhumanismus)

2.1 Der Zusammenhang von politischer Reform und Bildungsreform

Nach dem Zusammenbruch Altpreußens im Jahre 1806/07 durch den Ansturm der französischen Revolutionsarmee befand sich der preußische Staat in einer schwierigen Lage. Das alte absolutistische System hatte offensichtlich abgewirtschaftet und war wie ein Kartenhaus in sich zusammengefallen. Der äußere Druck der Niederlage und des Zusammenbruchs *erzwang* nun, worauf kritische Reformkräfte seit Jahren vergeblich gedrängt hatten: die grundlegende Erneuerung des gesellschaftlichen Lebens durch entschiedene, wirksame Reformen oder die „Wiedergeburt" des preußischen Staats, die mit aller Kraft zu betreiben sich die patriotischen Zeitgenossen um den Freiherrn vom Stein in der Stunde der Niederlage durch Handschlag verpflichteten. Unter dem Einfluß der *idealistischen Philosophie* wollten die Männer der „Bewegungspartei" unter den Bedingungen einer von Einsicht getragenen *kontrollierten Revolution* „von oben" die Ergebnisse erreichen und sicherstellen, die im revolutionären Frankreich durch gewaltsamen Umsturz erzwungen worden waren. Die preußischen Reformen erscheinen in diesem Sinne als der vernünftig gewollte Ersatz einer ungewollten Revolution.

In dieser spezifischen historischen Konstellation mußte der Bildungsreform notwendig eine zentrale Rolle in der gesamten Reformbewegung zukommen. Wenn man die Prinzipien der liberalen Freisetzungsprogrammatik einerseits und der humanistischen Bildungsansprüche andererseits in ihren *strukturellen Zusammenhängen* untersucht, dann liegt auf der Hand, warum die leitenden Politiker und die engagierten Schulreformer in der fruchtbarsten Reformphase (1808/14) eine gemeinsame Sprache sprachen und in ihren Konzeptionen grundsätzlich darin übereinstimmten, daß sich bei der Neugestaltung des Staatswesens *Politik und Pädagogik* wechselseitig bedingen und unterstützen sollten. Angesichts des Reformzwangs unter desolaten Verhältnissen mußte das Pestalozzische Prinzip der *Selbsttätigkeit* bei den führenden Reformpolitikern auf fruchtbaren Boden fallen, denn dieses praktisch bewährte Erziehungsprinzip paßte ganz offensichtlich genau in das Konzept der *Freisetzungspolitik* und der Selbstmobilisierung der Kräfte hinein. Auch die innere Korrespondenz mit dem politischen Organisationsprinzip der *Selbstverwaltung* mußte unmittelbar einleuchten. Dem Prinzip der *allgemeinen Menschenbildung,* das die Neuhumanisten gegen die überholt erscheinenden ständischen Bildungsbeschränkungen zur Geltung brachten, entsprach auf der Ebene der politischen Programmatik die Forderung nach *Rechtsgleichheit,* die nach der Französischen Revolution gerade auch im nichtrevolutionären Preußen breiteste Unterstützung „von unten" fand, der die „Revolution von oben" wohl oder übel entgegenkommen mußte.

Zumindest auf der Ebene der Programmatik gingen die strukturellen Zusammenhänge einer wechselseitigen Bedingung und Einlösung von politischen und pädagogischen Reformansprüchen noch weiter. Die Mobilisierung des Volkes gegen die französische Besatzungsmacht war mit Aussicht auf Erfolg nur zu betreiben, wenn ermunternde und motivierende Versprechungen nach der Befreiung vom äußeren Zwang freiere Entfaltungs- und Beteiligungschancen auch im Innern des reformierten Staatswesens in Aussicht stellten. Nicht zuletzt der Zwang zur Sanierung der Staatsfinanzen nötigte zum pragmatischen Kalkül, dem zu verstärkter Opferbereitschaft aufgerufenen Volk, das zur Entrichtung neuer und erhöhter Steuerbeiträge zur Kasse gebeten werden sollte, zugleich auch *Beteiligungsrechte* in einer künftigen „Repräsentation" zu versprechen. Die Prinzipien, die der für die Bildungsreform zuständige Sektionschef Wilhelm von Humboldt im Jahre 1809 mit überzeugender Klarheit vertrat, implizierten die Eröffnung derartiger Beteiligungschancen: durchgängige Einheit der Bildungsorganisation vom Elementarunterricht bis zum Universitätsstudium, eine notwendige gemeinsame Bildung für alle Staatsbürger als Medium vernünftiger sozialer Integration, Vorrang der selbstbewußten formalen Bildung, „Lernen des Lernens" auf allen Unterrichtsstufen. Wenn man diese *bildungstheoretischen Prinzipien* ernst nimmt und auf ihre *bildungssoziologischen Konsequenzen* hin zu Ende denkt, dann werden in den Fluchtlinien einer gewollten Verwirklichung des Bildungsanspruchs die Umrisse einer *demokratischen Teilhabegesellschaft* sichtbar, die um der Bestimmung des Menschen willen weder Herren noch Knechte kennt und in der „jede intellektuelle Individualität", wie Humboldt im Königsberger Schulplan formulierte, „ihr Recht und ihren Platz fände".

2.2 Der neuhumanistische Allgemeinbildungsanspruch

Wie radikal auch immer die programmatischen Denkschriften der Reformjahre vom Emanzipationsgedanken des idealistischen Vernunft*anspruchs* durchdrungen sind, so muß man sich allerdings davor hüten, den vielbeschworenen Geist der preußischen Reformen in ihrem *Realitätsgehalt* zu überschätzen. Die in der Tradition der pädagogischen Geschichtsschreibung beliebte Glorifizierung, die von höchsten Idealen durchdrungenen Reformer hätten in ihrem edlen Streben kein geringeres Ziel vor Augen gehabt, als die Philosophie des deutschen Idealismus in der Praxis des preußischen Staats zu verwirklichen, ist jedenfalls eine ideologisch überzogene und insofern schlicht falsche These. Zumindest für die Träger der Reform in den *politischen Spitzenstellungen* (wie Freiherr vom Stein, Hardenberg, Altenstein) ist diese These nicht zu halten. Durch Herkunft und Interessenlage gerade denjenigen Gruppen verbunden, deren Vorrangstellung durch eine konsequente Verwirklichung der Reformen notwendig hätte zurückgedrängt werden müssen, waren diese Männer weder gewillt noch in der Lage, den *gesellschaftsverändernden Konsequenzen* einer liberalen Freisetzungsbewegung und allgemeinen Nationalbildung ideologisch unbefangen freien Raum zu geben. Eine auf wirklicher Mitbestimmung und Teilhabe des Volkes beruhende „Verfassung“ herzustellen, worauf die Verwirklichung der Philosophie in ihren radikalen Entwürfen notwendig abzielen mußte, hat ernsthaft nie in der Absicht dieser Reformer gelegen. Ihre erstaunliche Radikalität auf der Ebene der Programmatik ist nur unter den konkreten Umständen des preußischen Zusammenbruchs zu verstehen und eben auch zu relativieren.

Im Unterschied zu den Reformern in den politischen Spitzenstellungen lassen sich im breit gefächerten Spektrum der verschiedenen neuhumanistischen Positionen allerdings Reformkonzepte feststellen, die von einer entschieden *demokratischen* Tendenz durchzogen sind. Besonders Fichte, dessen staatspädagogische Konzeption zahlreiche Reformkräfte im preußischen Beamtenapparat beeinflußt hat, betonte mit überzeugender Konsequenz, daß der Freisetzung aus ständischen Bindungen der Anspruch aller auf *gleiche Bildungsrechte* korrespondieren und notwendig folgen müßte. Reinhold Bernhard Jachmann, der im Lager der neuhumanistischen Bildungsreformer eine ähnlich radikale antiständische Position vertrat, hat den demokratischen Gleichheitsgedanken besonders klar akzentuiert:

> „Da nun kein Staatsbürger mehr oder weniger Bürger ist, als der andere; da Alle gleiche Rechte und gleiche Verbindlichkeiten gegen den Staat haben: so folgt aus dem Begriff des Bürgers, daß alle Kinder in einem Staate zu einem gleichen Bürgerrecht und zu einer gleichen Bürgerpflicht erzogen werden müssen“ (1812, S. 77).

Bildungseinschränkung, ob sie nun geburtsständisch durch die *soziale Herkunft* des Schülers begründet werde oder zukunftsbezogen durch den *künftigen Beruf,* erscheint Jachmann als ein „verderblicher Wahn" (ebd., S. 70), der dem höchsten Zweck der Menschheit widerstrebe. Ungeachtet von Herkunft und Bestimmung soll in jedem heranwachsenden Mitglied der Gesellschaft „die Menschheit . . . vollkommen entwickelt und gebildet" werden (ebd., S. 71).

Das von den Neuhumanisten aufgestellte Postulat der *allgemeinen Menschenbildung* mußte unter den konkreten gesellschaftlichen Bedingungen zu Beginn des 19. Jahrhunderts jedoch eine blasse Forderung bleiben, solange die *Realisierungsbedingungen* nicht wenigstens skizziert werden konnten. In dieser Hinsicht blieben die Reformprogramme allerdings schlüssige Antworten schuldig. Die hoch gespannten Ziele waren so weit von der sozialen Realität zur Zeit der frühen Industrialisierung entfernt, daß in den meisten Programmschriften entweder gar nicht oder nur ganz beiläufig auf die konkreten Fragen der Realisierung eingegangen wurde. Wie sich an Jachmanns Schriften beispielhaft zeigen läßt, wird der formale Charakter des neuhumanistischen Allgemeinbildungsanspruchs bei näherer Prüfung aber schon auf der programmatischen Ebene sichtbar. Angesichts der Massenarmut und des Proletarierelends konnten die Postulate der *allgemeinen* Bildung realistischerweise nur für einen *kleinen Teil* der gesamten Gesellschaft tatsächlich erfüllbar sein.

Nach Jachmanns Forderungen sollte die allgemeine Menschenbildung in der einheitlichen Nationalschule das ganze Knaben- und Jünglingsalter umfassen, „von dem ersten Eintritt in die Schulwelt bis zum achtzehnten Lebensjahre, als dem Ende des Schullebens" (ebd., S. 81). Daß er hier nur ganz formal an den Anspruch aller dachte und gleichsam selbstverständlich nur eine privilegierte Minderheit *faktisch* meinte, zeigt sich in seiner Antwort auf die Frage, bis zu welchem Bildungsziel der einzelne in der allgemeinen Nationalschule geführt werden sollte. Auf diese Frage machte Jachmann wiederholt zwei einschränkende Bedingungen geltend, die das Bildungsziel des einzelnen bestimmen sollten: seine Fähigkeit und seine „irdischen Verhältnisse". Die zweite Bedingung für die Schulbesuchsdauer erscheint Jachmann *schicksalhaft* als glückliche oder unglückliche Fügung. Die materiellen Verhältnisse als Schranke der Verwirklichung des allgemeinen Bildungsanspruchs werden von Jachmann also noch nicht als ein sozialpolitisch zu bearbeitendes Problemfeld des Staates wahrgenommen, der den Anspruch auf gleiche Bildungschancen nicht nur als ein formales Recht proklamiert, sondern auch materiell durch *Sozialpolitik* zu realisieren versucht. Solange die Staatsverwaltung in den Bildungskonzepten mit dieser komplementären Aufgabe nicht ebenfalls in die Pflicht genommen wurde, mußten die allgemeinen Bildungsansprüche auch der radikalen Neuhumanisten eine abstrakte Programmatik bleiben, die in ihrer begrenzten sozialen Reichweite in der Praxis gerade diejenigen nicht erreichte und wiederum ausschloß, deren

Teilhaberecht überhaupt erst einmal zur Sprache gebracht zu haben das besondere Verdienst der radikalen antiständischen Reformkonzepte war.

2.3 Die Haupttendenzen der Reformen

Die neuhumanistischen Bildungsreformer, die als Beamte in der staatlichen Unterrichtsverwaltung konkret tätig und am Reformwerk unmittelbar beteiligt waren, standen vor der schwierigen Aufgabe, ihre weitreichenden Reformpläne und hohen Ansprüche in die Realität umzusetzen. An ihrer Wirksamkeit läßt sich der Neuhumanismus als kulturelle Reformbewegung deshalb präziser und sozialgeschichtlich aufschlußreicher studieren als auf der Ebene der Programmatik.

Von ihren engagiertesten Trägern innerhalb der Bürokratie war die Erneuerung des Bildungswesens als eine *einheitliche Gesamtreform* intendiert, die die ganze Breite der verschiedenen Bildungseinrichtungen von der Elementarschule bis zur Universität umfassen sollte. Wenn man die Reformer an dieser Intention mißt, daß sie eine einheitliche Nationalbildung begründen wollten, sind sie gescheitert. Wenn man allerdings die längerfristige Wirksamkeit von Teilreformen, besonders der gelehrten Schulen und Universitäten, vor Augen hat und die Bedeutung des Beitrags abschätzt, den die Reformer zur Entwicklung des modernen deutschen Bildungswesens geleistet haben, dann war ihre relativ kurze Wirksamkeit überaus folgenreich und weichenstellend bis in unsere Gegenwart.

Aus unserer gegenwärtigen Perspektive, mit dem Wissen der Nachgeborenen also, stellt sich die Reorganisation des Bildungswesens durch die Reformen unter drei beherrschenden Tendenzen dar, die in ihrer weiterwirkenden Eigendynamik die preußisch-deutsche Bildungsgeschichte nachhaltig beeinflußt haben.

2.3.1 Die staatsfunktionale Verkoppelung der höheren Bildung

Die neuhumanistische Bildungsreform verstärkte und vertiefte die *staatsfunktionale Beziehung* der *höheren Bildung*, die sich in Deutschland seit der Entstehung der modernen Territorialstaaten in einem langfristigen Prozeß bereits angebahnt hatte (WESTPHALEN 1979). Durch die funktionale Verschränkung zog der Staat die höhere Bildung immer enger und beherrschender unter seine Kontrolle und nahm sie in seinen Dienst, wie umgekehrt die gelehrte Bildung immer umfassender im Staatsdienst aufging. Die wechselseitig zunehmende Verschränkung läßt sich analytisch in drei Bereichen verfolgen, in denen die Strukturen sich enger verkoppelten und zu einem „System" zusammenwuchsen.

(1) Da ist zunächst das Element der *Staatsprüfungen*, die das Bindeglied zwischen universitären Studiengängen, Abschlußqualifikationen und staatlicher Dienstbefähigung darstellen. Wegweisend waren hier die Normierungen für den Zugang in den *Justizdienst*, die mit der Einrichtung einer zentralen Prüfungsbehörde durch Reglement vom 12. Nov. 1755 ihren ersten Abschluß fanden. Eineinhalb Jahrzehnte später war auch bereits der Prozeß der Ausbildung eines prüfungsrechtlich eigenständig normierten höheren *Verwaltungsdienstes* zu einem vorläufigen Abschluß gebracht worden (Cirkular vom 28. Feb. 1770). Als erste Elemente einer Systembildung wirkten die Staatsprüfungen normierend auf die vorgelagerten Bildungsinstitutionen zurück. Den wichtigsten Schritt auf dem Wege zunehmender staatsfunktionaler Verkoppelung der höheren Bildung markierte hier die *Einführung des Abiturientenexamens* (Edikt vom 23. Dez. 1788), durch das das höhere Schulwesen an die Bedürfnisse der universitären Ausbildung und den höheren Staatsdienst angeschlossen wurde (HERRLITZ 1973). Über den Mechanismus der Staatsprüfungen, die von oben nach unten systembildend vordrangen, waren also gegen Ende des 18. Jahrhunderts die Weichen bereits weitgehend voreingestellt für eine weitere administrative Inbesitznahme des höheren Schulwesens als staatsberuflicher Vorbildungsanstalten.

Die preußischen Reformer gingen auf diesem Wege verschärfter Leistungsauslese durch normierte Staatsprüfungen entschieden weiter. Das noch von Humboldt eingeführte *philosophische Staatsexamen* („pro facultate docendi", Edikt vom 12. Juli 1810) dehnte das staatliche Aufsichts- und Kontrollrecht auf das Lehrpersonal an den berechtigten höheren Schulen aus, die das Privileg besaßen, Schüler zur Universität zu entlassen, oder auf die dritte und zweite Klasse derjenigen Anstalten vorbereiteten, die zu Entlassungsprüfungen berechtigt waren. Durch diese funktionale Verknüpfung der philosophischen Fakultät mit dem höheren Schuldienst in den reorganisierten Gymnasien wurde ein weiteres Feld gelehrter Studien und akademischer Qualifikationen auf staatliche Dienste hin kanalisiert. Die durch die Universitätsreformen aufgewertete philosophische Fakultät (Neugründung der Universitäten Berlin 1810, Breslau 1811, Bonn 1818) trat damit als „Berufsfakultät" für die höheren Lehrämter neben die traditionellen Fakultäten, die (bis auf die medizinische) bereits eng auf die öffentlichen Dienste in Staat und Kirche ausgerichtet waren.

(2) Während das Vordringen des Staatsprüfungswesens bloß zum Ausdruck brachte, wie der *absolutistische Verwaltungsstaat* unter Rationalisierungszwängen adlige Privilegien und Vorzugschancen beim Zugang in höchste Ämter zurückdrängte und dem modernen *universalistischen Kriterium der „Leistung"* allmählich aus Eigeninteresse zum Durchbruch verhalf, taten die Reformer zu Beginn des 19. Jahrhunderts den entscheidenden Schritt nach vorn, indem sie den *faktisch* angebahnten funktionalen Zusammenhang von Bildungsvoraussetzung und Staatsdienstbe-

fähigung auch auf der Ebene des Staatsrechts absicherten und *rechtlich* verkoppelten. Mit dieser Sanktionierung führten die preußischen Reformbeamten die bereits wirksame historische Tendenz der staatsfunktionalen Verkoppelung der höheren Bildung in eine vertiefte Dimension hinein. Dabei war selbstverständlich die *Interessenlage* des höheren Beamtenstandes ein nicht zu unterschätzender erheblicher Einflußfaktor, ihre eigene *privilegierte Reproduktion* durch einen monopolisierten Bildungsgang unter ihrer Kontrolle rechtlich abzusichern und auf Dauer zu stellen. Durch zahlreiche Einzelnormierungen, die schließlich in das umfassende Abiturientenreglement vom 4. Juni 1834 einmündeten, setzte die preußische Reformbürokratie in den ersten Jahrzenten des 19. Jahrhunderts rechtsverbindlich durch, daß jeder, der in ihre Reihen aufgenommen werden und in den höheren Staatsdienst eintreten wollte, zuvor durch „ihre" Schule gegangen sein, d.h. das *humanistische Gymnasium* erfolgreich absolviert sowie nach mindestens dreijährigem wissenschaftlichem Studium weitere Staatsprüfungen und eine mehrjährige Probezeit bestanden haben mußte.

Die selbstbewußte und selbstherrliche Ineinssetzung von Bildungsidee und Staatszweck, die den Führungsanspruch der preußischen Reformbürokratie nach 1807 dokumentierte, weist auf verborgene *meritokratische Implikationen* des Neuhumanismus hin, denen die Forschung bisher nur eine geringe Aufmerksamkeit gewidmet hat. Die auf eine bürokratische Verdienstherrschaft zielenden Elemente des Neuhumanismus werden aber deutlich sichtbar, wenn man aus einer bildungssoziologischen Perspektive nach dem Beitrag fragt, den der Neuhumanismus zur Entstehung des modernen Berechtigungswesens lieferte.

Wilhelm von Humboldt verstand das höhere Staatsbeamtentum als eine Korporation, „zu der nur Geist und Bildung den Weg bahnen können". Fichte schrieb dem Stand der wissenschaftlich Gebildeten den höchsten sozialen Rang zu. Und der Spitze dieser gelehrten Korporation, den Professoren der Universitäten, sollte folgerichtig auch „die oberste Aufsicht über den wirklichen Fortgang des Menschengeschlechts" gebühren. Es liegt auf der Hand, daß das geistige Format des Menschen, der *dokumentierte Grad seiner Bildung* nach diesen Konzepten das statusdifferenzierende Kriterium sein sollte, nach dem sich der anspruchsvolle Dienst am gemeinschaftlichen Leben gliederte. In der Projektion dieser meritokratischen Bildungskonzeption auf den Staat war das *Laufbahnwesen* im öffentlichen Dienst prinzipiell vorentworfen. Damit sind wir beim dritten Element der staatsfunktionalen Verkoppelung der höheren Bildung, das als letztes Glied in einer Kette die folgenreiche Systembildung abschließt.

(3) Bis zur *Rangklassifizierung* innerhalb der ausgeweiteten Reformbürokratie im Jahre 1817 gab es innerhalb der traditionellen Fürstendienerschaft zwar vielfältige, geburtsständisch vermittelte Abstufungen, aber

keine eigentliche *Laufbahnordung im verwaltungsrechtlichen Sinne.* In der modernen Terminologie müßte man von einer „Einheitslaufbahn" sprechen, in der auch dem geringsten Diener der unbegrenzte Aufstieg bis in höchste Ehrenstellungen prinzipiell offenstand. Es ist schon ein überraschender, denkwürdiger Befund, daß gerade die Reformbürokratie, die unter dem idealistischen Panier der freien Entfaltung der Persönlichkeit die gesellschaftliche Freisetzung aus ständischen Bindungen betrieb, nun durch die Berufung auf das Bildungsprinzip in ihren eigenen Reihen unüberwindliche Aufstiegsbarrieren errichtete: Die „Verordnung wegen der den Civilbeamten beizulegenden Amtstitel und der Rang-Ordnung der verschiedenen Klassen derselben" vom 7. Februar 1817 unterschied zum ersten Mal *Subalternbeamte* und *höhere Beamte* im verwaltungsrechtlichen Sinne und differenzierte erstere in vier, letztere in fünf Rangklassen. Mit dieser hierarchischen Klassifizierung und der Koppelung des Regierungsreferendariats an die universitäre Bildung als Zugangsvoraussetzung wurde der gesamte Aufstieg in den nun rechtlich abgehobenen höheren Staatsdienst nach unten „dichtgemacht" und auf die Berechtigten, sprich: *humanistisch Gebildeten* begrenzt.

Besonders dieser Befund ist es, der bei der Betrachtung der weiteren Bildungsgeschichte in Deutschland eine *systematische Beachtung* verdient: Noch in der Umbruchphase des revolutionären Zurückdrängens der *geburtsständischen Privilegien* durch den sozialen Geltungsanspruch des auf Freiheit und Gleichheit dringenden *Bildungsprinzips* werden durch Berufung auf eben dieses Prinzip neue Ungleichheiten, besser: „systemisch" produzierte *Ungleichheiten neuer Qualität* sichtbar, die sich allerdings nicht in den Kategorien der ständischen Welt begreifen lassen, da sie einen neuen Modus der sozialen Integration verkörpern, der gerade charakteristisch für entwickelte „moderne" Gesellschaften ist. Mit der Durchsetzung von „Zensuren" als legitimem Ordnungsschema für abgestufte Teilhabechancen und für den sozialen Ausschluß gewinnt das reorganisierte Bildungswesen erstmals eine eigenständige Bedeutung als moderne Verteilungsapparatur für Sozialchancen. Seitdem ist das „Bildungsstreben" über den Steuerungsmechanismus des Berechtigungswesens mit dem Interesse an „Bildungsverwertung" untrennbar verflochten, ein konstitutiver Grundzug der modernen Bildungsgeschichte, der sich der Mentalität der deutschen Gesellschaft seit dem frühen 19. Jahrhundert tief eingeprägt hat.

2.3.2 Die stärkere Absonderung des höheren vom niederen Schulwesen

Aus der Perspektive der modernen bildungssoziologischen Fragestellung nach dem Beitrag, den die Bildungsinstitutionen zur Reproduktion und Weiterentwicklung sozialer Strukturen leisten, gewinnt eine zweite

Tendenz der preußischen Reformen an Bedeutung, an der erst die neuere Forschung hinreichend Interesse gefunden hat, um sie überhaupt systematisch ins Blickfeld zu nehmen: die durch die Reformen bewirkte schärfere *institutionelle Absonderung des höheren vom niederen Schulwesen.* Es kann kein Zweifel darüber bestehen, daß es den engagierten Männern im Lager der Bildungsreformer entschieden ernst war, ihre weitreichenden Pläne für ein einheitliches nationales Bildungswesen auch wirklich in die Tat umzusetzen. Da die Reformer ihre Gesamtkonzeption aber nicht durchsetzen konnten und am Widerstand vorherrschender Interessenlagen scheiterten, zerfiel die gesamte Bildungsreform in ihre Bruchstücke, die einer eigenen Dynamik folgten und auseinandertrieben.

Bei der Fortentwicklung der Teilreformen fiel entscheidend ins Gewicht, daß die Ausgangsbedingungen für eine erfolgreiche Reorganisation des gelehrten Schulwesens ungleich günstiger waren als diejenigen für eine Verbesserung des Elementarschulwesens. Im Hinblick auf die Erneuerung des gelehrten Schulwesens konnten die Reformer an vorausgegangene, noch wirksame Reformtendenzen anknüpfen. Besonders seit den 1780er Jahren war die öffentliche Diskussion darüber nicht mehr abgerissen, wie sich das vielgestaltige gelehrte Schulwesen verbessern und vereinheitlichen ließe, das um die Mitte des 18. Jahrhunderts nicht weniger als rund 400 lateinische Schulen unterschiedlichster Größe und Qualität umfaßte. Dabei stand ein Motiv im Vordergrund, das die Interessenlage der dünnen Schicht der „Gebildeten" im ausgehenden 18. Jahrhundert mit besonderer Brisanz berührte: die vermeintliche Überfüllung der Universitäten und das Überangebot an akademisch gebildeten jungen Männern, die in staatliche und kirchliche Ämter drängten, wegen der Überfüllung dieser Karrieren aber ohne Versorgung blieben. Von dieser Problemlage einer Verknappung ihrer Sozialchancen, die besonders die bürgerliche Intelligenz bedrohlich wahrnahm, ging bereits im Ancien Régime ein starker Handlungs- und „Rationalisierungsdruck" aus, das unübersichtliche Feld des zersplitterten Lateinschulwesens „bedarfsangemessen" zu bereinigen.

Aus dem über drei Jahrzehnte sich hinziehenden Aussonderungsprozeß, in dem durch ausgedehnte staatliche Aufsicht und Kontrolle ein normiertes Mindestniveau der anerkannten Anstalten durchgesetzt wurde, gingen bis 1810 nur 91 als Gymnasien klassifizierte gelehrte Schulen hervor. Mit der Orientierung an der Reifeprüfung als Bildungsnorm für die Zulassung zu den Universitätsstudien wurden diese herausgehobenen Lehranstalten bis in die 1830er Jahre weiter ausgebaut und bürokratisch vereinheitlicht (u.a. Einführung des Jahrgangsklassensystems, Angleichung der Aufnahme- und Versetzungsregelungen, Festlegung der Aufgaben des Direktors und der Schulkonferenz). Dabei diente der (formell nie in Kraft getretene) Lehrplan von 1816 als vorbildlicher Bezugsrahmen. Mit dem Abiturientenreglement von 1834 und dem für alle gymnasialen Anstalten in sämtlichen Provinzen verbindlich gemachten Lehrplan von 1837 gelangte der Prozeß der Modernisierung der höheren Bildung in Preußen zu einem gewissen Abschluß. Im Unterschied zu den früheren Abiturientenreglements von 1788 und 1812 wurden nun im Reglement vom 4. Juni 1834 – angesichts einer neuerlichen Überfüllungssituation in den höheren Ständen – alle in der Maturitätsprüfung für „untüchtig" befundenen Absolventen vom Zugang in höhere Ämter und Karrieren in Staat und Gesellschaft *definitiv ausgeschlossen.* Mit der Durchsetzung dieses staatlichen Selektionsmonopols hatte die preußische Reformbürokratie ihr Konzept einer antiständischen höheren Bildungsanstalt verwirklicht, in deutlich erkennbarer Abwehrstellung nach zwei Seiten: gegen die überkommenen Vorzugschancen des Adels *und* gegen die überhandnehmende „Studiersucht" von unberufenen Jünglingen aus den sogenannten niederen Ständen. Wegen dieser doppelten Frontstellung war der Charakter des modernisierten Gymnasiums ambivalent: Um den Adel zu gewinnen (und dessen Nachwuchs aus der Privaterziehung in die neue Staatsschule hineinzwingen zu können), mußte das Gymnasium auf *soziale Exklusivität* angelegt sein. Um Ansprüche „von unten" legitim abwehren und kanalisieren zu können, durfte das Gymnasium nach der liberalen Freisetzung und dem revolutionären Gleichheitsversprechen andererseits auch keine reine „Standesschule" sein. Das Gymnasium des frühen 19. Jahrhunderts vereinte beides: Es war die Schule der höheren Schichten, nach Standort und ökonomischen Zugangsvoraussetzungen, nach Anspruchslage und Selbstverständnis seiner Förderer, nicht zuletzt auch nach der Aura, die es verbreitete. Besonders das Gewicht des altsprachlichen Unterrichts, dem beständig 40 oder mehr Prozent des gesamten Stundenplans gewidmet wurden (vgl. Tab. 2) dokumentierte den geistigen Anspruch: Hier sollte die künftige Elite geschult und gesinnungsmäßig durchgeformt werden, in exklusiver Distanz zur gesellschaftlichen Wirklichkeit, zum Arbeitszwang und zur Lebensnot des einfachen Volkes. Und wegen dieses modernen, *universalistischen Leistungsanspruchs* hat sich das humanistische Gymnasium weder im Vormärz noch später nach unten vollständig abschließen können; je nach langfristigen Bedarfslagen blieb es für „begabte" Aufsteiger aus dem einfachen Volk immer ein Stück weit offen.

Konnten die elitär herausgehobenen Gymnasien auch in der vormärzlichen Reaktionszeit ihre Vorrangstellung behaupten und kraft ihrer staatsfunktionalen Einbindung sogar noch weiter ausbauen, so blieb die von den Reformern in den Jahren 1808/14 konzipierte einheitliche Nationalbildung auf der Strecke. Die schwierige öffentliche Finanzlage, in der sich 1806-1815 sowohl die staatlichen als auch die kommunalen Haushalte befanden, grenzte die Realisierungschancen der verschiedenen Teilreformen in dem Maße ein, wie die öffentlichen Fonds je nach Kassenlage eine breitere oder schmalere Finanzierungsbasis erlaubten. Diese wichtige Rahmenbedingung sicherte der Reorganisation des Gymnasialwesens, deren Finanzierungsspielräume breiter waren, einen nicht einzuholenden Vorsprung und ließ die Reform des Elementarschulwesens von Anbeginn ins Hintertreffen geraten. Wie zwingend diese Problemlage die Handlungsspielräume der Bürokratie einschränkte, liegt auf der Hand: Der Anspruch auf allgemeine Menschenbildung war nur gegen vielfältige Widerstände, vor allem der gutsherrlichen Klasse, durchzusetzen, die dabei am meisten zu verlieren hatte. Eine echte Durchsetzungschance konnte die Reformbürokratie in der Unterrichtsverwaltung nur haben, wenn sie über hinreichende Ressourcen verfügte, ihre Ziele auch gegen diese Widerstände durchzusetzen, d.h. sie mußte in finanzieller Hinsicht von den Reformgegnern unabhängig sein. Insofern setzte ein möglicher Erfolg der allgemeinen Bildungsreform eine erfolgreiche *Steuerreform* voraus. Da diese am Widerstand des grundbesitzenden Adels scheiterte, dessen Interessenlage und Einfluß selbstverständlich auch in der Reformzeit in die Administration hineinreichte, bewegten sich die Bildungsreformer hinsichtlich der Landschulreform aussichtslos im Kreise.

Als sich Süvern nach dem Ende der Befreiungskriege anschickte, die mühevolle Kleinarbeit der Teilreformen der vergangenen sechs Jahre zusammenzufassen und mit einem *allgemeinen Schulgesetz* abzuschließen (s.u. Kap. 3.1), lehnte der Innenminister Schuckmann als Sektionschef diese Initiative mit dem Hinweis auf die allgemeinen Zeitverhältnisse ab: Neue Bestimmungen über die Schulunterhaltung seien augenblicklich denkbar ungünstig; man könne den Gutsherren jetzt keine neuen Dotationen der Bauernschulen auflegen, wo das Geschrei über das aufgehobene Unrecht der Untertänigkeit immer noch nicht abgeklungen sei (SÜVERN 1929, S. 150ff.). Neben den kirchlichen Widerständen, die sich an den geschmälerten Aufsichts- und Einflußrechten entzündeten, scheiterte der Süvernsche Unterrichtsgesetzentwurf von 1819 nicht zuletzt an der umstrittenen *Aufbringung der Mittel für die Schullasten*, wie die mit Verzögerungstaktik verspätet zurücklaufenden Gutachten der Oberpräsidenten und Bischöfe zeigten. Die Argumentation der ablehnenden Großgrundbesitzer spiegelte deren Interessenlage durchsichtig wider: Die *verhältnismäßige* Heranziehung des Grundbesitzes bedeute eine große Härte. Das hieß im Klartext: Die Heranziehung des Grundbesitzes nach seiner Größe würde die über riesige Landflächen verfügenden Gutsherren für die ländliche Schulunterhaltung am meisten belasten, obwohl diese nicht im entferntesten daran dachten, ihre eigenen Kinder in die dürftig ausgestattete Dorfschule zu schicken. Der Großteil der 17623 Landschulen, die es nach einer Erhebung des Kultusministeriums vom April 1819 in der preußischen Monarchie gab (JAHRBÜCHER DES PREUSSISCHEN VOLKSSCHUL-WESENS, Bd. 1, 1825, S. 68ff.), blieb unter diesen Rahmenbedingungen von den Reformintentionen weitgehend unerreicht. Längerfristig und nach den lokalen Umständen unterschiedlich wirkte die Bildungsreform indirekt über die erfolgreiche *Reorganisation der Lehrerbildung* allerdings auch in das ländliche Schulwesen hinein, das vom *direkten* staatlichen Reformeinfluß durch die ständischen „Untergewalten" abgeschirmt blieb, die aus den Reformen gestärkt hervorgegangen waren (Koselleck 1967).

Gegen die Reformintention eines einheitlichen Bildungssystems entwickelte sich das Schulwesen unter dem Eigengewicht der konkreten Sozialverhältnisse in den ersten Jahrzehnten des 19. Jahrhunderts institutionell also weiter auseinander. Wie die Wirklichkeit des ausgehenden Reformjahrzehnts den neuhumanistischen Bildungsanspruch gleichsam ironisch widerlegte, macht die paradoxe Abfolge zweier Ereignisse deutlich: Bereits seit 1817 (Dienstinstruktion für die Provinzialkonsistorien) entwickelte sich die ursprünglich konzipierte *Einheit der Schulverwaltung* auseinander. Die Gymnasien erhielten eine eigene *Fachaufsicht*, die Elementarschulen blieben unter fachfremder Aufsicht auf der Ebene der Mittelbehörden den Regierungen unterstellt. Damit hatte sich die Sonderstellung der Gymnasien, die die institutionelle Kluft innerhalb des Schulwesens vertiefte, auch im konkreten Verwaltungshandeln faktisch durchgesetzt. Dennoch klammerte sich der zwei Jahre später vorgelegte Unterrichtsgesetzentwurf immer noch an die von der tatsächlichen Entwicklung längst überholte und auch von der Verwaltung durch eigenes Handeln widerlegte Idee eines *einheitlichen Stufenschulsystems*, das „wie eine einzige große Anstalt für die National-Jugendbildung betrachtet werden" könnte (§ 4). Die ablehnenden Gutachter erkannten diesen Widerspruch und beuteten ihn auf diskrete Weise aus: Als *Reformkonzept* nahmen sie den Stufenansatz gar nicht mehr ernst, sondern taten ihn schlicht als *falsche Bezeichnung* ab, „da tatsächlich Elementar-, Stadtschulen und Gymnasien nicht aufeinander folgen".

2.3.3 Die Ausdifferenzierung getrennter Lehrerstände

Es lag ganz innerhalb der sozialgeschichtlich vorgezeichneten und durch das konkrete Verwaltungshandeln beförderten Tendenz, daß sich mit der institutionellen Absonderung des höheren vom niederen Schulwesen auf der Ebene des Lehrpersonals auch zwei institutionell getrennte, nach Vorbildung, Status und Selbstverständnis gegeneinander weitgehend abgeschlossene Lehrertypen herauskristallisierten. Das treibende Motiv der Absonderung des höheren Lehramts von anderen Lehrämtern war die Lehrbefähigung für das spezifische *privilegierende Sonderwissen*, das in den oberen Klassen derjenigen höheren Schulen vermittelt wurde, die als berechtigte Anstalten aus der Vielzahl von höheren Schulen herausgehoben wurden. Die Lehrer an den privilegierten Schulen gehörten bereits nach dem Allgemeinen Landrecht von 1794 zum „höheren" Bürgerstand und waren in rechtlicher Hinsicht den ständischen Lokalgewalten entzogen. Ihre soziale Privilegierung bezog sich neben der staatsunmittelbaren Rechtsstellung vor allem auf die Befreiung der Söhne vom Militärdienst (Kantonierungsreglement von 1792). Das im Edikt vom 12. Juli 1810 angeordnete *Examen pro facultate docendi* sanktionierte die bereits in Gang gekommene Absonderung der „gelehrten Schulmänner“ und fixierte sie *rechtlich.* Die statusdifferenzierende Wirkung der spezifischen „Oberlehrer“-Eigenschaft, die sich zunächst nur auf die „Oberstufe“ der berechtigten höheren Lehranstalten bezogen hatte, wurde nach 1819 allmählich auf das gesamte Lehrpersonal an höheren Schulen ausgedehnt, vom Lehrer in der Sexta bis zum Lehrer in der Prima. Solange der Prozeß der Absonderung der berechtigten höheren Schulen allerdings noch im Fluß war, wies auch die neu institutionalisierte Laufbahn des höheren Lehramts am unteren Ende noch nicht voll normierte Grauzonen auf. Die Neuregelung der Versorgungsleistungen für Lehrerwitwen und -waisen setzte die Verwaltung nach 1820 hier unter Definitionszwang: Die Kabinettsorder vom 17. April 1820 schloß nämlich die Elementarlehrer vom Beitritt zu den staatlich subventionierten Versorgungskassen für die Hinterbliebenen der Lehrer aus, während das Privilegiensystem der akademisch gebildeten Lehrkräfte durch dieses Element der Statussicherung weiter ausgebaut wurde. Das Problem einer eindeutigen Abgrenzung der Lehrerstatus nach dem *Kriterium der Prüfung* erledigte sich freilich mit der Zeit ganz von selbst. Das in der Phase des Lehrermangels zugestandene Ausnahmerecht, für den Unterricht in den unteren Klassen der höheren Bürgerschulen auch nicht akademisch gebildete Lehrkräfte zuzulassen (Reskript vom 20. November 1826), lief mit dem hinreichenden Angebot an ordnungsgemäß geprüften Lehrkräften etwa seit der Mitte der 1830er Jahre faktisch leer.

Nach der ursprünglichen Absicht der Reformer sollte die Kontrollfunktion des staatlichen Prüfungswesens, nach allen Erfahrungen ein besonders wirksamer Hebel jeder Bildungsreform, auch auf die Lehrer an Volks- und niederen Bürgerschulen ausgedehnt werden (Thiele 1912; Jeismann 1974, S. 320). Vermutlich wäre deren Selbstbewußtsein und Rechtssicherheit gegenüber der kirchlichen Schulaufsicht und dem Schulvorstand durch das Eigengewicht einer erfolgreich bestandenen Staatsprüfung auch wesentlich gestärkt worden. Durch das Scheitern der Reform auf diesem Felde ist es zu einer Institutionalisierung des staatlichen Prüfungswesens für die Elementarschullehrer, die der Normierung des höheren Lehramts vergleichbar wäre, in der Reformzeit nicht mehr gekommen. Erst in der *Restaurationsphase*, also unter den Bedingungen einer konservativen Umbiegung der noch fortwirkenden Reformtendenzen, wurden für die Abgänger der Lehrerseminare *Entlassungszeugnisse* vorgeschrieben (Zirkular-Reskript vom 1. Juni 1826), die nach drei Stufen (I vorzüglich, II gut, III genügend) differenzierten. Die Abgänger mit den Prädikaten II und III sollten danach nur noch provisorisch angestellt werden und sich innerhalb von drei Jahren einer Nachprüfung im Seminar unterziehen (Jahrbücher, Bd. IV (1826), S. 154ff.).

Die in den ersten Jahrzehnten des 19. Jahrhunderts durch die Reformen prüfungsrechtlich verankerte *institutionelle Scheidung* der Lehrerstände, die für die weitere schulgeschichtliche Entwicklung prägend wurde, tritt plastisch vor Augen, wenn man einige der (allerdings nur spärlich vorhandenen) statistischen Daten betrachtet. Die größte Gruppe bildeten die *Landschullehrer*, die in der Regel jeweils allein eine Dorfschule führten. Zu ihr gehörten im Jahre 1819 nicht weniger als 18140 Lehrkräfte mit einem durchschnittlichen Jahreseinkommen von nur 258 Mark. Besser gestellt waren die 3745 Stadtschullehrer, die teilweise an mehrklassig ausgebauten Schulen unterrichteten und ein durchschnittliches Jahreseinkommen von 638 Mark erhielten. Zur kleinen Elite, die sich durch die strukturelle Statusanhebung von diesen beiden Gruppen immer weiter absetzte, zählten im Jahre 1816 nur die 976 Lehrer an den anerkannten „gelehrten Schulen", die unter günstigen Bedingungen inmitten eines erweiterten Kollegiums unterrichteten (DIETERICI 1848, S. 33-51). Durch staatliche Zuschüsse und Schulgeldanhebungen wurde deren Einkommen im Zusammenhang der Bildungsreform entscheidend verbessert; je nach den lokalen Bedingungen und Stellenetats der einzelnen Schulen stiegen die Spitzengehälter für Oberlehrer bis auf ein Niveau über 2000, für Direktoren bis über 3000 Mark an (JEISMANN 1974, S. 374ff.).

Während sich für diese letzte Gruppe die *verwissenschaftlichte* Laufbahn des höheren Lehramts mit einem mindestens dreijährigen Universitätsstudium durchsetzte, wurde für die Masse der Lehrer an den Dorf- und niederen Stadtschulen die 2-3jährige *praktische* Ausbildung in einem Lehrerseminar eingerichtet, die flächendeckend erst in der Restaurationsphase der 20er und 30er Jahre eingeführt wurde (HOFFMANN 1843, S. 180ff.). Ganz durch den Zeitgeist der gegenaufklärerischen Reaktion geprägt, schloß die Bildungsbegrenzung und strenge Zucht in den Lehrerseminaren eine wissenschaftliche Ausbildung für die Lehrer des Volkes ausdrücklich aus (TITZE 1973, S. 50ff., 129ff.).

Durch ihre staatsunmittelbare Sonderstellung und die Verwissenschaftlichung ihrer Laufbahn rückten die Gymnasiallehrer in die Nähe der prestigeträchtigen höheren Staatsbeamten auf und konnten sich der „feinen" Gesellschaft zurechnen. Die Volksschullehrer blieben demgegenüber, durch die Form ihrer Ausbildung festgeschrieben, für mehr als ein Jahrhundert lang nur untergeordnete, „subalterne" Staatsdiener, die von den eigentlich gebildeten Klassen „nicht für voll genommen" wurden.

2.4 Zusammenfassende Thesen

(1) Die Reform des Bildungswesens war ein integrierender Bestandteil der gesamten preußischen Reformen. In der fruchtbarsten Reformphase (1808-1814) stimmten die leitenden Politiker und die neuhumanistischen Schulreformer in ihren Konzeptionen grundsätzlich überein, daß sich bei der Neugestaltung des Staatswesens Politik und Pädagogik wechselseitig bedingten. Der liberalen Freisetzungspolitik korrespondierte die bildungspolitische Programmatik, allen heranwachsenden Mitgliedern der Gesellschaft, auch den ärmsten, eine allgemeine Menschenbildung zu vermitteln. Selbst bei ihren radikalsten Vertretern blieben diese egalitären Bildungsansprüche allerdings ein abstraktes Programm, das angesichts der konkreten gesellschaftlichen Verhältnisse keine Realisierungschancen besaß.

(2) Da die Interessenbasis der neuhumanistischen Bildungsreformer zu schmal war, konnten sie ihre umfassende Konzeption eines allgemeinbildenden Stufenschulsystems gegen den wachsenden Widerstand vor allem des grundbesitzenden Adels nicht durchsetzen. Trotz dieses Scheiterns war ihre kurze Wirksamkeit dennoch überaus folgenreich und weichenstellend für die schulgeschichtliche Entwicklung im 19. und 20. Jahrhundert.

(3) Durch die verstärkte staatsfunktionale Verkoppelung der höheren Bildung trugen die preußischen Bildungsreformer wesentlich dazu bei, daß sich noch in der Umbruchphase des Abbaus geburtsständischer Privilegien bereits neue Privilegien herausbildeten, die mit der Berufung auf den Vorrang der höheren Bildung elitär gerechtfertigt wurden. Unter dem interessengeschützten Primat der höheren Bildung verfestigte sich das entstehende moderne Berechtigungswesen, das die freigesetzte Gesellschaft wiederum hierarchisch zu klassifizieren begann. Innerhalb dieser sozialgeschichtlich vorgezeichneten und durch das konkrete Verwaltungshandeln beförderten Absonderungstendenz der berechtigten Bildung entwickelten sich das ausgebaute höhere Schulwesen und das zurückbleibende niedere Schulwesen unter dem Eigengewicht der konkreten Sozialverhältnisse institutionell weiter auseinander. Als dessen Folge bildeten sich in den ersten Jahrzehnten des 19. Jahrhunderts auch die gegeneinander abgeschlossenen Berufsstände des Gymnasial- und Volksschullehrers heraus.

(4) Bei der Einschätzung der Möglichkeiten und Grenzen der neuhumanistischen Bildungsreform ist die spezifische Interessenkonstellation zu berücksichtigen, innerhalb derer die Bildungsreformer handelten. Der vornehmliche Träger der Reform war die nach Herkunft und Interessenlage in besonderer Weise auf den Staat bezogene gebildete Beamtenschaft, die eine Mittelstellung einnahm zwischen der im Revolutionszeitalter vorübergehend geschwächten Feudalherrenklasse und dem erst im

Entstehen begriffenen, politisch noch einflußlosen Wirtschaftsbürgertum. Die besondere Staatsbezogenheit dieser beamteten Bildungselite macht sowohl die begrenzte soziale Reichweite der Reformen plausibel als auch die sozialpolitisch konservierende Umbiegung des Neuhumanismus unter den Bedingungen der vormärzlichen Reaktion. Bei der Zurückdrängung geburtsständischer Privilegien beim Zugang in höchste Ämter beriefen sich die Reformbeamten auf die egalitären Momente des Neuhumanismus. Nach dem Einbau der Reformbürokratie in das wiedererstarkte spätabsolutistische Privilegiensystem wurde der Neuhumanismus zu dessen Absicherung und Rechtfertigung gegen weitergehende Ansprüche von unten als Ideologie in Anspruch genommen.

2.5 Weiterführende Literatur

Unentbehrlich für ein vertieftes Studium der Universitäts- und Gymnasialgeschichte im 18. und 19. Jahrhundert ist nach wie vor das klassische Werk von PAULSEN, Bd. 2 (1921, unveränderter Nachdruck 1965). – Die Entstehung und Entwicklung der preußischen Unterrichtsverwaltung im letzten Drittel des 18. Jahrhunderts wird ideengeschichtlich von HEINEMANN (1974) rekonstruiert. – Eine solide Orientierung über die Entstehung des modernen Gymnasiums (1787-1817, Bd. 1 1974) und die Entwicklung der höheren Bildung zwischen Reform und Reaktion bis 1859 (Bd. 2 1996) bieten die breit angelegten Analysen von JEISMANN. Wer sich darüber hinaus ausführlicher mit WILHELM VON HUMBOLDT, seiner Bildungstheorie und Rolle im Reformprozeß befassen möchte, sei auf das Standardwerk von MENZE (1975) verwiesen sowie auf die jüngst erschienene problemgeschichtliche Studie von BENNER (1990), die mit aufschlußreichen Hinweisen auf die unterschiedlichen Humboldtdeutungen seit dem Kaiserreich in die Thematik einführt. – Die schulgeschichtliche Forschung der letzten zwei Jahrzehnte hat besonders durch die von D. K. MÜLLER vorgelegte Untersuchung zum Strukturwandel des Bildungswesens im 19. Jahrhundert (1977a) produktive Anstöße erhalten. Zum Stellenwert der Untersuchung und zur Tragweite der kontroversen Thesen vgl. auch die Rezension von LUNDGREEN (1978). Als erste Erträge der langfristig orientierten Grundlagenforschung in diesem Bereich sind inzwischen drei Teilbände eines „Datenhandbuchs zur deutschen Bildungsgeschichte“ verfügbar, in denen die quantitative Entwicklung des höheren Schulwesens (MÜLLER/ZYMEK 1987), des Hochschulstudiums in Deutschland (TITZE u.a. 1987) sowie Wachstum und Differenzierung der einzelnen Universitäten vom frühen 19. Jahrhundert bis zur Mitte des 20. Jahrhunderts dokumentiert sind (TITZE u.a. 1995). Im Rahmen einer Regionalanalyse hat HERRMANN (1991) auf breiter Materialbasis die Strukturentwicklung der höheren Knabenschulen Westfalens zwischen 1815 und 1914 untersucht. – Dem Typus einer Regionalanalyse des

Modernisierungsprozesses ist auch die Untersuchung von APEL (1984) über die preußischen Gymnasien in den Rheinlanden und Westfalen 1814-1848 zuzurechnen. – Unter der von der neueren Forschung akzentuierten Fragestellung, wieweit das modernisierte Bildungswesen – schon in der Entstehungsphase erkennbar – nicht nur aus alten Abhängigkeiten befreite, sondern zugleich neue und vor allem langfristig weichenstellende gesellschaftliche Verfestigungen hervorbrachte, steht der von JEISMANN (1989) herausgegebene Sammelband. In 22 Einzelbeiträgen wird auf den unterschiedlichsten Forschungsfeldern den inneren Ambivalenzen der Modernisierung des Bildungswesens und den wechselweise aufeinander bezogenen Prozessen der „Mobilisierung und Disziplinierung“ nachgegangen.
Dabei erweist sich die vergleichende Perspektive als besonders aufschlußreich. Zum einen wird der Blick über Preußen hinaus auf andere deutsche Staaten und deren fortwirkende Traditionen gelenkt. Zum anderen werden, im Zuge der Einigung Europas sehr zu begrüßen, die langfristigen Entwicklungen in England und Frankreich einbezogen. Wie der Beitrag BÖLLINGS für die Elementarschullehrer zeigt, ergeben sich dabei produktive und weiterführende Einsichten.

Kapitel 3

Preußische Volksschulpolitik und Volksschulentwicklung vom Vormärz bis zur Reichsgründung

3.1 Die Süvern-Beckedorff-Kontroverse

Im Jahre 1819, kurz bevor mit den Karlsbader Beschlüssen die reaktionäre Kulturpolitik der Metternichschen „Demagogenverfolgung" begann (vgl. TITZE 1973, S. 98ff.), unternahm J. W. Süvern im preußischen Kultusministerium den – bereits vergeblichen – Versuch, die liberalen Prinzipien der neuhumanistischen Bildungstheorie im *Entwurf eines allgemeinen Schulverfassungs-Gesetzes* zu politischer Geltung zu bringen (SCHWEIM 1966, S. 123ff.). Die liberale, gegen das traditionelle Konzept der Standes- und Berufserziehung gerichtete Tendenz dieses Gesetzentwurfs kommt schon dadurch zum Ausdruck, daß im § 1 nur noch diejenigen Schulen und Erziehungsanstalten als „öffentliche" und „allgemeine" anerkannt werden, „welche *die allgemeine Bildung des Menschen an sich,* und nicht seine unmittelbare Vorbereitung zu besonderen einzelnen Berufsarten bezwecken". Diese Schulen sollen „die Grundlage der gesamten Nationalerziehung bilden"; ihre Aufgabe ist es, „die Erziehung der Jugend für ihre bürgerliche Bestimmung auf ihre möglichste allgemein-menschliche Ausbildung zu gründen" (§ 2). Daher darf das öffentliche allgemeinbildende Schulwesen nicht aus getrennten, berufsständisch sortierenden Schularten bestehen, sondern es muß als ein integriertes System organisiert sein, das durch „drei wesentliche Stufen" gekennzeichnet ist:

- „Auf der ersten dieser Stufen soll sich die Schule mit der ersten methodischen Entwicklung der menschlichen Anlagen und Hervorbringung der inmittelst derselben zu gewinnenden Einsichten, Kenntnisse und Fertigkeiten beschäftigen, dem Bildungsbedürfnisse der unteren Volksklasse in den Städten und auf dem Lande genügen und *allgemeine Elementarschule* heißen."
- „Auf der zweiten Stufe soll sie die Bildung des Knabenalters bis zu der Grenze fortführen, wo sich die Fähigkeit und Bestimmung entweder zu weiterer wissenschaftlicher Ausbildung oder zu besonderer Vorbereitung für ein bürgerliches Gewerbe zu entscheiden pflegt. Die Schulen dieser zweiten Stufe sollen *allgemeine Stadtschulen* heißen."

– „Auf der dritten Stufe soll sie jenes Geschäft so weit fortsetzen, bis der Grund allgemein-wissenschaftlicher und sittlicher Bildung, sei es für die höheren und besonderen Studien der Universität, oder unmittelbar fürs praktische Leben, gelegt ist. Jede Schule, welche bis zu diesem Ziele führt, soll *Gymnasium* heißen" (§ 3).

Alle diese Stufen, so wird in § 4 noch einmal betont,

„müssen auf ihren Endzweck so fest gerichtet sein, daß sie zusammen wie eine einzige große Anstalt für die National-Jugendbildung betrachtet werden können. Es muß daher ihre ganze Anlage auf einem in sich übereinstimmenden *System* der letzteren (d.h. der National-Jugendbildung) beruhen, welches sie (d.h. die Stufen) in innerem Zusammenhange untereinander erhält, und keiner Stufe eine Abweichung von dem allgemeinen wesentlichen Charakter des Ganzen gestattet."

Das ist – im Prinzip – das gleiche Stufensystem, wie es 1970 der Deutsche Bildungsrat in seinem „Strukturplan" entworfen hat (vgl. unten Kap. 11) und wie wir es heute unter den Bezeichnungen Primarstufe – Sekundarstufe I – Sekundarstufe II kennen. Hier, im frühbürgerlichen Schulkonzept der preußischen Reformer und ihrer revolutionären Idee allgemeiner Menschenbildung, hat die gegenwärtige Theorie der Integrierten Gesamtschule eine ihrer historischen Wurzeln (RANG 1968).

So überzeugend aber jenes Konzept in bildungstheoretischer Hinsicht auch sein mag, seine bildungs*politische* Schwäche wird dann offensichtlich, wenn man die Frage stellt, wie es denn – nach den Vorstellungen der Reformer selbst – unter den sozialgeschichtlichen Bedingungen ihrer Zeit verwirklicht werden sollte (vgl. oben Abschnitt 2.2). Wenn Süvern, ähnlich wie Jachmann oder Humboldt, davon ausging, daß die Stufe der allgemeinen Elementarerziehung „dem Bildungsbedürfnisse der unteren Volksklasse in den Städten und auf dem Lande genügen" würde, so war das zwar realistisch; zugleich war damit aber eingeräumt, daß diese „Volksklasse" in aller Regel von den weiteren Stufen der allgemeinen „National-Jugendbildung" ausgeschlossen bleiben mußte. Das postulierte Bildungsrecht war – schon auf der Ebene des Konzepts – sozialselektiv eingeschränkt und in einem Kompromiß relativiert, der es den konservativen Kritikern leichtmachte, nicht nur die Durchführbarkeit, sondern die pädagogische und politische Legitimität des Prinzips allgemeiner Menschenbildung energisch zu bestreiten.

Einer dieser Kritiker ist Ludolph von Beckedorff gewesen, der durch eine Schrift gegen die „revolutionären Umtriebe" an deutschen Universitäten auf sich aufmerksam gemacht hatte, daraufhin Mitglied der preußischen Zensurbehörde wurde und 1820 das Volksschulreferat im preußischen Kultusministerium übernahm (MEYER 1979, S. 270ff.). An seiner Stellungnahme zum Süvernschen Gesetzentwurf von 1819 läßt sich die Tendenzwende von der Reformeuphorie der Ära Stein – Hardenberg hin zur

Restaurationspolitik der Ära Metternich exemplarisch studieren (SCHWEIM 1966, S. 222ff.).

Jener Entwurf, schreibt Beckedorff, hat zur Voraussetzung,

> „daß der Zweck des Staates eine Gleichförmigkeit der Bildung seiner Bürger verlange, und zwar die Bildung nicht bloß zu einer übereinstimmenden Gesinnung, sondern auch zu gleichartigen Kenntnissen und Fertigkeiten.
>
> Verfolgt man aber diese Ansicht bis zu ihrem letzten Grunde, so trifft man am Ende notwendig auf die Meinung von einer durch die bürgerliche Gesellschaft (die Staatsgemeinschaft) herzustellenden *allgemeinen Gleichheit* aller Menschen. Daß Geschlecht, Alter, Kräfte, Neigungen, Talente und vor allen Dingen der einmal ungleich ausgeteilte Besitz eine natürliche Verschiedenheit unter allen einzelnen begründet, ist nicht wegzuleugnen. Nach der Ansicht des Entwurfs aber wird diese Verschiedenheit als eine Unvollkommenheit der Natur betrachtet werden müssen, welche aber durch die geselligen Verhältnisse womöglich wieder gutgemacht werden solle, und die leichteste und bequemste Art, dieses zu bewerkstelligen, wird keine andere sein können, als daß alle diese *natürlich Ungleichen* durch einen kurzen Beschluß als *künstlich Gleiche* angenommen und als solche insgesamt zu denselben Ansprüchen und Rechten, und vor allen Dingen zum *Wetteifer* in der für alle geöffneten Laufbahn berufen werden.
>
> Daß aber hierin nicht bloß ein Auflehnen gegen die Ordnung der Natur liege, sondern daß dadurch auch nichts anderes als Neid, Eifersucht, Feindschaft, Hader und ewiger Kampf zwischen Gewalt und List in die Gemeinschaft der Menschen eingeführt und folglich die geselligen Verhältnisse, welche ein Band des Vertrauens und des Friedens stiften sollen, im Gegenteil in eine unaufhörliche Quelle von Mißtrauen und wahrem inneren Kriege verwandelt werden müssen, das scheint dabei nicht sowohl übersehen, als vielmehr vor dem verführerischen Klange des Wortes: Gleichheit überhört worden zu sein.
>
> Daß die Menschen von Natur ungleich sind, dieser Satz steht fest. Er ruhet auf der Erfahrung. Diese ihre natürliche Ungleichheit ist aber keineswegs ein Nachteil für sie, sondern vielmehr das weise Mittel, dessen sich die gütige Weltordnung bedient, um sie desto fester miteinander zu verbinden. Aus dieser Ungleichheit entspringt das Gefühl ihrer Hilfsbedürftigkeit, und folglich der Trieb nach geselligem Leben. Nicht diejenigen, welche *einerlei* Kräfte, Wünsche, Neigungen, Gaben, Fähigkeiten und Ansprüche besitzen, bedürfen einer des anderen, und schließen sich daher aneinander; sondern diejenigen, welche durch ihre wesentliche *Verschiedenheit* sich gegenseitig ergänzen und aushelfen, diese suchen sich auf und verbinden sich fest und dauerhaft." (Ebd., S. 225f.)
>
> „Es gibt nun einmal verschiedene Stände und Berufe in der menschlichen Gesellschaft; sie sind rechtmäßig, sie sind unentbehrlich. Allen zugleich kann kein einzelner angehören, für einen muß er sich entscheiden. Wann soll denn der Zeitpunkt eintreten, wo diese Entscheidung gefaßt und also der besondere Bildungs- und Vorbereitungsweg betreten wird? Irgend einmal muß dies doch geschehen, und je später, desto schlimmer. Je länger der Jugend die Verschiedenheit der menschlichen Verhältnisse verheimlicht wird, als eine desto grö-

ßere Last muß sie ihr hinterher erscheinen; ja, eben dieser lange Traum und Wahn einer allgemeinen Gleichheit wird nicht bloß die nachfolgende Ungleichheit um so drückender machen, sondern auch die früher Gleichen und Vereinten um so schroffer trennen und um so feindseliger gegen einander stellen.

Außerdem aber kann es nicht fehlen, daß mit dieser sogenannten allgemeinen Bildung, mit diesem gleichförmigen äußeren Anstriche, welcher allen erteilt werden soll, zugleich eine Menge von gleichartigen Wünschen, Erwartungen und Ansprüchen in den einzelnen aufgeregt werden müssen, die unmöglich insgesamt sich befriedigen lassen, und die am Ende nur überall zu Unzufriedenheit, Tadelsucht und Neuerungslust führen werden. Und auf solche Weise kommt dann nach und nach in ein Volk an die Stelle treuer und ruhiger Genügsamkeit und einer rüstigen, fördersamen Berufstätigkeit nur ein wirriges, unstetes und veränderungssüchtiges Treiben und eine unbestimmte, unfruchtbare Geschäftigkeit.“ (Ebd., S. 226f.)

„Um aller dieser Gründe willen aber bedürfen wir in der menschlichen Gesellschaft nicht *gleichartiger Stufen-,* sondern *verschiedenartiger Berufs- und Standesschulen;* nicht wie der Entwurf vorschlägt, neu eingerichteter *allgemeiner Elementarschulen, allgemeiner Stadtschulen und Gymnasien,* als Anstalten, in welchen durchaus dieselben Gegenstände, nur in unterschiedenen Graden und in geringerer oder größerer Ausführlichkeit und Vollkommenheit gelehrt werden, sondern nach bisheriger alter Weise, *guter Bauern-, Bürger- und Gelehrtenschulen,* worin diejenigen, welche diesen zwar verschiedenen, aber gleich ehrenwerten Ständen angehören, von Kindesbeinen an zu ihrer künftigen Bestimmung vorbereitet werden; nicht endlich einer *künstlichen Gleichheit der Volkserziehung,* sondern vielmehr einer *naturgemäßen Ungleichheit der Standeserziehung;* zwar allerdings einer übereinstimmenden Bildung zur Religion und Sittlichkeit, aber keineswegs einer gleichartigen Abrichtung in Kenntnissen und Fertigkeiten.

Für Republiken mit demokratischer Verfassung mag dergleichen *vielleicht* passen, allein mit monarchischen Institutionen verträgt es sich *gewiß* nicht“ (ebd., S. 229).

Dem „aufgeklärten“, ideologiekritisch sensiblen Leser dieser Denkschrift mag es heute leichtfallen, Beckedorffs Leitidee einer „naturgemäßen Ungleichheit der Standeserziehung“ als reaktionären, romantischen Rückfall in die vor-bürgerliche Lebenswelt des Ancien régime zu durchschauen. Der politische, herrschaftssichernde Charakter seines Versuchs, soziale Ungleichheit als gleichsam gottgewollt zu rechtfertigen, wird dort am offensichtlichsten, wo sich Beckedorff, wie eingangs zitiert, zu der Behauptung versteigt, daß „vor allen Dingen (!) der einmal ungleich ausgeteilte Besitz eine natürliche (!) Verschiedenheit unter allen einzelnen begründet“ habe. Aber wir sollten uns die Interpretation nicht zu einfach machen. In dieser Denkschrift ist eine geschlossene, in sich konsequent durchdachte Konzeption enthalten, die ein grundlegendes Problem der bürgerlichen Gesellschaftsordnung pädagogisch zu lösen versucht (Titze 1973, S. 138ff.). Beckedorff erkennt, daß mit der allmählichen Auflösung der ständischen Gesellschaft die Zuordnung von Personen und sozialen Rollen problematisch geworden ist. Wie sollte nun die Verteilung von Berufspositionen und Lebenschancen geregelt und legitimiert werden? Die Antwort Süverns lautete: durch eine allgemeine, tendenziell gleiche Bildung, die im Prinzip jedem einzelnen den Zugang zu allen Positionen und Rollen eröffnet. Aber eben diese Antwort durchschaute Beckedorff als illusionär. Er sah hellsichtig voraus, daß die bürgerliche Gesellschaft ihre Gleichheitsversprechungen immer nur partiell einlösen könne und daß daraus immer wieder Unzufriedenheit, Egoismus und Konkurrenz entstehen werde, wodurch die gesellschaftliche Stabilität dauerhaft gefährdet sei. Von dieser Einsicht her ist die Aufgabe der Schule eindeutig bestimmt: Sie hat – wie die Kirche – einen Beitrag zur gesellschaftlichen Integration durch *religiöse Gesinnungsbildung* zu leisten, damit „die sozial Ungleichen von einer alle umfassenden höheren Einheit der Gesinnung zusammengehalten werden“ (Titze 1973, S. 141). Sie muß vor allem die Bildungsmöglichkeiten der „niederen Stände“ so beschränken, daß sie in ihrem angestammten Berufs- und Lebenshorizont fest verankert bleiben. *Gesellschaftliche Stabilität durch standesgemäße Bildungsbeschränkung* – so läßt sich das volkspädagogische Programm Ludolph von Beckedorffs formelhaft zusammenfassen.

Nun hat die neueste Schulgeschichtsschreibung aber darauf aufmerksam gemacht, daß zwischen jenem volkspädagogisch-klerikalen Programm und den tatsächlichen Ergebnissen der preußischen Volksschulpolitik im Vormärz eine erhebliche Diskrepanz besteht (Nipperdey 1987[4], S. 451ff.; Baumgart 1990, S. 83ff.). Schon die Tatsache, daß es unter Beckedorff zu einem stürmischen, für andere Staaten vorbildlichen Ausbau der Lehrerseminare gekommen ist, widerlege die Behauptung einer restaurativen Bildungsbeschränkung nachdrücklich, wie überhaupt die gängige These vom Kontinuitätsbruch der preußischen Bildungspolitik nach 1820 zu relativieren sei. Das konservative „Mißtrauen gegen jede zentralistische, bürokratische Politik von oben“ habe in gewisser Weise „eine konsequente Instrumentalisierung der Schule im Dienste konservativer Interessen“ verhindert (ebd., S. 100). Schauen wir uns also einige Sachverhalte im Lichte dieser These etwas genauer an.

3.2 Daten und Bedingungen der Volksschulentwicklung im Vormärz

Unternimmt man den Versuch, die Süvern-Beckedorff-Kontroverse in den sozialgeschichtlichen Zusammenhang der damaligen Schulwirklichkeit hineinzustellen, so ist man auf eine schwierige Quellenlage angewiesen. Die zeitgenössischen Verwaltungs- und Inspektionsberichte zeichnen zwar ein anschauliches Bild; doch erfassen sie immer nur lokale oder regionale Ausschnitte der Gesamtsituation und dürfen daher nicht vorschnell verallgemeinert werden. Die Anfänge der amtlichen preußischen Schulstatistik reichen zwar bis in den Vormärz zurück, was auf ein zunehmendes Interesse der Schulverwaltung an gesamtstaatlicher Planung und Kontrolle schließen läßt (Hoffmann 1843; Dieterici 1848). Doch wird man, schon aus technischen Gründen, die Zuverlässigkeit dieser frühen Erhebungen nicht überschätzen dürfen und davon ausgehen müssen, daß in den offiziell veröffentlichten Daten – mehr noch als heute – immer auch politische Absichten und Rechtfertigungen zum Ausdruck kommen.

3.2.1 Allgemeine Schulpflicht

Es ist ein weitverbreiteter, nicht selten propagandistisch kultivierter Irrtum der deutschen Schulgeschichtsschreibung, daß die allgemeine Schulpflicht in Preußen bereits zu Beginn des 18. Jahrhunderts, spätestens jedoch mit dem General-Landschulreglement von 1763 eingeführt worden sei. In Wirklichkeit handelt es sich bei den zahlreichen Schul-Edikten des 18. Jahrhunderts bestenfalls um wohlgemeinte Absichtserklärungen der absolutistischen Landesherren, ja es ist zu bezweifeln, ob sie überhaupt bereit gewesen wären, die finanziellen Voraussetzungen für einen auch nur bescheidenen Ausbau des öffentlichen Elementarschulwesens zu schaffen (Leschinsky/Roeder 1976, S. 78ff.).

Dieser Zustand wird durch die Daten der preußischen Schulstatistik zu Beginn des 19. Jahrhunderts anschaulich bestätigt. Nach den „Mitteilungen des Statistischen Bureau's“ (Dieterici 1848) waren 1816 von den ca. 2,2 Millionen schulpflichtigen Kindern nicht mehr als 1,3 Millionen, also ca. 60 %, auf öffentlichen Schulen registriert, wobei die Schulbesuchsquote zwischen den einzelnen Provinzen erheblich schwankt: Brachte es die Provinz Sachsen bereits auf eine Quote von über 80 %, so besuchten im Rheinland kaum die Hälfte, in der Provinz Posen nicht einmal 20 % der Schulpflichtigen öffentliche Unterrichtsanstalten (Leschinsky/Roeder 1976, S. 137ff.). Noch differenzierter wird das Bild, wenn man den überlieferten Situationsberichten für einzelne Regierungsbezirke, Kreise und Gemeinden folgt. Auf dem Lande fand die Schulpflicht nicht selten nur in den Wintermonaten statt, dann nämlich, wenn die Kinder nicht zur Feldarbeit gebraucht wurden. Wo die Gemeinden zu arm waren, um eine eigene Dorfschule zu unterhalten, wurde ein notdürftiger Unterricht von wandernden „Lehrkräften“ erteilt, die dafür durch freie Kost und Unterkunft entlohnt wurden. Doch auch in der Hauptstadt Berlin scheint der Zustand des Elementarschulwesens keineswegs besser gewesen zu sein. Hier lag die Schulversorgung überwiegend in der Hand privater „Schulunternehmer“, die kleine Winkelschulen betrieben, und noch gegen Ende der 30er Jahre waren es ca. 40 % der Berliner Kinder, die ihre Schulpficht versäumten (ebd., S. 139f.). Erinnert man sich vor diesem Hintergrund an Süverns Schulgesetzentwurf von 1819, so läßt sich unschwer erkennen, in welchem Ausmaß die Idee „allgemeiner Menschenbildung“ der tatsächlichen Schulsituation der „unteren Volksklasse in den Städten und auf dem Lande“ vorauseilte.

Der preußischen Schulstatistik zufolge hat die Durchsetzung der Schulpflicht im Vergleich der Stichjahre 1816 und 1846 bedeutende Fortschritte gemacht: Die durchschnittliche Schulbesuchsquote konnte auf 82 % gesteigert werden, sie erreichte sogar in der Provinz Posen annähernd 70 % (Dieterici 1848), und insgesamt wird man davon ausgehen müssen, daß um die Jahrhundertmitte gerade im europäischen und im transatlantischen Vergleich die Führungsrolle Preußens in der Bildungsentwicklung unbestritten gewesen ist (Kuhlemann 1992, S. 107ff.). Diese Entwicklung war nicht durch Geradlinigkeit gekennzeichnet, sondern sie erfolgte in Form eines ungleichmäßigen, mehrfach durchbrochenen Prozesses, in welchem „Inseln der Traditionalität“, insbesondere eine relative Rückständigkeit der ländlichen Verhältnisse, langfristig bestehen blieben. Thomas Nipperdey hat dies die „Gleichzeitigkeit von Ausbau und Restriktion“ genannt (Nipperdey 1968, S. 133).

Freilich sagen statistische Schulbesuchsquoten so gut wie noch gar nichts über den inneren Zustand des damaligen Volksschulwesens aus. Wir werden daher weitere Daten und Bedingungen berücksichtigen müssen, um ein deutlicheres Bild vom Zustand der öffentlichen Elementarerziehung im Vormärz zu gewinnen.

3.2.2 Kinderarbeit

Lag bereits im 18. Jahrhundert ein wesentliches Hindernis der Schulentwicklung in der schlichten Tatsache, daß die schulpflichtigen Kinder in der Landwirtschaft unentbehrlich waren, so gewann das Problem der Kinderarbeit mit der „Freisetzungs“-Politik der preußischen Reformer, der dadurch ausgelösten Landflucht und den ersten Anfängen des Industrialisierungsprozesses in Deutschland eine völlig neue Dimension (Meyer 1971). Jetzt handelte es sich nicht mehr um jahreszeitlich bedingte, oft auch unregelmäßige Dienstleistungen im Rahmen der Familien- oder Dorfgemeinschaft, sondern um die extensive Ausbeutung kindlicher Arbeitskraft in fabrikmäßig organisierter Form (Titze 1973, S. 159ff.). Eine zuverlässige Gesamtstatistik industrieller Kinderarbeit im frühen 19. Jahrhundert gibt es nicht, aber das unvorstellbare Elend ihres oft 15stündigen Arbeitstages mit seinen grausamen Auswirkungen auf die physische und psychische Gesundheit der Kinder ist in zahlreichen Berichten dokumentiert (Hoppe 1969). Die frühkapitalistische Kinderausbeutung beruhte auf einer fatalen Interessenkoalition: Einerseits waren die Fabrikanten aus Kapitalmangel an möglichst billigen, handwerklich geschickten Arbeitskräften interessiert. Andererseits waren die Arbeiterfamilien eben wegen des niedrigen Lohnniveaus auf Gedeih und Verderb darauf angewiesen, daß ihre Kinder mitverdienten.

Der preußischen Kultusverwaltung waren das Ausmaß und das Elend der Kinderarbeit sehr wohl bekannt, aber sie sah jahrzehntelang keine Möglichkeit, den staatlichen Anspruch auf allgemeine Schulpflicht gegen die Interessen der Unternehmer und gegen die Not der Arbeiterfamilien durchzusetzen. Einmal hätte ein solcher Eingriff in die „Unternehmerfreiheit" den liberalen Prinzipien der staatlichen Gewerbepolitik widersprochen. Zum anderen gibt es Belege dafür, daß der Minister v. Altenstein ebenso wie sein Volksschulreferent v. Beckedorff zwar die Auswüchse, nicht aber die fabrikmäßige Kinderarbeit schlechthin mißbilligten. Sie sahen darin durchaus auch pädagogische Vorzüge und waren bereit, Rücksicht zu nehmen „sowohl auf den Vorteil der Fabrikanten, als auf den Verdienst der Eltern, als auch auf den Nutzen für die Kinder, indem sie sich frühe an ausdauernde Tätigkeit gewöhnen" (Reskript vom 27.4.1827, zit. n. Titze 1973, S. 169). Auch Kinderarbeit war ein Beitrag zur „naturgemäßen Ungleichheit der Standeserziehung", und zu lösen blieb vor allem das Problem, wie im Arbeitstag der Kinder noch einige Stunden für die religiöse Unterweisung und den notwendigsten Elementarunterricht untergebracht werden könnten. Es ist nicht in erster Linie auf pädagogische Einsicht oder auf bildungspolitische Initiativen des Staates zurückzuführen, wenn das Elend der Kinderausbeutung allmählich reduziert werden konnte und das Prinzip der Schulpflicht siegte: Fabrikmäßige Kinderarbeit wurde durch den technologischen Fortschritt der Produktion in der zweiten Hälfte des 19. Jahrhunderts weitgehend überflüssig.

3.2.3 Schulfinanzierung

Das härteste Kriterium, an dem sich das schulpolitische Engagement eines Staates überprüfen läßt, ist zweifellos seine Bereitschaft, die für den Schulausbau notwendigen Finanzmittel zur Verfügung zu stellen. Wie war die staatliche Schulfinanzpolitik im Vormärz beschaffen, wie wurden die Mittel aufgebracht und wie wurden sie verteilt?

Zunächst einmal ist festzuhalten, daß bis ins 20. Jahrhundert hinein der staatliche Beitrag zur Finanzierung des Elementarschulwesens lediglich aus *Zuschüssen* bestand, während die Hauptlast von kommunalen Körperschaften, den sogenannten „Schulsozietäten", getragen werden mußte (Leschinsky/Roeder 1976, S. 126ff.). Sie waren zuständig für Schulbau und Lehrerwohnung, für Lehr- und Lernmittel, für Lehrerbesoldung und -pension. Ihr Anteil an der Gesamtfinanzierung des Elementarschulwesens betrug um die Mitte des 19. Jahrhunderts fast 75 %, während die Zuschüsse des Staates nicht einmal 5 % ausmachten und mehr als 20 % durch direkte Kostenbeiträge der Eltern, das sogenannte

„Schulgeld“, abgedeckt werden mußten. Wenn man bedenkt, daß die Schulgeldfreiheit für Volksschüler in Preußen erst 1888 gesetzlich eingeführt wurde, die Erfüllung der Schulpflicht also gerade für die „niederen Stände“ ein erhebliches finanzielles Opfer bedeutete, so wird erst recht verständlich, daß die Schulfrage im Vormärz nicht zuletzt eine soziale Frage war.

In einem auffälligen Kontrast zur Verteilung der Finanzlasten steht die Regelung der schulpolitischen Kompetenz: Die Entscheidungsbefugnis der „Schulsozietäten“ als kommunale Schulträger war strikt auf Fragen der „äußeren“ Schulunterhaltung begrenzt. Volksschulen waren zwar Gemeindeschulen, aber sie waren „Gemeindeschulen in Staatshand“ (Roeder 1966). Darüber hinaus bestanden zwischen den städtischen und den ländlichen Schulrechtsverhältnissen deutliche Unterschiede (Meyer 1976, S. 20). Die ländlichen „Schulvorstände“ waren weniger ein Selbstverwaltungsorgan der Gemeinde als vielmehr ein Machtinstrument des gutsherrlichen Schulpatrons, dessen angestammte Rechte auch nach den preußischen Agrarreformen unangetastet blieben und der vor allem das Privileg besaß, keine Schulabgaben entrichten zu müssen. Hier liegt zweifellos ein wesentliches Moment für die chronische Finanzschwäche der ländlichen Schulgemeinden, hier hat das für Preußen typische Stadt-Land-Gefälle der öffentlichen Elementarerziehung eine seiner Ursachen (vgl. unten Kap. 6), und die bescheidenen Staatszuschüsse genügten keineswegs, um dieses Gefälle auch nur einigermaßen auszugleichen.

Daß die Gemeinden nur begrenzt in der Lage waren, die ihnen auferlegten Schullasten zu tragen, läßt sich schon an wenigen Daten deutlich machen. Das rasche Wachstum der Bevölkerung gerade in den Unterschichten führte dazu, daß sich die Zahl der Elementarschüler zwischen 1816 und 1846 mehr als verdoppelte, während die Zahl der Lehrkräfte nur um 40 % gesteigert werden konnte. Infolgedessen verschlechterte sich die durchschnittliche Lehrer-Schüler-Relation von 1 : 54 auf 1 : 80 (Dieterici 1848), und auf dem Lande dürften bis zur Mitte des 19. Jahrhunderts Schülerzahlen von mehr als hundert Kindern pro Lehrer und Klasse keine Seltenheit gewesen sein. Wir dürfen uns also durch die vorbildliche Steigerung der Schulbesuchsquote auf 85 % nicht über den qualitativen Zustand der öffentlichen Elementarerziehung im Vormärz hinwegtäuschen lassen, wobei vor allem fraglich ist, ob es in der preußischen Landschule vor der Reichsgründung auch nur bescheidene Ansätze einer Modernisierung gegeben hat (vgl. Kuhlemann 1992, S. 220ff.).

3.2.4 Lehrerbesoldung

Zur Wirklichkeit der öffentlichen Elementarerziehung im Vormärz gehört nicht zuletzt auch die materielle Lage des Volksschullehrerstandes, wobei die Quellenlage besonders schwierig ist und immer der Verdacht besteht, es könnte sich bei den zeitgenössischen Berichten um propagandistisch verzerrte Klagelieder der Betroffenen handeln (vgl. BÖLLING 1983, S. 69ff.; TENORTH 1987, S. 256ff.; KUHLEMANN 1992, S. 278ff.). Dennoch lassen sich einige verallgemeinerungsfähige Aussagen treffen, wie sie z.B. die folgende Tabelle enthält:

Tabelle 1: Der Anstieg der jährlichen Lehrergehälter in Preußen in Relation zum Preisanstieg 1820-1870

Zeitraum	Lehrergehälter	Roggenpreise für alte Scheffel	Anstieg der Lehrergehälter		Anstieg der Lebensmittelpreise		Fortschritt oder Rückschritt in der Dotation	
			in 10 J.	seit 1820	in 10 J.	seit 1820	in 10 J.	seit 1820
	Thlr.	Sgr.	%	%	%	%	%	%
1820-30	145	34						
1830-40	175	40	21	21	18	18	+3	+3
1840-50	182	48	4	25	20	41	-16	-16
1850-60	200	66	10	38	38	94	-28	-56
1860-70	236	76	18	63	15	124	+3	-61

Quelle: KUHLEMANN 1992, S. 457

Demnach hat es in dem halben Jahrhundert vor der Reichsgründung zwar einen nominellen Zuwachs der durchschnittlichen Volksschullehrerbesoldung von mehr als 60 % gegeben, doch handelt es sich insgesamt um einen realen Einkommensverlust, weil die Lebensmittelpreise in diesem Zeitraum überproportional angestiegen sind. Im Vergleich zu anderen Berufsgruppen ist festzuhalten, daß ein Lehrer zwar mehr verdiente als ein durchschnittlicher Arbeiter, daß aber das Einkommen eines Subalternbeamten, an dem sich die Lehrerschaft schon im Vormärz orientierte, entschieden höher lag. Interessanter ist auch hier der Stadt-Land-Vergleich: Von den annähernd 22.000 Elementarschullehrern, die in der preußischen Schulstatistik für 1820/21 auftauchen, waren nur ca. 20 % in städtischen Gemeindediensten tätig. Sie konnten immerhin mit einem durchschnittlichen Jahresgehalt von über 200 Talern rechnen, verfügten damit über ein gesichertes Existenzminimum und durften überdies hoffen, sich vielleicht sogar auf eine besser dotierte Stelle im sich ausdifferenzierenden städtischen Volksschulwesen emporzudienen. Das durchschnittliche Jahresgehalt eines preußischen Landlehrers hingegen lag 1820/21 bei lediglich 86 Talern und reichte nur deswegen zur dürftigen Lebensfristung einer mehrköpfigen Familie aus, weil der Landlehrer als Organist und Kirchendiener über einige Nebeneinnahmen, dazu in aller Regel über eine mietfreie Wohnung und sonstige „Naturallieferungen" verfügte. Immerhin ist das Landlehrereinkommen nach 1820 relativ stärker angestiegen als das seines städtischen Kollegen, so daß man für die

Zeit um 1840 von einem existenzsichernden Einkommen ausgehen kann.

Wenn dennoch im Vormärz und danach die Klagen über das Elend besonders der Landschullehrer niemals ganz verstummt sind, so dürfte das in erster Linie nicht an der Höhe, sondern an der entwürdigenden Form der Entlohnung gelegen haben, die von Bettelei nicht weit entfernt war. „Nicht so sehr das materielle Elend, als die gekränkte Selbstachtung drückt sich in den Klagen der Elementarlehrer aus" (Tenorth 1987, S. 258). Daß eine solche Lehrerschaft gut geeignet war, dem Staat als „Loyalitätsbeschaffer" zu dienen, wird man wohl nur mit starken Einschränkungen unterstellen dürfen (vgl. Kuhlemann 1992, S. 291).

3.3 Die Emanzipationsbewegung des Lehrerstandes

Weder in Preußen noch in den anderen deutschen Bundesstaaten ist es der Unterrichtsverwaltung gelungen, die Lehrerschaft daran zu hindern, daß sie sich regional, im Revolutionsjahr 1848 sogar national zu einem bildungspolitisch selbstbewußten Berufsstand zu formieren begann. Die ersten, noch lokal begrenzten Lehrerzirkel sind bereits im 18. Jahrhundert gegründet worden, in der Reformära vor 1819 genossen sie amtliches Wohlwollen, und sie blieben auch in der Reaktionsphase der 20er und 30er Jahre solange unverdächtig, wie sie sich auf praktische Maßnahmen sozialer Selbsthilfe, z.B. auf die Einrichtung von Pensions- und Witwenkassen, beschränkten. Erst um 1840 scheint eine gewisse ‚Radikalisierung' der Lehrervereinsarbeit eingetreten zu sein: Die Beschäftigung mit pädagogischen und bildungspolitischen Fragen nahm zu; die Mitgliedsbasis konnte erweitert, die Organisationsstruktur allmählich verbessert werden.

Die Reaktion der Obrigkeit ließ nicht lange auf sich warten, wie ein Erlaß der preußischen Unterrichtsverwaltung aus dem Jahre 1842 zeigt:

> „In mehreren Provinzen sind die äußeren und inneren Verhältnisse des Elementarschulwesens von den Lehrern zum Gegenstand öffentlicher Besprechung in der Weise gemacht worden, daß dieselbe die Aufmerksamkeit der Behörden hat auf sich ziehen müssen." Es sei „weder der Stellung des Lehrers angemessen noch ihrer eigenen Sache förderlich, ein Verfahren zur Verbesserung ihrer äußeren Lage planmäßig zu organisieren, zu diesem Zweck besondere Vereine zu bilden und die Wahl von Repräsentanten derselben zu veranlassen" (Bungardt 1959, S. 36).

Daraus wird deutlich, daß es vor allem die organisierte Form, die *Öffentlichkeit* der Interessenartikulation gewesen ist, die das Mißtrauen der Behörde erregte. Welche *politischen* Befürchtungen dahinterstanden, wurde in einem Disziplinarverfahren gegen Karl Friedrich Wander, den Wortführer der schlesischen Lehrerbewegung, offen ausgesprochen:

„Wenn viele Personen derselben Kategorie zu einer ganz ungewöhnlichen Versammlung zusammenkommen, wenn dabei bittere und leidenschaftliche Klagen über gemeinsames und aus den bestehenden Verhältnissen sich ergebendes Ungemach laut werden: so liegt der Gedanke nahe, daß eine Veränderung in dem Organismus des Staates auch Abhilfe für ein solches gemeinsames Mißgeschick herbeiführen werde“ (MEYER 1976, S. 29).

In der Tat lag es nahe, zwischen Schulverfassung und Staatsverfassung einen Zusammenhang herzustellen, und Friedrich Adolph Diesterweg, der Direktor des Berliner Lehrerseminars, hat in seinen weitverbreiteten bildungspolitischen Schriften gerade diesen Gedanken immer wieder betont:

„Ein kräftiger Staat hat die Aufgabe, die Volkskraft zu entwickeln. Die Volkskraft! – möglichst vielseitig und energisch. Längst hat man in der Pädagogik der allgemeinen Menschenbildung den Zweck gestellt, den Menschen möglichst allseitig zu bilden; in einem freien Staate muß auch der Bürger vielseitigst in Anspruch genommen werden. Denn darauf beruht das Glück, die Stärke, die Kraft des Volkes und des Staates“ (DIESTERWEG 1831, in: BERG 1980, S. 109).

Wenn hier von „Volkskraft“, „allgemeiner Menschenbildung“ und „freiem Staat“ die Rede ist, so muß das in den Ohren der preußischen Obrigkeit höchst beunruhigend geklungen haben. Zugleich deutet dieses Zitat aber auch an, wie naiv die vormärzliche Emanzipationsbewegung an die idealistischen Bildungspostulate der liberalen Reformperiode anzuknüpfen suchte. Waren diese Postulate schon bei Jachmann und Süvern, wie gezeigt, eine abstrakte Programmatik geblieben, so neigte auch Diesterweg dazu, die gesellschaftsverändernde Kraft der Pädagogik zu überschätzen. Sein „freier Staat“ scheint wie von selbst aus vernünftigen pädagogischen Zwecksetzungen hervorzugehen – unbehelligt von Interessen und Bedingungen, die eine allseitige Entwicklung der „Volkskraft“ etwa verhindern könnten. „Volksbildung ist Volksbefreiung“ – in dieser emphatischen Parole kommt der politische Anspruch, zugleich aber auch die naive Selbstüberschätzung der Lehrerbewegung sinnfällig zum Ausdruck.

Die revolutionären Ereignisse des März 1848 führten vorübergehend zu einer Verunsicherung der staatlichen Kontrollorgane und lösten in der Lehrerschaft eine begeisterte, hoffnungsvolle Betriebsamkeit aus, die sich in einer Welle spontaner Versammlungen, vor allem aber in einer Flut von Aufrufen, Flugblättern und Programmschriften niederschlug. „Der deutsche Lehrerstand“, so wurde feierlich verkündet, „erklärt sich hiermit für mündig und wird sich diese seine Selbstbefreiung und demgemäß seine innere und äußere Selbständigkeit, wenn man sie ihm irgendwie und -wo aus undankbarem Mißtrauen oder aus argwöhnischer

Furcht streitig machen oder verkümmern wollte, auf die friedlichste Weise von der Welt zu erobern und zu sichern wissen“ (KAPP 1848, in: BERG 1980, S. 121). Bereits am 26. 4. 1848 trafen sich in Berlin mehr als 500 preußische Lehrer zu einem ersten gesamtstaatlichen Kongreß und verabschiedeten eine Petition, in der konkrete Forderungen zur Reform der öffentlichen Elementarerziehung, der Schulverwaltung und der Lehrerbildung enthalten sind (MEYER 1976, S. 30f.). Die bildungspolitische Perspektive eines einheitlichen staatlichen Schulsystems wurde auf der *Gründungsversammlung des Allgemeinen Deutschen Lehrervereins* in Eisenach (28.-30. September 1848) in folgenden Artikeln programmatisch zusammengefaßt:

„§ 1. Die einheitlich vom Kindergarten bis zur Hochschule aufwärts gegliederte, auf gemeinsamer menschlich-volkstümlicher Grundlage beruhende deutsche Volksschule tritt als eine mit den übrigen Staatsanstalten gleichberechtigte und gleichverpflichtete in den Gesamtorganismus des Staates ein.

§ 2. Die selbständige Leitung der einigen Volksschule geschieht demnach – unter gesetzlich festgestellter Berücksichtigung der Lehrervereine und Schulsynoden – durch ein besonderes Ministerium der öffentlichen Volkserziehung, dessen Mitglieder (Erziehungsräte), sowie die Kreis- und Bezirksschulräte, nur aus wirklichen Schulmännern bestehend, die verschiedenen Arten der Volksschule vertreten.

§ 3. Unmittelbar und ausschließlich unter dem Ministerium stehen die lediglich aus der Staatskasse zu erhaltenden besonderen Volksbildungsanstalten: Realschule, Gymnasium, Fachschule, Universität, Seminar. Auf die zum Teil aus Gemeindemitteln erhaltenen allgemeinen Volksschulen (Kindergarten, Elementar-, Bürger-, Fortbildungsschule), welche das Ministerium durch die Kreis- und Bezirksschulräte leitet, übt die Gemeinde durch den aus Vertretern der Schule, des Hauses und der Kirche bestehenden Schulvorstand einen gesetzlich bestimmten Einfluß aus, namentlich was die Wahl der Lehrer und die äußere Verwaltung der Anstalt betrifft. (Nach der Abstimmung wurden von seiten der sehr starken Minorität mehrere Proteste zu Protokoll gegeben, teils gegen den ganzen Satz, teils gegen das darin festgestellte Verhältnis der Schule zu Staat, Kirche und Gemeinde.)

§ 4. Für den gesamten Unterricht auf den allgemeinen Schulen wird kein Schulgeld entrichtet; auch der unentgeltliche Besuch der besonderen Bildungsanstalten wird auf geordnete Weise Unbemittelten gewährt, welche Befähigung und Neigung dazu besitzen.

§ 5. Geeignete Vorbildung und Prüfung, geregelte Anstellung und Beförderung, gleichmäßige bürgerliche Stellung und Berechtigung, ausreichende Besoldung und Pensionierung der Lehrer, sowie Versorgung ihrer Witwen und Waisen aus Staatskassen sind die unerläßlichen Bedingungen eines den Anforderungen der Gegenwart entsprechenden Lehrerstandes, also unerläßliche Bedingungen der neuen Volksschule“ (MICHAEL/SCHEPP 1993, S. 159f.).

Man sieht: Die frühbürgerliche Konzeption einer gesamtschulisch organisierten „Nationalbildung“ als Aufgabe und Grundlage des liberalen Staates hatte auch dreißig Jahre nach Süverns Gesetzentwurf nichts von ihrer Faszination für den Volksschullehrerstand verloren; nur in einem solchen Rahmen konnte er hoffen, als Stand der „wirklichen Schulmänner“ berufliche Autonomie und gesellschaftliche Anerkennung zu finden.

Die preußische Unterrichtsverwaltung hat sich in der unruhigen, unübersichtlichen Situation des Sommers 1848 sehr geschickt verhalten. Sie wartete zunächst einmal ab und ging dann scheinbar auf die Forderungen der Lehrerschaft ein, indem sie in ganz Preußen *Kreis- und Provinzialkonferenzen* einberief, auf denen die Lehrer ihre Forderungen zur Vorbereitung eines künftigen allgemeinen Schulgesetzes vortragen sollten (Berg 1980, S. 122ff.). Daß dieses Zugeständnis nur taktisch war, wurde deutlich, als sich das Blatt – mit militärischer Gewalt – zugunsten der alten Mächte wendete. Bereits im Dezember 1848 erschienen mehrere Erlasse des Kultusministeriums, die mit Disziplinarmaßnahmen drohten und die Lehrerschaft auf unbedingten Gehorsam verpflichteten (Rönne 1855, S. 476ff.). Das endgültige Urteil wurde im Februar 1849 aus allerhöchstem Munde auf einer Konferenz gesprochen, zu der Ferdinand Stiehl, der Amtsnachfolger Beckedorffs, sämtliche Direktoren der preußischen Lehrerseminare nach Berlin zitiert hatte. Friedrich Wilhelm IV. ergriff persönlich das Wort und rechnete in majestätischem Zorn mit den vermeintlichen Urhebern der Märzrevolution ab:

> „All das Elend, das im verflossenen Jahre über Preußen hereingebrochen, ist Ihre, einzig Ihre Schuld, die Schuld der Afterbildung, der irreligiösen Menschenweisheit, die Sie als echte Weisheit verbreiten, mit der Sie den Glauben und die Treue in dem Gemüthe Meiner Unterthanen ausgerottet und deren Herzen von Mir abgewandt haben“ (Michael/Schepp 1973 Bd. 1, S. 313).

Die Konferenz hatte Folgen: In scharfer Frontstellung gegen die Versuche insbesondere Diesterwegs, den Bildungsanspruch der Lehrerseminare über elementare Berufsfertigkeiten hinaus zu erweitern, wurden hier die Grundlinien einer Seminarkonzeption festgelegt, die die Ausbildung des Volksschullehrers und damit die öffentliche Elementarerziehung insgesamt noch einmal dem Prinzip einer strikten Bildungsbegrenzung unterwarfen. Das Ergebnis waren die drei „Regulative über die Einrichtung des evangelischen Seminar-, Präparanden- und Elementarschulunterrichts“, die am 1., 2, und 3. Oktober 1854 erlassen wurden.

3.4 Die Stiehlschen Regulative von 1854

Die politischen Motive der „Regulativ"-Pädagogik hat Stiehl 1858 vor dem preußischen Abgeordnetenhaus mit aller Deutlichkeit hervorgehoben:

> „Es war die bestimmte Absicht bei dem Erlaß der Regulative, auf diesem organischen Wege in der Unterrichts-Organisation einen Abschluß zu bringen in eine Richtung, die der Schule und der Nation nach Ansicht der Regierung verderblich werden mußte, namentlich in die Richtung, die eine Emancipation der Schule von der Kirche, eine Emancipation des Lehrerstandes von der Autorität, eine Organisation des Lehrerstandes in sich . . . anstrebte. Die hierauf bezügliche Agitation hat ein Ende nehmen müssen und darf nicht wieder Anfang nehmen. Die Schule ist die Tochter der Kirche und die Gehülfin der Familie, sie muß, wie jede dem geistigen Volksleben gewidmete Institution, dienen; mit je größerer Selbstverleugnung sie dieses thut, um so größer ist ihre Ehre, ihr Erfolg" (CENTRALBLATT 1859, S. 291).

Wie sollte diese Zielsetzung in den Regulativen verwirklicht werden?

Zunächst sind die organisatorischen Regelungen zu beachten, die selbst schon auf *Bildungsbegrenzung* angelegt sind, indem sie den im Vormärz entstandenen Zusammenhang von Elementarschulunterricht, Präparanden-Erziehung und Lehrerseminar als einen geschlossenen Regelkreis schichtenspezifischer Selbstrekrutierung bestätigen: Absolventen der Volksschule, die dem Ortsgeistlichen als talentiert und förderungswürdig erscheinen, sollen in die Familie des Lehrers aufgenommen werden, am Unterricht, vor allem am Konfirmandenunterricht teilnehmen, um so in einer zwei- bis dreijährigen Lehrzeit für die Aufnahme in das Lehrerseminar „präpariert" zu werden. Stiehl und andere Verteidiger der Regulative haben in den späteren Kontroversen immer wieder zu dem Argument gegriffen, daß durch dieses Verfahren „der häufig vorgekommenen Ueberbildung der Elementarlehrer, welche neue Bedürfnisse und Unzufriedenheit mit ihrer Lage hervorgerufen", am besten begegnet werden könne (AKTENSTÜCKE 1855, S. 17) und daß es unmöglich sei, die Vorbildung der Präparanden durch erhöhte Anforderungen zu verbessern, weil es den allermeisten Zöglingen „ihrer beschränkten Vermögensverhältnisse wegen ganz unmöglich" sei, dann überhaupt noch in die Seminare einzutreten (ebd., S. 40). Der Selbstrekrutierung des Akademikerstandes wurde so im 19. Jahrhundert die Selbstrekrutierung des Volksschullehrerstandes gegenübergestellt.

Bildungsbegrenzung ist aber in den Regulativen vor allem als didaktisches Konzept verwirklicht, das in bestimmten *Lernverboten* zum Ausdruck kommt:

- „Nicht diejenige Bildung, welche in einzelnen Fällen von einem Lehrer für eine gehobene Stadtschule gefordert werden mag, sondern die Bildung und das Können, welches das Schulehalten in der gewöhnlichen, aus Einer Klasse bestehenden Elementarschule von dem Lehrer erfordert, ist die an allen Zöglingen zu erreichende Aufgabe des Seminars" (1. REGULATIV, S. 6). Überschreitungen müssen ministeriell genehmigt werden.

– Daher erübrigt sich alles, was bisher unter der Bezeichnung „Pädagogik, Methodik, Didaktik, Katechetik, Anthropologie, Psychologie u.s.w." gelehrt worden ist, überhaupt keine „Abstraktionen", kein „System", keine „Kritik", sondern eine praktische „Schulkunde", deren allgemeine Grundsätze am besten der Bibel zu entnehmen sind (ebd., S. 12/13).
– Die „sogenannte klassische Literatur" soll selbst von der Privatlektüre der Zöglinge ausgeschlossen bleiben; „dagegen findet Aufnahme, was nach Inhalt und Tendenz kirchliches Leben, christliche Sitte, Patriotismus und sinnige Betrachtung der Natur zu fördern, und nach seiner volkstümlich anschaulichen Darstellung in Kopf und Herz des Volkes überzugehen geeignet ist" (ebd., S. 30).

Diese Beispiele zeigen bereits, daß den Begrenzungen jeweils eine *positive* Vorschrift, eine inhaltlich bestimmte Norm zugeordnet ist, an der sich Schule und Lehrerbildung künftig zu orientieren haben. Was die inhaltliche Norm der „Regulativ"-Pädagogik ist, läßt sich schon quantitativ erfassen: Die Vorschriften über Religion und Gesang machen annähernd die Hälfte des Erlaßtextes aus. Beim Religionsunterricht geht es nicht nur um „sichere und bleibende, mit dem Lehrbegriff der Kirche übereinstimmende Resultate der christlichen Erkenntnis" (1. REGULATIV, S. 16), sondern darum, „den künftigen Lehrer für eine freie hingebende Thätigkeit auf dem Gebiete der christlichen Bestrebungen für Heiden- und innere Mission, für Armen- und Verlassenen-Pflege und ähnliche Zwecke mit der erforderlichen Einsicht und Liebe auszurüsten" (ebd., S. 18). Er hat „dem einseitigen Streben nach abstrakter, formaler Denkbildung" abgeschworen, statt dessen kennt er aber mindestens 50 Kirchenlieder, Dutzende von Bibelsprüchen und den Katechismus auswendig und soll auf dieser Grundlage imstande sein, „dem Unterricht des Kindes einen berechtigten und würdigen Inhalt zu geben, der in steter und inniger Beziehung zu den großen Bildungsfaktoren, der Kirche, Familie, Gemeinde und dem Vaterlande, ausgewählt und verarbeitet wird" (3. REGULATIV, S. 74).

Ferdinand Stiehl faßte die Zielvorstellung der Regulative ein Jahr nach ihrer Veröffentlichung in dem Satz zusammen:

„Die Preußische Elementarschule ... hat es ... mit Kindern zu thun, die als Menschen
1. evangelische Christen,
2. Unterthanen Sr. Majestät von Preußen sind, ein Vaterland, eine Geschichte ihrer Väter und Anspruch haben auf Teilnahme an der Bildung und Sitte des deutschen Volkes,
3. die als künftige Bürger, Bauern und Soldaten die Unterlagen der allgemeinen Bildung und die Fertigkeiten bedürfen, welche sie befähigen, sich ihr bürgerliches Fortkommen zu sichern und ihrem Stande Ehre zu machen" (AKTENSTÜCKE 1855, S. 57).

Die Regulative von 1854 enthalten ein gewissermaßen „vorindustrielles“ Sozialisationskonzept (Nyssen 1974), das erst im letzten Drittel des 19. Jahrhunderts modernisiert worden ist.

3.5 Zusammenfassende Thesen

(1) Waren der Verwirklichung einer liberalen Schulreform im vorindustriellen Deutschland schon aus Gründen ökonomischer und sozialer Rückständigkeit enge Grenzen gezogen (staatliche und kommunale Finanzmisere, Massenarmut des freigesetzten Landarbeiter- und Handwerkerproletariats, Kinderarbeit), so gewann mit der politischen Tendenzwende von 1819 eine Bildungspolitik die Oberhand, die der Idee „allgemeiner Menschenbildung“ das Konzept einer „naturgemäßen Ungleichheit der Standeserziehung“ entgegensetzte (L. v. Beckedorff).

(2) Die restaurative Bildungspolitik des Vormärz hat nicht verhindern können, daß die liberalen Prinzipien der Reformperiode in der Lehrerschaft lebendig blieben und 1848 in den Forderungen des Allgemeinen Deutschen Lehrervereins bekräftigt wurden (F. A. Diesterweg, K. W. Wander). Insbesondere die Volksschullehrer waren aus sozialen und berufsständischen Gründen an einer Reform von Schule, Schulverwaltung und Lehrerbildung interessiert.

(3) Die preußischen „Regulative über die Einrichtung des evangelischen Seminar-, Präparanden- und Elementarschulunterrichts“ (1854) richteten sich in erster Linie gegen die Emanzipationsbewegung der Volksschullehrerschaft und setzten die restaurative Volksschulpolitik des Vormärz unvermindert fort: Bis zum Durchbruch der großen Industrie sollte die einklassige Landschule die Normalform öffentlichen Elementarunterrichts bleiben und vornehmlich dem Zweck einer herrschaftskonformen Glaubenserziehung „christlicher Untertanen“ dienen.

3.6 Weiterführende Literatur

Die bildungs- und schulpolitischen Auseinandersetzungen des Vormärz stehen in einem weiteren ideen- und sozialgeschichtlichen Zusammenhang, der bereits vor 25 Jahren in der Dissertation von Titze (1973) immer noch lesenswert dargestellt worden ist. Wer darüber hinaus eine umfassende Darstellung der deutschen Gesellschaftsgeschichte in der ersten Jahrhunderthälfte unter ausführlicher Berücksichtigung kultur- und bildungsgeschichtlicher Fragestellungen lesen möchte, sei nachdrücklich auf Nipperdey (1987) sowie auf Wehler Bd. 2 (1987) hingewiesen. – Der von Jeismann/Lundgreen (1987) herausgegebene Bd. III des

Handbuchs der deutschen Bildungsgeschichte faßt unser gegenwärtiges Wissen über pädagogisch relevante Entwicklungen im Zeitraum 1800-1870 ausgezeichnet zusammen und ist für speziellere Studien eine bibliographische Fundgrube. – Als Einführung in die preußische Schulpolitik 1806-1859 ist die zusammenfassende Darstellung von BAUMGART (1990) hervorragend geeignet. – Speziell zur Sozialgeschichte des preußischen Volksschulwesens 1794-1872 liegt mit KUHLEMANN (1992) eine theoretisch und empirisch gehaltvolle, auch die Geschichte des preußischen Volksschullehrers einbeziehende Institutionsanalyse vor. – Als Überblick zur Sozialgeschichte der verschiedenen Lehrämter seit 1800 ist BÖLLING (1983) unübertroffen.

Kapitel 4

Anpassungstendenzen im höheren Bildungsbereich: Modernisierung und Herrschaftssicherung

4.1 Modernisierungszwänge in der höheren Bildung

4.1.1 Der Zwang zur strukturellen Anpassung

Während des gesamten 19. Jahrhunderts ist es dem aufstrebenden Wirtschaftsbürgertum nicht gelungen, eine neben dem humanistischen Gymnasium gleichberechtigte, auf die Bürfnisse der wachsenden Industrie zugeschnittene höhere Bildungsanstalt zu etablieren. Während sich die im weiteren Sinne *öffentlichen Dienstleistungsberufe* in Staat und Kirche auf ein konsolidiertes Vorbildungssystem stützen konnten, mußte die *Privatindustrie* ihren Nachwuchs für Führungspositionen unter den Abgängern der verschiedenartigsten Bildungseinrichtungen rekrutieren.

Diese *strukturelle Disparität* war eine Konsequenz der verstärkten staatsfunktionalen Verkoppelung der höheren Bildung seit den ersten Jahrzehnten des 19. Jahrhunderts. Unter dem Führungsanspruch der gebildeten Beamtenschaft und dem gymnasialen Berechtigungsmonopol war das realistische Schulwesen im Vormärz in eine langfristig aussichtslose Entwicklungsbahn gedrängt worden: Statt selbstbewußt eine an den bürgerlichen Interessen orientierte moderne Alternative zur altklassischen Bildung vertreten zu können, mußten die Realschulen wegen der vorenthaltenen Berechtigung notgedrungen den vorbildlichen Gymnasien nacheifern und mit ihnen konkurrieren.

Nicht zuletzt unter dem Einfluß der Julirevolution von 1830 war es in Preußen, wie auch in anderen deutschen Staaten, zu einer ersten Anerkennung der Realschulen durch die staatliche Bürokratie gekommen. Die „Vorläufige Instruktion für die an den höheren Bürger- und Realschulen anzuordnenden Entlassungsprüfungen" vom 8. März 1832 (RÖNNE, Bd. II, S. 308 ff.) baute die realistische Bildung in das bereits etablierte Berechtigungswesen ein, indem sie die soziale Anspruchslage ihrer bürgerlichen Interessenten auf einem mittleren Niveau kanalisierte. Die Entlassungsprüfungen berechtigten zum einjährig-freiwilligen Militärdienst und zum Eintritt in das Post-, Forst- und Baufach. Nach dem Scheitern der Revolution von 1848, die zunächst den Durchbruch für ein eigenständiges Realschulwesen zu bringen schien, bekam die Schulform in der Reaktionszeit zu spüren, daß der niedergeworfene Liberalismus im Revolutionsjahr ihr eifrigster Fürsprecher gewesen war. Dem „Werkzeug des destruktiven Liberalismus", wie Teile der Bürokratie die Realschulen argwöhnisch charakterisierten (WIESE, Bd. I, S. 214), wurde durch Erlaß vom 18. 3. 1855 das Recht zur Entlassung zur Bauakademie wieder abgenommen. Nach massiver Unterstützung durch ihre Interessenten traten mit Beginn der neuen Ära unter dem altliberalen Ministerium Bethmann-Hollweg günstigere Entwicklungsbedingungen für das Realschulwesen ein. Die am 6. Oktober 1859 erlassene „Unterrichts- und Prüfungsordnung für die Real- und höheren Bürgerschulen" (WIESE-KÜBLER, Bd. 1, S. 70 ff.) stellte die neunjährig ausgebauten Realschulen I. Ordnung mit Latein und Mathematik als wichtigsten Unterrichtsfächern als „modernes" Gymnasium dem traditionellen humanistischen an die Seite. Wie dieses sollte das *Realgymnasium* (so die offizielle Bezeichnung seit 1882) eine wissenschaftliche Vorbildung für die sogenannten höheren Berufsarten gewähren. Das entscheidende letzte Privileg, die Berechtigung zu den Fakultätsstudien, blieb den realistischen Vollanstalten freilich auch weiterhin versagt.

Trotz des Aufschwungs, den das Realschulwesen als Folge dieser Neuregelung seit Beginn der 1860er Jahre nahm, blieb die strukturelle Disparität des höheren Schulwesens auch in den folgenden Jahrzehnten erhalten. Die beschleunigte Industrialisierung ließ den *Modernitätsrückstand* sogar noch schärfer hervortreten. Bis in die 80er Jahre zogen die humanistischen Gymnasien immer noch mindestens 60-70% sämtlicher höheren Schüler auf sich. Unter den 350 Städten des preußischen Staates, in denen sich im Jahre 1888 überhaupt höhere Schulen befanden, gab es in nicht weniger als 160 Städten *ausschließlich* ein gymnasiales Angebot. Nur in 103 Städten bestand eine Wahlmöglichkeit zwischen humanistischer und realistischer Bildung, wobei dem Gymnasium als der „vornehmsten Anstalt des Ortes" natürlich oft der Vorzug gegeben wurde, weil es den Zugang in alle Karrieren offenhielt (MATZAT 1889, S. 21 f.). Wie stark der Berechtigungsdruck das lateinlose Schulwesen hemmte, wird an der Entwicklung der 30 Realschulen deutlich, die 1859 nicht in die I. Ordnung eingestuft worden waren. Nur eine einzige, die Friedrichswerdersche Gewerbeschule in Berlin, blieb „reine" Realschule und hielt an der Lateinlosigkeit fest (SCHMEDING 1956, S. 61). In der schulstrukturellen Entwicklung nicht überbrückbar war die Scheidegrenze, die die anerkannte von der minderbewerteten Bildung trennte, bis zur Jahrhundertwende nach dem *Kriterium der Latinität* gezogen; allein dieses Kriterium vermittelte „das Gefühl, der anerkannt gebildeten Klasse anzugehören“, wie der Abgeordnete Schmidt am 17. März 1882 im Preußischen Abgeordnetenhaus betonte, und deshalb wollten sich auch die „Herren vom Baufach ... durchaus das Latein nicht rauben lassen“ (Stenographische Berichte, S. 924).

4.1.2 Der Zwang zur Anpassung der Lehrpläne

Auf der Ebene der schulischen Lehrpläne machte sich der Modernisierungszwang in spezifischen *Defiziten* bemerkbar, auf die die Abnehmer der höheren Bildung im letzten Drittel des 19. Jahrhunderts immer nachdrücklicher hinwiesen. Die nicht befriedigten Leistungserwartungen bezogen sich vor allem auf die wachsenden Ansprüche an die Beherrschung der *modernen Fremdsprachen.* Die zunehmend dichtere Verflechtung der deutschen Industrie mit ausländischen Märkten, zu der die verbesserten Verkehrsmöglichkeiten wesentlich beitrugen, werteten das Französische und besonders das Englische auf, deren Stellenwert im Lehrplan der höheren Schulen wegen des erdrückenden Vorrangs der klassischen Sprachen bis zur Revision im Jahre 1882 sehr gering war (vgl. Tabelle 2). Im Vorfeld der imperialen Aufrüstung wurden diese Bestrebungen von *militärischer Seite* unterstützt, da „die Verbreitung moderner Fremdsprachen in den Kreisen der Armee für diese eine Lebensfrage“ sei (Major Fleck auf der Dezemberkonferenz, VERHANDLUNGEN 1891, S. 226 f.). Das *Reichsmarineamt* betonte die besondere Bedeutung des Englischen, dessen Beherrschung zum einen für das Studium fremder Kriegsmittel unerläßlich sei. Zum anderen habe das Studium der lebenden Sprachen den Zweck, „den Soldaten, den Offizier die Sprache des Landes zu lehren, in welchem sich voraussichtlich ein Krieg abspielen wird“ (Abteilungsvorsteher Truppel vom Reichsmarineamt auf der Junikonferenz 1900, VERHANDLUNGEN 1901, S. 132). In der Übernahme des realgymnasialen Lehrplans durch das Kadettencorps (Erlaß vom 18. Jan. 1877) sahen die bürgerlichen Interessenten der realistischen Bildung einen bedeutenden Schritt nach vorn auf dem Wege zur vollen Gleichberechtigung.

> „Darin lag eine Anerkennung der Brauchbarkeit dieses Lehrplans für den ersten Stand des deutschen Reiches. Durch die deutschen Offiziere nimmt nunmehr auch der Adel an der Realschulbildung Teil, was ohne Zweifel zu ihrer endlichen Anerkennung auch in aristokratischen Kreisen führen muß“ (SCHACHT 1878, S. 45).

Die Vertreter der Großindustrie machten auf die zunehmende Verflechtung von Wirtschaft und Politik aufmerksam, die ein „eingehenderes Studium der realen Wissenschaften“ durch die Juristen und höheren Verwaltungsbeamten wünschenswert erscheinen ließ, „damit dieselben, die in steter Fühlung mit dem gewerblichen Leben stehen, *uns Gesetze schaffen, und danach Recht sprechen,* auch unsere Bedürfnisse, unsere Wünsche und unser Können besser verstehen lernen“. Im Ton beschei-

Tabelle 2: Prozentualer Anteil der Fächer an den Stundenplänen der höheren Knabenschulen in Preußen (1816–1938)

	Gymnasium						Realgymnasium				Oberrealschule			DOS	OJS	OJN
	1816	1837	1856	1882	1901	1924	1859	1882	1901	1924	1882	1901	1924	1924	1938	1938
Religion	6,3	6,4	7,5	7,1	7,4	7,1	7,0	6,8	7,3	7,1	6,9	7,3	7,1	7,1	4,4	4,4
Latein	23,9	30,7	32,1	28,8	26,3	21,0	15,5	19,3	18,7	16,2	–	–	–	–	8,8	6,6
Griechisch	15,7	15,0	15,7	14,9	13,9	14,2	–	–	–	–	–	–	–	–	–	–
Deutsch	13,9	9,3	7,5	7,8	10,0	12,3	10,2	9,7	10,7	12,3	10,9	13,0	14,6	17,4	12,1	12,1
Französisch/Erste Fremdsprache	–	4,3	6,4	7,8	7,7	5,9	11,9	12,1	11,1	10,7 (9,5)	20,3	17,9	15,8	18,2 (17,0)	16,5	11,0
Englisch/Zweite Fremdsprache	–	–	–	–	–	–	7,0	7,2	6,9	7,9 (9,1)	9,4	9,6	8,7	5,1 (6,3)	–	–
Geschichte u. Geographie/Erdk.	9,4	8,6	9,3	10,5	10,0	12,3	10,5	10,7	10,7	13,0	10,9	12,2	14,2	17,0	13,9	13,9
Mathematik	18,9	11,8	11,9	12,7	13,1	13,0	16,5	15,7	16,0	14,2	17,7	17,9	17,0	14,6	8,8	12,1
Naturwissenschaften	6,3	5,7	5,2	6,7	7,0	7,1	11,9	10,7	11,0	9,9	13,0	13,7	13,9	11,9	9,9	14,3
Zeichnen/Kunsterziehung	3,1	2,1	2,2	2,2	3,1	5,5	7,0	6,4	6,1	7,1	8,7	6,1	7,1	7,1	5,8	5,8
Schreiben/Schönschreiben	2,5	2,5	2,2	1,5	1,5		2,5	1,4	1,5	–	2,2	2,3	–	–	–	–
Singen/Musik	–	3,6	–	–	–	1,6	–	–	–	1,6	–	–	1,6	1,6	5,1	5,1
Turnen/Leibeserziehung	–	–	–	–	–	–	–	–	–	–	–	–	–	–	14,7	14,7
	100,0	100,0	100,0	100,0	100,0	100,0	100,0	100,0	100,0	100,0	100,0	100,0	100,0	100,0	100,0	100,0
Summe der Wochenstunden in 9 (1816: 10, 1938: 8) Schuljahren	318	280	268	268	259	253	285	280	262	253	276	262	253	253	273	273

Abkürzungen: DOS = Deutsche Oberschule; OJS = Oberschule für Jungen Sprachlicher Zweig; OJN = Oberschule für Jungen Naturwiss.-Math. Zweig.

Anmerkungen: Gymnasium 1837: Deutsch einschl. 4 Std. Philosoph. Propädeutik; Realgymnaium 1924: Die in Klammern gesetzten Werte gelten dann, wenn die erste neuere Fremdsprache Englisch ist; DOS: Die in Klammern gesetzten Werte gelten dann, wenn die zweite Fremdsprache Latein oder Französisch ist; OJS: Erste neuere Fremdsprache = Englisch. Einschl. obligatorischer Arbeitsgemeinschaften in einer lebenden Fremdsprache; OJN: Erste Fremdsprache = Englisch. Einschl. obligatorischer Arbeitsgemeinschaften in Naturwissenschaften und Mathematik.

dener und in der Sache deutlicher als in diesen Worten des Direktors der Berliner Maschinenbau-Aktiengesellschaft ließ sich das gewünschte Zusammenspiel von Staatsbürokratie und Großindustrie im Kaiserreich kaum auf den Begriff bringen (Verhandlungen 1891, S. 343, Hervorhebung von uns).

Im Zusammenhang des Aufstiegs der technischen Lehranstalten ergab sich ein weiteres, besonders schwerwiegendes Problem der curricularen Anpassung der höheren Bildung. Für die *Technischen Hochschulen,* die parallel zu den Realschulen einen ähnlich langwierigen und zähen Kampf um ihre Gleichberechtigung mit den Universitäten führten (Manegold 1970), mußte eine geeignete *Vorbildungs*stätte etabliert werden, die ihnen in ähnlicher Weise vorgeschaltet war wie das humanistische Gymnasium den Universitäten. Die benachteiligten Realschulen konnten die ihr zugedachte Zuliefererfunktion solange nicht voll erfüllen, wie ein ganz beträchtlicher Anteil der TH-Studenten wegen der Berechtigungsfülle immer noch den traditionellen Weg über das humanistische Gymnasium wählte. Unter den Abiturienten der höheren Lehranstalten, die beispielsweise in den technischen Abteilungen der TH Berlin studierten, stellten die Absolventen von humanistischen Gymnasien noch im WS 1897/98 mit 54 Prozent die Mehrheit, während die Abgänger aus Realgymnasien nur 39 und aus Oberrealschulen nur ganze 7 Prozent ausmachten (Balschun 1964, S. 123ff.). Die heterogene, teils humanistische, teils realistische Vorbildung der Studienanfänger, besonders aber die Defizite der Gymnasialabiturienten in den Naturwissenschaften und der Mathematik, wirkten sich nachteilig auf die fachwissenschaftliche Ausbildung an der Technischen Hochschule aus, die in ihren Studienkonzeptionen nicht an ein solides, gemeinsames Vorbildungsniveau aller Studienanfänger anknüpfen konnte. Auch unter diesem Aspekt der *Effektivierung der TH-Ausbildung* geriet die traditionelle höhere Bildung unter einen Modernisierungszwang, der sich mit dem Ausbau und der Konsolidierung der Technischen Hochschulen in den 90er Jahren stetig verschärfte.

4.2 Die Vorgeschichte der Reformen: Der notwendige Eigenausbau des Bildungssystems

Erst die jüngste Forschung (D. K. Müller 1977 a, b; Herrlitz/Titze 1976; Titze 1990) hat einen weiteren Zusammenhang thematisiert, dessen Untersuchung neue und tiefere Einsichten in den Prozeß der Bildungsreform im Kaiserreich freigibt. Die These, daß auch von den spezifischen *Überfüllungs- und Mangelkrisen in den akademischen Karrieren* ein

Anpassungsdruck auf das Bildungssystem ausging, läßt sich durch eine plausible Argumentationskette stützen:

(1) Die zahlenmäßig bedeutendsten akademischen Berufsstände (Geistliche, beamtete Juristen und Advokaten, Mediziner und Lehrer an höheren Schulen) sind im zweiten Drittel des 19. Jahrhunderts nur bemerkenswert *schwach gewachsen.* Diese fast stagnierende Entwicklung weist auf noch zu klärende (ökonomische und verfassungspolitische) Hemmfaktoren hin. Als deren Einflüsse geringer wurden, setzte ein beschleunigtes Wachstum ein, dessen Ausmaß auf einen gewissen *Nachholbedarf* schließen läßt.

(2) Bemerkenswerterweise traten seit Beginn der 70er Jahre in sämtlichen akademischen Karrieren *Mangelerscheinungen* auf, die besonders bei den Geistlichen und Lehrern an höheren Schulen gravierend waren. Diese allgemeine Mangelsituation war eine späte Folgeerscheinung der seit den 30er Jahren durchgehaltenen *restriktiven Berechtigungspolitik,* die den Abiturientenstrom in die akademischen Karrieren auf einem niedrigen Niveau „bedarfsangemessen" festgehalten hatte.

(3) Da die Mangelerscheinungen alle großen akademischen Karrieren betrafen, waren sie nicht das Ergebnis einer falschen *Verteilung* des akademischen Nachwuchses auf die verschiedenen Karrieren; sie manifestierten vielmehr ein *allgemeines Abiturientendefizit.* Die Öffnung der Lehramtskarriere für die Absolventen der Realschulen I. Ordnung, die die Unterrichtsverwaltung 1870 zugestand, ist weniger als eine erste Konzession an die bürgerlichen Interessenten der realistischen Bildung zu interpretieren, sondern vielmehr als eine Folge des Modernisierungszwangs, das allgemeine Abiturientendefizit auszugleichen.

(4) Von diesem Abiturientendefizit der 60er und frühen 70er Jahre und der Mangelsituation in den akademischen Karrieren ging ein Modernisierungsdruck auf das höherere Schulwesen und das Hochschulwesen aus: Der verstärkte *Eigenausbau des Bildungssystems* wurde zum vordringlichen Systemproblem, dessen Lösung bei der weiteren Entwicklung der höheren Bildung eine Leitfunktion zukam. Die ganz enorme Verbreiterung des Angebots an Bildungseinrichtungen (durch Ausbau und Neugründung höherer Schulen) in den 60er und 70er Jahren ist als Antwort auf dieses Systemproblem zu verstehen. Die alle anderen Entwicklungstrends überragende Expansion *der philosophischen Fakultäten* bis etwa 1880 ist ein Indiz für den verstärkten Eigenausbau des höheren Bildungssystems. Die Mangellage in den akademischen Karrieren einerseits, die eine Sogwirkung auf die steigende Bildungsbeteiligung in den unteren Mittelschichten ausübte, und die günstigen ökonomischen und politischen Voraussetzungen für eine beschleunigte Expansion der höheren Bildung andererseits waren die funktionalen Bedingungen dafür, daß der notwendige Eigenausbau des höheren Bildungssystems bis in die frühen 80er Jahre außerordentlich *erfolgreich* war.

(5) Dieser beschleunigte Eigenausbau schwächte die strukturelle Disparität des höheren Schulwesens allerdings nicht ab, sondern verstärkte sie sogar noch, da die staatsfunktionale Verkoppelung der höheren Bildung unter dem Druck der interessenbestimmten Berechtigungspolitik auch in der Expansionsphase nicht gelockert wurde. Die vorrangige Orientierung des akademischen Nachwuchses an beamteten Karrieren wurde seit der Mitte der 70er Jahre durch die „Große Depression" in der ökonomischen Entwicklung weiter verstärkt. Unter diesen komplexen Bedingungen konnte die Mangellage in den akademischen Staatskarrieren relativ schnell bis etwa 1880 (bei Theologen und Medizinern später) weitgehend *ausgeglichen* werden.

(6) Im Zusammenhang der reaktionären Tendenzwende der gesamten inneren Politik seit Ende der 70er Jahre wurde die Bildungspolitik in den frühen 80er Jahren auf einen neuen konservativen Kurs umgestellt. Aus Furcht vor den *gesellschaftsverändernden Konsequenzen* einer weiteren liberalen Modernisierung und sozialen Öffnung der Bildungsbeteiligung nach unten wurde dem weiteren Eigenausbau des Bildungssystems auf allen Ebenen und mit zahlreichen flankierenden Maßnahmen radikal entgegengesteuert.

Auf diesem Hintergrund wird die von Interessen und Funktionszwängen bestimmte eigensinnige Dynamik verständlich, die die Analyse der „Schulkämpfe" im letzten Drittel des 19. Jahrhunderts zu einem lehrreichen Kapitel der deutschen Bildungsgeschichte macht.

4.3 Die am Reformprozeß beteiligten Interessengruppen und Vereine

Der stärkste und aktivste Reformverein für eine Anpassung des höheren Schulwesens an die veränderten ökonomischen und sozialpolitischen Bedingungen der entwickelten Klassengesellschaft des Kaiserreichs war mehrere Jahrzehnte lang der im April 1876 gegründete *Allgemeine Deutsche Realschulmännerverein.* Nicht zuletzt aus standespolitischen Eigeninteressen setzte er sich vor allem für eine Gleichberechtigung des Realgymnasiums ein. Die treibende Kraft dieses Vereins, der im ersten Jahr seines Bestehens bereits 1700 Mitglieder (darunter etwa 600 Lehrer) zählte, war bis zu seinem Tode im Jahre 1912 der Direktor des Duisburger Realgymnasiums, Quintin Steinbart. Über seine guten Beziehungen zur Duisburger Stadtverwaltung gewann er seit den 70er Jahren einen beträchtlichen Einfluß auf die Schulpolitik der rheinischen und westfälischen Städte (SCHMEDING 1956, S. 81ff.). Auf dem Höhepunkt des Schulkampfes im Vorfeld der Dezemberkonferenz von 1890 erreichte der Realschulmännerverein mit über 3200 Mitgliedern seinen höchsten

Bestand; unter seinen Mitgliedern befanden sich zahlreiche Fabrikanten, Bankiers und Kaufleute, die auch in den Kuratorien der Realschulen stark vertreten waren. Bei aller Reformfreundlichkeit hielt der Verein in seiner gymnasialen Orientierung am *elitären Anspruch* des höheren Schulwesens fest, das zwar modernisiert, aber durchaus nicht demokratisiert werden sollte im Sinne einer sozialen Öffnung seiner Zugangschancen. Aufgrund dieser Interessenorientierung war die Haltung des Vereins in der Frage des sozial offeneren *lateinlosen Realschulwesens* auch zwiespältig und lange vereinsintern umstritten.

Wegen dieser zwiespältigen Haltung des Realschulmännervereins kam es auch nur teilweise zu einem Reformbündnis mit dem bereits seit den 50er Jahren bestehenden *Verein Deutscher Ingenieure* (VDI), der das Berechtigungsmonopol des humanistischen Gymnasiums ebenfalls aufgehoben sehen wollte. Zum Zwecke einer angemesseneren Verteilung und Vorbereitung der höheren Schüler auf die veränderten Bedürfnisse des Beschäftigungssystems plädierte der VDI für die Einrichtung einer gemeinsamen Unter- und Mittelstufe, auf die erst in den oberen Klassen ein gegabeltes System folgen sollte. Mit der strukturellen Neuordnung, besonders auch der Aufwertung des lateinlosen Realschulwesens, sollte das höhere Schulwesen zur Förderung des sozialen Ausgleichs in der Gesellschaft beitragen.

In der sozialen Motivation und der Kritik an der unausgewogenen Schulstruktur, die die seit den frühen 80er Jahren wahrgenommene sogenannte *Überfüllung der gelehrten Berufsarten* begünstigte, berührte sich der VDI mit den Reformbestrebungen innerhalb der *Deutschen Akademischen Vereinigung* und des *Vereins für Schulreform,* den einige besonders engagierte Mitglieder der Vereinigung im Frühjahr 1889 eigens gegründet hatten, um die Schulreform in Fluß zu bringen. Die schulpolitischen Bestrebungen dieser Vereine waren stark beeinflußt von dem langjährigen Mitglied des Preußischen Abgeordnetenhauses, dem nationalliberalen Emil von Schenkendorff, der in der gesamten wilhelminischen Ära in den vielfältigsten Bereichen eine erstaunliche Aktivität entfaltete und dabei immer von dem einen Motiv angetrieben wurde, der proletarischen Emanzipationsbewegung das Wasser abzugraben. Schenkendorff trat für eine „rationelle Schulpolitik“ ein, die als gezielte *Mittelstandspolitik* vor allem das breite Kleinbürgertum sozialpolitisch stützen sollte, das „heute auch in sozialer Hinsicht noch die eigentlich feste Burg“ sei, „die gegen den Andrang der sozialistischen Umtriebe schützt“ (VERHANDLUNGEN 1891, S. 333).

Die zahlreichen Schulreformvereine und Interessengruppen (zu den weniger bedeutenden vgl. MESSER 1901) konnten auf die Unterstützung durch die industriereichen *Städte* rechnen, die über mehrere Jahrzehnte hinweg immer wieder die Initiative ergriffen, um die Gleichberechtigung ihrer Realschulen zu erreichen. Dabei spielten auch finanzielle Interessen eine wichtige Rolle. Die meisten Realanstalten standen unter städtischem Patronat und mußten von den Städten selbst finanziert werden. Solange ihnen die Gleichberechtigung vorenthalten wurde, blieben diese Schulen in den oberen Klassen schwach besetzt und stellten wegen der mangelnden Schulgeldeinkünfte eine starke Belastung für die städtischen Haushalte dar.

Auf der Seite der Reformkräfte schalteten sich auch die *Technischen Hochschulen* in die Kämpfe ein und befürworteten aus ihrer eigenen Interessenlage heraus die volle Gleichberechtigung ihrer realistischen Vorbildungsanstalten. In der Endphase des Konflikts in den späten 90er Jahren traten weitere Organisationen auf wie der *Verein Deutscher Naturforscher und Ärzte* und der *Verein Deutscher Chemiker,* die sich ebenfalls für die Gleichstellung aussprachen

Als Reaktion auf die Reforminitiativen der Vereine und zur Abwehr des „ungerechtfertigten pädagogischen Radikalismus", so der Heidelberger Gymnasialdirektor Uhlig, organisierten sich die konservativen Interessenvertreter des humanistischen Gymnasiums in dem von Uhlig 1890 gegründeten *Gymnasialverein (*SCHMEDING 1956, S. 138; MESSER 1901, S. 41ff.). Bereits ein halbes Jahr vor der erfolgreichen Vereinsgründung (in fünf Monaten traten 2500 Mitglieder bei) hatte Uhlig im Juni 1890 die programmatische Zeitschrift „Das humanistische Gymnasium" ins Leben gerufen. In die Front der Reformgegner reihten sich die überwiegend konservative *Hochschullehrerschaft* ein, die mit dem Gymnasialverein eng verflochten war, sowie die *Ständeorganisationen der Ärzte und Juristen.* Während die Zulassung zum Medizinstudium für die Realschulabiturienten bereits in den 60er und 70er Jahren gefordert wurde und in der öffentlichen Diskussion umstritten war, trat die Berechtigung zum Jurastudium erst relativ spät in den 90er Jahren mit ins Zentrum der Auseinandersetzungen. In der Theorie waren die Ständeorganisationen der Ärzte durchaus geneigt, die Ebenbürtigkeit oder sogar die sachlichen Vorzüge der realistischen Bildung für das Medizinstudium anzuerkennen. In der Praxis ging es aber weniger um die sachliche Angemessenheit der Vorbildung, sondern vielmehr um die *soziale Exklusivität* der Schülerschaft, die das Ansehen der humanistisch gebildeten Abiturienten in der gesellschaftlichen Rangordnung höher erscheinen ließ. Diese sogenannte Dignitätsfrage, „in der ohne Zweifel die Hauptursache des Widerstandes der ärztlichen Kreise zu suchen war" (LEXIS 1902, S. 98), trat in der standespolitischen Diskussion in dem Maße zurück, wie sich um die Jahrhundertwende zunehmend auch die Interessenvertreter des für die Ärzte vorbildlichen Juristenstandes für die Gleichstellung aussprachen. Im Jahre 1879, als kaum jemand auch nur an die Öffnung der juristischen Karriere dachte, war der Widerstand der Mediziner noch besonders entschieden und einhellig: Von 157 Ärztevereinigungen, die sich gegenüber dem Kultusministerium gutachtlich äußerten, sprachen sich 150 gegen die Zulassung der Realschulabiturienten aus (BALSCHUN 1964, S. 46).

4.4 Die abwartende Haltung und Strategie der Bürokratie

Die staatliche Bürokratie verhielt sich in der Schulreformfrage lange reserviert und abwartend, teilweise auch widersprüchlich. Im Zusammenhang der wiederholten Petitionen der Industriestädte äußerte sich die Unterrichtsverwaltung Ende der 70er und Anfang der 80er Jahre eher wohlwollend. Auch die *Annäherung der Lehrpläne* der humanistischen Gymnasien und der Realgymnasien durch die revidierte Ordnung vom 31. März 1882 (vgl. Tabelle 2) nährte die Hoffnungen, daß den Gleichberechtigungsforderungen bald stattgegeben würde. Daß es nicht schon zu Beginn der 80er Jahre zur Gleichstellung der realistischen Bildung kam, sondern erst zwei Jahrzehnte später, ist darauf zurückzuführen, daß die langfristig wirksamen Berechtigungskämpfe im Schulreformprozeß seit den frühen 80er Jahren von dem aktuell bedrängenden Problem der *„Überfüllung" der akademischen Karrieren* überlagert waren. In der Wahrnehmung interessenbestimmt selektiv und in der Problemdefinition politisch folgenreich dramatisiert, übte diese vieldiskutierte „Überfüllung" bis in die späten 90er Jahre einen kaum zu überschätzenden Einfluß auf den Kurs der gesamten Bildungspolitik aus. Angesichts der wachsenden Stärke der sozialdemokratischen Partei, in der sich das unterdrückte Proletariat politisch vereingte, aktualisierte die beschwörende Formel des *akademischen Proletariats* tiefsitzende Berührungsängste bei all jenen besitzlosen Bildungsbürgern, die sich sicher wähnten, daß sie dazu nie gehören würden. Länger als ein Jahrzehnt stand die Unterrichtsverwaltung gleichsam im Banne dieses „Überfüllungsproblems", unter dessen Einfluß eine nüchtern konzipierte, an den langfristigen Modernisierungstendenzen orientierte Schulpolitik kaum möglich war.

Die teilweise widersprüchlichen administrativen Maßnahmen in der Berechtigungssteuerung deuten darauf hin, daß es zwischen den verschiedenen Ressorts Interessendivergenzen und Meinungsverschiedenheiten darüber gab, in welcher Weise die notwendige Anpassung des höheren Schulwesens vorgenommen werden sollte. Nach 1888 unterlagen alle Berechtigungserteilungen oder -entziehungen der Genehmigung des Gesamtministeriums, ein Indiz dafür, daß die *allgemeine* politische Bedeutung des heiklen Berechtigungskonflikts seit den ausgehenden 80er Jahren von höchster politischer Stelle anerkannt war.

Um vor tiefgreifenden Steuerungsmaßnahmen zunächst eine genaue Übersicht über die tatsächlichen Verhältnisse zu gewinnen, modernisierte die Unterrichtsverwaltung seit den frühen 80er Jahren die *Bildungsstatistik* und stellte sie sowohl für die Schulen (Statistische Beilagen im Centralblatt seit 1884) als auch die Landesuniversitäten (hochdifferenzierte Datenerhebung seit Wintersemester 1886/87) auf eine ganz neue Grundlage. Diese kontinuierlichen Bestandsaufnahmen flossen in vertraulich vorbereitete und umfassend angelegte *Bedarfsplanungen* ein, in denen zur wissenschaftlichen Politikberatung herangezogene Experten (wie der einflußreiche Göttinger Staatswissenschaftler Wilhelm Lexis) sich gutachtlich darüber äußerten, wie hoch die „Normalzahl" der Studierenden in den einzelnen akademischen Karrieren zu veranschlagen und wieweit eine sogenannte Überproduktion in ihnen bereits eingetreten sei. Parallel zu diesen Initiativen wurde ein breites Spektrum von *Steuerungsmitteln* erwogen, die in strategischen Analysen bezüglich ihrer Einsatzmöglichkeiten und rechtlichen Voraussetzungen, ihrer politischen Durchsetzbarkeit und vermuteten Auswirkungen geprüft wurden. Die Kollegialorgane der Universitäten wurden dabei wiederholt eingeschaltet, um kurzfristig zu zahlreichen Steuerungsmaßnahmen (wie Stipendienreform, Reorganisation des Honorarwesens, Verteuerung des Studiums) gutachtlich Stellung zu nehmen. Als sich die öffentliche Überfüllungsdiskussion Ende der 80er Jahre zunehmend erhitzte, lief auch der in Gang gebrachte bürokratische Staatsapparat hinter den Kulissen auf Hochtouren, um das Überfüllungsproblem in den Griff zu bekommen.

Seit 1888 geriet die Unterrichtsverwaltung allerdings auch zunehmend unter Zeitdruck und Handlungszwang. Die naturwüchsig entstandene, durch die restriktiven Bremsmaßnahmen seit den frühen 80er Jahren *politisch noch wesentlich verschärfte Überfüllungskrise* in den meisten akademischen Karrieren trieb ihrem Höhepunkt zu. Zum anderen entfalteten die am Schulkampf beteiligten Interessengruppen eine verstärkte Aktivität. Die in der akademischen Vereinigung und dem späteren Verein für Schulreform agierenden Reformkräfte (unter denen neben Schenkendorff der Redakteur der Berliner „Täglichen Rundschau", Friedrich Lange, und der Generalsekretär des VDI, Theodor Peters, besonders aktiv waren) mobilisierten im Frühjahr 1888 die Öffentlichkeit und brachten eine aufsehenerregende *Massenpetition* an den preußischen Kultusminister von Goßler und den Reichskanzler Bismarck zustande, die von 22409 Unterschriften unterstützt wurde (u.a. von 25 Stadtverwaltungen, 16 Handelskammern und dem VDI, 4069 Kaufleuten, 2050 Fabrikanten und Bankiers, 2449 Ingenieuren, 2293 Schulmännern und 1473 Ärzten). Als unmittelbare Reaktion darauf formierten sich die Gymnasialverteidiger im Juli 1888 zur Gegenagitation. Eine Anzahl dortiger Professoren setzte die *Heidelberger Erklärung* in Umlauf, die 4241 Unterschriften fand und von etwa 500 Professoren mitgetragen wurde. Der Realschulmännerverein wandte sich im Mai 1890 mit einer erneuten Eingabe direkt an das Abgeordnetenhaus. Für das Gymnasialmonopol wiederum erklärten sich im August 1890 69 Dozenten der Universität Halle in einer Eingabe an den Kultusminister. Mit gleichlautenden oder ähnlichen Erklärungen bezogen nicht weniger als 690 Hochschullehrer sämlicher anderen preußischen Universitäten und Tübingens ebenfalls öffentlich Stellung in dem inzwischen stark polarisierten Berechtigungskampf.

Nicht zuletzt durch die Einschaltung des Reichskanzlers Bismarck, der auf entschieden durchgreifende Maßnahmen drängte, kristallisierte sich im Jahre 1890 das *Gesamtkonzept der Gegensteuerung* heraus. Für die Gratwanderung zwischen Modernisierungszwängen und Herrschaftssicherung steckte die Ministerialbürokratie ihren bildungspolitischen Kurs ab:

(1) Der angeschwollene Bildungsstrom, der den Fortbestand der überkommenen Privilegienstruktur der Klassengesellschaft gefährdete, sollte durch eine rigoros kalkulierte Berechtigungssteuerung *umgeschleust* und herrschaftskonform *kanalisiert* werden. Das erste strategische Ziel war deshalb die Erschwerung der Gründung neuer und die Verminderung der bereits bestehenden vollberechtigten Unterrichtsanstalten, die das Studienprivileg vergaben und zur „Überfüllung“ der akademischen Karrieren beitrugen. Bei dieser beabsichtigten *Einschränkung des Bildungsangebots* hatte die Ministerialbürokratie vor allem die Realgymnasien im Auge, die als Typus aufgehoben und in lateinlose Lehranstalten umgewandelt werden sollten.

(2) Im Sinne der Umschleusungsstrategie ergab sich das zweite Ziel aus den antizipierten Folgen einer Erfüllung des ersten: Den Bildungsansprüchen, die von der Orientierung auf die akademischen Karrieren abgelenkt wurden, mußte eine *positive Alternative* eröffnet werden. Parallel zur Verengung der gymnasialen Elitebildung mußte das Bildungsangebot bei den lateinlosen Realschulen verbreitert werden.

(3) Schwerwiegender als die *Kanalisierung* der Bildungsansprüche stellte sich die Lösung des dritten Problems dar: die *Begrenzung* der Bildungsansprüche und Kontrolle der Bildungs*beteiligung*. Hier sollte eine langfristig konzipierte Abwehrpolitik einer weiteren Demokratisierung der Bildungschancen entgegenwirken. In einer krude kapitalistischen Manier, für die besonders die politische Spitze (Bismarck, Goßler) plädierte, sollten die *sozialen Zugangschancen* in die akademischen Karrieren mit marktwirtschaftlichen Mitteln nach unten abgeschnürt werden. Die systematische *Verteuerung der berechtigten Bildung*, die eine Beteiligung der ärmeren Klassen der Gesellschaft berechenbar ausschloß, wurde mit einem breiten Katalog flankierender Maßnahmen ins Auge gefaßt: Erhöhung des Schulgeldes für den Besuch der höheren Lehranstalten, im Sinne der Umschleusungsstrategie abgestuft nach deren Berechtigungsqualität (je mehr Chancen – desto teurer); Erhöhung der Studiengelder auf den Universitäten (Immatrikulations- und Exmatrikulationsgebühren, Auditoriengelder, Entrichtung von Institutsgebühren und Praktikantenbeiträgen für bestimmte Fächer, Anhebung von Prüfungsgebühren usw.); Einschränkung der Stundung von Kollegienhonoraren (wer studieren will, muß es *bar* bezahlen können); Verminderung der Studienförderung durch Stipendien und Freitische; Einflußnahme auf private Stiftungen usw. im fraglichen Sinne; erhebliche Kürzung und Einfrierung der gesamten Förderungsmittel auf niedrigem Niveau.

4.5 Die selbstherrliche Überschätzung der Steuerungsmöglichkeiten

Die Einsicht, daß sich der Gesamtbereich der höheren Bildung seit den 60er Jahren inzwischen zu einem komplexen Systemzusammenhang ausgeweitet hatte, der ihrer Verfügung und autoritären Kontrolle zusehends entglitt, war *die neue Erfahrung*, die die preußischen Kulturbeamten in den 80er und 90er Jahren machen mußten. Die Einstellung, in der sie ihre Anstrengungen organisierten und ans Werk gingen, um die höhere Bildung wieder unter ihre Kontrolle zu bekommen, war in doppelter Weise symptomatisch für die Stärke und Schwäche dieser preußischen Beamten. Hinsichtlich der *Mittel*, die sie mobilisierten, waren sie *modern* und auf der Höhe der Zeit. Hinsichtlich der normativen *Zwecke*, die sie dabei verfolgten, waren sie *traditionsbefangen: gegen* die modernen Tendenzen wachsender Bildungsbeteiligung im Gefolge des industriellen „Take-off" ließen sich ihre selbstgesteckten Zielvorstellungen auf Dauer nicht mehr verwirklichen.

Die für den Dezember 1890 nach Berlin einberufene Schulkonferenz und ihre Folgen machten deutlich, daß die Unterrichtsverwaltung ihre Steuerungsmöglichkeiten *selbstherrlich überschätzte*. Wie interessant die Verhandlungsprotokolle dieser Konferenz als ein aufschlußreiches Dokument der politischen Kultur des wilhelminischen Kaiserreichs nach dem Scheitern des Sozialistengesetzes auch sein mögen, die politische Bedeutung dieser Konferenz war gering. Statt selbst Politik zu *machen*, kam ihr nur die öffentlichkeitswirksame Funktion zu, eine in der Ministerialbürokratie bereits entschiedene Politik durch scheinbar interessenenthobene fachwissenschaftliche Beratungen nachträglich zu *legitimieren*. Diese These läßt sich schon von der Zusammensetzung der Konferenz her begründen. Von den 43 stimmfähigen Konferenzteilnehmern waren 27 eindeutig ausgewählte Vertreter der konservativen Gymnasialpartei. Friedrich Paulsen, der als einer der wenigen erklärten Verteidiger des gefährdeten Realgymnasiums eingeladen worden war, hat die Konferenz rückschauend als „Kulissenschieberei zur Täuschung der öffentlichen Meinung" charakterisiert (SCHMEDING 1956, S.139). In der entscheidenden Berechtigungsfrage wurde voraussehbar mit 35 gegen 8 Stimmen dafür votiert, daß in Zukunft nur zwei Typen von höheren Schulen beibehalten werden sollten, das humanistische Gymnasium und lateinlose Reallehranstalten. Das Konzept eines gemeinsamen Unterbaus wurde mit 28 gegen 15 Stimmen verworfen. Vergegenwärtigt man sich die *Interessenbasis*, die das Realgymnasium favorisierte, dann mußte die administrativ entfachte Kampagne, die realgymnasiale Bildung als eine zwitterhafte Halbbildung in Mißkredit zu bringen, einen empfindlichen Nerv ihrer vorwiegend besitzbürgerlichen Anhänger treffen. Bereits 12 Jahre vor der Dezemberkonferenz hatte sich der Elberfelder Realgymnasialdirektor zum Sprecher dieser Kreise gemacht und an die Adresse der traditionellen Führungsklasse die Warnung gerichtet, in der arroganten Mißachtung moderner Entwicklungen ihr *Machtkonto nicht zu überziehen.* Der durch seine Mittel einflußreiche und „heute oft herrschende Stand" des Wirtschaftsbürgertums suche im Realgymnasium die seiner jetzigen Stellung in der Gesellschaft angemessene Bildung und „wird es auf die Dauer nicht ertragen können, daß eine andere Bildungsschule mehr soll gelten als die seinige". Neben der Vergleichbarkeit seiner Leistungen werde man dem Realgymnasium auch nach dieser *sozialpolitischen* Seite hin die volle Gleichberechtigung mit dem humanistischen Gymnasium auf die Dauer nicht verweigern können.

> „Die alten Standesunterschiede verschwinden immer mehr und andere mit neuer Bedeutung treten an ihre Stelle. Man braucht das ja nicht immer besser zu finden; aber wenn man nicht die Macht hat, das Neue zu ändern und zu bessern, so muß man ihm allmählich Rechnung tragen. Es ist weise, daß die bisher Regierenden das bei Zeiten tun" (SCHACHT 1878, S. 42).

Das für die frühindustrielle Anlaufphase im Vormärz charakteristische Vormundschaftsverhältnis zwischen autoritärer Bürokratie und untertänigem Bürgertum begann sich durch den ökonomischen Aufstieg im 19. Jahrhundert und die kapitalistische Machtentfaltung im Kaiserreich geradezu umzukehren.

> „Ehemals war freilich der Beamte der hohe *Herr,* der Bürger der untertänige *Diener*; heute ist aber aus dem untertänigen *Diener* ein wohlhabender und einflußreicher *Herr* geworden, der die Gesetze als Hauptfaktor vorschreibt, die der Beamte nachher auszuführen hat" (ebd., S. 66).

In Mißachtung der eindringlichen Warnung des Realgymnasialdirektors Schauenburg, eine auf die Zurückdrängung des Realgymnasiums zielende administrative Strategie werde die Schulfrage nicht lösen, sondern vielmehr verschärfen und die „hervorragendsten Industriellen und Kaufleute, zumal im Westen des Staates" *herausfordern* (VERHANDLUNGEN 1891, S. 311), meinte die traditionsbefangene höhere Ministerialbürokratie noch 1890, die mit der fortgeschrittenen Industrialisierung verbundenen *gesellschaftlichen Machtverschiebungen* selbstherrlich ignorieren zu können.

Unmittelbar nach der Konferenz formierte sich die breite Interessenkoalition der Industriestädte, des Realschulmännervereins und des VDI und setzte sich erfolgreich für den Fortbestand der Realgymnasien ein. Wegen der öffentlichen Verunsicherung und der massiven Proteste sah sich der Kultusminister Graf von Zedlitz-Trützschler genötigt, wenige Monate nach der für die preußische Unterrichtsverwaltung unrühmlichen Konferenz beschwichtigend einzugreifen und im Abgeordnetenhaus alle Besorgnisse hinsichtlich des Fortbestehens der Realgymnasien zu zerstreuen; die Regierung werde nicht gegen den Willen der Kommunen bewährte Einrichtungen zerstören. Die unter dem Eindruck des

Überfüllungsproblems konzipierte Strategie, das zur stärksten Konkurrenz für das Gymnasialmonopol gewordene Realgymnasium zugunsten der noch schwächlich entwickelten Oberrealschule „auszutrocknen", erwies sich als unbrauchbar und nicht mehr auf der Höhe der Zeit, weil sie die Interessenlage des Besitzbürgertums allzu offensichtlich überging.

In den kritischen 90er Jahren reduzierte sich die Zahl der Realgymnasien bis zur formellen Gleichstellung aller drei Vollanstalten im Jahre 1900 nur geringfügig von 87 auf 75 Anstalten. Die von der Umschleusungsstrategie begünstigte Oberrealschule expandierte im kritischen Jahrzehnt von 9 auf 35 Anstalten. Die als Nichtvollanstalten von der Verwaltung ebenfalls besonders geförderten Realschulen erfuhren einen rapiden Aufstieg von 55 (1892) auf nicht weniger als 138 Anstalten im Jahre 1900. Dabei übernahmen sie das Haupterbe der nicht voll ausgebauten realgymnasialen Schulen, bei denen die administrative Strategie am wirksamsten durchschlug: Nur jede vierte Anstalt dieses Typs blieb erhalten (Reduktion von 84 auf 21 Schulen). Hinsichtlich des zweiten Ziels, das lateinlose Schulwesen zu verstärken, war die Unterrichtsverwaltung in den 90er Jahren also durchaus erfolgreich. Hinsichtlich des ersten Ziels, das in den 60er und 70er Jahren stark expandierte Bildungsangebot bei den Vollanstalten wieder einzuschränken, überschätzte die preußische Regierung ihre Einfluß- und Steuerungsmöglichkeiten ganz erheblich.

Wie sich aus vergleichenden Analysen der langfristigen Wachstumsprozesse anhand zahlreicher Indikatoren (Entwicklung der Zahl der höheren Schulen, der Schüler- und Studentenströme, des Lehrpersonals an höheren Schulen und Universitäten etc.) klar erkennen läßt, war die durch tiefgreifende sozialökonomische, politische und kulturelle Veränderungen gespeiste Expansion der höheren Bildung durch traditionsbefangene politische Gegensteuerungen spätestens seit den 90er Jahren *dauerhaft* nicht mehr zu drosseln. Weder die Machtsprüche des Reichskanzlers Bismarck, der Wilhelm II. am 16. März 1890 brieflich empfahl, die Zahl der gelehrten Schulen und deren Besuch kurzerhand zu beschränken, „jedenfalls deren Vermehrung zu *untersagen*"(!), noch die ausgeklügelten Strategien der preußischen Ministerialbeamten konnten etwas daran ändern, daß sich im Kaiserreich der *historische Durchbruch zu einem neuen Niveau der Bildungsexpansion* vollzog.

Im Jahre 1900 wurde der über drei Generationen andauernde Konflikt um die Brechung des Gymnasialmonopols geräuschlos beigelegt. Während die Dezemberkonferenz 14 Tage gebraucht hatte, um hartnäckig Doktrinen zu verteidigen und eine historisch überholte Bildungspoliktik durch teilweise nicht realisierbare Beschlüsse zu sanktionieren, kam die wiederum von der Bürokratie einberufene Schulkonferenz im Juni 1900 mit nur drei Tagen aus, um über eine schulpolitische Entwicklung zu beschließen, die ohnehin nicht mehr aufzuhalten war. Das Gymnasium mußte seine fast hundert Jahre behauptete Monopolstellung beim Zugang in die akademischen Berufe aufgeben. „Bezüglich der Berechtigungen ist davon auszugehen, daß das Gymnasium, das Realgymnasium und die Oberrealschule in der Beziehung zur allgemeinen Geistesbildung als gleichwertig anzusehen sind" (Allerhöchster Erlaß Wilhelms II. vom 26. Nov. 1900). Beim allmählichen Umschwung zugunsten der Gleichberechtigung innerhalb der Bürokratie nach 1897 dürfte auch eine Rolle gespielt haben, daß der für Reformen aufgeschlossene Friedrich Althoff die Leitung der I. Unterrichtsabteilung im preußischen Kultusministerium übernommen hatte. Innerhalb der reformfeindlichen Gymnasialpartei hatte sich in den 90er Jahren ebenfalls ein Umdenkungsprozeß angebahnt. Die in die Defensive gedrängten Gymnasialanhänger erkannten zunehmend, daß sich die herausgehobene Stellung der humanistischen Bildung nur durch Kompromisse in der Berechtigungsfrage würde halten können. Aus eigenem Interesse, hatte der weitsichtige Gymnasialdirektor Cauer bereits 1889 argumentiert, müßten die Gymnasialvertreter für die Gleichberechtigung der realistischen Anstalten eintreten; denn die Existenz alternativer Schultypen mit unterschiedlichen Lehrplänen entlaste das Gymnasium von dem Zwang zur vermehrten Aufnahme moderner Elemente und eröffne ihm neue Chancen, den Typus der humanistischen Bildung mit dem Schwerpunkt in den altklassischen Sprachen in reiner Form zu bewahren. Das endliche Einlenken der Gymnasialpartei in der Berechtigungsfrage vollzog sich nicht zuletzt aus diesem *wohlverstandenen Eigeninteresse* heraus.

Vor allem die gegenüber 1890 veränderten sozialökonomischen und sozialpolitischen Rahmenbedingungen waren der endgültigen Beilegung der Schulreformfrage günstig. Nach dem unter der Politik des „Neuen Kurses" entbrannten Kampf zwischen Großbürgertum und Landjunkertum um die Macht über die Gesetzesmaschinerie führte die von Miquel Mitte 1897 eingeleitete *Sammlungspolitik* zur Aussöhnung der großindustriellen und großagrarischen Fraktionen und zur Konsolidierung der herrschenden Klasse. Mit dem Beginn des Schlachtflottenbaus am Ende des Jahrhunderts trat die preußisch-deutsche Gesellschaft in das Stadium verstärkter *imperialistischer Weltmachtpolitik*. Der Imperialismus stellte eine neue *offensive* Strategie dar, mit den innenpolitischen Problemen der verschärften Klassengegensätze fertig zu werden. Wie Miquel selbst 1897 formulierte, beruhte seine Sammlungspolitik auf der Ablenkung des „revolutionären Elements" in den Imperialismus, der die Nation „nach außen" wenden und ihre „Gefühle ... auf einen gemeinsamen Boden" bringen sollte (nach WEHLER 1973, S. 176).

4.6 Kontinuitätslinien der Reform

Zur Beruhigung der in den jahrzehntelangen Schulkämpfen erhitzten Gemüter brachte Wilhelm Lexis nach dem endlich erreichten „Friedensschluß" seine Überzeugung zum Ausdruck, „daß die Schulreform von 1900 auf ihrem Gebiete nicht einen Bruch mit der Vergangenheit, sondern eine Anpassung an die Kulturbedingungen der Gegenwart und Zukunft bedeutet" (LEXIS 1902, S. XI). Aus der längerfristigen Perspektive des ausgehenden 20. Jahrhunderts kann man dieser Einschätzung des Zeitgenossen zu Beginn dieses Jahrhunderts nur beipflichten. Die Reform der höheren Bildung im wilhelminischen Kaiserreich bewahrte in doppelter Hinsicht die *Kontinuität bereits wirksamer Entwicklungstendenzen.* Auch in der wilhelminischen Ära, in der die Folgen des Industrialisierungsprozesses erstmals mit Breitenwirkung im Bildungssystem durchschlugen, blieb die *staatsfunktionale Orientierung* der höheren Bildung erhalten. Wie der Aufstieg des modernen Staates und die Entstehung des modernen Berufsbeamtentums eng mit der Durchsetzung des elitären gymnasialen Bildungsmonopols verbunden war, korrespondierte die Aufwertung und schließlich Gleichstellung der realistischen und technischen Bildung dem *Verfassungswandel des Staates* seit Ende der 70er Jahre. In dem Maße, wie der Staat durch wirtschafts- und sozialpolitische Interventionen seine Funktionen von der öffentlichen Ordnungsgarantie auf die öffentliche Daseinsvorsorge ausdehnte, erweiterten sich auch die staatsfunktionalen Ansprüche an die höhere Bildung. Ließ sich die traditionelle *hoheitliche* Verwaltungsbürokratie problemlos durch eine „praxisferne" humanistische Allgemeinbildung schulen, so forderte die nun entstehende, in die gesellschaftliche Praxis konkret eingreifende *Leistungsverwaltung* den realistisch gebildeten, an den modernen Erfahrungswissenschaften methodisch geschulten Fachbeamten. Als die Unterrichtsverwaltung am 27. 11. 1902 für den Staatsdienst im Baufach die Diplomprüfung einführte und ihr den Charakter einer ersten Staatsprüfung gab, durch die der Diplomingenieur als „Regierungsbauführer" auf einem analogen Status wie der Rechtsreferendar in den höheren Staatsdienst eintreten konnte (WESTPHALEN 1979, S. 127), hatten die technischen Laufbahnen in der modernen Leistungsverwaltung hinsichtlich ihres Berechtigungsstatus mit den traditionellen Laufbahnen in der hoheitlichen Verwaltung prinzipiell gleichgezogen. Damit wurde durch die Bildungsreformen im Kaiserreich eine Entwicklung eingeleitet, die den hohen Berechtigungsstatus der „akademisch" vorbereiteten Expertenrollen in Staat und Gesellschaft weiter festschrieb und tiefer institutionalisierte. Über die *laufbahnrechtliche Verkettung von Diplomabschlüssen* wurden im 20. Jahrhundert immer weitere technische und bald auch wirtschafts- und sozialwissenschaftliche Studiengänge in das *öffentliche* Beschäftigungssystem eingebunden, das auch auf die Berechtigungsstruktur der *privatwirtschaftlichen* Beschäftigungsverhältnisse *sy-*

stembildend ausstrahlte. Vom Vormärz über das Kaiserreich bis in die Gegenwart setzte sich diese Kontinuitätslinie ungebrochen fort.

Die zweite Kontinuitätslinie bezieht sich auf die *sozialen Integrationsleistungen* des Bildungssystems. Hinsichtlich der Reformen in den ersten Jahrzehnten des 19. Jahrhunderts hatten wir festgestellt, daß sie dazu beitrugen, die durch die Freisetzungspolitik in Bewegung geratene Gesellschaft bildungspolitisch zu *stabilisieren.* Sowohl die bildungsbürgerlichen Schichten, die sich in ihrem Aufstiegsstreben gegen geburtsständische Privilegien auf die revolutionäre universalistische Moral („Freiheit und Gleichheit") beriefen, als auch die in die Defensive gedrängten traditionellen aristokratischen Führungsschichten, die sich den neuen, strengeren Leistungsmaßstäben der Beamtenrekrutierung unterwerfen mußten, wurden durch das reorganisierte Bildungs- und Berechtigungssystem in das reformierte spätabsolutistische Privilegiensystem des Vormärz integriert. Die Reform der höheren Bildung im Kaiserreich läßt sich als Anpassung des Systems an die veränderten Bedingungen der fortgeschrittenen kapitalistischen Klassengesellschaft begreifen. Wie im Vormärz, setzte sich zwischen 1880 und 1900 unter den alternativen Entwicklungsmöglichkeiten diejenige Reform der höheren Bildung durch, die einerseits die Klassengesellschaft stabilisierte, ihr andererseits aber auch gewisse Spielräume an den Grenzen (beim Kleinbürgertum) offenhielt, die die Konfliktspannung zwischen den antagonistischen Hauptklassen der Gesellschaft dämpften. Die „Überfüllungskrise" der 80er und 90er Jahre, die die strukturelle und curriculare Unausgewogenheit der nach dem Industrialisierungsschub expandierten höheren Bildung manifestierte, forderte das Bildungssystem zur Anpassung heraus. In der breiten Reformdiskussion wurde das Bildungssystem in erster Linie *als Berechtigungssystem* thematisiert, d.h. in seiner gesamtgesellschaftlichen Funktion für die Erhaltung und Legitimation der Klassengesellschaft, und erst in zweiter Linie *als Qualifikationssystem*, das spezifische Leistungen für spezifische Abnehmer (öffentlicher Dienst, Militär, Privatindustrie) zu erfüllen hat.

Über die Anpassungsreaktionen auf die strukturbedingte Krise kristallisierte sich vor dem Ersten Weltkrieg ein *differenziertes System von Schultypen* heraus, dessen Integrationsleistungen in beiden Hinsichten (als Berechtigungs- und als Qualifikationssystem) den veränderten gesellschaftlichen Bedingungen angemessen waren. Die formale Gleichstellung der drei neunjährigen Vollanstalten (Gymnasium, Realgymnasium, Oberrealschule) durch den „Allerhöchsten Erlaß" vom 26. Nov. 1900 glich die *strukturelle Disparität* des höheren Schulwesens wenigstens teilweise aus und war besser als die monopolisierte Gymnasialbildung geeignet, den Nachwuchs in die verschiedenen Bereiche des Beschäftigungssystems (Staats- und Kirchendienst, freiberufliche Karrieren, Privatindustrie) zu lenken.

Der verstärkte Ausbau der im Lehrgang kürzeren Nichtvollanstalten, vor allem des lateinlosen Realschultyps (nach der Neuordnung durch die Lehrpläne vom 6. Jan. 1892), kanalisierte einen Teil des angeschwollenen Bildungsstroms auf einem mittleren Berechtigungsniveau *ohne weitere Aufstiegsperspektiven.* In ihrer sozialen Integrationsleistung war diese Realschule auf das *gewerbliche und beamtete Kleinbürgertum* hin konzipiert, dessen Bildungsstreben vor allem zur verstärkten *Statuskonkurrenz* beim Zugang in die akademischen Karrieren führte. In dieser doppelten Funktion, Bildungschancen zu eröffnen *und* gleichzeitig zu begrenzen, lag die besondere Bedeutung der als „Schule der Zukunft für den mittleren Bürger- und Beamtenstand" geförderten Realschule.

> „Sie hat die wichtige soziale Aufgabe, den bürgerlichen Mittelstand, der zwischen Großkapitalismus und Arbeiterstand steht, geistig zu heben und zum Verständnis seiner Aufgaben in unserer Zeit zu schulen" (HALFMANN in: LEXIS 1902, S. 361).

Wie die bisher nur spärlich vorhandenen Daten zur sozialen Herkunft der höheren Schüler im Kaiserreich nahelegen, scheint diese als „Mittelstandsförderung" getarnte Umschleusungsstrategie zur Abwehr von Statuskonkurrenz in den akademischen Karrieren teilweise Erfolg gehabt zu haben. Im Zeitraum von 1876 bis 1900, für den die Bildungsbeteiligung von Handwerkersöhnen untersucht wurde (HARMS 1901), wurden die Söhne des handwerklichen Kleinbürgertums aus den vollberechtigten Gymnasien zunehmend verdrängt und in die weniger berechtigten Realschulen umgeschleust, die zwar auch eine Aufstiegsperspektive vermittelten, aber eben eine nach oben begrenzte, die den Zugang in die akademischen Karrieren ausschloß. Friedrich Paulsen, der als sozialer Aufsteiger (vom Bauernsohn zum Universitätsprofessor in der Reichshauptstadt) *zwischen* den sich schroffer abgrenzenden Klassen wanderte, registrierte besonders sensibel, wie sich im Kaiserreich ein neuer „Sozialaristokratismus" verfestigte, der dem früheren Geburtsadel nicht nachstand.

> „Das Bürgertum, das vor hundert Jahren gegen die Privilegierten die Fahne der Freiheit und Gleichheit erhob, hat inzwischen einen Frontwechsel vollzogen. Mit dem alten Adel zu einer im wesentlichen einheitlichen Klasse verschmolzen, der Klasse der ‚Gebildeten und Besitzenden' ist es nun bestrebt, sich der von unten nachdringenden Massen zu erwehren. In allen Punkten ist dieses Streben sichtbar, in der Politik, in der Gesellschaft, und so in der Schule" (PAULSEN, II, S. 686f.).

4.7 Zusammenfassende Thesen

(1) Im Kaiserreich schlugen die Folgen der Industrialisierung erstmals mit Breitenwirkung im höheren Bildungssystem durch. Nach der eng „bedarfsangemessenen", sozialrestriktiven Begrenzung der berechtigten höheren Bildung im zweiten Drittel des 19. Jahrhunderts mußte das höhere Schulwesen und das Hochschulwesen unter Modernisierungszwang quantitativ ausgebaut und den Bedingungen der fortgeschrittenen kapitalistischen Klassengesellschaft angepaßt werden (Aufwertung und Förderung der erfahrungsorientierten realistischen und technischen Bildung).

(2) Der Modernisierungszwang im Bildungssektor stellte das traditionelle Herrschaftssystem vor schwerwiegende Anpassungsprobleme. Den Funktionszwängen, die sich aus dem fortgeschrittenen Industriekapitalismus, der notwendig ausgeweiteten Staatstätigkeit und der imperialistischen Militärpolitik ergaben, standen die sozialpolitischen Interessenlagen der traditionsbefangenen Eliten (der adligen Großgrundbesitzer, des höheren Staatsbeamtentums, der traditionellen akademischen Berufsstände) entgegen. Aus Furcht vor den gesellschaftsverändernden Konsequenzen (soziale Öffnung der Bildungsbeteiligung nach unten, verstärkte Statuskonkurrenz beim Zugang in privilegierte Karrieren, vermeintliche Gefahr der Entstehung eines „akademischen Proletariats") sperrten sie sich gegen die Modernisierung der höheren Bildung und lehnten die berechtigungswirksame Aufwertung des realistischen und technischen Schul- und Hochschulwesens ab.

(3) Im Zusammenhang der reaktionären Tendenzwende der gesamten inneren Politik wurde der weitere Ausbau des Bildungssystems seit den frühen 80er Jahren abgebremst. Die restriktive Bildungspolitik löste die Anpassungsprobleme aber nicht, sondern verschärfte sie eher noch. In ihrem strategischen Konzept, den Konflikt zwischen den Modernisierungszwängen und den Herrschaftsinteressen durch eine rigorose Berechtigungssteuerung zu lösen, überschätzte die staatliche Bürokratie ihre Steuerungsmöglichkeiten. Der angeschwollene Bildungsstrom ließ sich zwar durch ein differenzierteres System von Schultypen herrschaftskonform kanalisieren (im Sinne einer bildungspolitischen Mittelstandsförderung), aber die durch tiefgreifende sozialökonomische, politische und kulturelle Veränderungen gespeiste Expansion der höheren Bildung ließ sich durch traditionsbefangene politische Gegensteuerungen dauerhaft nicht mehr drosseln. Nach dem verzögerten Wachstum der 80er und 90er Jahre setzte sich die Bildungsexpansion bis zum Ersten Weltkrieg beschleunigt fort.

(4) Erst durch die Sammlungspolitik zur Aussöhnung der großindustriellen und großagrarischen Fraktionen und zur Konsolidierung der herrschenden Klasse kam es im Vorfeld der offensiven imperialistischen

Neuorientierung der Politik zu einem tragfähigen Kompromiß in der lange umstrittenen Berechtigungsfrage. Durch die formelle Gleichstellung der Technischen Hochschulen mit den Universitäten (1899) und der Realgymnasien und Oberrealschulen mit den humanistischen Gymnasien (1900, schrittweise realisiert bis 1907) wurde eine Entwicklung ratifiziert, die den langfristigen Kontinuitätslinien des Bildungssystems entsprach und durch politische Gegensteuerungen ohnehin nicht mehr aufzuhalten war, wie alle beteiligten Akteure (die Bürokratie und die verschiedenen Interessengruppen) gegen Ende der 90er Jahre zunehmend erkannten.

4.8 Weiterführende Literatur

Eine umfassende Einführung in die allgemeine Geschichte des Kaiserreichs bieten NIPPERDEY (1992) und WEHLER Bd. 3 (1995). Doch auch die Lektüre von WEHLER (1973) ist immer noch lohnend, weil dieses Buch der kritischen Frage nach den Bedingungen des verhängnisvollen „Sonderwegs" der Deutschen nachgeht. Den fortgeschrittenen Stand dieser Diskussion, bei der der Einschätzung des Modernisierungspotentials des Kaiserreichs eine zentrale Bedeutung zukommt, spiegelt der von KOCKA (1987) herausgegebene Sammelband mit 16 thematisch und zeitlich weit gespannten Beiträgen, vom Aufstieg des Bürgertums im späten 18. Jahrhundert bis zur Krise des Bürgertums im 20. Jahrhundert. Die bereits genannten zwei umfangreichen Bände von NIPPERDEY über das Kaiserreich unterstreichen nachdrücklich die Neubewertung dieser Periode der deutschen Geschichte, die mit wachsendem Abstand von 1945 nicht mehr verengt und verkürzt nur als Vorgeschichte des Nationalsozialismus betrachtet werden kann. – In den komprimierten Übersichtsbeiträgen des Handbuchs der deutschen Bildungsgeschichte (Bd. IV 1870-1918, hrsg. von C. BERG 1991) wird die Modernität des Kaiserreichs ebenfalls auf zahlreichen Feldern sichtbar. Die ausführlichen Literaturverzeichnisse am Ende der jeweiligen Sachkapitel ermöglichen einen schnellen Zugriff auf die einschlägige Spezialliteratur. – Der auf die Schulreform einwirkende Interessenpluralismus und die reformpolitischen Maßnahmen stehen im Mittelpunkt der auf Archivstudien beruhenden Untersuchung von ALBISETTI (1983), die im Resümee auch den Vergleich zu anderen europäischen Staaten (Frankreich, England, Rußland) aufschlußreich einbezieht. – Das von der Forschung bislang kaum beachtete innere Schulleben, die Alltagsgeschichte der Gymnasien und Realschulen, wird ansatzweise in der Übersichtsdarstellung von KRAUL (1984) einbezogen. – Wer sich mit den vielfältigen pädagogischen Reformbewegungen und schulkritischen Gegenentwürfen seit den 1890er Jahren befassen möchte, die sich angemessen nur als Reaktion auf die erfolgreiche Durchsetzung und organisatorische Konsolidierung des modernisierten Bildungssystems im Kaiserreich deuten lassen, sei auf die kritische Dogmengeschichte zur „Reformpädagogik“ von OELKERS (1989) verwiesen. – In der Aufsatzsammlung von BAUMGART (1980) sind die materialreichen Beiträge von JARAUSCH über die Sozialgeschichte der Studenten und von v. BROCKE über die Hochschul- und Wissenschaftspolitik besonders zu empfehlen.

Kapitel 5

Der späte Anschluß der höheren Mädchenbildung an das gymnasial-akademische Berechtigungswesen

Wenn man versucht, die Schulgeschichte des wilhelminischen Kaiserreichs als ein spannungsgeladenes Konfliktfeld zwischen Herrschaftsinteressen und Modernisierungszwängen zu begreifen, und wenn man dabei den Streit um die Abiturberechtigung in den Mittelpunkt stellt, dann darf in dieser Beschreibung ein weiterer, durchaus ähnlich gelagerter Konfliktherd nicht außer acht gelassen werden: der Streit um die höhere Mädchenbildung, der in Preußen mit den „Bestimmungen über die Neuordnung des höheren Mädchenschulwesens" vom 18. August 1908 einen vorläufigen Abschluß fand. Auch hier, wie im Streit der „Humanisten" und der „Realisten", ging es darum, jahrzehntelange Auseinandersetzungen durch einen tragfähigen Kompromiß zu beenden und damit einen bildungspolitischen Beitrag zur inneren Befriedung des wilhelminischen Bürgertums zu leisten. Auch für Frauen wurde damals das Tor zum Abiturientenexamen und zum Studium ein Stück weit geöffnet und damit eine Entwicklung eingeleitet, die in der Weimarer Republik, erst recht aber seit der Bildungsexpansion der 60er Jahre unseres Jahrhunderts in Richtung auf zunehmende Chancengleichheit zwischen den Geschlechtern ausgebaut werden konnte. In ihrer historischen Bedeutung stehen daher die „Bestimmungen" vom August 1908 keineswegs hinter dem „Allerhöchsten Erlaß" vom November 1900 zurück.

5.1 Ideengeschichtliche Voraussetzungen

Die Frage, ob das weibliche Geschlecht überhaupt zu höherer Bildung fähig sei oder gar zu akademischen Studien zugelassen werden solle, läßt sich in Deutschland mindestens bis in die Mitte des 17. Jahrhunderts zurückverfolgen (WEIMER/JACOBI 1992, S. 68ff.). „Num feminae christianae conveniat studium litterarum?" lautet beispielsweise der Titel einer Streitschrift aus dem Jahre 1648. Ein Jahrhundert später, 1742, veröffentlichte Dorothea Christiane Leporin, die erste promovierte Ärztin in Preußen, ihre „Gründliche Untersuchung der Ursachen, die das weibliche Geschlecht vom Studium abhalten“. Sie begnügte sich nicht mehr damit, die üblichen, theologisch-anthropologisch begründeten Vorurteile der männlichen Gelehrtenzunft gegen die weibliche Bildungsfähigkeit zurückzuweisen, sondern bemühte sich insbesondere auch um den Nachweis, daß die Studienzulassung von Frauen und ihre wissenschaftliche Ausbildung von großem Nutzen für das Gemeinwesen sei – wohl ahnend, wie wichtig für die weitere Diskussion das Argument werden würde, daß öffentliche Ämter, die ein akademisches Studium voraussetzen, ohnehin nur Männern offenstünden. An diesem Sachverhalt hat vorerst auch die Französische Revolution nichts ändern können. Zwar wurde 1791 in der Pariser Nationalversammlung beklagt, daß den Frauen die 1789 feierlich proklamierten Menschen- und Bürgerrechte faktisch immer noch vorenthalten würden, und eine neue „Deklaration der Rechte der Frau und Bürgerin“ sollte insbesondere sicherstellen, daß alle Bürgerinnen und Bürger gleichermaßen „zu allen Würden, Ämtern und Stellungen im öffentlichen Leben zugelassen werden“ (zit. nach Küpper 1987, S. 184). Doch endete die Wortführerin dieser Deklaration 1793 auf dem Schafott, das Versammlungsrecht für Frauen wurde aufgehoben und damit zunächst einmal (nicht nur in Frankreich) die öffentliche Debatte über das Thema beendet.

Diesseits des Rheins standen die Chancen für eine frauenfreundlichere Bildungspolitik freilich noch wesentlich schlechter. Von den deutschen Sympathisanten der Französischen Revolution scheint nur ein einziger, der Königsberger Jurist und Kommunalpolitiker Theodor G. von Hippel, nachdrücklich und uneingeschränkt für die „bürgerliche Verbesserung der Weiber“ eingetreten zu sein, wie es im Titel seiner Schrift von 1792 heißt. Ihm schwebte die vollständige Gleichberechtigung der Frau in einer rechtsstaatlich begründeten, freien Bürgergesellschaft vor. Alle Kulturgebiete würden durch die aktive Mitwirkung der Frauen nur gewinnen können – die Staatsverwaltung, die Rechtsprechung, die Medizin, vor allem aber die öffentliche Erziehung. Bis zum 12. Lebensjahr sollten Jungen und Mädchen gemeinsam unterrichtet werden, und zwar von Frauen. Auch danach sei in den meisten Gegenständen ein gemeinsamer Unterricht möglich, und nur diejenigen Gebiete, die mit dem künftigen Beruf der Heranwachsenden zusammenhängen, sollten getrennt, durch Vertreter des je eigenen Geschlechts, behandelt werden (vgl. Blochmann 1966, S. 52ff.):

> „Die Scheidewand höre auf! man erziehe Bürger für den Staat, ohne Rücksicht auf den Geschlechtsunterschied, und überlasse das, was Weiber als Mütter, als Hausfrauen wissen müssen, dem besonderen Unterricht, und alles wird zur Ordnung der Natur zurückkehren.“

Aber nicht Th. G. v. Hippel, sondern Joachim Heinrich Campe hat in Deutschland die nachrevolutionäre Diskussion über das bürgerliche Frauenbild und eine künftige Mädchenbildung maßgeblich beeinflußt, und zwar insbesondere durch den Bestseller „Väterlicher Rath für meine Tochter" (1789), der es bis 1832 auf mindestens zehn Auflagen brachte. Campes Publikum ist der bürgerliche Mittelstand, ihm geht es darum, den Familiensinn des bürgerlichen Hauses zu stärken, weil die Stabilität der Gesellschaftsordnung auf intakten Familienverhältnissen beruht. Gottgewolltes Oberhaupt der Familie ist selbstverständlich der Mann, die Frau hingegen ist dazu bestimmt, „in einem Zustand der Abhängigkeit zu leben".

> „Sie ist ja dazu gemacht, dem Manne auf der sauren Lebensreise, wo er immer vorangehen muß, um den Weg zu ebnen, den Schweiß von der Wange zu wischen und ihm Heiterkeit, Trost, Freude und Muth ins Herz zu lächeln" (S. 196).

Die Erziehung der Mädchen hat daher von einer „dreifachen Bestimmung des Weibes" auszugehen, nämlich von der Bestimmung zur Gattin, zur Mutter und zur Vorsteherin des Hauswesens. Die „wahren weiblichen Verdienste" bestehen nicht in „Gelehrsamkeit und Schriftstellerei", nicht in der „Nachäffung der höheren Stände", sondern ausschließlich in solchen Eigenschaften und Fertigkeiten, die jener dreifachen Bestimmung gemäß sind. Dazu zählen nach Campe ein gesunder Menschenverstand und eine Fülle von praktischem Erfahrungswissen, daneben durchaus auch „Kenntnisse aus Büchern und durch Unterricht", aber in der Weise beschränkt, daß diese Kenntnisse der künftigen Hausfrau „zu ihrer eigenen zweckmäßigen Ausbildung, zum Vergnügen ihres gebildeten Gatten, zu einer vernünftigen Behandlung junger Kinder und zu der ganzen Erziehung ihrer künftigen Töchter" dienlich sind. In einem Satz aus Campes Anmerkungen zu Rousseaus „Emile" zusammengefaßt (zit. nach Blochmann 1966, S. 35):

> „Ein Weib kann sich von seiner Bestimmung wohl nicht weiter verlaufen und durch nichts sich unfähiger machen, eine gute Gattin, eine gute Mutter und eine gute Vorsteherin des Hauses zu werden, als durch Gelehrsamkeit und Schöngeisterei."

Es ist in der Tat sehr auffällig, daß das neue Bürgertum der Universitätsprofessoren, Pfarrer und Ärzte, der Beamten, Kaufleute und Unternehmer die aufklärerische, gelegentlich revolutionäre Kritik am absolutistischen Ständestaat zwar mehr oder minder engagiert mitgetragen hat, sich aber, wie Campe, an das Althergebrachte hielt, sobald es um die Rolle und die Rechte von Frauen ging. Daß sie in die universelle Fortschritts- und Freiheitsperspektive der Aufklärung und des Neuhumanismus nicht mit einbezogen waren, fiel nur sehr wenigen Zeitgenossen als Widerspruch im bürgerlichen Denken auf (Frevert 1986, S. 16ff.).

Campes „Väterlicher Rath" mag für diese Widersprüchlichkeit ein besonders grobschlächtiges Beispiel sein, doch auch in der feinsinnigeren

Anthropologie der deutschen Klassik, in Schillers Balladenwerk ebenso wie in Wilhelm von Humboldts Bildungslehre, finden wir eine polare Geschlechtertypologie (z.B. männliche „Selbständigkeit“ gegenüber weiblicher „Empfänglichkeit“), die dem gleichberechtigten Bildungsanspruch von Frauen, gar ihrem Wunsch nach akademischer Gelehrsamkeit und nach beruflicher Karriere, nicht eben förderlich gewesen sein dürfte. Noch in der Weimarer Denkschrift über die gesetzliche Normierung des höheren Mädchenschulwesens vom September 1872 hat das Stereotyp vom weiblichen Geschlechtscharakter, wie wir sehen werden, eine fatale Rolle gespielt, und so darf man wohl vermuten, daß diese Denktradition für die Verwirklichung einer höheren Mädchenbildung, gar als einer öffentlichen Aufgabe, ein wesentliches Hindernis war.

5.2 Zur Entstehung der höheren Mädchenschule

Die tiefsitzenden Aversionen der aufgeklärten Männergesellschaft gegen das „gelehrte Frauenzimmer“ gingen nun freilich nicht so weit, daß das weibliche Geschlecht von den Segnungen des Schulunterrichts hätte gänzlich ausgeschlossen werden sollen. Vielmehr reicht die Tradition der Schulordnungen, die auch die Mädchen berücksichtigten, bis in die Reformationszeit zurück. So sah die Braunschweigische Schulordnung von 1528 für das Stadtgebiet insgesamt vier „Jungfrauenschulen“ vor, die den Töchtern des bürgerlichen Mittelstandes für längstens zwei Jahre einen täglich ein- bis zweistündigen Lese-, Religions- und Gesangsunterricht anboten, damit aus ihnen „nützliche, geschickte, fröhliche, freundliche, gehorsame, gottesfürchtige, nicht abergläubige und eigenköpfige Hausmütter“ werden, die ihr Gesinde „in Zucht regieren können und die Kinder in Gehorsam, Ehre und Gottesfurcht aufziehen“ (Michael/Schepp Bd. 1, 1973, S. 58f.). Nicht nur diese Zielvorstellung, sondern auch die Bestimmung, daß die Entlohnung der „Schulmeisterinnen“ durch private Schulgelder zu geschehen habe, schloß die städtische Unterschicht von diesem Lehrangebot praktisch aus. Schulbildung, erst recht für Mädchen, war ein soziales Privileg und blieb es – selbst auf dem bescheidenen Niveau einer religiösen Elementarerziehung – solange, bis sich im 18. Jahrhundert die Forderung nach einer Schulpflicht für alle 6- bis 14-jährigen, auch für Mädchen, mehr und mehr durchsetzte und schließlich in einem langwierigen Prozeß bis zur Mitte des 19. Jahrhunderts flächendeckend verwirklicht werden konnte (vgl. oben Abschnitt 3.2.1).

Eben in diesem Prozeß dürfte der entscheidende soziale Mechanismus für die Ausdifferenzierung einer „höheren“ Mädchenschule zu finden sein, war es doch einer „höheren Tochter“ kaum zuzumuten, die Schulbank mit ihrem späteren „Gesinde“ zu teilen. Der Ausweg, einen privaten Hauslehrer anzustellen, war zwar zulässig, kam aber aus Kostengründen nur für wenige Bürgerfamilien in Frage. Latein- und Gelehrtenschulen blieben als reine Knabenanstalten den Mädchen versperrt. So kam es seit der Mitte des 18. Jahrhunderts in allen deutschen Staaten zu einer regelrechten Gründungswelle von Mädchenschulen, die insbesondere durch folgende Merkmale gekennzeichnet waren (vgl. ZINNECKER 1973, S. 29ff.; KÜPPER 1987, S. 181ff.):

1. Es handelt sich ganz überwiegend um private Unternehmungen, die auffallend häufig von Frauen betrieben werden; eine Kommunalisierung dieser Einrichtungen findet oft erst gegen Mitte des 19. Jahrhunderts statt (z.B. in Göttingen, vgl. SPIEKER 1990), während sich der Staat erst im letzten Drittel des 19. Jahrhunderts mit minimalen Haushaltsmitteln an der Finanzierung des höheren Mädchenschulwesens zu beteiligen beginnt.

2. Die Zahl der Schülerinnen schwankt ebenso wie die Aufteilung in Klassenstufen erheblich, doch ist der Unterrichtsanstalt fast immer ein Pensionat angeschlossen, das insbesondere den „höheren Töchtern“ vom Lande offensteht.

3. Ein hohes Schulgeld sorgt – vermutlich sehr viel schärfer als bei den höheren Knabenschulen, die sich ja nicht ausschließlich privat finanzieren mußten! – für eine scharfe soziale Exklusivität dieser Anstalten.

4. Bis zum Beginn des 19. Jahrhunderts sind weibliche Lehrkräfte eine verschwindende Minderheit, häufiger jedoch als „Gouvernanten“ tätig, während der wissenschaftliche Unterricht fast ausschließlich von Männern, überwiegend von Theologen und Philologen im Nebenamt, erteilt wird.

5. Die „höhere Mädchenschule“ war von Anfang an vor die Schwierigkeit gestellt, in ihrem Lehrplan drei unterschiedliche Aufgaben zugleich erfüllen zu wollen, nämlich a) die des Pflichtpensums des öffentlichen Elementarunterrichts (Religion, Lesen, Schreiben, Rechnen), b) die einer Hausfrauenschule („weibliche Arbeiten“, „Diätetik“), c) die einer sprachlich-literarischen Kultivierung, die soziale Distanz „nach unten“ schafft, mithin das „Höhere“ dieser Bildung ausmacht und zugleich den geselligen Verpflichtungen des späteren Ehelebens entspricht (Deutsche Sprache und Literatur, Französisch). Wie dieser Lehrplan im einzelnen aussah, soll das Beispiel einer fünfklassigen kommunalen Mädchenschule aus dem Jahr 1819 zeigen, wobei die 1. Klasse als die oberste zu lesen ist (Tabelle 3, S. 92).

Bezogen auf das Konzept seiner „dreifachen Bestimmung des Weibes“ dürfte J. H. Campe mit einer solchen Stundentafel ganz zufrieden gewesen sein. Wie aber fiel das Urteil der neuhumanistischen Bildungsrefor-

Tabelle 3: Die Stundentafel der städtischen höheren Mädchenschule Magdeburg 1819

Klasse	1	2	3	4	5	Zusam.
Religion und Religionsgeschichte, biblische Geschichte	2	2	3	2	2	11
Weibliche Moral, Klugheits- und Anstandslehre	1	–	–	–	–	1
Deutsche Sprache und Literatur	6	6	4	2	–	18
Übungen mit Anschauen und Sprechen, besonders nach Bildern	–	–	–	–	2	2
Sprech- und Denkübungen, ohne Bilder	–	–	–	–	2	2
Lesen	–	–	4	5	10	19
Französisch	3	3	3	3		12
Geschichte	2	2	1	–	–	5
Geographie	2	2	2	1	–	7
Naturgeschichte mit häuslicher Technologie	2	2	1	–	–	5
Diätetik und Seelenlehre in pädagogischer Rücksicht	1	–	–	–	–	1
Naturlehre	1	–	–	–	–	1
Kopf- und Tafelrechnen	2	2	2	3	3	12
Schreiben	2	2	2	4	3	13
Gemeinnützige Kenntnisse	1	1	–	2	–	4
Gesang	2	2	1	–	–	5
Zeichnen	1	1	2	1	–	5
Weibliche Arbeiten	8	8	8	8	8	40
Zusammen	36	33	33	31	30	163

Quelle: KÜPPER 1987, S. 182

mer über die „höhere Mädchenschule“ aus? Hat sie im Programm und in der Realität der preußischen Reformanstrengungen 1806/1807ff. überhaupt eine Rolle gespielt?

Wenn man sich daran erinnert, daß nach der Niederlage gegen die französische Revolutionsarmee auch in Preußen radikale Gleichheitsforderungen für die künftige Staatsbürgererziehung vertreten worden sind (J. G. FICHTE, R. B. JACHMANN, vgl. oben Abschnitt 2.2), und wenn daher die engagiertesten Beamten der preußischen Reformbürokratie eine Erneuerung des Bildungswesens planten, die die ganze Breite der verschiedenen Bildungseinrichtungen von der Elementarschule bis zur Universität umfassen sollte (vgl. oben Abschnitt 2.3), dann sollte man meinen, daß die Einbeziehung des bis dahin entstandenen, vielfältigen Mädchenschulwesens in die Reform- und Normierungsüberlegungen eine Selbstverständlichkeit hätte sein müssen. So wie auf der Seite des männlichen gelehrten Schulwesens in einem langwierigen Aussonderungsprozeß aus dem Bestand von etwa 400 Lateinschulen unterschiedlichster Größe und Qualität eine Spitzengruppe von nicht einmal hundert künftigen Gymnasien ausgewählt, lehrplanmäßig normiert und mit dem Privileg der Abiturfähigkeit versehen wurde, so wäre auch im Mädchenschulwesen eine staatlich initiierte Auseinanderentwicklung und Normierung niederer und höherer Lehranstalten denkbar gewesen (vgl. oben Abschnitt 2.3.2).

Aber nichts dergleichen ist geschehen. In den Schulplänen W. v. HUMBOLDTS kommen die Mädchen nicht vor, und in den amtlichen Verlautbarungen der Sektion werden Probleme der weiblichen Schulbildung bestenfalls beiläufig erwähnt, so auch in J. W. SÜVERNS Entwurf eines allgemeinen Schulverfassungs-Gesetzes von 1819 (vgl. oben Abschnitt 3.1). „Die höheren Töchterschulen", heißt es lapidar im § 12, „sind nicht allgemein notwendig". Falls sich „mehrere Familien oder selbst ganze Kommunen zur Errichtung und Unterhaltung solcher Schulen vereinigen" wollten, so stehe ihnen das selbstverständlich frei, doch hätten sie auf finanzielle Unterstützung aus den Provinzialfonds keinen Anspruch. „Wenn eine Stadt für ihre unteren Knaben- und Mädchenschulen genügend gesorgt hat, so kann sie auch zur Errichtung höherer Töchterschulen schreiten" (§ 50, 9). Ansonsten schreibt der Gesetzentwurf lediglich vor, daß der Mathematikunterricht der Allgemeinen Stadtschule für Kinder weiblichen Geschlechts „auf die Form- und Zahlenlehre und auf das angewandte Rechnen" zu beschränken sei und daß in den Mädchenklassen dieser Schulen „auch zu gröberen wie künstlicheren weiblichen Handarbeiten Anleitung gegeben werden" muß (SCHWEIM 1966, S. 135/136, S. 166).

Der Schlüssel zur Erklärung dieser Randständigkeit des Mädchenschulwesens liegt ohne jeden Zweifel in dem Strukturelement der neuhumanistischen Bildungsreform, das wir im 2. Kapitel als „die staatsfunktionale Verkoppelung der höheren Bildung" beschrieben haben (vgl. oben Abschnitt 2.3.1). Weil die höhere Bildung immer umfassender im Staatsdienst aufging und damit auf Berufskarrieren abzielte, die dem weiblichen Geschlecht verschlossen waren und verschlossen bleiben sollten, hatte die „höhere Töchterschule" in diesem sich rasch entwickelnden System von Leistung und Berechtigung keine Funktion, war sie „nicht allgemein notwendig", blieb sie „privat". Doch war ihre soziale Basis im städtischen Bürgertum natürlich kräftig genug, um als kommunale Einrichtung nicht nur zu überleben, sondern in der preußischen Schulstatistik seit 1822 sogar beachtliche Zuwachsraten zu erreichen (BAUMGART 1990, S. 122ff.). Auch ihr innerer Ausbau zu einem mehr als fünfstufigen Jahrgangssystem machte Fortschritte, ebenso die vorsichtige Erweiterung des Lehrplans (Englisch, Geschichte, Physik). Als „höhere" Schule ohne Latein, die in ihren Abschlußzeugnissen keine einzige Berechtigung zu vergeben hatte, blieb die „höhere Töchterschule" allerdings das ganze 19. Jahrhundert hindurch von den berechtigenden, nämlich männlichen höheren Lehranstalten durch eine tiefe Kluft getrennt.

5.3 Der Schulkampf der bürgerlichen Frauenbewegung

Zwar sind die Probleme der „höheren Töchterschule“ seit der Mitte des 19. Jahrhunderts zunehmend auch unter dem Gesichtspunkt der Vorbereitung auf eine spätere Berufstätigkeit unverheirateter Frauen diskutiert worden, doch änderte das nichts daran, daß noch zur Zeit der Reichsgründung der breite Konsens für die Mädchenbildung von der traditionellen „Bestimmung der Frau“ und der Leitidee eines „christlichen Familienlebens“ getragen war (Kraul 1991, S. 279ff.; vgl. Albisetti 1988, S. 93ff.). So setzte sich der 1865 gegründete allgemeine Deutsche Frauenverein durchaus nachdrücklich „für die erhöhte Bildung des weiblichen Geschlechts“ ein, lehnte aber jede „Frauenemanzipation“ als ein gefährliches Schlagwort ab und hielt daran fest, daß das „Ewig-Weibliche“ für das Berufsleben der Frau bestimmend sein müsse.

Diese zurückhaltende Position dürfte insbesondere bei derjenigen männlich dominierten Interessengruppe auf viel Sympathie gestoßen sein, die sich im höheren Mädchenschulwesen, vor allem in den kommunalen und den staatlichen Anstalten, bereits fest etabliert hatte und nicht gewillt war, diese führende Position einer weiblichen Konkurrenz zu opfern: gemeint sind die „Dirigenten und Lehrenden der höheren Mädchenschulen“, die sich am 29./30. September 1872 in Weimar zu ihrer ersten deutschen Hauptversammlung trafen. Ihre Zielvorstellung bestand darin,

> „dem Weibe eine der Geistesbildung des Mannes in der Allgemeinheit der Art und der Interessen ebenbürtige Bildung zu ermöglichen, damit der deutsche Mann nicht durch die geistige Kurzsichtigkeit und Engherzigkeit seiner Frau an dem häuslichen Herde gelangweilt und in seiner Hingabe an höhere Interessen gelähmt werde, daß ihm vielmehr das Weib mit Verständniß dieser Interessen und der Wärme des Gefühls für dieselben zur Seite stehe“.

Nicht nur für die Familie, sondern auch für den Schulbetrieb sollte das Rollenklischee der Frau als „Gehilfin des Mannes“ gelten, daher dürfe die Leitung einer öffentlichen höheren Mädchenschule und der Unterricht in ihrer Oberstufe ausschließlich in den Händen wissenschaftlich ausgebildeter und geprüfter Direktoren und Oberlehrer liegen, während die seminaristisch geschulten Lehrerinnen lediglich auf den unteren Klassenstufen und in technischen Fächern einzusetzen seien (Kraul 1991, S. 281).

Der Konsens, der auf dieser strategischen Linie auch die ersten Ansätze einer Mädchenschulpolitik des preußischen Kultusministeriums bestimmte, dauerte bis zum Oktober 1887. Damals legte ein „Kreis Berliner Frauen und Mütter“ dem Ministerium und dem Abgeordnetenhaus eine Petition vor, die zwei zentrale Forderungen enthielt, nämlich

„1. daß dem weiblichen Element eine größere Beteiligung an dem wissenschaftlichen Unterricht auf Mittel- und Oberstufe der öffentlichen höheren Mädchenschule gegeben und namentlich Religion und Deutsch in Frauenhand gelegt werde,

2. daß von Staats wegen Anstalten zur Ausbildung wissenschaftlicher Lehrerinnen für die Oberklassen der höheren Mädchenschulen mögen errichtet werden".

Die öffentliche Aufregung, die diese Petition bis in das Ministerium hinein verursachte, rührte vor allem von der Begleitschrift her, die Helene Lange 1887 unter dem Titel „Die höhere Mädchenschule und ihre Bestimmung" publizierte und die als „Gelbe Broschüre" berühmt geworden ist (LANGE 1928, S. 7-56; vgl. ALBISETTI 198, S. 136ff.). Ausgehend von der Tatsache, daß auf den Oberstufen der sieben öffentlichen höheren Mädchenschulen in Berlin nur ca. 5 % des wissenschaftlichen Unterrichts von Frauen erteilt werde und keine einzige Frau als Klassenlehrerin tätig sei, forderte LANGE einen „vollständigen Systemwechsel" in der deutschen Frauenbildung:

„Solange die Frau nicht *um ihrer selbst willen, als Mensch und zum Menschen* schlechtweg gebildet wird, solange sie ... nur des Mannes wegen erzogen werden soll, solange konsequenterweise die geistig unselbständigste Frau die beste ist, ... solange wird es mit der deutschen Frauenbildung nicht anders werden" (LANGE 1928, S. 19).

Wenn es in der höheren Mädchenschule nicht um oberflächliche Wissensvermittlung, sondern um „das Prinzip der Kraftentwicklung" im Sinne Pestalozzis gehen solle, dann sei es ein fundamentaler Fehler, die Mädchenbildung vorwiegend den Männern zu überlassen, dann müsse der Fraueneinfluß auf den Unterricht den männlichen Einfluß durchaus überwiegen. Insbesondere die „ethischen Fächer" (Religion, Deutsch, Geschichte) gehörten ausschließlich in die Hand der Frau, und vor allem gebühre ihr allein die Klassen- und die Schulleitung. „Echte Frauen werden nur unter Frauenleitung erzogen" (ebd., S. 37). Trotzdem wäre es verfehlt, auf eine „plötzliche Umwandlung des bisherigen Systems" zu dringen, denn noch wüßten viele Lehrerinnen nicht einmal dem Namen nach, was Studium bedeutet und was ihnen der Oberstufenunterricht abverlangen wird. „So wie die Sachen liegen, haben die Männer ganz recht, wenn sie die Mädchenschulen nicht aus der Hand geben wollen, denn so wie wir sind, dürfen wir sie gewissenhafterweise nicht übernehmen" (ebd., S. 39f.). Daher die dringende Bitte nach einem Studium für Oberstufenlehrerinnen, das sich ebenso deutlich von der Seminarausbildung für Elementarlehrerinnen wie von der philologischen Gelehrsamkeit der Philosophischen Fakultäten unterscheiden müsse. Sicherlich werde es noch lange dauern, bis in den oberen Klassen aller Mädchenschulen Preußens auch nur eine oder zwei wissenschaftlich ausgebildete Lehrerinnen tätig sind, und insofern brauchten die gegenwärtig amtierenden

Lehrer um ihren Besitzstand nicht zu fürchten. Einstweilen gehe es darum, die dargelegten Prinzipien einer vorurteilsfreien Prüfung zu unterziehen und dann den notwendigen „Systemwechsel" anzubahnen.

Selbstverständlich war der „Gelben Broschüre" kein unmittelbarer Erfolg, ja nicht einmal die erwartete „vorurteilsfreie Prüfung" im preußischen Kultusministerium beschieden, doch hat sie sicherlich dazu beigetragen, daß sich nun die privaten Reforminitiativen der bürgerlichen Frauenbewegung erheblich verstärkten. Helene Lange hat dabei eine führende Rolle gespielt. 1890 war sie die Mitbegründerin des Allgemeinen Deutschen Lehrerinnenvereins, der um die Jahrhundertwende ca. 16000 Mitglieder zählte. Bereits 1889 eröffnete sie die Berliner „Realkurse für Frauen", die den Abschluß einer zehnjährigen höheren Mädchenschule voraussetzten und der allgemeinen, insbesondere mathematisch-naturwissenschaftlichen Fortbildung, aber auch der Vorbereitung auf das Schweizer Maturitätsexamen dienten, weil Frauen z.B. in Zürich schon seit den 1860er Jahren immatrikuliert werden konnten (vgl. ALBISETTI 1988, S. 122f.). Als dann 1893 der Karlsruher Verein „Reform" mit Billigung des badischen Landtags eine sechsklassige Gymnasialanstalt für Mädchen eröffnet hatte, konstituierte sich in Berlin eine „Vereinigung zur Veranstaltung von Gymnasialkursen für Frauen" als Träger von achtsemestrigen Kursangeboten, die bereits im Oktober 1893 begannen. Auf diese Weise wurden im Deutschen Reich vor 1908 mehr als 30 (real-)gymnasiale Kurse und Gymnasialklassen für Mädchen gegründet, die das Ziel verfolgten, Mädchen auf ein externes Abitur an einem Gymnasium oder Realgymnasium für Jungen vorzubereiten. Träger solcher Einrichtungen waren in aller Regel private Frauenvereine, nur wenige wurden kommunal verwaltet und finanziert. Die konzeptionelle und organisatorische Alternative bestand darin, entweder einen vier- oder fünfjährigen Aufbaukurs im Anschluß an die neun- bis zehnjährige höhere Mädchenschule oder eine sechsjährige Gymnasialklasse als Abzweigung nach dem 7. Mädchenschuljahr anzubieten, wobei die Chancen für eine ministerielle Genehmigung des Aufbaukurs-Modells offenbar erheblich günstiger waren (APEL 1988, S. 172ff.). Das Beispiel der Kölner Stundentafel von 1902 soll zeigen, wie dominant die beiden alten Sprachen in dem Lehrplan für weibliche Gymnasialklassen gewesen sind, d.h. wie weit die Bereitschaft ging, sich den Standards des männlichen Berechtigungssystems zu unterwerfen (Tabelle 4).

Gegenüber solchen Privatinitiativen, die von einer eindrucksvollen Publikations- und Petitionskampagne der Frauenbewegung begleitet waren, verhielt sich das preußische Kultusministerium äußerst zurückhaltend und versuchte hartnäckig, eine generelle Zulassung von Frauen zum Abiturientenexamen und zum Universitätsstudium möglichst lange zu vermeiden. Die Grundsätze, die Minister Studt 1902 vor dem preußischen Abgeordnetenhaus verkündete, hätten ohne weiteres auch von seinem Amtsvorgänger in Anspruch genommen werden können:

Tabelle 4: Lehrplan und Wochenstundenzahl der Fächer an Kölner Gymnasialklassen für Mädchen 1902

Fächer	Klassen					
	UIII	OIII	UII	OII	UI	OI	Summe
Religion	2	2	2	2	2	2	12
Deutsch	3	3	3	3	3	3	18
Latein	10	10	8	8	8	7	51
Griechisch	–	–	8	8	8	8	32
Französisch	3	3	2	2	2	2	14
Geschichte und Erdkunde	4	4	2	2	2	3	17
Rechnen/Mathematik	4	4	3	3	3	3	20
Naturkunde	2	2	2	2	2	2	12
Zeichnen	2	2	–	–	–	–	4
Turnen	2	2	2	2	2	2	12
Summe	32	32	32	32	32	32	192

Quelle: Apel 1988, S. 177

„Der deutschen Familie soll die eigenartige ideale Stellung der deutschen Frau nach Möglichkeit erhalten bleiben. Die Unterrichtsverwaltung kann nicht die Hand dazu bieten, daß aus einer zum Teil dem deutschen Wesen gar nicht entsprechenden Agitation der Anlaß genommen werde, durch Errichtung von Mädchengymnasien, durch Teilnahme der Mädchen an dem Unterricht in den für Knaben bestimmten höheren Bildungsanstalten und durch Änderung der Grundsätze über die Zulassung von Frauen zum akademischen Studium eine vollständige Umgestaltung der bisherigen Verhältnisse herbeizuführen. Daß der Zudrang der Frauen zu den männlichen Berufsarten seitens der Unterrichtsverwaltung noch künstlich befördert werden sollte, das werden Sie, glaube ich, von der Unterrichtsverwaltung nicht verlangen können“ (Frauenbildung, Jg. 1 (1902), S. 123).

Auf Dauer ließen sich vorsichtige Zugeständnisse und erste amtliche Regelungen aber nicht vermeiden:

– Die „Bestimmungen über das Mädchenschulwesen in Preußen“ vom 31. Mai 1894 definieren die öffentliche höhere Mädchenschule als eine Anstalt mit neun Jahreskursen und zwei Fremdsprachen, halten aber daran fest, daß in diesen Schulen „Berechtigungen bestimmter Art, welche für den künftigen Lebensgang von entscheidender Bedeutung wären, nicht erworben werden“ können. Oberstes Ziel dieser Schulen bleibt vielmehr die Erziehung zu „echter Weiblichkeit“, woraus folgt, daß der Einfluß der weiblichen Lehrkräfte, wie in der „Gelben Broschüre“ gefordert, gestärkt werden muß. Daher soll die Zahl der Klassenlehrerinnen auf der Oberstufe vermehrt und jedem Direktor eine Lehrerin „als Gehülfin beigegeben“ werden, „die ihm bei der Lösung der erziehlichen Aufgabe der Anstalt unterstützt" (Zeitschrift für weibliche Bildung in Schule und Haus, Jg. 22 (1894), S. 317ff.).

– Ebenfalls am 31. Mai 1894 wird eine „Ordnung der Wissenschaftlichen Prüfung der Lehrerinnen" erlassen, die noch nichts mit der männlichen Lehramtsprüfung pro facultate docendi zu tun hat, sondern lediglich erfolgreiche Forbildungsbemühungen berufstätiger Lehrerinnen in zwei Fächern testiert und damit zur Übernahme einer Planstelle als „Oberlehrerin" befähigt (ebd., S. 341ff.).

– Die Bestimmungen von 1894 verweigern der höheren Mädchenschule nach wie vor die ressortmäßige Gleichstellung mit den höheren Knabenschulen und belassen es bei der Praxis, daß über die Herauslösung einzelner Mädchenschulen aus der lokalen Schulaufsicht für das Volksschulwesen und ihre Zuordnung zu der Verwaltungsinstanz der Provinzialschulkollegien immer nur von Fall zu Fall entschieden wird (vgl. ZINNECKER 1973, S. 89, und KRAUL 1991, S. 285f.).

Erst die Januarkonferenz 1906 schien auch in der preußischen Mädchenschulpolitik den entscheidenden Fortschritt zu bringen, nachdem die Frage der Studienzulassung und der Abiturberechtigung von Frauen in den wichtigsten süddeutschen Staaten längst positiv erledigt war (Baden 1900, Bayern 1903, Württemberg 1904). Minister Studt hatte – fast paritätisch – 45 weibliche und männliche Experten nach Berlin eingeladen (darunter Gertrud Bäumer und Helene Lange sowie die Univ.-Professoren Adolf von Harnack, Wilhelm Lexis und Friedrich Paulsen) und machte die Versammlung mit einer Regierungsvorlage vertraut, die in vielen wichtigen Diskussionspunkten eine weitgehende Kompromißbereitschaft der preußischen Regierung signalisierte (Frauenbildung Jg. 5 (1906), S. 207-214; vgl. ALBISETTI 1988, S. 238ff., und APEL 1988, S. 183):

– Die zehnklassige höhere Mädchenschule (vom 6.-16. Lebensjahr) wird als Normalform anerkannt. Sie soll aus einer dreijährigen Vorschule und einem siebenjährigen Lyzeum bestehen.

– Im Lyzeum soll die Formalbildung verstärkt (Mathematik, Grammatik), der naturwissenschaftliche Unterricht vermehrt, der technische Unterricht (weibliche Handarbeit) eingeschränkt und in den oberen Klassen ein wöchentlich sechsstündiger Lateinunterricht eingeführt werden.

– Die Berechtigungen eines erfolgreich absolvierten Lyzeums sollen denjenigen der Obersekundareife im männlichen Schulsystem entsprechen.

– Aufbauend auf die Lyzeumsbildung schließt sich als selbständige Anstalt das vierjährige Oberlyzeum an, das in drei Varianten, analog zu den männlichen höheren Schulen (Gymnasium, Realgymnasium, Oberrealschule), den „Normalweg zur Reifeprüfung" für Frauen bilden soll, wobei als wichtigste Variante ein lateinloses Oberlyzeum geplant gewesen ist.

- Die oberlyzeale Reifeprüfung verleiht die gleichen Berechtigungen, „die den Abiturienten der höheren Vollanstalten für die männliche Jugend zufallen, soweit solche Berechtigungen für Frauen in Betracht kommen“ (Frauenbildung, a.a.O., S. 209).
- Schließlich ist hervorzuheben, daß die Mehrheit der Konferenzteilnehmer sowohl eine „größere Berücksichtigung der weiblichen Lehrkräfte“ (auch bei der Besetzung von Direktorenstellen) wie die Überweisung der Lyzeen und Oberlyzeen in die Zuständigkeit der Provinzial-Schulkollegien dringend befürwortete.

Die umstrittenste Konsequenz dieser Reformvorstellungen ist zweifellos die Tatsache gewesen, daß den Mädchen eine vierzehnjährige, mithin eine um zwei Jahre längere Lernzeit als den Jungen zur Vorbereitung auf das Abiturientenexamen abverlangt werden sollte. Doch leuchtete vielen Frauen, so auch Helene Lange, durchaus ein, daß eine solche Lernzeitverlängerung große pädagogische Chancen eröffne und für die Didaktik des Oberlyzeums ein Vorteil sei. Gerade auch in diesem Punkt, so meinte Helene Lange zurückblickend, haben die Frauen auf der Berliner Januarkonferenz „einen entschiedenen Sieg davongetragen“ (Frauenbildung 8. Jg. (1909), S. 5).

5.4 Die preußischen „Bestimmungen“ von 1908

Als per Ministererlaß vom 18. August 1908, anderthalb Jahre nach der Januarkonferenz, die „Bestimmungen über die Neuordnung des höheren Mädchenschulwesens“ mit einem Anhang betreffend die „Zulassung der Frauen zum Universitätsstudium“ endlich veröffentlicht wurden, reagierte die der bürgerlichen Frauenbewegung nahestehende Publizistik vorwiegend enttäuscht, ja mit einer Entrüstung, die auf den ersten Blick schwer verständlich erscheint. Immerhin hat doch dieser Erlaß die Einbeziehung der höheren Mädchenschulen in den „Aufsichtskreis der Provinzial-Schulkollegien“, d.h. ihre Anerkennung als höhere Lehranstalten gebracht, und immerhin erweiterte er den Zugang der Frauen zum Abitur und zum Studium, gemessen an den bis dahin entwickelten Ausnahmemöglichkeiten, ganz erheblich. Sehen wir uns also die Einzelheiten des Reformkonzepts näher an (Abb. 2; vgl. dazu den Text des Erlasses in: Frauenbildung, Jg. 7 (1908), S. 385-401):

Abbildung 2:

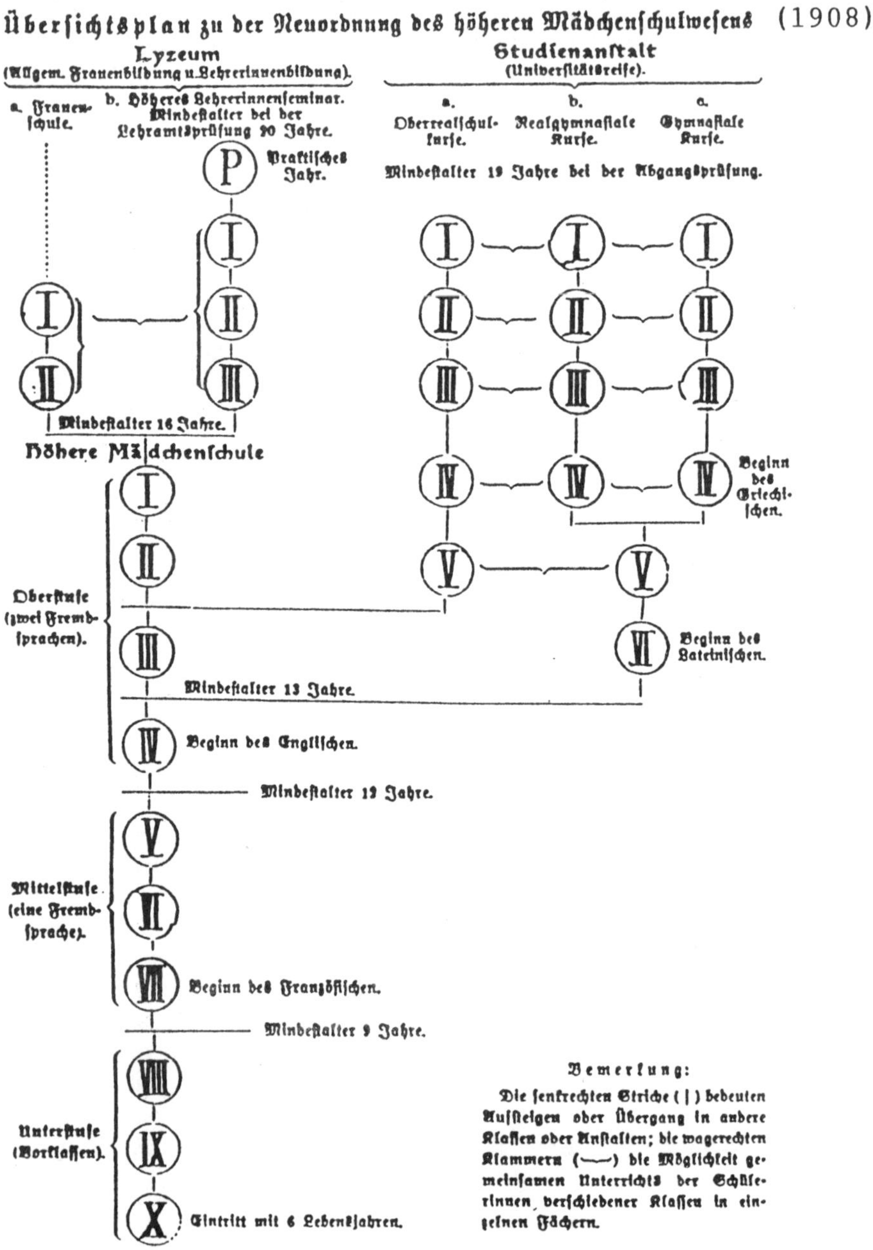

Quelle: Frauenbildung Jg. 7 (1908), S. 400

Tragende Säule der Reformkonstruktion ist die Höhere Mädchenschule, die mit dem 6. Lebensjahr beginnt und mit ihren drei „Vorklassen“ insgesamt zehn Jahrgangsstufen umfaßt, d.h. gegenüber der Normierung von 1894 nun auch amtlich einen weiteren Jahrgang hinzugewonnen hat. Damit beugte sich die preußische Schulverwaltung der Tatsache, daß nach der Statistik von 1907 sowohl bei den öffentlichen (132 : 69) wie bei den privaten Anstalten (138 : 110) die zehnklassigen Höheren Mädchenschulen zahlreicher als die neunklassigen geworden waren (ebd., S. 387). Die erste Fremdsprache (Französisch) beginnt im 4., die zweite (Englisch) im 7. Schuljahr. Religion und Deutsch sollen „nach wie vor im Mittelpunkt der Mädchen- und Frauenbildung stehen“, wie es im Erlaßtext heißt, doch sei künftig zu verhüten,

> „daß die ästhetische und die Gefühlsbildung zu sehr überwiegen, daß hauptsächlich die Phantasie angeregt und das Gedächtnis in Anspruch genommen wird, während die Verstandesbildung sowie die Erziehung zu selbsttätiger und selbständiger Beurteilung der Wirklichkeit zurücktreten“ (ebd., S. 386).

Daher sollen dem Rechenunterricht der Höheren Mädchenschule „durch Einfügung von Mathematik“ erweiterte Aufgaben zugewiesen und, wie auf der Januarkonferenz angekündigt, der naturkundliche Unterricht verstärkt werden. Vom Lateinunterricht auf der Oberstufe ist hier allerdings nicht mehr die Rede. Ein Vergleich der preußischen Stundentafel von 1908 (10 Jahrgänge) mit der Magdeburger von 1819 (5 Jahrgänge) zeigt, wie sich das Lehrprogramm der Höheren Mädchenschule im 19. Jahrhundert verändert und erweitert hat (vgl. Tab. 3 und Tab. 5).

Tabelle 5: Allgemeiner Lehrplan der preußischen Höheren Mädchenschule 1908

	X	IX	VIII	VII	VI	V	IV	III	II	I	Summe
Religion	3	3	3	3	3	3	2	2	2	2	26
Deutsch	10	9	8	6	5	5	4	4	4	4	59
Französisch	–	–	–	6	5	5	4	4	4	4	32
Englisch	–	–	–	–	–	–	4	4	4	4	16
Geschichte/ Kunstgeschichte	–	–	–	–	2	2	2	2	2	3	13
Erdkunde	–	–	2	2	2	2	2	2	2	2	16
Rechnen/ Mathematik	3	3	3	3	3	3	3	3	3	3	30
Naturkunde	–	–	–	2	2	2	3	3	3	2	17
Schreiben	–	3	2	1	1	1	–	–	–	–	8
Zeichnen	–	–	–	2	2	2	2	2	2	2	14
Nadelarbeit[1)]	–	2	2	2	2	2	2	2	2	2	18
Singen	1	1	1	2	2	2	2	2	2	2	17
Turnen	1	1	1	2	2	2	3	3	3	3	21
Zusammen	18	22	22	31	31	31	33	33	33	33	287

1) auf den Oberstufenklassen IV–I wahlfrei

Quelle: Frauenbildung Jg. 7 (1908), S. 396 (vereinfacht)

An die zehnjährige Höhere Mädchenschule schließt sich ein sog. Lyzeum an, das in eine zweijährige Frauenschule und ein insgesamt vierjähriges Höheres Lehrerinnenseminar aufgegliedert ist. Aufgabe der Frauenschule soll es sein, die weibliche Grundbildung der Höheren Mädchenschule zu ergänzen, und zwar (immer noch an Campes „dreifache Bestimmung des Weibes" erinnernd) als

> „Ergänzung ihrer Bildung in Richtung der künftigen Lebensaufgaben einer deutschen Frau, ihre Einführung in den Pflichtenkreis des häuslichen wie des weiteren Gemeinschaftslebens, in die Elemente der Kindererziehung und Kinderpflege, in Hauswirtschaft, Gesundheitslehre, Wohlfahrtskunde sowie in die Gebiete der Barmherzigkeit und Nächstenliebe" (ebd., S. 387).

Daher sei an jedem Lyzeum ein Kindergarten einzurichten und der Lehrplan der Frauenschule so zu gestalten, daß Haushaltskunde, Kindergartenpädagogik und Gesundheitslehre die Hauptfächer sind.

Neben der Frauenschule (und in den wissenschaftlichen Fächern eng mit ihr verbunden) steht das Höhere Lehrerinnenseminar als zweite Erweiterungsmöglichkeit typisch weiblicher Bildung offen. Neu gegenüber den bisherigen Regelungen ist die Absicht, die Ausbildungsdauer auf vier Jahre zu verlängern, wissenschaftliche und praktische Ausbildungsabschnitte deutlicher zu trennen und damit – analog zum Referendariat des männlichen Oberlehrers – eine Zweiphasigkeit auch der Oberlehrerinnenausbildung anzubahnen, die den Abstand zur schlichten Seminarausbildung der Elementarlehrerinnen hervorhebt.

Verharrt der Ministerialerlaß vom August 1908 bis hierher durchaus noch in den gewohnten bürokratischen Bahnen, so öffnet sich die Tür zum 20. Jahrhundert ein Stück weit dort, wo sich das preußische Ministerium nicht länger der Einsicht verschließen kann, daß es notwendig sei, „die Vorbereitung der jungen Mädchen der höheren Stände (!) auch für akademische Berufe, soweit solche für Frauen in Betracht kommen (!), zweckmäßig zu ordnen". Diese Einsicht wird im Erlaß folgendermaßen begründet:

> „Die rasche Entwicklung unserer Kultur und die damit gegebene Verschiebung der Gesellschafts-, Erwerbs- und Bildungsverhältnisse der Gegenwart haben es mit sich gebracht, daß gerade in den mittleren und höheren Ständen viele junge Mädchen unversorgt bleiben und viele für die Gesamtheit wertvolle Frauenkraft brachliegt. Der Überschuß der weiblichen über die männliche Bevölkerung und die zunehmende Ehelosigkeit der Männer in den höheren Ständen zwingen einen größeren Prozentsatz der Mädchen gebildeter Kreise zum Verzicht auf ihren natürlichen Beruf als Gattin und Mutter. Ihnen sind die Wege zu einem ihrer Erziehung angemessenen Berufe zu bahnen, bei den meisten auch zwecks Erwerbung der nötigen Mittel zum Lebensunterhalte, nicht allein in der Oberlehrerinnenlaufbahn, sondern auch in anderen auf Universitätsstudien begründeten Lebensstellungen" (ebd., S. 389).

Der Weg zur Reifeprüfung über ein vierjähriges „Oberlyzeum“, wie es auf der Januarkonferenz diskutiert wurde, wird jetzt zugunsten eines Gabelungsmodells verworfen, das den Vorteil hat, die Schulzeit der Mädchen nicht mehr auf vierzehn, sondern nur noch auf dreizehn Schuljahre (eins mehr als bei männlichen Abiturienten) zu verlängern. Nach dem 7. Schuljahr (für gymnasiale und realgymnasiale Kurse) bzw. nach dem 8. Schuljahr der Höheren Mädchenschule (für Oberrealschulkurse) bestehen Übergangsmöglichkeiten in die sog. „Studienanstalt“, die in ihren drei Zweigen dem höheren Schulwesen für Jungen entspricht und mit der Reifeprüfung vergleichbare Berechtigungen verleiht (vgl. ebd., S. 394). Sind damit nicht (fast) alle Träume der bürgerlich-akademischen Frauenbewegung erfüllt gewesen? Woher die Enttäuschung, ja Entrüstung? Sehen wir also noch etwas näher hin.

Ein erster Stein des Anstoßes war die Tatsache, daß die Höhere Mädchenschule im Vergleich mit den Berechtigungen der Obersekundareife auch weiterhin stark benachteiligt blieb (vgl. Kraul 1991, S. 289). Nicht nur fehlte ihr (selbstverständlich) das Privileg des „Einjährigen“, d.h. der Entlassung zum „einjährigen freiwilligen“ Militärdienst, sondern auch der mittlere Verwaltungsdienst blieb den Absolventinnen verschlossen, abgesehen vom mittleren Dienst im Bibliothekswesen. Trotz der oben zitierten Einsicht in die sich ausbreitende Notwendigkeit weiblicher Berufstätigkeit war deren Perspektive im wesentlichen nach wie vor auf das Amt der Lehrerin begrenzt.

Zweitens wurde mit Empörung registriert, daß „eine Studienanstalt für Mädchen . . . in der Regel nur dort genehmigt“ werden sollte, „wo zunächst für die allgemeine Weiterbildung durch Einrichtung der Frauenschulklassen eines Lyzeums gesorgt ist“ (Frauenbildung 1908, S. 394). Mit diesem bürokratischen Junktim war absichtlich ein Hemmschuh in die Reform eingebaut worden, der sich auf die Entwicklung der Studienanstalten nur hinderlich auswirken konnte (vgl. Zinnecker 1973, S. 90).

Den schärfsten Protest der Frauenbewegung rief aber die offensichtliche Bevorzugung der männlichen Direktoren und Oberlehrer an Höheren Mädchenschulen durch den August-Erlaß hervor. Nicht nur betonte er ausschließlich, daß es die „Rang-, Titel- und Besoldungsverhältnisse der Direktoren und akademisch gebildeten Oberlehrer“ seien, die nun den entsprechenden Vorschriften für die höheren Knabenlehranstalten angepaßt würden, sondern der Text enthielt auch und vor allem die fatale Bestimmung, daß an den höheren Mädchenschulen, Lyzeen, höheren Seminaren und Studienanstalten männliche und weibliche Lehrkräfte „in annähernd gleicher Zahl“ unterrichten sollen, wobei „die Zahl der einen oder der anderen“ in der Regel nicht unter ein Drittel der Gesamtzahl fallen dürfe (Frauenbildung 1908, S. 394). Damit sei der Frau, so monierte Gertrud Bäumer, „nur auf ein Drittel der höheren Mädchenschule ein sicheres Monopol gegeben“, dem Manne aber eins „auf die ganze

Knabenschule plus ein Drittel der höheren Mädchenschule". „Eine Mädchenschule, an der nicht mindestens die Hälfte des Lehrkörpers aus Frauen besteht, ist prinzipiell falsch organisiert" (G. BÄUMER, in: Frauenbildung 1909, S. 57f.; vgl. H. LANGE 1928, S. 335ff.).

Es war kaum zu erwarten und mit Sicherheit nicht gewollt, daß von dem August-Erlaß eine bahnbrechende Wirkung auf die Weiterentwicklung des höheren Mädchenschulwesens ausgehen würde, zumal nicht auf seinem studienpropädeutischen Zweig. Im Jahre 1912 standen den 34 preußischen Studienanstalten immerhin 70 Frauenschulen und 129 Lehrerinnenseminare gegenüber (KRAUL 1991, S. 289). Bedenkt man weiterhin, daß der preußische Begleiterlaß den erfolgreichen Abiturientinnen zwar ein generelles Immatrikulationsrecht ab WS 1908/09 einräumte, zugleich aber darauf aufmerksam machte, daß Frauen „von der Teilnahme an einzelnen Vorlesungen ausgeschlossen werden" könnten und daß für die Examenszulassung ohnehin „die einschlägigen Prüfungs-, Promotions- und Habilitationsordnungen allein maßgebend" seien (Frauenbildung 1908, S. 401), so läßt sich unschwer vorstellen, wie mühsam die akademische „Bestimmung des Weibes" an deutschen Universitäten begonnen hat.

Erst in der Weimarer Republik hat der Ausbau des höheren Mädchenschulwesens und des Frauenstudiums eine unumkehrbare Dynamik und zugleich den vollen Anschluß an das männliche Bildungs- und Berechtigungssystem gewonnen. 1923 wurde das Lyzeum (1908: Höhere Mädchenschule) den sechsklassigen Realschulen im höheren Knabenschulsystem völlig gleichgestellt und – analog zu den Oberrealschulen – durch die Oberstufe eines zur allgemeinen Hochschulreife führenden Oberlyzeums ergänzt. Konsequenterweise nahm auch die Zahl der Abiturientinnen zu, sie verfünffachte sich an den preußischen höheren Mädchenschulen von 1926 bis 1931 auf über 6.000. 1932 waren mehr als 27 % der preußischen Abiturienten Frauen (ZYMEK 1988, S. 196), und auch der Zustrom von Frauen in die akademischen Karrieren nahm bis zum Ende der Weimarer Republik stetig zu (TITZE 1990, S. 462 ff.).

Doch davon wird im übernächsten Kapitel noch gründlicher die Rede sein.

5.5 Zusammenfassende Thesen

(1) Schon in der Publizistik des 17. Jahrhunderts, erst recht aber im Zeitalter der Aufklärung haben kluge Schriftstellerinnen den Nachweis zu führen versucht, daß die Studienzulassung von Frauen und ihre wissenschaftliche Ausbildung nicht nur in deren eigenem Interesse liege, sondern auch für das Gemeinwesen von großem Nutzen sei. Maßgeblich für die Diskussion in Deutschland blieb jedoch die männliche Gegenthese

von der „dreifachen Bestimmung des Weibes“ (J. H. CAMPE 1789), mit der sich die bürgerliche Frauenbewegung noch zu Beginn des 20. Jahrhunderts auseinandersetzen mußte.

(2) Die staatsfunktionale Verkoppelung des preußischen Gymnasiums als Berechtigungsanstalt für akademische Studien und Berufskarrieren hat von vornherein, d.h. bereits in den Schulplänen der neuhumanistischen Reformperiode, eine Einbeziehung der Mädchenbildung in das höhere Schulwesen verhindert. Als private oder kommunale Gründungen waren „höhere Mädchenschulen“ das ganze 19. Jahrhundert hindurch vom gymnasialen Berechtigungssystem abgetrennt und (insofern konsequent) dem „niederen Schulwesen“ zugeordnet.

(3) Die „Neuordnung des höheren Mädchenschulwesens“ vom 18. August 1908 eröffnete spät auch in Preußen den Weg zur allgemeinen Hochschulreife über weibliche „Studienanstalten“, die nach dem Muster des höheren Schulwesens für Jungen konzipiert waren. Doch blieb die Breitenwirkung dieses Reformkonzepts dadurch absichtlich begrenzt, daß „Studienanstalten“ nur dort eingerichtet werden durften, wo die geschlechtstypische Mädchenbildung durch „Frauenschulen“ und „Höhere Lehrerinnenseminare“ abgesichert war.

(4) Erst in der Weimarer Republik ist das höhere Mädchenschulwesen voll in das männliche Berechtigungssystem integriert worden, was u.a. eine Expansion des Frauenstudiums zur Folge hatte, die auch durch die nationalsozialistische Bildungspolitik nur vorübergehend abgeschwächt werden konnte.

5.6 Weiterführende Literatur

Wer sich über Grundprobleme der „Frauen-Geschichte“ seit dem ausgehenden 18. Jahrhundert einen ersten allgemeinen Überblick verschaffen möchte, sei nachdrücklich auf U. FREVERT (1986) aufmerksam gemacht. – Die gründlichste Gesamtdarstellung zur Geschichte der höheren Mädchenbildung im 19. Jahrhundert ist das leider noch nicht übersetzte Werk von J. C. ALBISETTI (1988), das durch seine archivalische Fundierung, die reichhaltige Verarbeitung der Primär- und Sekundärliteratur und durch sein sicheres, gänzlich undogmatisches Urteil besticht. – Immer noch lesenswert ist die Arbeit von E. BLOCHMANN (1966), die es bereits verstanden hat, ideen- und sozialgeschichtliche Fragestellungen produktiv miteinander zu verknüpfen und so die Anfänge des privaten höheren Mädchenschulwesens in Deutschland besser verständlich zu machen. – Die sozialgeschichtliche Wendung in der Mädchenschulforschung hat durch J. ZINNECKER (1973) einen wichtigen Impuls erhalten, obwohl die neomarxistische Terminologie seiner Untersuchung gelegentlich etwas gewaltsam wirkt. – Verglichen mit der bislang üblichen Vernachlässigung des Themas in der schulgeschichtlichen Lehrbuchliteratur ist es besonders verdienstvoll, daß das „Handbuch der deutschen Bildungsgeschichte" in Bd. III (E. KÜPPER 1987) und in Bd. IV (M. KRAUL 1991) zwei lesenswerte Überblicksartikel mit zahlreichen Literatur- und Quellenverweisen enthält. Noch umfassender ist das Themenspektrum der zweibändigen „Geschichte der Mädchen- und Frauenbildung" (KLEINAU/OPITZ 1996), die im 2. Band die Entwicklungen vom Vormärz bis zur Gegenwart behandelt und dabei das Schul- und Hochschulwesen besonders berücksichtigt. Derartiges Handbuchwissen wird sich in dem Maße erweitern und verfeinern, wie sich die Anzahl monographischer Spezialuntersuchungen und Lokalstudien (KÄTHNER 1994, HUERKAMP 1996) weiter erhöhen wird.

Kapitel 6

Anpassungstendenzen im elementaren und mittleren Bildungsbereich: Integrationsstrategien im Klassenkampf

Im vorletzten Kapitel haben wir betont, wie falsch es wäre, sich die Geschichte des akademischen und gymnasialen Bildungswesens im wilhelminischen Kaiserreich als einen reibungslosen Modernisierungsprozeß vorzustellen. Hält man sich die ökonomische und militärische Interessenlage Deutschland-Preußens 1871-1914 vor Augen, so hätte eigentlich nichts näher gelegen, als dem Prinzip der „realistischen“ Bildung, den Naturwissenschaften, den modernen Fremdsprachen, einer modernen, imperialistisch eingefärbten Nationalbildung schleunigst zum Durchbruch zu verhelfen und das traditionelle Berechtigungsmonopol des humanistischen Gymnasiums durch ein Berechtigungsmonopol der Oberrealschule zu ersetzen. Das aber ist nicht geschehen. Die formale Gleichstellung von Gymnasium, Realgymnasium und Oberrealschule (1900) bedeutet eben nicht den Sieg des modernen „Realismus“ über den traditionellen „Humanismus“, sondern bedeutet einen mühsam ausgehandelten Kompromiß zwischen den Ansprüchen der traditionellen Bildungs- und Beamtenelite einerseits sowie den Ansprüchen der modernen Wirtschafts- und Militäreliten andererseits.

Warum war dieser Kompromiß so wichtig? Weil es angesichts der zunehmenden Stärke des in der Sozialdemokratie organisierten Proletariats eine Überlebensfrage geworden war, ob es – auch auf bildungspolitischem Gebiet – gelingen würde, drohende Auseinandersetzungen im Bürgertum selbst zu vermeiden, also seine Einheit und damit seine Herrschaftsfähigkeit aufrechtzuerhalten. Die Wilhelminisch-Bismarcksche Bildungspolitik ist überhaupt nicht zu begreifen, wenn man sie aus dem Zusammenhang der Klassen-Auseinandersetzungen im späten 19. Jahrhundert herauslöst; wenn man übersieht, daß eine Modernisierung des Bildungswesens immer wieder neu mit dem Herrschaftsanspruch des Bürgertums in Übereinstimmung gebracht werden mußte.

Modernisierungszwang *und* Herrschaftssicherung – das sind die Gesichtspunkte, unter denen sich auch die Anpassungstendenzen im elementaren und mittleren Bildungsbereich beschreiben lassen.

6.1 Der Ausbau des preußischen Volksschulwesens nach den „Allgemeinen Bestimmungen“ von 1872

Daß es im letzten Drittel des 19. Jahrhunderts tatsächlich zu einem Ausbau insbesondere der städtischen Volksschule in Preußen gekommen ist, läßt sich bereits auf der Ebene staatlicher Schul- und Unterrichtsplanung zeigen. Erinnern wir uns an die Grundsätze der Stiehlschen Regulative von 1854, so galt damals als administrative Norm der Volksschule und der Lehrerbildung die *einklassige ländliche Elementarschule,* die wir als eine kümmerlich ausgestattete Einrichtung zum Zwecke herrschaftskonformer Glaubenserziehung gekennzeichnet hatten. Diese Regulative waren seit Beginn der 60er Jahre bereits durch mehrere Erlasse modifiziert worden, aber eine Revision erfolgte erst 1872 durch die „Allgemeinen Bestimmungen“ des liberalen Kultusministers Adalbert Falk und seines Volksschulreferenten Karl Schneider, des Nachfolgers von F. Stiehl. Jetzt wurde auch die mehrklassige Volksschule immerhin als „normal“ angesehen, die Größe der Klassenräume auf mindestens 48 m^2 festgesetzt und vorgeschrieben, „daß die Zahl der Kinder, welche in der einklassigen Schule durch einen gemeinsamen Lehrer gleichzeitig Unterricht erhalten, nicht über 80 steigen darf“ – mit der bezeichnenden Begründung übrigens, daß in einer Schule, in der nicht mehr alle Kinder „beschäftigt und beaufsichtigt“ werden, von einer „erzieherischen Einwirkung“ keine Rede mehr sein könne (Erlaß vom 16. 12. 1874). Der Vorteil eines „planmäßigen Unterrichts“ lasse sich dadurch erhöhen, daß man zum Prinzip der Halbtagsschule mit zwei aufsteigenden Klassen (aber nur einem Lehrer!) übergehe, weil die dann „notwendige Verringerung der Stundenzahl als ein geringerer Übelstand weniger ins Gewicht fällt“. Man sieht, wie mühsam der geplante Fortschritt war.

Schon deutlicher kommt die Reformtendenz der „Allgemeinen Bestimmungen“ in den revidierten Stundentafeln und Lehrplanrichtlinien zum Ausdruck (Tabelle 6). Verglichen mit den Stiehlschen Regulativen fällt insbesondere die Einschränkung des Religionsunterrichts (Reduktion um 1-2 Wochenstunden) und der Ausbau der „Realien“ (Vaterländische Geschichte, Erdkunde, Naturlehre) zu einem neuen Hauptfach der Mittel- und Oberstufe auf. Am deutlichsten aber zeigt sich die durchgreifende Modernisierung des preußischen Volksschulwesens an seinem Strukturwandel zu einem sich ausdifferenzierenden, mehrklassigen Schulsystem, wobei die gravierenden Entwicklungsunterschiede zwischen ländlichen und städtischen Schulverhältnissen nach wie vor zu beachten sind (Tabelle 7). Zwar befanden sich noch 1911 gut 86 % aller öffentlichen Volksschulen und gut 61 % aller Volksschüler auf dem Lande, doch auch hier hat die 1-klassige „Normal“-Anstalt allmählich ihre dominante Stellung eingebüßt, während sich die Mehrklassigkeit auf äußerst bescheidenem Niveau Schritt für Schritt durchzusetzen begann. Der Abstand zur Ausdifferenzierung des städtischen Volksschulwesens blieb dabei allerdings vorerst voll erhalten. Während in den Städten die Lehrer-Schüler-Relation zwischen 1886 und 1911 von 1:67 auf 1:49 sank, verbesserte sich dieser Wert auf dem Lande lediglich von 1:79 auf durchschnittlich 1:61, wobei es immer noch Schulen gab, in denen ein Lehrer bis zu 200 Kinder unterrichtete (vgl. KUHLEMANN 1991, S. 192ff.). Insgesamt gesehen wird man es – gerade auch im europäischen Vergleich – als einen beachtlichen Erfolg verbuchen dürfen, daß die kommunalen und staatlichen Ausgaben für das Volksschulwesen in Preußen von 116,6 Mill. Mark im Jahre 1886 auf 420,9 Mill. Mark im Jahre 1911 angestiegen sind, was einer realen Steigerung von 29 auf 65 Mark pro Schüler entspricht. Die staatlichen „Zuschüsse", die 1871 lediglich 5 % der kommunalen Aufwendungen gedeckt hatten, stiegen in den 90er Jahren auf über 50 %. Die privaten Schulgelder, durch die 1871 noch 19 % der Volksschulkosten aufgebracht werden mußten, konnten 1888 abgeschafft werden, so daß in den Städten die sog. Armen-Schulen verschwanden und der Schulbesuch auch auf dem Lande zu annähernd 100 % zu realisieren war (vgl. auch NIPPERDEY 1991[2], S. 531ff.).

Tabelle 6: Die Stundentafel der preußischen Volksschule 1872

	1.-4. Schuljahr	5.-6. Schuljahr	7.-8. Schuljahr
Religion	4 (4)	5 (4)	5 (4)
Deutsch	11 (11)	10 (8)	8 (8)
Rechnen und Raumlehre	4 (4)	4 (4)	5 (4)
Zeichnen	– (–)	1 (2)	2 (2)
Realien	– (–)	6 (6)	6 (6–8)
Singen	1 (1)	2 (2)	2 (2)
Turnen (für Jungen)	1 (2)	2 (2)	2 (2)
Handarbeit (für Mädchen)	1 (2)	2 (2)	2 (2)

Quelle: BERG 1973, S. 73; in Klammern die Stundentafel des mehrklassigen Systems

Nutznießer dieser Entwicklung ist selbstverständlich auch die Volksschullehrerschaft gewesen, die nach der Reichsgründung ausdrücklich in den nationalen Konsens eingeschlossen wurde und mit dem 1871 gegründeten Deutschen Lehrerverein (DLV) eine überkonfessionelle berufsständische Interessenvertretung von zunehmender Stärke und Bedeutung besaß (vgl. TITZE 1991, S. 356ff.). Von der Reichsgründung bis zum Ersten Weltkrieg hat sich die Zahl der deutschen Volksschullehrer auf 190.000 mehr als verdoppelt, während das gleichzeitige Wachstum der Schülerzahl nur etwa halb so schnell verlief. Um alle Klassen auf das amtlich geforderte Normalmaß von höchstens 80 Kindern zu bringen,

Tabelle 7: Die Struktur des preußischen Volksschulwesens 1886-1911

	Landschulen		Stadtschulen	
	1-klassig	6- u. mehrklassig	1-klassig	6- u. mehrklassig
1886	57 %	0,6 %	15 %	35 %
1891	53	0,9	12	44
1896	48	1,5	11	49
1901	41	2,2	9	57
1906	40	3,2	9	63
1911	39	4,3	8	69

Quelle: Preußische Statistik Heft 101 (1889) und 231 (1913)

hätten dennoch allein in Preußen 15.000 weitere Planstellen geschaffen werden müssen, die allerdings erst nach einer kräftigen sozialen und finanziellen Aufwertung des Volksschullehrerstandes hätten besetzt werden können: 1896 erhielten die Absolventen der staatlichen Lehrerseminare das Privileg des einjährig-freiwilligen Militärdienstes zugesprochen, das allgemeinbildende Programm der Seminare orientierte sich schon vor 1918 mehr und mehr an dem höheren Knabenschulwesen, und schließlich hat sich nach jahrzehntelanger Stagnation auch die finanzielle Situation der Volksschullehrerschaft relativ rasch verbessert, wie Tabelle 8 deutlich macht:

Tabelle 8: Durchschnittliches Jahreseinkommen der preußischen Volksschullehrer einschließlich Amtszulagen und Wohnungsgeld 1886-1911 (in Mark)

Jahr	Lehrer			Lehrerinnen			Lehrer und Lehrerinnen	Index der Lebenshaltungskosten	Realeinkommen in Preisen
	Stadt	Land	zusam.[a]	Stadt	Land	zusam.[a]	zusam.[a]	(1895 = 100)	von 1895
1886	1635	1133	1292	1216	946	1108	1272	97,7	1302
1891	1812	1264	1446	1261	1020	1171	1414	105,8	1336
1896	2029	1357	1583	1362	1132	1279	1544	99,8	1547
1901	2381	1640	1901	1572	1280	1472	1838	107,1	1716
1906	2561	1702	2022	1687	1323	1565	1947	116,1	1692
1911	3218	2401	2718	2003	1625	1869	2539	125,3	2026
Zuwachs in %	96,8	111,9	110,4	64,7	71,8	68,7	99,6		55,6

a Gewogener Durchschnitt

Quelle: Bölling 1983, S. 73

Der Gehaltsunterschied zwischen Stadt- und Landschullehrern ist ebenso enorm wie der zwischen männlichen und weiblichen Lehrkräften, doch gilt im Durchschnitt, daß sich das Nominaleinkommen der preußischen Volksschullehrerschaft zwischen 1886 und 1911 annähernd verdoppelt, das Realeinkommen um 55 % gesteigert hat. 1885 wurde die

Altersversorgung, 1890 die Witwen- und Waisenversorgung gesetzlich geregelt, so daß man den Berufsstand um 1900 als „eine konsolidierte Schicht kleiner Beamter" bezeichnen kann (NIPPERDEY 1991[2], S. 543) – zwar immer noch „vom anerkannten und angesehenen Staatsbeamtentum durch Welten getrennt" (TITZE 1991, S. 362), zugleich aber auch den sozialen Niederungen der Unterschicht endgültig entwachsen und politisch zuverlässig in das wilhelminische Deutschland integriert.

6.2 Volksschulreform und Industrialisierungsprozeß

Wenden wir uns nun dem Versuch einer Erklärung der angedeuteten Entwicklungen zu, so liegt es nahe, einen ursächlichen Zusammenhang mit dem stürmischen Wachstum der großen Industrie anzunehmen und den Ausbau des Volksschulwesens als einen ökonomisch bedingten Anpassungsprozeß zu begreifen. Tatsächlich gibt es eine ganze Reihe zeitgenössischer Äußerungen, die diesen Zusammenhang belegen, so z.B. eine Rede des Ministers Falk im preußischen Abgeordnetenhaus vom 15. 1. 1879, in der es heißt:

> „Die Lebensbedürfnisse unseres Volks, die Entwicklung der Industrie, die starke Bewegung in der Bevölkerung, welche ja in ganzen weiten Distrikten den Unterschied zwischen Dorf und Stadt vollständig verwischt hat, haben es meiner Meinung nach dem Staate zur Pflicht gemacht, für ausreichend gebildete Lehrer der Volksschule zu sorgen. Je stärker erkannt worden ist, welche Gefahr der Gesellschaft aus dem Zuge erwerbsunfähiger und urteilsloser Menschen nach den großen Städten erwächst, desto ernster ist für die Staatsregierung und insbesondere für mich die Mahnung gewesen, Erziehung und Ausbildung erwerbs- und urteilsfähiger Männer und Frauen zu fordern."

Um den hier unterstellten ursächlichen Zusammenhang zwischen Industrialisierungsprozeß und Volksschulreform über eine bloße Plausibilität hinaus empirisch nachzuweisen, wäre es aber erforderlich, die Qualifikationsmerkmale der zeitgenössischen Form industrieller Arbeit so direkt wie möglich auf die angestrebten Lernziele des Volksschulunterrichts beziehen zu können und so dem von Falk verwendeten Leitbegriff der „Erwerbs- und Urteilsfähigkeit" einen überprüfbaren Sinn zu geben. Das freilich setzt differenzierte, verallgemeinerungsfähige Forschungsergebnisse einer historischen „Industriesoziologie" voraus, die es bestenfalls in Ansätzen gibt. Immerhin wird in einer dieser Untersuchungen (KOCKA 1969) auf ein Merkmal der Betriebs- und Arbeitsorganisation hingewiesen, das den gesuchten Zusammenhang exemplarisch verdeutlich: die zunehmende Verschriftlichung der Arbeitsanweisungen – eine Tendenz, die sich bei einer bestimmten Betriebsgröße aus dem Zwang der Verselbständigung der Produktionsplanung in Kalkulations- und Konstruktionsabteilungen ergab, woraus wiederum die zwingende Qualifikationserwartung an alle Angestellten und Arbeiter resultierte, allgemeine Produktionsvorschriften und spezielle Arbeitsanweisungen lesen, Werkzeichnungen ausführen, über Materialverbrauch abrechnen zu können usw. Daß sich von daher industriell bedingte, erhöhte Ansprüche an die Lese- und Rechenfähigkeit sowie an die Realienkenntnis der Volksschulabsolventen stellten, liegt auf der Hand und müßte in ausführlicheren Analysen historischer Qualifikationsstrukturen näher untersucht werden.

Es genügt aber nicht, nur nach den *ausdrücklichen* Lernzielen zu fragen, die an die Qualifikationsanforderungen der Industrie angepaßt worden sind, sondern noch wichtiger könnte der *geheime Lehrplan,* das Netz sozialer Bedingungen und Wirkungen des sich entwickelnden mehrklassigen Schulsystems gewesen sein, das in einem funktionalen Zusammenhang mit dem Industrialisierungsprozeß gesehen werden muß. Die Frage lautet also: Welche Merkmale industrieller Arbeitsorganisation könnten ein Arbeits- und Sozialverhalten des Volksschulabsolventen verlangt haben, das von der einklassigen Elementarschule nicht oder nicht hinreichend vermittelt werden konnte und das ihren Ausbau zu einem mehrklassigen System nahelegte? Eine Antwort darauf kann nur mit aller Vorsicht und vielen Einschränkungen gegeben werden, weil dazu Ergebnisse einer historischen „Sozialisationsforschung der Schule“ notwendig sind, die es bislang kaum gibt. Erst ein erweiterter, auf das „extra-funktionale“ Arbeits- und Sozialverhalten ausgedehnter Qualifikationsbegriff würde es erlauben, die hypothetisch unterstellten Zusammenhänge zwischen den Veränderungen schulischer Lehrpläne und Organisationsformen einerseits sowie den technischen und sozialen Entwicklungen im industriellen Arbeits- und Beschäftigungssystem andererseits in voller Breite aufzudecken.

6.3 Der Aufbau des Mittel- und Fachschulwesens

Als ökonomisch bedingten Anpassungsprozeß der Schulstruktur wird man insbesondere die Entstehung des Mittel- und Fachschulwesens im letzten Drittel des 19. Jahrhunderts begreifen müssen. In den „Allgemeinen Bestimmungen“ von 1872 ist der Begriff der Mittelschule so definiert, daß der Zusammenhang dieses neuen Schultyps mit der industriellen Entwicklung offen zutage tritt. Die Mittelschule ist demnach eine erweiterte Volksschule, die mindestens fünf aufsteigende Klassenstufen mit maximal je 50 Schülern umfassen und dem Ziel dienen soll, „einerseits ihren Schülern eine höhere Bildung zu geben, als dies in der mehrklassigen Volksschule geschieht, andererseits aber auch die Bedürfnisse des gewerblichen Lebens und des sogenannten Mittelstandes in größerem Umfang zu berücksichtigen, als dies in höheren Lehranstalten regelmäßig der Fall sein kann". Im Unterricht der Mittelschule sollen neuere Fremdsprachen (Französisch, Englisch erst seit 1910) und kaufmännisches Rechnen angeboten werden, und nach den „lokalen Bedürfnissen" können die speziellen Qualifikationsanforderungen von Landwirtschaft und Industrie, Handel und Verkehrswesen berücksichtigt werden (vgl. Tabelle 9).

Tabelle 9: Die Stundentafel der preußischen Mittelschule 1872

Lehrgegenstände	Klasse (absteigend von I bis VI)					
	I	II	III	IV	V	VI
Religion	2	2	2	3	3	3
Deutsch, inkl. Lesen und Schreiben	4	6	8	12	12	12
Rechnen	3	3	3	5	5	5
Raumlehre	3	2	2	–	–	–
Naturbeschreibung	2	2	2	–	–	–
Physik (Chemie)	3	2	–	–	–	–
Geographie	2	2	2	2	–	–
Geschichte	2	2	2	–	–	–
Französisch	5	5	5	–	–	–
Zeichnen	2	2	2	2	–	–
Gesang	2	2	2	2	2	2
Turnen	2	2	2	2	2	2
Zusammen	32	32	32	28	24	24

Quelle: Kuhlemann 1991, S. 220

War damit der „weiterführende", berufsorientierende Charakter der neuen Mittelschule gegenüber der elementaren Volksschule deutlich betont, so blieb andererseits der Trennungsstrich gegenüber allen Gymnasialtypen deutlich gezogen: Die Mittelschule war von allen „höheren" Berechtigungen, insbesondere vom Einjährig-Freiwilligen-Privileg, also der Laufbahn des preußischen Reserveoffiziers, abgekoppelt. Entsprechend gering blieb die Zahl dieser Anstalten im ganzen 19. Jahrhundert, entsprechend hoch war der Anteil der Mädchen: Bis 1901 waren erst 456 Mittelschulen eingerichtet, und diese wurden von 74.000 Schülern und 61.000 Schülerinnen besucht (Lexis Bd. III 1904, S. 13).

Die berufsqualifizierende Bedeutung der „Mittleren Bildung" bestand offenbar darin, daß sie eine hinreichende Basis für untergeordnete Betriebs-Bürotätigkeiten ohne spezielle technische oder handelspraktische Kenntnisse bot:

„Stereotype Rechentätigkeiten in den Werkstattbüros, Zeichnen und Pausen, schlichte Schreibarbeiten, einfache Kontrolltätigkeiten, Lagerverwaltungsarbeiten usw. erforderten lediglich kurze Anlernzeiten auf der Grundlage gewisser allgemein verbreiteter Grundkenntnisse. . . . Die meisten der bei Siemens in solche *Unterbeamtenstellungen* aufrückende Arbeiter hatten über die Elementarschule hinaus eine Bürgerschule oder Mittelschule besucht. Beamte dieses Ausbildungsstandes konzentrierten sich in der Werkstatt und in den Werkstattbüros, während sie in den technischen Büros (Konstruktion und Projektierung, Labor) weitgehend fehlten. Unter 96 nach dem Gesichtspunkt ihrer Ausbildung identifizierbaren Beamten des Charlottenburger Werkes hatten 1890 5 einfache Elementarausbildung, dagegen 20 eine Bürger- bzw. Mittelschulbildung vorzuweisen" (KOCKA 1969, S. 266/67).

Auf Dauer war allerdings der Qualifikationsbedarf der großen Industrie nicht allein durch Volks- und Mittelschul-Absolventen zu befriedigen. So entstand in den 80er, verstärkt in den 90er Jahren des 19. Jahrhunderts ein differenziertes, branchenspezifisches *Fachschulsystem,* „dessen einzelne Ebenen verschiedene Zulassungsbedingungen kannten und verschiedene Technikerkategorien mit verschiedenen Berechtigungen ausbildeten" (KOCKA 1969, S. 279). Die verwirrende Vielfalt *gewerblicher* (handwerklich-technischer), *kaufmännischer* und *landwirtschaftlicher* Fachschulen kann hier nicht im einzelnen dargestellt und statistisch aufgeschlüsselt werden. Während es in Preußen 1884/85 nur insgesamt 56 Fachschulen mit ca. 8.000 Schülern gab, war ihre Zahl im Jahr 1910 auf 204 bzw. 44.300 gestiegen (FREYTAG 1969, S. 167).

Während das Ziel der *niederen Fachschulen* in der „Ausbildung von mittleren und niederen Beamten (Werkmeistern) großer Betriebe und von selbständigen Leitern handwerksmäßiger oder sonstiger kleinerer Betriebe" bestand, dienten die *mittleren Fachschulen* der „Ausbildung von Betriebsbeamten (Technikern) großer Betriebe und von Unternehmern und Beamten mittlerer Betriebe, welche selbständig dem Fortschritt der Technik folgen wollen". Während für jene als Zulassungsvoraussetzung eine „gute Elementarschulbildung" und eine abgeschlossene Lehrzeit definiert war, setzten diese neben Lehrzeit und Berufspraxis den Einjährig-Freiwilligen-Schein voraus (LEXIS Bd. IV, 3, 1904, S. 8). Die Tatsache, daß das Fachschulwesen seit 1884 in Preußen (anders als z.B. in Bayern oder Sachsen) dem *Ministerium für Handel und Gewerbe* unterstand, unterstreicht sehr deutlich den Charakter dieser Einrichtungen als staatlich finanzierte Einrichtungen der großen Industrie.

Kann demnach kaum bezweifelt werden, daß die Entstehung des preußischen Mittel- und Fachschulwesens ursächlich mit den gesteigerten, sich ausdifferenzierenden Qualifikationsanforderungen von Produktion, Handel und Verwaltung zusammenhängt, so ist damit doch erst die *eine* Seite des schulstrukturellen Anpassungsprozesses erfaßt. Seine andere, seine *politische* Seite kommt dann zum Vorschein, wenn man den Ausbau der „mittleren Bildung" als einen – langfristig durchaus erfolgreichen – Stabilisierungsversuch in der Situation verschärfter Klassenauseinandersetzungen begreift. Durch das Zugeständnis begrenzter Aufstiegsmöglichkeiten sollte ein neuer Mittelstand von „Angestellten“ entstehen, der sein berufliches und soziales „Sonderbewußtsein“ (KOCKA) vor allem durch angestrengte Abgrenzungsbemühungen „nach unten“ dokumentierte und sich eben dadurch als Bollwerk gegen die „rote Gefahr“, gegen die „Irrlehren“ der Sozialdemokratie bewährte. Diese neue Mittelstandspolitik ist Teil einer umfassenden Integrationsstrategie gewesen, wie sie insgesamt für die Volksschul- und die Jugendpolitik im wilhelminischen Preußen kennzeichnend war.

6.4 Volksschul- und Jugendpolitik im Zeichen des „Neuen Kurses“

Am 19. 10. 1878 wurde im Deutschen Reichstag das sogenannte „Sozialistengesetz“, das „Gesetz gegen die gemeingefährlichen Bestrebungen der Sozialdemokratie“ verabschiedet. Kurz danach hat Kultusminister Falk vor dem preußischen Abgeordnetenhaus eine Rede gehalten, in der er an die „Allgemeinen Bestimmungen“ von 1872 erinnert und sie ex post als eine Kampfmaßnahme gegen die Sozialdemokratie deutet:

> „Ich habe, bald nachdem jene Allgemeinen Bestimmungen erschienen, in einer sozialdemokratischen Zeitung gelesen, sie seien ein neuer Versuch, die morschen Säulen des Staates und der Gesellschaft zu stützen, und es wurde hinzugesetzt, ein Versuch, der der Sozialdemokratie gefährlicher sein könnte als die Weiterführung des Erziehungswesens nach den Regulativen – und ich denke, Unrecht hatte das Blatt nicht (Protokoll: lebhaftes Bravo! links)“ (MEYER 1976, S. 62f.).

Was in diesem Zitat nur indirekt, formuliert als Meinungsäußerung des sozialdemokratischen Klassenfeindes, zum Ausdruck kommt, wurde nach dem Scheitern des „Sozialistengesetzes“ und nach Bismarcks Abschied zum offiziellen bildungspolitischen Programm: Die Bekämpfung der Sozialdemokratie mit einer langfristig angelegten Integrationsstrategie, einem offensiven Programm agitatorischer Gegenaufklärung.

6.4.1 Die „Allerhöchste Ordre“ von 1889

Wichtigstes Dokument dieses „Neuen Kurses“ ist die berühmte „Allerhöchste Ordre“ Wilhelms II. vom 1. Mai 1889, die in ihrem Grundsatzteil folgenden Wortlaut hat:

> „Schon längere Zeit hat Mich der Gedanke beschäftigt, die Schule in ihren einzelnen Abstufungen nutzbar zu machen, um der Ausbreitung sozialistischer und kommunistischer Ideen entgegenzuwirken. In erster Linie wird die Schule

durch Pflege der Gottesfurcht und der Liebe zum Vaterlande die Grundlage für eine gesunde Auffassung auch der staatlichen und gesellschaftlichen Verhältnisse zu legen haben. Aber Ich kann Mich der Erkenntniß nicht verschließen, daß in einer Zeit, in welcher die sozialdemokratischen Irrthümer und Entstellungen mit vermehrtem Eifer verbreitet werden, die Schule zur Förderung der Erkenntniß dessen, was wahr, was wirklich und was in der Welt möglich ist, erhöhte Anstrengungen zu machen hat. Sie muß bestrebt sein, schon der Jugend die Ueberzeugung zu verschaffen, daß die Lehren der Sozialdemokratie nicht nur den göttlichen Geboten und der christlichen Sittenlehre widersprechen, sondern in Wirklichkeit unausführbar und in ihren Konsequenzen dem Einzelnen und dem Ganzen gleich verderblich sind. Sie muß die neue und die neueste Zeitgeschichte mehr als bisher in den Kreis der Unterrichtsgegenstände ziehen und nachweisen, daß die Staatsgewalt allein dem Einzelnen seine Familie, seinc Freiheit, seine Rechte schützen kann, und der Jugend zum Bewußtsein bringen, wie Preußens Könige bemüht gewesen sind, in fortschreitender Entwicklung die Lebensbedingungen der Arbeiter zu heben, von den gesetzlichen Reformen Friedrich des Großen und von Aufhebung der Leibeigenschaft an bis heut. Sie muß ferner durch statistische Thatsachen nachweisen, wie wesentlich und wie konstant in diesem Jahrhundert die Lohn- und Lebensverhältnisse der arbeitenden Klassen unter diesem monarchischen Schutze sich verbessert haben.“ (MICHAEL/SCHEPP 1993, S. 184)

Dieser Text ist von derart schlichter Eindeutigkeit, daß sich eine ausführliche Interpretation wohl erübrigt. Aber ein Aspekt verdient doch besondere Beachtung, weil er das zentrale Dilemma des didaktischen Konzepts propagandistischer Gegenaufklärung offenlegt: seine geradezu notwendige *Theoriefeindlichkeit.* Wie war es möglich, die sozialistische Gesellschaftsanalyse als eine „Irrlehre“ zu erweisen, ohne sich auf eine ernsthafte rationale Auseinandersetzung einzulassen und damit möglicherweise das Gegenteil der beabsichtigten Wirkung zu erzeugen?

Die Schwierigkeiten, das Problem zu lösen, sind zahlreich belegt: Eine Fachkommission für das höhere Unterrichtswesen kam zu dem Ergebnis, daß in den Gymnasien eine direkte Auseinandersetzung mit der Sozialdemokratie aus pädagogischen wie wissenschaftlichen Gründen problematisch wäre, und als es darum ging, für die Lehrerseminare einen elementaren volkswirtschaftlichen „Leitfaden“ zu entwickeln, hielten die hinzugezogenen Fachwissenschaftler den Entwurf für unzureichend und gaben zu bedenken, daß es sehr schwer falle, der „lernenden Jugend etwas Positives in die Hand zu geben“, da „auf diesem Gebiet alle Theorien im Flusse“ seien (MEYER 1976, S. 171).

Einer der ersten, der dieses Dilemma erkannte, scheint der alte Fuchs Bismarck gewesen zu sein. In einem Votum vom 6. Juli 1889 vertrat er nachdrücklich die These, daß die Belehrung über die Verderblichkeit der Sozialdemokratie vornehmlich „an Hand des gesunden Menschenverstandes“ erfolgen müsse. Ihm schwebte ein Geschichtsunterricht vor, „welcher in hausbackener Weise, an die preußische Geschichte der Gegenwart anknüpfend, den Schülern auf der Volksschule einen politisch monarchischen Katechismus liefere, welchen sie wie den christlichen, als eine auswendig gelernte Überzeugung in sich aufnähmen" (zit. ebd.).

Bis in den Wortlaut der Formulierungen hinein wird hier der Rückfall auf das didaktische Niveau der Stiehlschen Regulative deutlich; das Motiv der Herrschaftssicherung durch Bildungsbegrenzung gewinnt angesichts der prekären innenpolitischen Situation wieder an Gewicht.

6.4.2 Die allgemeine Fortbildungsschule

Im Jahre 1900 veranstaltete die Erfurter Akademie der gemeinnützigen Wissenschaften ein Preisausschreiben mit der Frage: „Wie ist unsere männliche Jugend von der Entlassung aus der Volksschule bis zum Eintritt in den Heeresdienst am zweckmäßigsten für die bürgerliche Gesellschaft zu erziehen?" Das Problem, das sich hinter dieser Preisfrage verbirgt, war in der Tat von hoher staatspolitischer Bedeutung, klaffte doch zwischen den Erziehungseinrichtungen Schule und Militär, also vom 14. - 18. Lebensjahr, nach wie vor eine Integrationslücke, die den „Irrlehren" der Sozialdemokratie ungehindert offenstand. Wie war diese Lücke zu schließen? Eine originelle Antwort war eigentlich nicht zu erwarten; denn schon seit Beginn der Sozialistenverfolgung durch das Gesetz von 1878 konzentrierten sich die Vorschläge auf eine bestimmte Lösung: durch allgemeine Fortbildungsschulen.

Daß diese Einrichtungen zunächst überhaupt nichts mit berufsqualifizierenden Aufgaben zu tun hatten, sondern als „säkularisierte Sonntagsschulen" ausschließlich dem Schutz der schulentlassenen Jugend vor den Gefährdungen des Großstadtlebens und insbesondere der Sozialdemokratie dienen sollten, läßt sich durch zahlreiche Stellungnahmen belegen. So heißt es beispielsweise in einem Gutachten aus dem Jahre 1879:

> „Man trifft aber die Sozialdemokratie ins Herz, wenn man das Volk gerade in den unteren Schichten in seiner Bildung hebt durch Fortbildungsschulen." Ihre Aufgabe sei es, fährt der Gutachter fort, „vaterländische Gedenktage zu patriotisch heiligen Tagen zu erheben (und) die jugendlichen Gemüter den Einflüssen der vaterlandslosen Staatsverderber zu entziehen" (zit. nach Blankertz 1969, S. 131).

Das Problem war allerdings, daß in Preußen bis zum Handwerkerschutzgesetz von 1897 eine Fortbildungs*pflicht* nicht durchgesetzt werden konnte und daß von diesem Gesetz nur Lehrlinge, nicht aber jugendliche Arbeiter ohne Lehrvertrag betroffen waren.

Auch Georg Kerschensteiner, seither als Begründer der deutschen Berufsschule gefeiert, schloß in seiner preisgekrönten Antwort auf die Erfurter Akademie-Frage an die Tradition der allgemeinen Fortbildungsschule an. Auch er ließ es sich nicht entgehen, gegen die „Irrlehren der

Sozialdemokratie“ zu polemisieren und den Nachweis zu führen, wie durch Begabtenauslese und Begabtenaufstieg die organisierte Arbeiterbewegung ihrer potentiellen Führer beraubt werden könne. Die eigentliche Pointe seiner Preisschrift liegt aber in der These, daß die zweckmäßigste Erziehung der männlichen Jugend für die bürgerliche Gesellschaft eine konsequente Berufserziehung sei. Die Fortbildungsschule müsse an die „egoistischen Interessen“ der Jugendlichen anknüpfen, „um ihnen deutlich zu machen, daß es um ihren Platz im Leben geht“, und von diesem egoistischen Berufsinteresse – so Kerschensteiner – führe dann ein gerader Weg zum Staatsinteresse: „Berufserziehung ist staatsbürgerliche Erziehung.“ (Kerschensteiner 1901)

Das ist, wenn wir uns an die neuhumanistische Bildungstheorie zu Beginn des 19. Jahrhunderts erinnern, eine genaue Umkehrung des Verhältnisses von allgemeiner Nationalbildung und spezieller Berufsausbildung, wie es von W. v. Humboldt vorgestellt worden war. Der Staat, so hatte Humboldt formuliert, müsse nur dafür sorgen, daß die Bildung des Menschen bis zu seiner höchstmöglichen Selbstvervollkommnung fortschreiten könne, und diese Selbstvervollkommnung des Menschen würde dann – „von einem viel höheren Gesichtspunkt aus“ – auch den Zwecken des Staates dienen. Jetzt, bei Georg Kerschensteiner, sind die egoistischen Interessen des einzelnen der raffiniert gewählte Anknüpfungspunkt einer „staatsbürgerlichen Erziehung“, die in erster Linie die Integration des Arbeiters in den autoritären Klassenstaat zum Ziele hat.

6.4.3 Die wilhelminische „Jugendpflege“

Abschließend sei ein kurzer Blick auf die außerschulische Jugendbildung, die „Jugendpflege“, geworfen, weil auch sie in den Zusammenhang staatlicher Integrationsstrategien im wilhelminischen Kaiserreich gehört. Was damals unter „Jugendpflege“ verstanden wurde, geht aus dem Jugendpflege-Erlaß des Preußischen Kultusministeriums vom 18. 1. 1911 hervor. Darin heißt es unter Punkt 1 der „Grundsätze und Ratschläge“:

> „Aufgabe der Jugendpflege ist die Mitarbeit an der Heranbildung einer frohen, körperlich leistungsfähigen, sittlich tüchtigen, von Gemeinsinn und Gottesfurcht, Heimat- und Vaterlandsliebe erfüllten Jugend. Sie will die Erziehungstätigkeit der Eltern, der Schule und Kirche, der Dienst- und Lehrherren unterstützen, ergänzen und weiterführen.“ (Panter 1965, S. 20)

Aus den weiteren Grundsätzen wird deutlich, daß diese unterstützende Tätigkeit ehrenamtlich zu erfolgen habe und daß die erforderlichen Mittel durch private Spenden, aus Gemeinde-Fonds und nur ergänzungsweise aus dem Staatsetat aufgebracht werden sollten. In dem Erlaß ist vom sozialdemokratischen Klassenfeind an keiner Stelle die Rede; doch die alljährlichen Debatten im preußischen Abgeordnetenhaus um den

Jugendpflege-Titel im Etat des Kultusministers lassen keinen Zweifel, daß das Ziel dieser Anstrengungen nichts anderes als die Zerschlagung der Arbeiterjugendbewegung war (Greinert 1975, S. 79).

Der Erlaß vom 18. 1. 1911 rief ein wahres „Gründungsfieber" von Jugendpflege-Initiativen hervor. Die Armee, die Kirchen, die Innere Mission, der preußische Landeskriegerverband, der Reichsverband gegen die Sozialdemokratie, die Zentralstelle für Volkswohlfahrt, der Deutsche Handwerks- und Gewerbekammertag – sie alle empfahlen dringend die Beteiligung an diesem „nationalen" Werk (Saul 1971, S. 114). Von „großer erzieherischer Wirkung", heißt es in dem Erlaß, „sind Darstellungen des Heldentums auf den verschiedenen Gebieten, des schlichten Heldentums einer in ihrem Berufe sich aufopfernden Krankenpflegerin nicht minder als des Heldentums des einfachen Soldaten oder des Generals, die ihre Treue mit ihrem Blute besiegeln".

Der Erste Weltkrieg war nicht mehr fern.

6.5 Zusammenfassende Thesen

(1) Der Ausbau der Volksschule im letzten Drittel des 19. Jahrhunderts („Allgemeine Bestimmungen" vom 15. 10. 1872) läßt sich als industriell bedingter Anpassungsvorgang begreifen, wenn man nicht nur die ausdrücklichen Lernziele, sondern auch die sozialen Bedingungen und Wirkungen eines mehrklassigen Schulsystems mit den Qualifikationsanforderungen der großen Industrie in Beziehung setzt: Neben der sicheren Beherrschung elementarer Kulturtechniken (Lesen, Schreiben, Rechnen) kam es jetzt verstärkt auf ein diszipliniertes Arbeits- und Sozialverhalten im hierarchisierten Großbetrieb an.

(2) Der Aufbau des Mittel- und Fachschulwesens darf nicht nur als industriell bedingter Anpassungsprozeß, sondern muß auch als sozialpolitischer Stabilisierungsversuch in der Situation verschärfter Klassenauseinandersetzungen begriffen werden. Dieser Versuch blieb widersprüchlich, weil er darauf angelegt war, den neuen Mittelstand technischer und kaufmännischer Angestellter durch „gehobene" berufliche Bildungsmöglichkeiten vom Proletariat zu trennen und ihn zugleich von den Privilegien „höherer" Bildung so weit wie möglich auszuschließen.

(3) Nach dem Scheitern der Versuche, die organisierte Arbeiterklasse gewaltsam in die autoritäre Klassengesellschaft des Kaiserreichs zu integrieren (Sozialistengesetz 1878-1890), wurde die Schule im Zeichen des „Neuen Kurses" nach 1890 systematisch als Herrschaftsmittel gegen die Sozialdemokratie eingesetzt („Allerhöchste Ordre" vom 1. Mai 1889).

(4) Als Lücke in der Herrschaftssicherung wurde dabei zunehmend die unkontrollierte Phase zwischen Volksschulbesuch und Armeedienst problematisch, in der die schulentlassene proletarische Jugend besonders empfänglich für die Lehren der Sozialdemokratie zu sein schien. Der Schließung dieser Lücke sollten die allgemeine Fortbildungsschule und die „Jugendpflege" staatstragender Organisationen und Verbände dienen.

6.6 Weiterführende Literatur

Auch hier ist noch einmal auf die großen Darstellungen von Nipperdey und Wehler zu verweisen, zumal beide ein ausführliches Schulkapitel besitzen. – Unentbehrlich für ein tiefergehendes Studium ist der aspekt- und materialreiche Bd. IV des „Handbuchs der deutschen Bildungsgeschichte" (Berg 1991), in dem für das vorstehende Kapitel die Beiträge über „Niedere Schulen" (Kuhlemann 1991) und über „Lehrerbildung und Professionalisierung" (Titze 1991) besonders einschlägig sind, das darüber hinaus aber über eine Reihe weiterer wichtiger Themen, z.B. über „Familie, Kindheit, Jugend" (Chr. Berg), „Pädagogisches Denken und Anfänge der Reformpädagogik" (U. Herrmann) oder „Berufsbildung" (K. Stratmann, K. Harney u.a.) ausgezeichnet informiert. – Eine moderne, sozialgeschichtlich inspirierte Darstellung des deutschen Volksschulwesens im wilhelminischen Kaiserreich gibt es nicht, doch liegen für einzelne Staaten, z.B. für Württemberg (Friedrich 1978), oder für einzelne Aspekte, z.B. den der Kriegserziehung (Lemmermann 1984) vielversprechende Vorarbeiten vor. Dazu gehören nach wie vor auch Saul (1971) für das Gebiet der wilhelminischen „Jugendpflege", Greinert (1975) und Stratmann (1992) für die politische Geschichte der Berufsschule und Meyer (1976) für die preußische Volksschulpolitik in der zweiten Hälfte des 19. Jahrhunderts.

Kapitel 7

Schulkämpfe und Schulkompromisse in der Weimarer Republik

Der militärische und politische Zusammenbruch der Hohenzollern-Dynastie im Jahr 1918 hinterließ für einen äußerst kurzen Zeitraum in Deutschland ein Machtvakuum, das drei politische Kräfte für sich zu nutzen suchten, die im Kaiserreich in Opposition gestanden und sich erst während des Weltkrieges – durch die Spaltung der Sozialdemokratie – in voller Deutlichkeit profiliert hatten (Rosenberg 1977, S. 10ff.). Das waren einmal die Parteien der bürgerlich-demokratischen Mitte, die einen demokratischen Verfassungsstaat auf privatwirtschaftlicher Grundlage ansteuerten; zum andern die Sozialdemokratische Partei, die ebenfalls eine bürgerlich-demokratische Verfassung anstrebte, aber in Wirtschaft und Gesellschaft mehr gemeinwirtschaftliche und sozialstaatliche Institutionen verankern wollte; und schließlich die sozialistische (USPD) und kommunistische Bewegung (KPD), die nicht nur die bürgerliche Demokratie zugunsten einer Räteverfassung bzw. der Diktatur des Proletariats abschaffen, sondern auch die auf Privateigentum beruhende Wirtschaft grundlegend revolutionieren wollten.

Die Schwäche des liberalen Bürgertums in Deutschland einerseits und die Spaltung der Arbeiterbewegung auf der anderen Seite prägten die Revolution von 1918 von Anbeginn an als „unvollständig" und schufen damit Ausgangsbedingungen für einen Konflikt, der während der gesamten Weimarer Republik anhielt und noch die Machtübernahme der Nationalsozialisten 1933 beeinflußte: Zwar gelang es der Koalition von Mehrheitssozialdemokratie und liberalem Bürgertum (unter Einschluß des katholischen Zentrums) nach 1918, die *politische* Form einer Demokratie mit sozialstaatlichen Elementen zu errichten und damit verspätet bürgerliche Forderungen des 19. Jahrhunderts einzulösen (vgl. Kap. 1); aber die Grundlagen der *gesellschaftlichen* Macht der Eliten des Kaiserreichs in den *Institutionen und Organisationen* von Wirtschaft, Staatsapparat, Militär, Kirche und Bildungswesen blieben weitgehend unberührt. Diese konservativen, ja reaktionären Eliten hielten an autoritären Formen der Herrschaftsausübung fest und standen der ersten deutschen Republik gleichgültig bis feindselig gegenüber. Daß die Machtgrundlage dieser Kräfte in der Revolution von 1918/19 nicht nachdrücklicher erschüttert wurde, ist maßgeblich ein Ergebnis der Politik der Mehrheitssozialdemokratie, der im November 1918 die politische Führungsrolle zufiel. Durch die „negative Integration" (GROH 1974) der Sozialdemokraten im Kaiserreich bedingt, hatte der Parteivorstand eine Politik eingeschlagen, die eine – die Parteimitglieder integrierende – revolutionäre *Ideologie* des unversöhnlichen Klassenkampfes mit einer *Praxis* verband, bei der die Macht im Staate der Sozialdemokratie quasi naturgesetzlich durch immer erfolgreichere Wahlkämpfe zufallen sollte, die einmal gewählten Interessenvertreter jedoch an einer praktischen Parlamentspolitik durch die revolutionäre, prinzipiell ablehnende Grundhaltung gehindert waren („revolutionärer Attentismus" nach GROH). Gegen diese Politik des „Zentrums" um den Parteivorstand hatten sich schon vor dem Ersten Weltkrieg der „revisionistische" Flügel der Partei, der auf eine flexiblere parlamentarische Strategie mit Koalitionsangeboten an bürgerliche Parteien drängte, und der linke Flügel gewandt, der außerparlamentarische Massenaktionen revolutionären Charakters gefordert hatte. Mit der Zustimmung des Parteizentrums und des revisionistischen Flügels zu den Kriegskrediten im August 1914 und der nachfolgenden Abspaltung der USPD und der KPD war die Mehrheitssozialdemokratie unaufhaltsam auf einen legalistischen Kurs gedrängt, nach dem die Revolution lediglich den politisch-institutionellen Rahmen der Republik, die Verfassung, zu schaffen hatte, selbst aber nicht zu einer Veränderung der gesellschaftlichen Machtverhältnisse führen sollte. Die (M)SPD verstand sich nicht als „Bevollmächtigte der Revolution, sondern als Statthalter" (WEHLER 1973, S. 222); sie bekämpfte nach 1918 aktiv sozialistische wie kommunistische Massenaktionen, als ob 1918 ernsthaft die historische Alternative „soziale Demokratie oder bolschewistische Revolution" auf der Tagesordnung gestanden hätte und nicht die – tatsächliche – Alternative „soziale Demokratie oder konservative Republik" (vgl. dazu WEHLER 1973, S. 218ff.).

Die Niederlage Deutschlands von 1918 markierte das vorläufige Ende der Strategie, den Konflikt von Modernisierungszwang und Herrschaftssicherung, zu dessen Ausprägung auch das im letzten Drittel des 19. Jahrhunderts ausgeformte Klassenschulsystem beigetragen hatte, durch äußere Aggressionen zu kompensieren. Für den Zeitraum von 1918 bis 1933 stellt sich im Hinblick auf das Schulwesen die Frage, ob es dazu beitrug, den sozialen Immobilismus der Klassengesellschaft des Kaiserreichs abzuschwächen. Und wenn nicht, inwiefern es – aus der Perspektive des Endes der Weimarer Republik – möglicherweise seinen Anteil daran hatte, daß sich die nationalsozialistische Form der Krisenregulierung durchsetzen konnte.

7.1 Die Revolution von 1918 und die Aufrechterhaltung der Herrschaft der Schulbürokratie

Daß die Herrschaft der traditionellen Mächte nach 1918 nicht ernsthaft bedroht war, zeigte sich auch an der Rolle der Bildungsverwaltung. Bis 1918 war das Schulwesen, verwaltet durch eine qualifizierte Bürokratie, nach einer Formulierung FÜHRS „eine Art dynastischer pädagogischer Provinz" gewesen (1972, S. 19). Unbeeinflußt von parlamentarischen Verantwortlichkeiten hatte die Bürokratiespitze auf dem Erlaßwege das Leben in den Schulen relativ unkontrolliert regeln können. Die Schulleiter waren im Kaiserreich eindeutig als verlängerter Arm der Schulbürokratie und nicht etwa als Vertretungsinstanzen der Lehrerkollegien definiert worden.

Hier nun setzte in einigen wenigen Regionen (Hamburg, Bremen) unmittelbar nach der Revolution eine *basisdemokratische Bewegung* unter den Volksschullehrern an, die stark vom Rätegedanken beeinflußt war. Ihre Forderungen waren erstaunlich homogen: Abschaffung der geistlichen Schulaufsicht; strikte Trennung von Kirche und Staat im Unterricht, d.h. Freiwilligkeit oder Abschaffung des Religionsunterrichts; Wahl der Schulleiter durch die Kollegien, Vertretung der Lehrerschaft in einem abgestuften System von örtlichen, bezirklichen, überbezirklichen Lehrerräten. Wären diese Forderungen voll verwirklicht worden, hätte sich das Kräfteverhältnis innerhalb des Schulsystems tatsächlich zuungunsten der traditionellen Amtsträger verändert. Aber die Lehrerbewegung in Bremen und Hamburg erreichte nur kurzfristig auf der untersten Stufe der Hierarchie mit der Wahl der Schulleiter einen begrenzten Erfolg. Gerade die Heftigkeit der Konflikte um die Wahl amtierender Leiter zeigt, daß es um ein kleines Stück „Machtwechsel" ging (vgl. MILBERG 1970, S. 117; HAGENER 1973, S. 171f.). Diese Wahlen kosteten in Hamburg immerhin ca. 35 % der Volksschulrektoren die Stellen (in Bremen 20 %), während die Direktoren der höheren Schulen so gut wie unangefochten aus den Wahlen hervorgingen. In den Jahren nach 1919 wurden im Gefolge des allgemeinen konservativen Rückschlags in Bremen Gesetzesänderungen durchgesetzt, die die Stellung der Rektoren und Direktoren wieder stärkten.

Die obersten Schulbehörden wurden durch diese basisdemokratischen Initiativen jedoch nicht beeinträchtigt. Die (M)SPD hatte sich für die Beibehaltung des Berufsbeamtentums ausgesprochen, so daß die Beamten aus der Kaiserzeit zunächst weitgehend übernommen wurden. Wie ohnmächtig die Arbeiter- und Soldatenräte gegenüber dem bürokratischen Apparat waren, illustriert das Beispiel Hamburgs: Die Oberschulbehörde ignorierte einfach den Vertreter der Bildungskommission des Arbeiter-

und Soldatenrates, der in der Behörde zur besseren „Kontrolle" extra ein Zimmer bekommen hatte (MILBERG 1970, S. 113f.).

Nach dem Abflauen der basisdemokratischen Initiativen, die in ihrer Breite und Intensität sicherlich nicht überschätzt werden dürfen, blieb zur Änderung innerschulischer Herrschaftsverhältnisse – sieht man von der Möglichkeit ab, durch Druck der Elternräte Wandlungen zu bewirken (vgl. hierzu WAGNER-WINTERHAGER 1978) – nur noch die *republikanische Personalpolitik* übrig. Hier sprechen die Zahlen eine deutliche Sprache hinsichtlich der schwachen Position der Sozialdemokratie. Eine Aufstellung der personellen Besetzung der Provinzialschulkollegien in Preußen aus dem Jahre 1923 ergab:

– von 11 erwähnten Leitern der Provinzialschulkollegien gehören 8 bereits vor 1918 einem Provinzialschulkollegium an;
– von den in den Provinzialschulkollegien tätigen Oberschulräten waren drei Viertel schon vor 1918 Mitglieder (DIERE, zit. nach KRAUSE-VILMAR 1977, S. 16).

Zur Repräsentanz der SPD auf der Ebene der zentralen Kultusverwaltung (Preußen) folgende Zahlen aus dem Jahr 1925 (vgl. WITTWER 1980, S. 292ff.):

– von den 7 leitenden Stellen im Kultusministerium (KM): keiner SPD;
– von den 28 Ministerialräten: 2 SPD;
– von den 39 „Hilfsarbeitern", d.h. Hilfsreferenten im KM: 3 SPD;
– von 82 Regierungs- und Schulräten: 6 SPD;
– von 531 Kreisschulräten: 50–60 SPD.

Erwies sich die Stellung reformerischer Kräfte auf der Ebene der Kultusverwaltung als recht schwach (wobei zweifellos die der liberalen DDP anhängenden Beamten zu berücksichtigen sind), so gilt dies ab 1920 auch für das *parlamentarische Kräfteverhältnis:* Bei der Wahl zur Nationalversammlung im Januar 1919 verfügten die Parteien der Weimarer Koalition noch über ca. 76 % der Stimmen; bei der ersten Reichstagswahl vom Juni 1920 war dieser Anteil auf ca. 44 % geschrumpft. Damit wird ein Muster schulpolitischer Veränderungen verständlich, das in zahlreichen Einzelbereichen der Schulpolitik anzutreffen ist: Die wenigen fortschrittlichen Neuerungen erfolgten unmittelbar nach der Revolution bis spätestens Mitte 1920. Was in diesem Zeitabschnitt nicht erreicht wurde, hatte später kaum noch Chancen auf Realisierung. Die Regelungen indes, die bis 1920 erfolgreich durchgesetzt werden konnten, unterlagen danach dem kontinuierlichen Druck der Konservativen und militanten Rechten. Dies zeigt sich recht deutlich an denjenigen organisatorischen und inhaltlichen Änderungen der Schule, die einen Abbau der Kluft zwischen höherer und niederer Bildung hätten bewirken können.

Die politisch besonders umstrittenen Änderungen bezogen sich auf die „Anhebung der Volksschule", an der die Sozialdemokratie, die Volksschullehrerschaft und die sie vor allem repräsentierende Deutsche Demokratische Partei gleichermaßen interessiert waren. Gymnasium und Universität blieben demgegenüber in ihren Strukturen und Inhalten unangetastet. Die Haltung der SPD gegenüber den Institutionen höherer Bildung war widersprüchlich: sie schwankte zwischen einem eher taktisch-devoten Respekt vor der „Kulturleistung" der Gymnasien, die z.B. der preußische Kultusminister Haenisch erhalten wissen wollte (siehe hierzu S. F. MÜLLER 1977, S. 152ff.), oder ihrer pauschalen Ablehnung als Hort der Reaktion (vgl. WITTWER 1980, S. 265ff.), den eine Bildungspolitik im Interesse der Arbeiterschaft nur ignorieren konnte.

7.2 Die umstrittene Verbesserung der Volksschulbildung

Auch wenn sich die Sozialdemokraten mit ihren der radikaldemokratischen Tradition von 1848 entlehnten Forderungen der strikten Trennung von Kirche und Schule, des Aufbaus der „organischen Einheitsschule" von mindestens achtjähriger Dauer, der Abschaffung von Privatschulen und der Unentgeltlichkeit des Unterrichts (vgl. hierzu SCHULZ 1919; CHRIST 1975) in den Verhandlungen über die Schulartikel der Reichsverfassung nicht gegen die Vertreter bürgerlicher Parteien durchzusetzen vermochten, stellten die schließlich verabschiedeten Schulartikel durchaus ein Minimalprogramm zur Überbrückung der bisher voneinander getrennten, klassenspezifisch ausgerichteten Institutionen der höheren und niederen Bildung dar: Volksschule und weiterführende Schulen sollten Teile eines „organisch auszugestaltenden" Schulsystems sein, das – durch das Verbot von privaten Vorschulen – in den unteren Jahrgängen (Grundschule) von allen Schülern besucht werden sollte. Die Lehrerbildung sollte nach Grundsätzen, die für die höhere Bildung galten, reichseinheitlich geregelt werden. Der Unterricht in Volks- und Fortbildungsschulen sollte unentgeltlich erteilt, der Zugang zu den Schulgeld erhebenden mittleren und höheren Schulen durch öffentliche Mittel erleichtert werden. Die inhaltliche Bildungsbeschränkung, die das Ergebnis der umfassenden Konfessionalisierung der Volksschule war, sollte zugunsten der Simultanschule als Normaltyp gelockert werden.

All diese beabsichtigten Maßnahmen hätten erste Schritte einer Bildungspolitik darstellen können, die nicht mehr nur das formale Recht auf freie Wahl der Bildungsstätte einräumte, sondern die aktiv die faktischen Hindernisse zur Wahrnehmung dieses Rechts abzubauen begann. Daß dieser politische Versuch nur höchst unvollständig verwirklicht wurde, liegt – wie jetzt am Beispiel wichtiger schulpolitischer Konflikte gezeigt werden soll – einerseits an der Stärke und Zielstrebigkeit des Widerstandes konservativer, von der Novemberrevolution in ihrer Machtstellung wenig beeinträchtigter Kräfte, andererseits an den ökonomischen Schranken, die die von geringem Wirtschaftswachstum, Inflation und Massenarbeitslosigkeit geprägte Wirtschaftsentwicklung der staatlichen Finanzierung der Reformen auferlegte. Das politische Interesse an Herrschafts- und Privilegiensicherung und die „ökonomischen Sachzwänge" sind dabei in aller Regel nicht zu trennen.

7.2.1 Der Konflikt um die Einführung der obligatorischen Grundschule

Mit dem Verbot privater Vorschulen und der Einführung der vierjährigen obligatorischen Grundschule, die die Weimarer Koalition noch kurz vor ihrer Abwahl durch Reichsgesetz verankerte (Grundschulgesetz vom 28. 4. 1920), war zum ersten Mal in der deutschen Schulgeschichte die strikte Segregation von höherer und niederer Bildung – allerdings nicht die von „Normalschulen" und „Hilfsschulen" für geistig und körperlich Behinderte – durchbrochen worden. Indem alle Schüler – bis auf die „Hilfsschüler" – zum Besuch der unteren vier Klassen der Volksschule gezwungen wurden, bekam diese Schulstufe die neue Funktion der Zuteilung der Schüler auf die voneinander getrennten Zweige der Gymnasien, Mittelschulen und der oberen Klassen der Volksschule:

> „Die Grundschulkassen (-stufen) sollen unter voller Wahrung ihrer wesentlichen Aufgabe als Teile der Volksschule zugleich die ausreichende Vorbildung für den unmittelbaren Eintritt in eine mittlere oder höhere Lehranstalt gewährleisten. Auf Hilfsschulklassen findet diese Bestimmung keine Anwendung" (§ 1, Abs. 2 des Grundschulgesetzes vom 28. 4. 1920, zit. nach MICHAEL/SCHEPP Bd. 2, 1974, S. 76).

Inwieweit die Grundschule diese Funktion im Sinne einer stärkeren sozialen Integration tatsächlich ausüben konnte, hing auf der einen Seite von den praktizierten Verfahren der Zuteilung auf die weiterführenden Schulen, auf der anderen Seite davon ab, wie wirksam alle Schüler in die Grundschule einbezogen wurden. Eine allgemeine, einheitliche Überprüfung und Beratung aller Kinder nach dem 4. Schuljahr entwickelte sich in der Weimarer Republik nicht, so daß der „Objektivierung" der Übergangsauslese enge Grenzen gesetzt waren (NAVE 1962, S. 134). So fällt aus heutiger Sicht an den preußischen „Richtlinien über die Aufnahme in die mittlere und höhere Schule" vom 12. März 1924 (abgedruckt in STOLZE/REMUS 1931, S. 282ff.) die *Formlosigkeit* des Aufnahmeverfahrens auf, die einerseits die mögliche Brisanz der beginnenden Kooperation von Lehrern weiterführender Schulen und Volksschulen anzeigte, andererseits aber in ihrer Mischung aus meritokratischen und sozial gesteuerten, informellen Elementen dem Interesse der weiterführenden Schulen an einer *negativen,* vorrangig von ihnen vorzunehmenden Auslese entgegenkam, ohne daß dadurch der demokratische

Anspruch an eine Prüfung „aller Leistungsfähigen“ *offen* verletzt wurde.

Augenscheinlich wurde die Prüfung nur auf Antrag der Eltern von den aufnehmenden mittleren und höheren Schulen abgenommen; ein Recht *aller* Schüler auf Zuweisung entweder zur Volksschuloberstufe, zur Mittelschule oder zur höheren Schule bestand nicht. Von der Aufnahmeprüfung konnte abgesehen werden, wenn zwischen Grundschullehrern und Lehrern der weiterführenden Schulen eine „Zusammenarbeit“ vorausgegangen war und Einigkeit über die Aufnahme herrschte. Die Anforderungen an „Zusammenarbeit“ beschränkten sich auf gelegentliche gegenseitige Besuche des Unterrichts. Wenn die Aufnahmeprüfung abgehalten wurde, waren Grundschullehrer und Lehrer der aufnehmenden Schule zu gleichen Teilen beteiligt; der Prüfungsvorsitzende, dessen Stimme bei Stimmengleichheit den Ausschlag gab, sollte ein Vertreter der aufnehmenden Schule sein. Die Prüfung, deren innere Gestaltung der Erlaß in das Belieben des Prüfungsausschusses stellt, wurde als *Gruppen*prüfung abgehalten. Die Mitwirkung des Klassenlehrers der letzten Klasse beschränkte sich auf ein eingehendes schriftliches Gutachten.

Unter dem Eindruck des zu erwartenden Andrangs von Schülern zu mittleren und höheren Schulen im Jahre 1931 verstärkte das Ministerium im Erlaß vom 10. Februar 1931 (Stolze/Remus 1931, S. 291ff.) die meritokratischen Elemente des Verfahrens, indem es die Aufnahme von dem schriftlichen Gutachten und von den während des Grundschulbesuchs erhaltenen Zeugnissen abhängig machte. Überstieg die Zahl der aufnahmesuchenden Kinder die Zahl der verfügbaren Plätze, so sollte zusätzlich eine (mündliche) Prüfung gemäß Erlaß vom 12. 3. 1924 abgehalten werden. Diese Maßnahmen sollten einer „sachlich besser begründeten verschärften Auslese“ (Stolze/Remus 1931, S. 292) dienen.

Die Einbeziehung aller Schüler in die vierjährige obligatorische Grundschule hing von der Auflösung privater und öffentlicher Vorschulen ab. Diese waren im letzten Drittel des 19. Jahrhunderts vor allem in den norddeutschen Staaten (besonders Preußen) in einer gezielten konservativen Strategie der Absonderung von den Volksschulen vermehrt eingerichtet worden. Die soziale Privilegierung kam bei dieser Schulform besonders offen dadurch zum Ausdruck, daß die Vorschulen Schulgeld kosteten, materiell und personell weitaus besser als die vergleichbaren Volksschulklassen ausgestattet waren, daß sie den Gymnasien unmittelbar angeschlossen waren und in der Regel einen direkten, durch keine Prüfung unterbrochenen Übergang in die Sexta der höheren Schule ermöglichten. Statistische Erhebungen aus dem Jahre 1916 zeigten, daß in Preußen im Landesdurchschnitt ca. 40 % der *Sextaner* an höheren Schulen aus Vorschulen und ca. 46 % aus Volksschulen kamen. Bezogen auf die *Gesamt*zahl altersgleicher *Volksschüler* stellte die auf die höhere

Schule wechselnde Gruppe indes nur einen sehr kleinen Anteil dar (TEWS 1919, S. 156ff.).

Konservative Eltern aus privilegierten Schichten und konservative Bildungspolitiker versuchten auch unter den Bedingungen des Grundschulgesetzes von 1920 ihr Interesse an einer schichtspezifischen Absonderung zu verwirklichen und trugen damit dazu bei, daß die sozialintegrative Funktion der Grundschule geschwächt wurde. Dabei konnten sie sich zum einen auf Ausnahmebestimmungen des Grundschulgesetzes stützen, das in „besonderen Fällen" Privatunterricht für Kinder aus mehreren Familien („Familienschulen") ermöglichte. „Besondere Fälle" waren z.B. Krankheiten, so daß einige Eltern sich vom Hausarzt bescheinigen ließen, der Besuch der öffentlichen Grundschule sei der Gesundheit ihrer Kinder abträglich (NAVE 1961, S. 141). Zum anderen erlaubte es die Entschädigungsregelung für die Auflösung von Privatschulen, ihre endgültige Abschaffung hinauszuzögern (Novellierung des Grundschulgesetzes im Jahre 1927). Schließlich wurde unter dem deutschnationalen Innenminister Schiele 1925 ein sogenanntes „kleines" Grundschulgesetz verabschiedet, das es besonders leistungsfähigen Kindern ermöglichte, schon nach drei Jahren in das Gymnasium überzuwechseln.

7.2.2 Ansätze zur Reform der Volksschullehrerbildung

Die Abschwächung der Kluft zwischen höherer Schule und Volksschule konnte nur dann Aussicht auf Erfolg haben, wenn neben schulorganisatorischen und curricularen Änderungen die Volksschullehrerbildung nachhaltig verbessert wurde. Zwar kam das von der Verfassung in Artikel 143 geforderte Gesetz nicht zustande, das die Lehrerbildung nach den „Grundsätzen, die für die höhere Bildung allgemein gelten", reichseinheitlich regeln sollte. Die länderspezifische Organisation der Lehrerbildung bedeutete im ungünstigsten Fall (Bayern, Württemberg) das Festhalten an der herkömmlichen Vorbereitung der Volksschullehrer in Präparandenanstalten und Lehrerseminaren. Aber in der Mehrzahl der Länder wurden z.T. erhebliche Änderungen der Lehrerbildung durchgesetzt (KITTEL 1957, S. 285ff.): In Thüringen, Sachsen, Hessen, Hamburg, Mecklenburg-Schwerin und in Braunschweig wurde die Volksschullehrerbildung, mit dem Abitur als Voraussetzung, an die Landesuniversitäten bzw. Technischen Hochschulen verlagert. Preußen als größtes und bedeutendstes Land dagegen wählte den Mittelweg gesonderter *Pädagogischer Akademien,* die zwar auf dem Abitur als Studienvoraussetzung beruhten, in ihrem zweijährigen Curriculum aber ausdrücklich nicht an der universitären Bildung orientiert waren (eine ähnliche Organisationsform wählte das Land Baden). Der preußische Kultusminister C. H. Becker, der in der zweiten Hälfte der 20er Jahre entscheidenden Anteil an dieser Reform der Volksschullehrerbildung hatte, verwirklichte damit

Vorstellungen von einer eigenständigen „Bildner-Hochschule“, die Eduard Spranger 1920 entwickelt hatte (SPRANGER 1920).

Die 15 von 1926 bis 1930 in Preußen errichteten Pädagogischen Akademien lösten die Vielzahl kleiner, auf Landstädte verteilten privaten und öffentlichen Präparanden- und Präparandinnen-Anstalten (1919:217) und Seminare (1919:191; vgl. KITTEL 1957, S. 37) ab, die zwischen 1920 und 1926 angesichts eines Überangebots an Volksschullehrern, der infolge der Inflation verschlechterten Staatsfinanzen und des massiven, kriegsbedingten Geburtenrückgangs (Halbierung des Geburtsjahrgangs 1918 gegenüber den Vorkriegsjahrgängen) geschlossen wurden (KITTEL 1957, S. 193). Mit den Pädagogischen Akademien entstanden größere, bewußt in die Universitäts- und Großstädte verlagerte Institutionen, die von der Qualifikation des Lehrkörpers, der Differenzierung und Vereinheitlichung des Lehrangebots eine wirksamere Ausbildung versprachen. Parallel zur Einrichtung der Pädagogischen Akademien, die die Lehrerseminare ablösten, mußte die Vorbildung der Volksschullehrerstudenten auf das Niveau des Abiturs angehoben werden. Dies geschah vorrangig in *Aufbauschulen* bzw. -klassen, die – im Anschluß an einen auf sieben Jahre veranschlagten Volksschulbesuch – in einem sechsjährigen Ausbildungsgang nach dem Lehrplan der „Deutschen Oberschule“ zum Abitur führten. Daneben sollte auch die grundständige, neunjährige Deutsche Oberschule als neuer, vierter Typ der höheren Schule in Preußen den Volksschullehrernachwuchs sichern helfen.

Wie schwierig es angesichts einer durch traditionelle Privilegien bestimmten Bildungsbegrenzung war, die Volksschullehrerbildung nach den Grundsätzen zu gestalten, „die für höhere Bildung allgemein gelten“, zeigen die inhaltliche Interpretation der höheren Bildung für den Nachwuchs an Volksschullehrern sowie die Verbreitung und der Erfolg der Aufbauschulen bzw. der Deutschen Oberschule. Das preußische Kultusministerium versuchte in der Planungsphase der Pädagogischen Akademien den heftigen Widerstand des Finanzministers gegen das Abitur als Zugangsvoraussetzung, das die Volksschullehrer zum Vorreiter von Einkommensforderungen der gesamten mittleren Beamtenschaft gemacht hätte, dadurch zu entkräften, daß es eindeutig klarstellte, die höhere Bildung der Volksschullehrer sei erster Teil ihrer *Berufs*ausbildung, der keine erhöhten Einkommensforderungen über die hinaus begründen konnte, die allgemein für Absolventen der mittleren Reife galten:

> „Es muß etwa so gerechnet werden, daß die Allgemeinbildung der Volksschullehrer bis zur Versetzung nach der Obersekunda reicht, und daß der Besuch der Oberstufe der höheren Schulen bereits den wissenschaftlichen Teil ihrer Berufsausbildung darstellt. Die sogenannte ‚allgemeine Ausbildung der Lehrer‘ ist also etwas wesentlich anderes als die Allgemeinbildung, von der man sonst als der Grundlage der Berufsausbildung spricht; sie umfaßt bereits mehr als die Hälfte der beruflichen Ausbildung der Lehrer“ (KITTEL 1957, S. 313).

Fungierte hier die Verknüpfung zwischen der Struktur des öffentlichen Dienstes und der Ausbildungsvoraussetzungen als bildungsbegrenzendes Moment, so prägten traditionelle Interessen der Hochschullehrer und der Philologen die innere Ausgestaltung der höheren Bildung des Volksschullehrernachwuchses. Daß dieser den ersten, wissenschaftlichen Teil seiner Berufsausbildung auf grundständigen Deutschen Oberschulen oder in Aufbauklassen erhalten sollte, die nach dem Lehrplan der Deutschen Oberschule unterrichteten, war auch als Maßnahme der sozialen Öffnung der höheren Bildung gedacht. Dies kam in geplanten, reduzierten Fremdsprachenanforderungen für das Abitur zum Ausdruck. Diese Maßnahme scheiterte jedoch am Widerstand von Universitätsprofessoren und Philologenverband, so daß die eigentliche Absicht der Reform nicht verwirklicht werden konnte und der grundständige Typ der Deutschen Oberschule nur ein Randdasein fristete (S. F. MÜLLER 1977). Auch die Aufbauschulen, deren Zahl ebenso wie die der Pädagogischen Akademien hinter den Planungen zurückblieb, erfüllten nicht die in sie gesetzten Erwartungen: Der vorzeitige Abgang an ihnen war recht hoch, und 1931 betrug der Anteil der Abiturienten von Aufbauschulen an den Absolventen höherer Schulen in Preußen nur ca. 4 % (PETRAT 1976, S. 83f.). Die vorherrschende Einstellung der Universitäten gegenüber diesem Versuch wird beispielhaft in einer Äußerung deutlich, die Petrat zitiert: man sehe zwar, „wie ein guter, braver Junge sich ernstlich gequält hat“, aber eine „ungeheure Menge leichtesten Mittelgutes aus der Unterschicht“ sei an die Universitäten gekommen (ebd., S. 83).

7.2.3 Der Konflikt um die Konfessionsschule

Der Konflikt um die Entkonfessionalisierung der Volksschule, der die gesamte Weimarer Republik über andauerte und an Intensität und Umfang alle anderen schulpolitischen Konflikte überragte, ist entsprechend der Ausgangsfrage dieses Kapitels auch als ein Konflikt über die *inhaltliche* Bildungserweiterung oder -begrenzung zu verstehen. Die religiöse Indoktrination in den Volksschulen war für die herrschende Klasse in Deutschland seit jeher ein wichtiges Mittel zur politischen Unterordnung der großen Masse der Bevölkerung. In der wissenschaftlich ausgerichteten höheren Schule dagegen spielte die Religion nur eine untergeordnete Rolle. Das Eintreten der Arbeiterbewegung und liberaler Teile des Bürgertums und kleinbürgerlicher Schichten für die Weltlichkeit der Volksschule war daher auch eine Forderung nach Aufhebung der inhaltlichen Bildungsbegrenzung. In der Revolution von 1918 gehörten die Abschaffung der Schulaufsicht durch den Ortsgeistlichen (die erreicht wurde) und die Trennung von Kirche und Schule (die nicht durchgesetzt werden konnte, GIESECKE 1965) zu den am nachdrücklichsten und am spontansten geäußerten Forderungen (HAGENER 1973). Nur durch die rasche Mobilisierung der Mitglieder von Kirchen und konservativen Elternverbänden und durch die hartnäckige Verhandlungsführung des

Zentrums in den Verfassungsverhandlungen der Weimarer Koalition („Weimarer Schulkompromiß“) gelang es den an Bildungsbegrenzung interessierten Kräften, in der nachrevolutionären Situation von 1919 und 1920 die Konfessionsschule zu retten.

Der „Weimarer Schulkompromiß“ sah in Artikel 146 der Weimarer Reichsverfassung vor, daß das öffentliche Schulwesen „organisch auszugestalten“ sei. Für den Aufbau der Schule sei

> „die Mannigfaltigkeit der Lebensberufe, für die Aufnahme eines Kindes in eine bestimmte Schule sind seine Anlage und Neigung, nicht die wirtschaftliche und gesellschaftliche Stellung oder das Religionsbekenntnis seiner Eltern maßgebend. Innerhalb der Gemeinden sind indes auf Antrag von Erziehungsberechtigten Volksschulen ihres Bekenntnisses oder ihrer Weltanschauung einzurichten, soweit hierdurch ein geordneter Schulbetrieb, auch im Sinne des Abs. 1, nicht beeinträchtigt wird. Der Wille der Erziehungsberechtigten ist möglichst zu berücksichtigen. Das Nähere bestimmt die Landesgesetzgebung nach den Grundsätzen eines Reichsgesetzes“ (MICHAEL/SCHEPP Bd. 2, 1974, S. 52).

Aufgrund des Wörtchens „indes“ zu Beginn des zweiten Absatzes des Verfassungsartikels sahen sich die Deutsche Demokratische Partei und ihre Klientel darin bestätigt, daß der Verfassungsgeber die *Simultanschule* (gemeinsamer Schulbesuch von Kindern unterschiedlicher Religionszugehörigkeit; keine konfessionell getrennte Lehrerschaft und Lehrerausbildung; kein konfessionell geprägter Unterricht in den Fächern außer Religion; Religion als ordentliches Schulfach) als Normalschule vorgesehen hatte, während die anderen Schulformen Ausnahmen darstellten. Den Interessen des Zentrums (aber auch starker evangelischer Gruppen) war dadurch Rechnung getragen, daß auf Antrag der Erziehungsberechtigten Konfessionsschulen eingerichtet werden konnten, während die SPD – entsprechend ihrer Forderung nach strikter Weltlichkeit der Schule, die es ausschloß, die Simultanschule zu akzeptieren – auf die „Weltanschauungsschulen“ verwiesen war.

Die Interessen der Anhänger der Konfessionsschule waren vor allem durch den „Sperrparagraphen“ Art. 174 gesichert, durch den bis zum Erlaß eines Reichsschulgesetzes der Status quo erhalten blieb. Mit Hilfe dieses Artikels und des Reichsgerichts in Leipzig gelang es den Verteidigern der Konfessionsschule sogar, unmittelbar nach der Revolution verlorengegangenes Terrain wieder zurückzugewinnen. Der Versuche des Zentrums, später auch der Regierungen der Deutschnationalen Volkspartei und der Deutschen Volkspartei, ein Reichsgesetz zu verabschieden, das entgegen dem Sinn der Verfassung die Bekenntnisschule zum Normaltyp und die Simultanschule als zu beantragende Sonderform einzuführen versuchte, waren eine ständige Quelle der schulpolitischen Unruhe und des Zweifels an der Verfassungstreue konservativer Parteien (GRÜNTHAL 1968). Sie waren letztlich nicht erfolgreich, aber das Ergebnis des aufwendigen Widerstandes gegen diese Verstöße war die Aufrechterhaltung des Status quo (FÜHR 1972, S. 345) und nicht etwa die Verwirklichung der Simultanschule.

7.3 Die Konsolidierung des mittleren Bildungswesens

Auch wenn das mittlere Schulwesen politisch nicht in dem Maße umstritten war wie die Volksschule, vollzogen sich während der Weimarer Republik einige bedeutsame Veränderungen gegenüber dem Kaiserreich, die die Einführung der obligatorischen Grundschule als Beginn des Umbaus eines *segregierten* Systems von höherer und niederer Bildung in ein nach der vierten Klasse *vertikal verzweigtes* Bildungssystem ergänzten. Der Kampf um die Verankerung und Erweiterung einer *mittleren Berechtigung* unterhalb des Abiturs war in diesem Prozeß eine wichtige Triebkraft. Mit den „Bestimmungen über die Mittelschulen in Preußen" vom 31. März 1931 über die mittlere Reife (vgl. STOLZE/REMUS 1931, S. 7ff., 355ff.) erreichte ein Differenzierungsprozeß seinen vorläufigen Abschluß, der bei den Falkschen Bestimmungen von 1872 begonnen hatte. War die Mittelschule nach diesen Bestimmungen noch sehr eng mit der Volksschule verbunden (s.o. Kap. 6.3), so deutete sich 40 Jahre später in den Bestimmungen des preußischen Ministers der geistlichen, Unterrichts- und Medizinalangelegenheiten vom 3. Februar 1910 eine stärkere Differenzierung an (BRANDAU 1959, S. 257ff.): Danach umfaßte eine voll ausgestaltete Mittelschule nunmehr neun Jahrgangsklassen, die sich in eine jeweils dreiklassige Unter-, Mittel- und Oberstufe unterteilten. Zwar konnten Volks- und Mittelschule die *Unterstufe* gemeinsam haben, aber der Abschluß, den eine nach dem Lehrplan der Mittelschule in den oberen Klassen unterrichtende Volksschule vermittelte, sollte – anders als nach den Bestimmungen von 1872 – nicht mehr dem Ziel einer voll ausgestatteten Mittelschule entsprechen. Eine allgemeine Berechtigung zum einjährig-freiwilligen Militärdienst sah auch der Erlaß von 1910 nicht vor; jedoch konnten einige Mittelschulen durch Verlängerung ihrer Kurse und die Aufnahme einer zweiten Fremdsprache den Status von berechtigenden höheren Bürgerschulen erreichen. Den verschiedenen Zulieferungsfunktionen der Mittelschule entsprach der Erlaß von 1910 dadurch, daß er fünf Musterlehrpläne unterschied: Neben je einem allgemeinen Plan für Jungen und Mädchen führte er jeweils einen besonderen Plan an, der Jungen und Mädchen auf spezifische Berufsfelder vorbereiten sollte; ein fünfter Plan schließlich enthielt die (vor allem fremdsprachlichen) Voraussetzungen für den Übergang von der Mittelschule auf das Gymnasium.

Der preußische Erlaß vom 1. Juni 1925 knüpfte lehrplanmäßig an diese Differenzierung der Musterpläne von 1910 an. Die Erläuterungen zum „Plan V“ (Vorbereitung auf die höhere Schule) zeigen, daß die Kultusverwaltung vor allem an den Übergang auf die Oberrealschule, die Deutsche Oberschule und das Oberlyzeum dachte (STOLZE/REMUS 1931, S. 197f.) und zu diesem Zweck eine Differenzierung der Mittelschuloberstufe anstrebte. Die Verzahnung von mittlerer und höherer Bildung begann demnach bei den Typen höherer Schulen, die gegenüber dem klassischen humanistischen Gymnasium als letzte die Hochschulberechtigung erworben hatten. Die Stundentafeln der Pläne I bis IV der Mittelschule zeigen, daß *fakultativ* die Aufnahme einer zweiten Fremdsprache als entscheidender Übergangsvoraussetzung auch bei den übrigen Mittelschulen möglich sein sollte (STOLZE/REMUS 1931, S. 19ff.).

Die Frage einer *mittleren Berechtigung* stellte sich durch die Niederlage von 1918 und die Änderung der Militärverfassung des Deutschen Reiches in geänderter Form. Der einjährig-freiwillige Militärdienst war abgeschafft (LÖFFLER 1931, S. 46), aber die Ausstrahlung, die die damit verbundene Berechtigung im 19. Jahrhundert auf die Abgrenzung mittlerer *ziviler* Berufe in Verwaltung, Handel und Industrie ausgeübt hatte, wirkte nun auf das Bildungswesen als Interesse an einer allgemeinen „mittleren Reife“ zurück, die den Untersekunda-Abschluß der höheren Schule mit dem erfolgreichen Besuch einer Mittelschule gleichstellte. Nach längeren Auseinandersetzungen (MASKUS 1979, S. 331ff.) einigten sich die Vertreter der Länder 1931 auf eine Lösung, die das mittlere allgemeinbildende Schulwesen, die höhere Schule in Normal- und Aufbauform und das Fachschulwesen einbezog. Das Zeugnis der mittleren Reife galt danach als

> „Nachweis des Grades allgemeiner Bildung und geistiger Reife, der für den Eintritt in Berufe oder Berufslaufbahnen der mittleren Stufe des Berufsaufbaus notwendig ist“. „Für den Erwerb der mittleren Reife ist grundsätzlich ein mindestens zehnjähriger Gesamtschullehrgang mit Vollunterricht erforderlich, der eine in dem erzielten Reifegrade mindestens der anerkannten preußischen Mittelschule entsprechenden Allgemeinbildung verbürgt...“ (STOLZE/REMUS 1931, S. 355).

Diese Regelung galt vor allem für die Länder, die wie Preußen eine eigenständige Mittelschule eingerichtet hatten (Anhalt, Bayern, Braunschweig, Freistaat Danzig, Mecklenburg, Oldenburg, Saarland, Thüringen), während die Länder Baden, Bremen, Hessen, Lippe, Lübeck und Sachsen über keine eigenständige Mittelschule verfügten.

7.4 Die Krise der höheren Bildung

Nimmt man die spezifische Entwicklungslogik in den Blick, die sich im langfristigen Wandel des deutschen Bildungswesens erkennen läßt, dann müssen zunächst drei allgemeine Voraussetzungen für die weitere Entwicklung des höheren Schulwesens nach 1918 bewußt gemacht werden:

1. Durch die Vorgeschichte der Entwicklung des Schulwesens, die bis zum Ersten Weltkrieg zu einem vielgestaltig ausdifferenzierten Strukturaufbau geführt hatte, war der weitere Entwicklungspfad künftig enger vorgezeichnet: Alle Reformen nach 1918 mußten nun voraussetzungsreich an die bereits institutionell verankerte *bestehende* Bildungsorganisation anknüpfen. Vor diesem Hintergrund ist klar zu sehen: Die ab 1915/16 auftauchenden Kampfparolen „Aufstieg der Begabten“ und „Freie Bahn dem Tüchtigen“ stellten den historisch etablierten hierarchischen Strukturaufbau des modernen Bildungssystems grundsätzlich gerade *nicht* (mehr) in Frage, sondern setzten die institutionelle Differenzierung von unterschiedlichen „Bildungslaufbahnen“ vielmehr selber voraus. Deshalb lief die zeitgenössische Diskussion um die „Einheitsschule“ in ihrem politischen Kerngehalt auch nicht auf eine grundlegende Neugestaltung, sondern auf eine Politik des *weiteren Ausbaus* hinaus.

2. Seit den 1860er Jahren hatte sich der moderne *Interessenpluralismus* auch auf die berechtigte Bildung ausgebreitet und das höhere Schulwesen mit Einflußmöglichkeiten besetzt (vgl. Kap. 4.3). Bei der organisierten Interessenwahrnehmung durch Vereine und Verbände kam auch dem professionellen Eigengewicht der verschiedenen Lehrerstände eine stetig wachsende Bedeutung zu. Wie die Reichsschulkonferenz (50% ihrer Teilnehmer waren Verbandsvertreter) schon 1920 deutlich machte, war auf dem Wege einer Sachverständigentagung ein einheitliches Schulwesen nicht zu erreichen.

3. Spätestens seit den 1890er Jahren hatte sich das *moderne Bildungsstreben* (im zeitgenössischen Sprachgebrauch die „aufsteigende Klassenbewegung“) soweit verselbständigt, daß sich der Zugang in die weiterführenden Schulen durch administrative Gegensteuerungen nicht mehr begrenzen, geschweige denn zurückdrängen ließ. Als grundlegendes Muster der Lebensplanung setzte sich immer mehr die moderne Einstellung durch, daß die Sicherung und Verbesserung der sozialen Lage der Nachkommen eine gute schulische und berufliche Ausbildung der Kinder zur Voraussetzung habe. Die Politik konnte auf die Verselbständigung und Dynamik des modernen Bildungs- und Aufstiegsstrebens, solange sie rechtsstaatlich an liberale Grundrechte (wie Freiheit der Wahl des Bildungsweges) gebunden blieb, nur mit einem nachfrageorientierten weiteren Ausbau der bestehenden Bildungsorganisation und einer pragmatischen *Kanalisierung* der Schüler- und Studentenströme reagieren.

Wenn man die Gründe für die Krise der höheren Bildung in der Zwischenkriegszeit untersucht, muß man zunächst die Strukturprobleme in die Analyse einbeziehen, die sich aus den Ansätzen für eine Akademisierung der Volksschullehrerbildung ergaben. Die strategische Bedeutung dieses Problems leuchtet unmittelbar ein, wenn man sich seine quantitativen Dimensionen klarmacht. Nach dem starken Wachstumsschub im Kaiserreich (Ausdehnung auf ein Niveau von fast 200 000 Lehrkräften) nahm die Volksschullehrerlaufbahn unter normalen Verhältnissen *allein* etwa halb so viele bildungsmotivierte Berufsanwärter auf wie *alle* über das höhere Bildungssystem versorgten akademischen Berufslaufbahnen zusammen (bei knapp 400 000 Akademikerstellen in Deutschland) und kanalisierte auf diese Weise *unterhalb* der privilegierten Bildungsschichten einen Großteil der Dynamik der „aufsteigenden Klassenbewegung" in der deutschen Gesellschaft. Angesichts dieser Größenordnungen drohte eine Akademisierung der Lehrerbildung, d.h. eine fundamentale Grenzverschiebung im etablierten Gefüge von „niederen" Volksschul- und „höheren" Bildungslaufbahnen, den Drang zur Spitze zu verstärken und über kurz oder lang „unser ganzes Bildungswesen außer Rand und Band" zu bringen (HARTNACKE 1932, S. 54).

Nach der Vorgeschichte schienen günstige Voraussetzungen gegeben. Durch die Politik des Ausbaus seit den 1860er Jahren zur Überwindung des chronischen Lehrermangels hatten sich die Lehrerbildungsanstalten innerhalb der vorgegebenen Strukturen des niederen Systems bis zum Ersten Weltkrieg allmählich auf das höhere Schulwesen hinentwickelt. Dem frühen sächsischen Beispiel folgend (Anerkennung der sechsklassigen Lehrerseminare als höhere Lehranstalten 1876) hatten fast alle deutschen Staaten die integrierten Lehrerbildungsanstalten bis zum Weltkrieg sechsklassig ausgebaut. In einer ganzen Reihe von Staaten waren die Volksschullehrer unter besonderen Bedingungen auch bereits zum Hochschulstudium zugelassen worden (Sachsen seit 1865, Hessen 1903, Bayern 1908, Württemberg 1910, Anhalt 1911, in Preußen erst 1919). Nach ihrer eigenen Entwicklungslogik wuchsen die Institutionen der Volksschullehrerbildung also gleichsam in das höhere Schulsystem hinein, so daß die akademische Aufwertung des Berufsstandes bald erwartet werden konnte (MUTHESIUS 1916).

Durch die unmittelbar vor dem Weltkrieg sich abzeichnende Überproduktion von Nachwuchskräften (ein Indiz für die wachsende Attraktivität des Berufs) geriet die Strukturreform allerdings unter gänzlich veränderte Vorzeichen und wurde mit den schwierigen Problemen der administrativen Abarbeitung der ersten Überfüllungskrise in diesem Bereich belastet. Unter dem Druck der zusätzlich wirksamen kriegsbedingten Einflüsse, die insgesamt auf eine Schrumpfung des Berufsfeldes hinausliefen, übernahm die Weimarer Republik mit der Massenarbeitslosigkeit von Volksschullehrern hier eine Hypothek, von der sie sich bis 1933 nicht erholte (BÖLLING 1978). Hätte der Einbau der Volksschullehrerbildung in das höhere Bildungssystem als ein bedeutendes Element des strukturellen Zusammenwachsens in Richtung auf ein einheitliches Stufenschulsystem unter normalen Umständen einen für das Selbstverständnis der deutschen Gesellschaft nach 1918 wichtigen Demokratisierungseffekt entfalten können, so wurde die akademische Aufwertung des Volksschullehrerstandes unter den ungünstigen Rahmenbedingungen der Weimarer Zeit nun konterkariert: Trotz hochschulmäßiger Ausbildung (in anerkannt akademischen Kreisen ohnehin nicht ganz für voll genommen) blieb der Volksschullehrer in seiner Besoldung hinter dem Studienrat im „höheren Dienst" weit zurück (in Preußen Mitte der 20er Jahre um rund 40%).

Langfristig gravierend waren die Strukturprobleme für die künftige Rekrutierung. Durch die 1922 in Preußen eingeleitete Stillegung der Ausbildungskapazitäten war ein breiter sozialer Aufstiegskanal nach dem Krieg auf Jahre faktisch verschlossen, ohne daß sich aussichtsreiche Perspektiven auf höherer Ebene neu eröffneten; die seit 1926 aufgebauten Pädagogischen Akademien brachten bis 1930 nur insgesamt 500 Absolventen hervor. Durch die sozialen Implikationen der Umstrukturierung (Verlängerung und Verteuerung der Ausbildung) wurde der Volksschullehrerstand von seiner traditionellen Rekrutierungsbasis einerseits ein Stück weit abgeschnürt. Die neuen Mechanismen der Rekrutierung konnten andererseits aber noch nicht voll zum Tragen kommen, solange die Laufbahn im Vergleich zu den etablierten akademischen Karrieren wegen ihrer Besoldung wenig attraktiv erschien. Aufgrund dieses Dilemmas war der neuerliche Lehrermangel in den 30er Jahren vorprogrammiert, der den Nationalsozialisten die Handhabe bot, die hochschulmäßige Ausbildung wieder auf den Stand der Lehrerseminare zurückzuschrauben.

Der im Vergleich zu anderen europäischen Staaten späte Anschluß und Einbezug der *höheren Mädchenbildung* in das schulische Berechtigungswesen (vgl. Kap. 5) entfaltete im ersten Drittel des 20. Jahrhunderts einen starken Anpassungsdruck auf das deutsche Bildungswesen: Der komplexe Prozeß der historischen Etablierung eines gesamtstaatlich normierten differenzierten Bildungssystems, der sich im höheren Knabenschulwesen über rund ein Jahrhundert hingezogen hatte, vollzog sich für das höhere Mädchenschulwesen nun beschleunigt in der kurzen Zeitspanne von gut einer Generation. Durch die bürokratische Verankerung *einer* Form der höheren Mädchenschule im System der höheren Bildungsanstalten wurden nach 1908 *alle* Mädchenschulen unter Zugzwang gesetzt und zu einem berechtigungsorientierten qualitativen Ausbau herausgefordert, um sich in das gesamte öffentliche Bildungssystem einfügen zu können. Zusammenfassend lassen sich dabei folgende Ergebnisse festhalten:

1. Aus traditionsbestimmten Gründen blieb die Trennung der Geschlechter in den höheren Schulen auch weiterhin erhalten (für noch

etwa zwei Generationen). Immerhin mußte den Mädchen (nach der Einbeziehung ins berechtigte Bildungswesen) nun grundsätzlich gestattet werden, an Orten ohne eine anerkannte höhere Mädchenschule eine höhere Knabenschule zu besuchen. 1931 legte jede zehnte Abiturientin in Preußen ihre Reifeprüfung an einer Knabenschule ab.

2. Analog zur Strukturentwicklung beim Übergang von der seminaristischen zur akademischen Volksschullehrerbildung (Umwandlung der traditionellen Ausbildungseinrichtungen in einen neuen Typus der höheren Schule) wurden die Lehrerinnenbildungskurse (im Anschluß an das Lyzeum) durch die Reform von 1923 in Oberstufen an nun bis zur Hochschulreife führenden Vollanstalten ausgebaut: die Geburtsstunde des reinen neusprachlichen Mädchengymnasiums. Im Spektrum der höheren Mädchenschulen, das sich noch weiter ausdifferenzierte als bei den Knabenschulen, setzte sich dieser Typus (mit der Bezeichnung Oberlyzeum) langfristig durch.

3. Durch einen bemerkenswert raschen Schulausbau (wenn man die langwierigen Kämpfe um die Brechung des Gymnasialmonopols bei den Knabenschulen damit vergleicht) wurden den Mädchen der Weimarer Republik neue Bildungsmöglichkeiten bis zur Hochschulreife eröffnet. 1921 führten in Preußen nur etwas mehr als 10% der Mädchenschulen zum Abitur, 1931 aber schon fast 60%. Die rasche Institutionalisierung höherer Bildungsmöglichkeiten für Mädchen in den 20er Jahren (nach dem späten Durchbruch des Frauenstudiums in Deutschland im internationalen Vergleich) legt die These nahe: Nach der tiefgreifenden Modernisierung vieler Lebensbereiche im Kaiserreich wurde ein aufgestauter höherer Bildungsbedarf der Mädchen, der durch die starke Interessenbesetzung des öffentlichen Bildungswesens über das frühzeitig installierte Berechtigungswesen hervorgerufen worden war, in der Weimarer Zeit zügig nachgeholt. Dabei dürfte auch die gesellschaftlich notwendige allmähliche Einbeziehung der Frauen in das Erwerbsleben eine wichtige Rolle gespielt haben.

4. In den ersten drei Jahrzehnten des 20. Jahrhunderts konnten die Mädchen ihren Rückstand bei der Bildungsbeteiligung ein erhebliches Stück verkürzen. Anfang der 30er Jahre war ihr Anteil an den Schülern des höheren Schulsystems in Preußen auf ein Niveau von rund 38% angestiegen. Unter den Abiturienten in Preußen stellten sie etwa ein Viertel, im gesamten Deutschen Reich rund ein Fünftel. Die stetig verbreiterte Beteiligung erstreckte sich auch auf den Besuch der Universitäten, an denen sie ihren Anteil von bescheidenen 4% (1910) auf immerhin rund 20% zu Anfang der 30er Jahre erhöhen konnten.

5. Der ersten studierenden Frauengeneration gelang es allerdings nur zögernd und gegen heftige Widerstände, in den akademischen Berufen Fuß zu fassen. Nur im Lehrberuf (Anteil unter den Philologen in Preußen 1931 rund 12%) und in den gesundheitswissenschaftlichen Berufen

(1925 unter den Ärzten im Deutschen Reich 5,3%, unter den Zahnärzten 9,14%, unter den Apothekern 17% weiblich) konnten sich die Frauen in der Zwischenkriegszeit wirklich durchsetzen, in allen anderen Bereichen (außer vielleicht noch den Chemikern, unter denen sie 1925 schon 8,71% ausmachten) kamen sie über eine Pionierstellung nicht hinaus. Die Frauen errangen die Zulassung zu den Universitätsstudien unglücklicherweise in einem Zeitpunkt, als sich die Aufnahmefähigkeit des akademischen Arbeitsmarkts für etwa drei Jahrzehnte – im Vergleich zu den glänzenden Berufsaussichten im Kaiserreich – relativ verengte. Angesichts dieser Verknappung der Berufschancen (gerade auch in den von Frauen bevorzugten Lehrämtern und ärztlichen Karrieren) schlug den studierenden Frauen bereits in den 20er Jahren ein breites öffentliches Ressentiment entgegen. Die ideologischen Fixierungen im Frauenbild des Nationalsozialismus fanden in dieser sozialgeschichtlich vorgezeichneten Konstellation einen fruchtbaren Nährboden.

Neben dem zügigen Einbau der höheren Mädchenbildung waren die expansiven Tendenzen auch im höheren Schulwesen für Jungen bis in die zweite Hälfte der 20er Jahre weiter wirksam. Der alle bisherigen Größenordnungen überschreitende Zustrom zu den höheren Schulen rief in bildungsbürgerlichen Kreisen eine verstärkte Kritik hervor, angesichts der drohenden „Bildungs- und Abiturienteninflation“ sei der Unterrichtsverwaltung die Kontrolle über das Schulwesen entglitten. Die durch das Bildungsverhalten erzeugten Gewichtsverlagerungen im Gefüge der Schultypen ließen ebenfalls den Eindruck entstehen, daß die Politik ohnmächtig verharre und vor ihren Steuerungsansprüchen versage. Neben den drei grundständigen Schultypen setzten sich verstärkt *Reformanstalten* durch, in denen die Schüler nach dem Besuch einer gemeinsamen lateinlosen Unterstufe anstaltsintern verschiedene schultypenspezifische Lehrangebote wahrnehmen konnten. Die Einrichtung dieser kombinierten Lehranstalten trug den unterschiedlichen Bildungsbedürfnissen im Einzugsbereich der Schule Rechnung und kam den wirtschaftlichen Erfordernissen der Schulträger (vor allem in den kleinen Städten) entgegen, die mehrere höhere Schulen nicht finanzieren konnten. In der verwirrenden Vielgestaltigkeit des Schultypenspektrums trat der verunsichernd wahrgenommene moderne „Bildungspluralismus“ sinnfällig zutage. An der Eingangspforte zu den Universitäten wurden nach 1924/25 in der amtlichen Hochschulstatistik nicht weniger als 25 Vorbildungsarten bzw. Immatrikuliertengruppen unterschieden. Die auseinanderstrebende Entwicklung des höheren Schulwesens, in der programmatischen Denkschrift des preußischen Kultusministeriums von 1924 als Symptom für unsere „zerrissene, uneinheitliche und zerklüftete Kultur“ beklagt (vgl. MICHAEL/SCHEPP 1974, S. 95), läßt sich auch bildungstheoretisch plausibel deuten: sie brachte auf der institutionellen Ebene vor allem die schwindende Legitimationskraft der traditionellen Gymnasialdidaktik zum Ausdruck. Zwei Jahrzehnte nach der Aufgabe der Monopolstellung des humanistischen Gymnasiums sahen sich dessen Anhänger nach dem Weltkrieg nun weiter in die Defensive gedrängt. Während das gesamte System des höheren Knabenschulwesens in den 1920er Jahren dynamisch weiterwuchs, begann sein institutioneller Kern (das humanistische Gymnasium) nach 1918 deutlich zu schrumpfen (und diese Tendenz setzte sich bis zum Zweiten Weltkrieg weiter durch). Was dieser Wandel für die geistige Umbildung und existenzielle Verunsicherung der führenden Schichten bedeutete, läßt sich abschätzen, wenn man die langfristigen Auswirkungen auf die Vorbildung der akademischen Berufsstände in den Blick nimmt: Während 1890 noch 85% der Studenten an den preußischen Universitäten durch das humanistische Gymnasium geprägt waren und 1910 noch 70%, stellten die Absolventen der humanistischen Gymnasien 1930 nur noch 40% der Studenten.

Mit der Denkschrift zur Neuordnung des höheren Schulwesens und der anschließenden Lehrplanreform (unter der Federführung des Ministerialrats Hans Richert, DVP) wurde von der preußischen Unterrichtsverwaltung der Versuch unternommen, angesichts der auseinanderstrebenden Dynamik der Schulentwicklung eine geistige Orientierung zurückzugewinnen. Im Sinne einer Arbeitsteilung sollten die geschichtlich herausgebildeten Schularten zum einen ihre spezifischen Kulturbezirke pflegen (Gymnasium: antike Kultur, Realgymnasium: westeuropäische Kultur, Oberrealschule: Naturwissenschaften, Deutsche Oberschule: deutsche Kultur), um den ganzen „Reichtum unseres geschichtlichen Lebens“ zu erhalten. Die deutsche Bildungseinheit sollte zum anderen durch die kulturkundlichen Fächer gewahrt werden (Religion, Deutsch, Geschichte und Staatsbürgerkunde, Erdkunde), die im Sinne einer Vermittlung und Integration der spezifischen Kulturbezirke und Sonderideale für alle Schularten im Mittelpunkt stehen sollten (bei einem verstärkten Gewicht von rund einem Drittel des gesamten Stundenplans). Das Pathos dieser amtlichen Programmatik konnte nicht darüber hinwegtäuschen, daß sich angesichts der durchgreifenden Interessendifferenzierung und des schroff zutage tretenden Wertepluralismus in der Gesellschaft ein allgemeinverbindliches Kultur- und Bildungsideal nicht mehr darstellen ließ. In der nationalistisch verengten Perspektive des deutschen Sonderwegs wurden statt dessen die Tiefe und Eigentümlichkeit des deutschen Geistes, der deutschen Seele und des deutschen Wesens im Sinne einer bildungsmächtigen Wert- und Schicksalsgemeinschaft beschworen. Wie das Abgleiten großer Teile der deutschen Jugend in den völkischen Radikalismus seit Ende der 20er Jahre zeigte, war der Bildungsanspruch der höheren Schulen und Universitäten jedoch praktisch leergelaufen. Über spezielles Schul- und Fachwissen hinaus, das für den beruflichen Wettbewerb freilich immer notwendiger wurde, konnten sie der jungen Generation keine vernünftige Orientierung für das gesellschaftliche Leben insgesamt vermitteln. Die Studenten als künftige Führungsschicht waren im Gegenteil die erste soziale Gruppe in der deutschen Gesellschaft, die sich seit dem Sommer 1930 in öffentlich wirksamer Weise für die nationalsozialistische Ideologie empfänglich zeigte.

Die komplexen sozialgeschichtlichen und geistesgeschichtlichen Prozesse, durch deren Zusammenwirken die höhere Bildung in Deutschland schließlich um 1930 in eine tiefe Krise geriet, können hier nur grob skizziert werden (vgl. ausführlicher Titze 1990). Während das höhere Bildungssystem nach der starken Expansion im Kaiserreich in der Weimarer Republik in ungebrochener Dynamik weiterwuchs und immer breitere Absolventen- und Anwärterströme auf die attraktiven Erwerbsstellen entließ, wuchsen die Berufsfelder für die „Geistesarbeiter" in der Zwischenkriegszeit nur noch in einem erheblich geringeren Tempo als in der Vorkriegszeit. Da es wegen der ungünstigen Rahmenbedingungen für die gesellschaftliche Verwertung der Bildung kaum noch „Zuwachsraten" zu verteilen gab, verschärften sich infolge der erhöhten Bildungsbeteiligung die sozialen Verteilungskämpfe. Unter diesen Bedingungen bedeuteten die günstigen Wachstumsbedingungen im Kaiserreich für die Weimarer Republik nun eine hohe sozialpsychologische Hypothek: Während der Erwartungshorizont sowohl der traditionellen bildungsbürgerlichen Schichten als auch der aufstiegswilligen Mittelschichten auf ein weiteres Wachstum eingestellt war, sahen sich die ersteren durch die verschärfte Statuskonkurrenz „von unten" nun in ihrer privilegierten Statuserhaltung *bedroht* und die letzteren durch die härteren Verteilungskämpfe in ihren Aufstiegserwartungen *enttäuscht.*

Als in der krisenhaften Entwickung zwischen 1927 und 1933 zutage trat, daß sich die überkommenen elitären Ansprüche nicht mehr realisieren ließen, erwies sich die traditionelle Bildungselite zu einer demokratischen Anpassung unfähig und driftete mehrheitlich ins reaktionäre Lager der offenen oder versteckten Gegner der Republik ab. Entgegen der sozialstrukturellen Auflockerung von Besitz und Bildung, die sich aus der aufsteigenden Klassenbewegung ergab, wurden die Gebildeten in ihrer politischen Mentalität nicht „demokratischer", sondern in ihrem elitären Selbstverständnis „eingebildeter" und hielten an den überkommenen herrschaftlichen Ansprüchen und autoritären Gesellschaftsbildern fest. Eine „schrankenlose Demokratisierung der Bildung" könne es nicht geben, weil sie zur Leistungsminderung und „Verflachung" der Bildungsziele führe. So wurde im Namen der „wahren und echten Bildung" dem durch die Öffnungspolitik „entarteten Bildungssystem" mit einer beschwörenden Formel der Kampf angesagt: „Das ganze Elend kommt daher, daß wir den Elitegedanken verleugnet haben. Die Masse überflutet die Rechte des Geistes" (mit Berufung auf Eduard Spranger der Breslauer Generalsuperintendent auf einer Konferenz evangelischer Akademiker 1933, Zänker 1933, S. 7). Das Bildungs- und Aufstiegsstreben der Mittelschichten, das im Kaiserreich noch sozialpolitisch gestützt werden sollte (der Mittelstand als „feste Burg" gegen die sozialistischen Umsturzversuche, vgl. Kap. 4), wurde in der Weimarer Republik als „ungesunde" Entwicklung diskreditiert, weil bei diesen Mittelschichten der „Bildungswahn" bereits begonnen habe, „den biologischen Bestand unseres Volkes zu gefährden" (Oberregierungsrat Dr. Keller in: Deutsche Hochschulstatistik, Bd. 12, Berlin 1934, S. 29). So bildete sich in der Endphase der Weimarer Republik ein ressentimentgeladenes Selektionsklima heraus, das auf eine rigorose „Auslese der Ungeeigneten" abzielte. Im Bezugsrahmen dieser „volksbiologischen" Wahrnehmung der Bildungskrise wurde die entscheidende, für Kultur konstitutive Differenz zwischen der natürlichen Auslese der Arten und der Bildungsselektion unmerklich eingeebnet und verwischt. Der zeitgenössische Begriff der Ausmerze ist für diese moralische Indifferenz symptomatisch. Sie machte viele Gebildete geneigt, sich auf das nationalsozialistische Abenteuer einzulassen. „Wir müssen wegkommen von der übersteigerten Formaldemokratie, die aus gezählten Stimmenmehrheiten, nicht aus dem Wertgedanken berufener Führer die Zukunft des Volkes aufbaut" (HARTNACKE 1932, S. 100).

7.5 Zusammenfassende Thesen

(1) Die *bürgerliche* Verfassung der Weimarer Republik wurde in der Revolution von 1918/19 weitgehend unter Führung der *Arbeiter*bewegung erstritten und erschien damit in den Augen der traditionellen Eliten von vornherein als wenig legitimiert. Da sich die führende Kraft der Revolutionsphase, die (M)SPD, auf einen rein institutionellen, nur-parlamentarischen Weg der gesellschaftlichen Veränderung festgelegt hatte, wurde die reale Machtbasis dieser Eliten nicht grundlegend erschüttert. Auch im Bereich des Bildungswesens konnte die Verwaltungselite – von den Demokratisierungsbestrebungen 1918/19 nicht ernsthaft gefährdet – ihre Stellung bewahren.

(2) Die schulpolitische Gesetzgebung der „Weimarer Koalition" bot im Bereich der Volksschule erste Ansätze zu einer *Überbrückung der strikten Klassentrennung* zwischen niederem und höherem Bildungswesen (Aufhebung der Privatschulen, obligatorische vierjährige Grundschule, Verbesserung der Volksschullehrerbildung) sowie zum Abbau der konfessionell bedingten inhaltlichen Bildungsbegrenzung. Die damit mögliche stärkere Integration der unteren Klassen wurde jedoch zum großen Teil durch die restriktive Politik konservativer Kräfte, begünstigt durch die chronische Finanzknappheit des Staates, eingeschränkt. Rückblickend scheint jedoch selbst unter diesen Bedingungen die begrenzte „Anhebung" der Volksschule einen bescheidenen Erfolg gehabt zu haben, der um so deutlicher ausfiel, je größer der Reformspielraum einzelner Länder (z.B. Sachsen, Thüringen) war.

(3) Die *soziale Öffnung der höheren Bildung* (erhöhte Bildungsbeteiligung von Kindern aus der unteren Mittelschicht und aus der Arbeiterschaft; Ausbau der höheren Mädchenbildung und des Frauenstudiums) wurde – unter den sich dramatisch verschlechternden ökonomischen Verhältnissen der Inflation und der Weltwirtschaftskrise – von den traditionellen bildungsbürgerlichen Schichten als Bedrohung, von den aufstiegsinteressierten Gruppen des „neuen Mittelstandes" dagegen eher als Enttäuschung weitergespannter Erwartungen verarbeitet. Beide Reaktionen mündeten in irrationale, gegen die „versagende Republik" gerichtete Einstellungen und begünstigten damit die nationalsozialistische Form der Krisenregulierung und Bildungsbegrenzung.

7.6 Weiterführende Literatur

Als knappe, zwischen 1928 und 1935 (im Exil) verfaßte Einführung in die Geschichte der Weimarer Republik ist das Standardwerk von ROSENBERG (1977[18]) immer noch nachdrücklich zu empfehlen, weil hier die eigene Betroffenheit und analytische Haltung zugleich Spannung und Einsicht vermittelt. Eine gute regional- und schulgeschichtliche Ergänzung zu Rosenberg, der vor allem die Novemberrevolution und die postrevolutionäre Krise bis 1923 schildert, stellt HAGENERS Untersuchung (1973) dar. Während Hagener vor allem den Einfluß der Rätebewegung auf die Lehrerschaft untersucht, legen KÖNIG u.a. (1968) den Akzent auf die revolutionäre Bildungspolitik der Linksparteien, vor allem der KPD. Eine distanziertere Analyse der bildungspolitischen Ziele der Arbeiterparteien gibt H. REISIG (1975, zuerst 1933). – Die spezifischen Schulkonflikte auch nach 1923, die sich vor allem an der Einführung der allgemeinen Grundschule und der Entkonfessionalisierung der Volksschule entzündeten, werden aus unterschiedlicher Perspektive von NAVE (1961 – Entwicklung der Grund- und Volksschule), GRÜNTHAL (1968 – Widerstand des Zentrums gegen den „Weimarer Schulkompromiß") und vor allem FÜHR (1972 – Verhältnis von Reichs- und Länderpolitik) beleuchtet. – Einen bestimmten Abschnitt der Entwicklung der höheren Schule in Preußen – die Einführung des stark deutschkundlichen, eigenständigen Schultyps der „Deutschen Oberschule" – behandelt S. F. MÜLLER (1977). Die sich hier andeutende Affinität des nationalen zum anti-demokratischen Denken, die die akademische Intelligenz der Weimarer Republik in weiten Teilen kennzeichnete, wird allgemeiner von SONTHEIMER (1983[3]) thematisiert. – Einen Überblick über das Spektrum der schulhistorischen Erforschung der Weimarer Republik geben die beiden von HEINEMANN (1976, 1977) herausgegebenen Aufsatzsammlungen. – Die breite Vielfalt der pädagogischen Reformdiskussion im ausgehenden 19. und ersten Drittel des 20. Jahrhunderts, die sich als kritische Reaktion auf das im Laufe des 19. Jahrhunderts ausgebaute und im Kaiserreich vollends etablierte moderne pädagogische Institutionensystem deuten läßt, wird dogmengeschichtlich von OELKERS (1989) untersucht, der die vorherrschende Geschichtsschreibung und Typisierung „der“ Reformpädagogik in Frage stellt. – Wer sich mit den reformpädagogischen Hoffnungen und Illusionen nach dem Ersten Weltkrieg und den mentalitätsgeschichtlichen Aspekten der Hinwendung großer Teile der jungen Generation zum Nationalsozialismus ausführlicher beschäftigen möchte, sei auf den Sammelband von HERRMANN (1987) verwiesen. – Die beste Zusammenfassung des gegenwärtigen Forschungsstandes für dieses wie auch des folgenden Kapitels bietet das bereits angezeigte Handbuch der deutschen Bildungsgeschichte (Band V, 1918-1945, hrsg. von D. LANGEWIESCHE und H.-E. TENORTH, 1989). – Eine zusammenfassende Darstellung der zentralen Reformprobleme, für die im Bereich der Schulen und der Lehrerbildung beim Umbruch vom Kaiserreich zur Weimarer Republik Lösungen gefunden werden mußten, bieten H. BECKER/G. KLUCHERT (1993). – Den ersten Mädchen- und Frauengenerationen in den akademischen Berufen (1900-1945), vom Elternhaus über Schule und Studium bis zur Berufstätigkeit, ist C. HUERKAMP auf breiter Quellenbasis (auch biographischen Zeugnissen) in ihrer Bielefelder Habilitationsschrift nachgegangen (1996). Die Untersuchung belegt, wie dehnbar die nationalsozialistische Ideologie gegenüber den funktionalen Zwängen der Volkswirtschaft und der Kriegsökonomie war, als die Frauen in immer stärkerem Maße die Männer ersetzen mußten.

Kapitel 8

Bildungsbegrenzung und Indoktrination als Prinzipien der nationalsozialistischen Schulpolitik

Kurz nach der nationalsozialistischen „Machtergreifung“ am 30. Januar 1933 soll Hitler in einem vertraulichen Gespräch seine „Pädagogik“ folgendermaßen umrissen haben:

> „Meine Pädagogik ist hart. Das Schwache muß weggehämmert werden. In meinen Ordensburgen wird eine Jugend heranwachsen, vor der sich die Welt erschrecken wird. Eine gewalttätige, herrische, unerschrockene Jugend will ich. Jugend muß das alles sein. Schmerzen muß sie ertragen. Es darf nichts Schwaches und Zärtliches an ihr sein. Das freie, herrliche Raubtier muß erst wieder aus ihren Augen blitzen. Stark und schön will ich meine Jugend. Ich werde sie in allen Leibesübungen ausbilden lassen. Ich will eine athletische Jugend. Das ist das erste und wichtigste. So merze ich die Tausende von Jahren der menschlichen Domestikation aus. So habe ich das reine, edle Material der Natur vor mir. So kann ich das Neue schaffen“ (RAUSCHNING 1940, in: MICHAEL/SCHEPP Bd. 2 1974, S. 213f.).

Angesichts solcher und ähnlicher Sätze aus dem Munde des „Führers“ liegt es nahe, die nationalsozialistische Erziehungslehre als ein totalitäres Programm zur „Zerstörung der Person“ zu interpretieren (STIPPEL 1957), den „braunen Kult“ als eine „Ersatzreligion“ zu kennzeichnen (GAMM 1962), die in einem fundamentalen Gegensatz zur christlich-humanistischen Tradition des bürgerlichen Bildungsbegriffs zu sehen ist. Lehrplangeschichtlich betrachtet, erscheint das nationalsozialistische Bildungswesen als eine in sich geschlossene, homogene „Schule der Diktatur“, die von ihren obersten Erziehungsnormen wie „Rassereinheit“ und „Führertum“ bis hinunter zu den didaktisch-methodischen Arrangements des Fachunterrichts dem allgegenwärtigen Erziehungswillen der Partei entsprochen hat (FLESSAU 1977).

So wichtig es zweifellos ist, den „braunen Kult“ in seinen weltanschaulichen Grundlagen, seinen organisatorischen und didaktischen Erscheinungsformen zu studieren und zu kritisieren und dabei die spezifische Differenz zwischen bürgerlich-demokratischen und faschistisch-totalitären Erziehungszielen herauszuarbeiten, so unbefriedigend bleiben solche Analysen dann, wenn sie sich – in wohlgemeinter pädagogischer Absicht – damit begnügen, eine emotionale Distanz zur nationalsozialistischen Erziehungsdiktatur aufzubauen, ohne zugleich einen *historischen Begriff* davon zu vermitteln, daß und wie der Nationalsozialismus als eine *prinzipielle Möglichkeit autoritärer Krisenbewältigung* in die Gesellschaftsgeschichte des Bürgertums eingebettet ist. Wir müssen die nationalsozialistische Schulpolitik als Teil einer umfassenden *Krisenstrategie* begreifen, deren Vorformen bereits in der präfaschistischen „Notverordnungsdiktatur" am Ende der Weimarer Republik ausgebildet waren und deren massenwirksame Anziehungskraft eben darin bestand, daß sie auf „revolutionäre" Weise, mit den diktatorischen Mitteln des „Führerstaates", alle sozialen Probleme zu lösen versprach, die im Rahmen des Weimarer Verfassungsstaates offenbar nicht mehr gelöst werden konnten. Die nationalsozialistische Indoktrination der Schule und der außerschulischen Bildungseinrichtungen ist nicht nur Ausdruck einer Weltanschauung, sondern hat auch und vor allem die gesellschaftliche Funktion gehabt, die systembedingte Einschränkung von Bildungschancen ideologisch zu rechtfertigen. Dieser schwierige Zusammenhang von Bildungsbegrenzung und Indoktrination in der nationalsozialistischen Schulpolitik soll zunächst am Beispiel einiger Dokumente, die den Prozeß der bildungspolitischen „Machtergreifung" signalisieren, deutlich gemacht werden.

8.1 Dokumente der „Machtergreifung" 1930-33

Im Juli 1930 fand in Berlin eine Konferenz zwischen leitenden Beamten des Reichsinnen-, Wirtschafts- und Arbeitsministeriums sowie der Unterrichtsverwaltungen von Preußen, Bayern, Sachsen, Oldenburg und Lübeck statt, die sich mit den bildungspolitischen Auswirkungen der beginnenden Weltwirtschaftskrise beschäftigte und einige *Leitsätze für Schulaufbau, Berufsauslese und Berechtigungswesen* verabschiedete (FÜHR 1972, S. 261ff.). Angesichts der Tatsache, daß sich die Zahl der Abiturienten seit 1913 in Peußen mehr als verdreifacht, in den anderen Ländern mehr als verdoppelt hatte, wurde von den Konferenzteilnehmern einhellig beklagt, daß es in Deutschland eine „von jeher übliche und heute noch nicht überwundene Überschätzung der schulmäßigen Bildung in ihrem Wert für die Praxis" gebe und daß das traditionelle Berechtigungswesen „den Aufstiegswillen der Massen einseitig auf die zur wissenschaftlichen Durchbildung bestimmten höheren Bildungsstätten gedrängt" habe. Dieser Zudrang bedeute nicht nur eine „Verschwendung des öffentlichen und privaten Erziehungskapitals", sondern führe zur „Schaffung eines überhaupt nicht unterzubringenden geistigen Proletariats“. Um dieser gefährlichen Entwicklung zu begegnen, schlagen die Konferenzteilnehmer neben einer verschärften Auslese für die höhere Schule vor allem den Ausbau und die Aufwertung der Volks- und Mittelschulen, der Berufs- und Fachschulen vor, in der Hoffnung, durch einen solchen „Mittelbau des Bildungswesens“ den Zustrom „Ungeeigneter“ von höheren Schulen „absaugen“ zu können. Man sieht: Das sind durchaus noch die üblichen bürokratischen Wahrnehmungs- und Vorschlagsmuster, die wir bereits aus der „Überfüllungsdiskussion“ im wilhelminischen Kaiserreich kennen (s.o. Kap. 4).

Eine auffällige, in der politischen Tendenz symptomatische Begriffs- und Problemverschiebung zeigt sich demgegenüber bereits in einem Dokument, das anderthalb Jahre später entstanden ist. Im November 1931 traf sich der *Ausschuß für das Unterrichtswesen,* ein Koordinierungsgremium der Unterrichtsverwaltungen aller deutscher Staaten, zu seiner 9. Sitzung (FÜHR 1972, S. 270ff.). Wieder stand das Problem der „Überfüllung“ von höheren Schulen und Hochschulen auf der Tagesordnung; wieder wurde die Gefahr eines „geistigen Proleatriats“ beschworen, „das der Nährboden für Radikalisierung und Gewalt ist, wenn es nicht in unerhörten seelischen Tragödien zu Grunde geht“. Aber jetzt traten neue Aspekte der Krisenbeschreibung und der administrativen Krisensteuerung in den Vordergrund:

– Höhere Schulbildung und Studium, so stellt der Berichterstatter des Reichsinnenministerium auf dieser Sitzung fest, lenken „in besonders bedenklichem Umfang“ die *Mädchen* von *praktischen* Betätigungsgebieten ab.
– Hat nicht das Stipendienwesen, so fragt er weiter, „den natürlichen Rhythmus des Aufstiegs gestört und *den Gang der sozial-biologischen Züchtung* in vielen Fällen allzu sehr beschleunigt“?
– Und schließlich wird als „volkspädagogische“ Gegenmaßnahme u.a. die „Schaffung von *Siedlungsmöglichkeiten“ im Osten Deutschlands vorgeschlagen, „insbesondere auch in Verbindung mit dem freiwilligen Arbeitsdienst* oder der *Arbeitsdienstpflicht“.*

An solche Vorstellungen und Vorschläge konnten die Nationalsozialisten nach der „Machtergreifung“ ohne weiteres anknüpfen. Das Gesetz *gegen die Überfüllung deutscher Schulen und Hochschulen* vom 25. 4. 1933 zieht einen Schlußstrich unter die Krisendebatte der Weimarer Zeit und gibt der angestrebten Problemlösung mit brutaler Selbstverständlichkeit einen neuen, nämlich rassistischen, antijüdischen Akzent:

> „§ 1. Bei allen Schulen außer den Pflichtschulen und bei den Hochschulen ist die Zahl der Schüler und Studenten so weit zu beschränken, daß die gründliche Ausbildung gesichert und dem Bedarf der Berufe genügt ist.
> § 2. Die Landesregierungen setzen zu Beginn eines jeden Schuljahres fest, wie viele Schüler jede Schule und wie viele Studenten jede Fakultät neu aufnehmen darf.

§ 3. In denjenigen Schularten und Fakultäten, deren Besucherzahl in einem besonders starken Mißverhältnis zum Bedarf der Berufe steht, ist im Laufe des Schuljahres 1933 die Zahl der bereits aufgenommenen Schüler und Studenten so weit herabzusetzen, wie es ohne übermäßige Härten zur Herstellung eines angemessenen Verhältnisses geschehen kann.
§ 4. Bei den Neuaufnahmen ist darauf zu achten, daß die Zahl der Reichsdeutschen, die im Sinne des Gesetzes zur Wiederherstellung des Berufsbeamtentums vom 7. April 1933 (RGBl. I, S. 175) nichtarischer Abstammung sind, unter der Gesamtheit der Besucher jeder Schule und jeder Fakultät den Anteil der Nichtarier an der reichsdeutschen Bevölkerung nicht übersteigt. Die Anteilszahl wird einheitlich für das ganze Reichsgebiet festgesetzt. Bei Herabsetzung der Zahl der Schüler und Studenten gemäß § 3 ist ebenfalls ein angemessenes Verhältnis zwischen der Gesamtheit der Besucher und der Zahl der Nichtarier herzustellen. Hierbei kann eine von der Anteilszahl abweichende höhere Verhältniszahl zugrunde gelegt werden.
Absätze 1 und 2 finden keine Anwendung auf Reichsdeutsche nichtarischer Abstammung, deren Väter im Weltkriege an der Front für das Deutsche Reich oder für seine Verbündeten gekämpft haben, sowie auf Abkömmlinge aus Ehen, die vor dem Inkrafttreten dieses Gesetzes geschlossen sind, wenn ein Elternteil oder zwei Großeltern arischer Abkunft sind. Sie bleiben auch bei der Berechnung der Anteilszahl und der Verhältniszahl außer Ansatz" (GAMM 1964, S. 135f.).

Die Wirksamkeit dieses Steuerungsversuchs darf freilich nicht überschätzt werden. Neuere statistisch fundierte Untersuchungen haben gezeigt, daß der Rückgang der Bildungsnachfrage bereits vor 1933 begonnen hatte, daß er u.a. auf demographische Faktoren zurückzuführen ist (die geburtenschwachen Jahrgänge des Ersten Weltkrieges traten in das Immatrikulationsalter ein), daß er sicherlich auch mit der verheerenden Wirtschaftssituation zusammenhängt (vgl. WENNING 1986), daß er im wesentlichen aber als ein sozialer Mechanismus in der sich zuspitzenden Überfüllungssituation akademischer Karrieren zu Beginn der 30er Jahre erklärt werden kann (TITZE 1985, S. 460ff.; NATH 1988). Das nationalsozialistische „Überfüllungsgesetz" hat lediglich Tendenzen und Mechanismen verstärkt, die ohnehin wirksam waren. Seine politische Bedeutung bestand nicht darin, ein Problem gelöst zu haben, das schon in der Überfüllungskrise des wilhelminischen Kaiserreichs nicht mit administrativen Mitteln zu lösen war (vgl. oben Kap. 4), sondern darin, die Handlungsfähigkeit der neuen Machthaber propagandistisch zu demonstrieren. Ihre Politik begnügte sich nicht damit, den „Aufstiegswillen der Massen" durch Maßnahmen partieller Bildungs- und Stipendienreform bedarfsgerecht kanalisieren zu wollen, sondern ihr ging es darum, das gesellschaftliche Problem durch Bildung erzeugter Aufstiegsmobilität im Rahmen einer autoritären „Arbeitsordnung des Volkes" endgültig zu beseitigen.

Die Grundsätze dieser bildungspolitischen „Neuordnung von Volk und Staat" hat der nationalsozialistische Reichsinnenminister Frick in einer

Rede vom 9. Mai 1933 vor den Kultusministern der deutschen Länder folgendermaßen umrissen:

> „Wir stehen alle unter dem Eindruck, wie unendlich vieles gerade in der Kulturpolitik zu tun ist, nicht nur um Schutt und Trümmer der letzten 14 Jahre wegzuräumen, sondern um die weit in die Vorkriegszeit hineinreichende kulturpolitische Fehlentwicklung zu beseitigen und die Form unserer Kulturorganisation mit der wirklichen Lage und den Bedürfnissen von Volk und Staat in Übereinstimmung zu bringen.
> Was sich hieraus für die Schule und für die Erziehung überhaupt an Aufgaben für Reich und Länder ergibt, ist nicht mit einigen Umwandlungen im Bau und im Lehrinhalt oder der Lehrweise der Schulen zu leisten. Die nötigen Veränderungen reichen bis auf den Grund. Die liberalistische Bildungsvorstellung hat den Sinn aller Erziehung und unserer Erziehungseinrichtungen bis auf den Grund verdorben. Unter der Geltung dieser Bildungsvorstellung haben die Schulen nicht erzogen, sondern geschult. Sie haben nicht alle Kräfte der Schüler zum Nutzen von Volk und Staat entwickelt, sondern vorab Kenntnisse zum Nutzen des einzelnen vermittelt. Sie haben nicht den volksverwurzelten, dem Staat verpflichteten deutschen Menschen geformt, sondern der Bildung der freien Einzelperson gedient. Sie haben nicht die Einheit des Volkes und die Hingabe seiner Glieder an den Staat gesichert, sondern den Zerfall des Volkes in Bildungsklassen und den Sieg der Privatinteressen über den Staat gefördert. Kurz: Die individualistische Bildungsvorstellung hat wesentlich zu der Zerstörung des nationalen Lebens in Volk und Staat beigetragen und vor allem in ihrer hemmungslosen Anwendung in der Nachkriegszeit ihre völlige Unfähigkeit erwiesen, die Richtschnur der deutschen Bildung zu sein.
> Die nationale Revolution gibt der deutschen Schule und ihrer Erziehungsaufgabe ein neues Gesetz: Die deutsche Schule hat den politischen Menschen zu bilden, der in allem Denken und Handeln dienend und opfernd in seinem Volke wurzelt und der Geschichte und dem Schicksal seines Staates ganz und unabtrennbar zu innerst verbunden ist" (Gamm 1964, S. 74).

Erinnern wir uns an dieser Stelle an die Kritik, die zu Beginn des 19. Jahrhunderts gegen die „liberalistische Bildungsvorstellung" der preußischen Schulreformer geltend gemacht worden ist (s.o. Kap. 3.1), so zeigt sich eine problemgeschichtliche Kontinuität, in der die nationalsozialistische Krisenstrategie als eine konsequente Antwort auf die ungelösten sozialen Konflikte der bürgerlichen Schulgeschichte erscheint. Was der Minister Frick 1933 als einen „Sieg der Privatinteressen über den Staat" brandmarkt, hatte der Volksschulreferent Beckedorff schon 1819 als einen „wahren inneren Krieg" der bürgerlichen Gesellschaft vorhergesagt und den liberalisierenden Tendenzen der neuhumanistischen Schulreform das reaktionäre Konzept einer „naturgemäßen Ungleichheit der Standeserziehung" entgegengestellt. Auf Dauer aber war, wie wir gesehen haben, die Aufstiegsmobilität zunächst des Kleinbürgertums, dann auch des Proletariats nicht zu verhindern. War es unter den vorindustriellen Bedingungen der Revolution von 1848 noch gelungen, den Bildungsanspruch der „niederen Stände" abzuweisen, so führte die krisenhafte Entwicklung der großen Industrie im wilhelminischen Kaiserreich bereits zu

Berechtigungskämpfen, die nur noch kompromißhaft geschlichtet werden konnten. Die Novemberrevolution von 1918 schien dem liberalen Bildungsprinzip endgültig zum Durchbruch zu verhelfen. „Chancengleichheit durch Bildungsbeteiligung", „Aufstieg der Tüchtigen" – das waren nun nicht mehr nur utopische Versprechungen, sondern Postulate der politischen Verfassung, die sich in der Wirklichkeit der Grundschulreform, in der Bildungsbeteiligung der Mädchen, im steigenden Anteil studierender Arbeitersöhne durchaus handgreiflich niederschlugen.

Aber das ist nun der entscheidende Punkt: Eben weil es die Gleichheitsversprechungen der Weimarer Reichsverfassung gab und weil der Prozeß der Demokratisierung von Bildungschancen bereits in Gang gekommen war, mußte die Enttäuschung und Verbitterung um so größer sein, als mit der Weltwirtschaftskrise 1929 der Abbau staatlicher Sozial- und Bildungsleistungen begann und dem „Aufstiegswillen der Massen" ein jähes Ende setzte. Hier liegt mit Sicherheit eine entscheidende Ursache dafür, daß die NSDAP mit den Reichstagswahlen von 1930 zu einer Massenpartei werden konnte und daß es gerade die Studentenschaft war, die sich vom Nationalsozialismus einen Ausweg aus ihrer Krise erhoffte (KATER 1975, S. 111ff.). Diese Partei versprach eben gar nicht „Chancengleichheit durch Bildung", sie bot eben nicht mehr das bürgerliche Leistungs- und Konkurrenzprinzip als Vehikel individuellen Aufstiegs und sozialer Sicherheit an, sondern sie versprach, dieses mörderische liberale „System" auszurotten und durch die – quasi feudale – Solidargemeinschaft eines Führer-Gefolgschafts-Verhältnisses zu ersetzen, in dem jeder „Volksgenosse" seinen Platz in einer neuen „Arbeitsordnung des Volkes" finden würde, wie es in der Rede des Ministers Frick heißt:

- statt individuellem Egoismus und politischem Klassenkampf die Idee der „nationalen Solidarität";
- statt parlamentarischer Querelen im Parteienstaat des „Weimarer Systems" die hierarchische Struktur von „Führertum" und „Volksbewegung";
- statt schulischem Leistungszwang und typisch „bürgerlicher" Wertschätzung bloß intellektueller Tüchtigkeit das Erziehungsideal der „reinrassigen Kämpfernatur";
- statt „Entartung des weiblichen Wesens" in der Leistungskonkurrenz der Männergesellschaft die Wiederherstellung der „natürlichen Rolle der Frau" als Mittelpunkt der „deutschen Familie" usw.

Keines dieser Versatzstücke einer nationalsozialistischen Sozial- und Bildungspolitik brauchte neu erfunden zu werden; ihre diffusen Denkmuster und Heilsvisionen lagen in den „kulturkritischen" Schriften des späten 19. Jahrhunderts (Nietzsche, de Lagarde, Langbehn u.a.), erst recht aber in den „konservativ-revolutionären" Utopien der Weimarer Zeit längst bereit (SONTHEIMER 1983[3], LINGELBACH 1987[2], S. 45ff.). Sie ließen sich nach der „Machtergreifung" vom 30. Januar 1933 nahezu bruchlos in das scheinbar homogene Konzept einer nationalsozialistischen Erziehungslehre und Schultheorie integrieren.

8.2 Die „Gleichschaltung" der Lehrerschaft und die Zerstörung der akademischen Lehrerbildung

Aus neueren sozialgeschichtlichen Untersuchungen wissen wir, daß es in großen Teilen der Lehrerschaft schon lange vor der „Machtergreifung" zu einer allmählichen Annäherung an die Neuordnungsvorstellungen und die Heilsversprechungen des Nationalsozialismus gekommen ist. Das hatte ganz verschiedene Gründe. Während der *Philologenverband* schon seit Beginn der Weimarer Republik den Rechtsparteien nahestand und seine Distanz zum parlamentarischen System nie verleugnete (HAMBURGER 1974), löste der drastische Abbau staatlicher Schul- und Versorgungsleistungen nach 1930 in der *Volksschullehrerschaft* einen tiefen Loyalitätskonflikt aus, der besonders bei den Junglehrern zu einem „Identifikationsbruch" mit dem Verfassungsstaat und den Parteien der Weimarer Koalition führte (BREYVOGEL 1979, S. 136ff.). Wenn man bedenkt, daß die „Notverordnungs"-Politik im Zeitraum 1. 9. 1930-31. 3. 1933 einen durchschnittlichen Einkommensverlust der Volksschullehrer von 30%, in Extremfällen sogar von 43% zur Folge hatte (ebd., S. 183ff.), so wird schon von diesem einen Datum her verständlich, daß viele von ihnen begannen, ihre soziale Lage mit Hilfe nationalsozialistischer Ideologie zu begreifen und von der neuen „Volksordnung" eine grundsätzliche Besserung zu erwarten. Die ca. 13.000 Lehrer aller Schularten, die bereits vor dem 30. Januar 1933 der NSDAP angehörten (= ca. 5% der gesamten Lehrerschaft), machen sicherlich nur den harten Kern einer sehr viel breiteren Faschisierungstendenz aus. Ihr wahres Ausmaß kommt in der Tatsache zum Ausdruck, daß schon im Mai 1933 ungefähr 25% aller Lehrer in die NSDAP eingetreten waren (ebd., S. 200).

Nach der „Machtergreifung" konnte die „Gleichschaltung" der Länderkultusverwaltungen, der Hochschulen für Lehrerbildung und der Lehrerverbände in wenigen Monaten abgeschlossen werden (EILERS 1963, S. 66ff.). Sofern die Kultus- und Volksbildungsministerien nicht bereits vor 1933 in den Händen der NSDAP lagen (Braunschweig, Oldenburg, Thüringen), fand in den Verwaltungsspitzen, aber auch auf der Ebene der mittleren und unteren Schulverwaltung ein gründlicher Personalaustausch statt. In Preußen wurden von 137 Oberschulräten 46, von 527 Schulräten 115 sofort entlassen. Im höheren Schulwesen wurden ca. 16% der Schulleitungen neu besetzt, und im Bereich der Volksschulen kam es überall dort zu einer größeren Entlassungswelle, wo die Lehrerschaft, wie z.B. in Sachsen, besonders eng mit der SPD und der KPD verbunden gewesen war. Das trifft gleichermaßen auf die Dozentenschaft der Hochschulen für Lehrerbildung zu. Nicht ohne Komplikationen und Spannungen, auch innerhalb der Partei-Oligarchie, verlief demgegenüber der Versuch, die Vielzahl schulartspezifischer, konfessioneller und regionaler Lehrerverbände unter Führung des „Nationalsozialistischen Lehrerbundes " (NSLB) in den Dachverband der „Deutschen Erziehergemeinschaft" (DEG) hineinzuzwingen. Ein nachhaltiger „Widerstand" dagegen scheint lediglich vom Philologenverband ausgegangen zu sein; doch hatte das wenig, wie manchmal behauptet wird, mit politischen Motiven zu tun, sondern lag vornehmlich in berufsständischen Sonderinteressen begründet (EILERS 1963, S. 76ff.; HAMBURGER 1974, S. 294).

Die Hoffnungen, die weite Teile der Volksschullehrerschaft auf die nationalsozialistische „Machtergreifung" gesetzt hatten, schienen sich jedenfalls im Bereich der Lehrerbildungsreform sehr rasch zu erfüllen. Bereits im Mai 1933 wurden die preußischen Pädagogischen Akademien in „Hochschulen für Lehrerbildung" umbenannt, und bis 1937 wurde nach preußischem Vorbild in allen Ländern eine hochschulmäßige Ausbildungsform durchgesetzt (OTTWEILER 1979, S. 199ff.). Der alte Traum einer Nivellierung der Statusunterschiede zum Philologenstand wurde auch dadurch genährt, daß die Anwärter für das höhere Lehramt vom Sommersemester 1936 bis Kriegsbeginn ihr erstes Studienjahr auf den „Hochschulen für Lehrerbildung" zu verbringen hatten, wohinter die Absicht stand, die gesamte Erzieherschaft auf ein „einheitliches politisch-weltanschauliches Ziel" auszurichten (SCHOLTZ/STRANZ in: HEINEMANN 1980, Teil 2, S. 116). Doch war in der Führung der NSDAP die hochschulmäßige Lehrerbildung von Anfang an umstritten, und die Kritik insbesondere an der Eingangsvoraussetzung des Abiturs nahm in dem Maße zu, wie sich der Lehrermangel in den letzten Vorkriegsjahren verschärfte (OTTWEILER 1979, S. 243ff.).

Diese Debatte, die 1938 mit verschiedenen Denkschriften der Parteikanzlei begann, erinnert deutlich an die Argumente, mit denen in der Mitte des 19. Jahrhunderts die „Stiehlschen Regulative" begründet und verteidigt worden sind (s.o. Kap. 3.4). Ausbildungsstand und Ausbildungsgang der Hochschulen seien den praktischen Aufgaben vor allem des Dorfschullehrers völlig unangemessen und verhinderten, daß „zweite und dritte Bauernsöhne" für den Volksschullehrerberuf gewonnen werden könnten. Die „Verstädterung" der Lehrerbildung habe zu einer „Entfremdung von der Landbevölkerung" geführt. „Lehrer muß jeder werden können, der durch die Volksschule hindurchgegangen ist". Mit der „dem Liberalismus eigenen Höherbewertung der sogenannten wissenschaftlichen Arbeit über die eigentliche praktische Berufsausbildung" müsse endlich Schluß gemacht werden.

So wurde die Hochschule für Lehrerbildung ab Ostern 1939 auch Volks- und Mittelschulabsolventen über „Sonderreifeprüfungen“ zugänglich gemacht und zwei Jahre später eine radikale Kehrtwendung in der Lehrerbildungspolitik vollzogen: Per „Führerbefehl“ vom 8. 2. 1941 wurden die noch bestehenden Hochschulen geschlossen und durch „Lehrerbildungsanstalten“ ersetzt, an denen die Volksschullehrerprüfung nach einem fünfjährigen Kursus von Volksschulabsolventen, nach einem dreijährigen Kursus von Mittelschulabsolventen und nach einem einjährigen Kursus von Abiturienten abgelegt werden konnte (MÜLLER-ROLLI 1989, S. 243). Vorgesehen war für dieses „Studium“ ein streng reglementierter, ideologisch ausgerichteter Internatsbetrieb und eine „Dozentenschaft“, die ausschließlich aus bewährten HJ-Führern bestehen sollte. 1943 gab es im Reichsgebiet insgesamt 231 solcher Anstalten (117 für Mädchen, 89 für Jungen, 25 koedukativ), dazu weitere 25 in besetzten Gebieten. Von den 11.455 „Studierenden“, die 1943 in eine Lehrerbildungsanstalt eintraten, waren 10.358 Volks- und Mittelschüler weit überwiegend weiblichen Geschlechts, 1.071 Abiturientinnen und nur 26 Abiturienten.

Der äußere Anlaß für die Abschaffung der hochschulmäßigen Volksschullehrerausbildung ist zweifellos die gravierende Mangelsituation im Lehrerberuf gewesen, wobei allerdings fraglich bleibt, ob der eingeschlagene Weg einer massiven Dequalifizierung zu einer Lösung des Problems hätte führen können. Offensichtlich hat das Regime diese Mangelsituation zu nutzen versucht, um seinen politischen Einfluß auf die Generation der 14- bis 18jährigen durch eine weitere Form der Internatserziehung noch einmal zu erhöhen und sich zugleich die Loyalität bisher bildungsferner Schichten, vor allem der weiblichen Landjugend, zu sichern (vgl. SCHOLTZ 1983). Die Lehrerausbildung wurde in eine „Schulung von politischen Unterführern“ pervertiert. Hier kommt am sinnfälligsten zum Ausdruck, was das Prinzip nationalsozialistischer Bildungsbegrenzung praktisch bedeutete.

8.3 Grenzen der nationalsozialistischen „Schulrevolution“

In der parteiamtlichen Publizistik, in Funktionärsreden und Programmschriften, Rechenschaftsberichten und Erfolgsstatistiken hat das nationalsozialistische Regime immer wieder den propagandistischen Eindruck bekräftigt, daß sich das deutsche Schulwesen seit 1933 in einem planmäßigen, zielgerichteten Prozeß grundsätzlicher Erneuerung befinde (BENZE 1940, 1943). Tatsächlich gab es dafür Anhaltspunkte und Beweise:

– Mit der *Zentralisierung der Schulverwaltung* in einem „Reichsministerium für Wissenschaft, Erziehung und Volksbildung" war 1934/35 die Kulturhoheit der deutschen Einzelstaaten beseitigt und eine wichtige Voraussetzung für die einheitliche Ideologisierung, Organisation und Kontrolle des Schulsystems geschaffen worden (EILERS 1963, S. 54ff.).
– Das *Reichsschulpflichtgesetz* vom 6. 7. 1938 sollte eine lückenlose „Erziehung und Unterweisung der deutschen Jugend im Geist des Nationalsozialismus" vom 6. bis zum 18. Lebensjahr sicherstellen (GIESE 1961, S. 288).
– Mit der im April 1941 verfügten Einrichtung von *Hauptschulen* als neuer Volksschuloberstufe wurde die Forderung verbunden, daß künftig jeder Schüler „bei entsprechender Begabung" zum Besuch einer „gehobenen Schule" *verpflichtet* sei (BENZE 1943, S. 101, 184).
– Die ideologische Ausrichtung des Unterrichts der *Volks-, Mittel-* und *Höheren Schule* wurde 1938/39 durch neue Lehrpläne abgeschlossen, wobei insbesondere die *Vereinheitlichung* des höheren Schulwesens in die „Hauptform" der „Oberschule", getrennt für Jungen und Mädchen, und die „Sonderform" des humanistischen „Gymnasiums" sowie die *Verkürzung* der Oberschulzeit auf acht Jahre hervorzuheben ist (Erziehung und Unterricht in der Höheren Schule 1938).
– Daneben hatte sich mit den „Nationalpolitischen Erziehungsanstalten" (seit 1933) und den „Adolf-Hitler-Schulen" (seit 1936) ein elitäres System *nationalsozialistischer Ausleseschulen* zu entwickeln begonnen (SCHOLTZ 1973), in denen – außerhalb des traditionellen Berechtigungswesens – der Führungsnachwuchs für künftige Parteikarrieren herangezogen werden sollte.

„Uns schwebt ein Staat vor", so hat Hitler die „völkisch-sozialistische Aufgabe" dieser Ausleseschulen im Dezember 1940 erläutert, „in dem in Zukunft jede Stelle vom fähigsten Sohn unseres Volkes besetzt sein soll, ganz gleichgültig, wo er herkommt. Ein Staat, in dem die Geburt gar nichts ist und Leistung und Können alles . . . Das ist unser Ziel, und das ist auch unsere ganze Lebensfreude. Es ist etwas Herrliches, für ein solches Ideal kämpfen zu können" (BENZE 1943, S. 211).

Doch kann überhaupt keine Rede davon sein, daß sich dieses Ideal auch im staatlichen Schulsystem des NS-Regimes durchgesetzt hätte. In der Praxis war die nationalsozialistische Schulpolitik alles andere als sozialrevolutionär. Nach der „Machtergreifung" hat es weder schulorganisatorische Reformen noch eine Stipendienpolitik gegeben, die auf einen Austausch der Eliten zielten (ZYMEK, in: HEINEMANN 1980, Teil 1, S. 271). Die Tabelle 10 beweist vielmehr, daß die bescheidenen Ansätze einer sozialen Öffnung des Bildungssystems, wie sie in der Weimarer Republik erreicht worden waren, nach 1933 eher wieder zerstört worden sind.

Tabelle 10: Väterberufe der neuimmatrikulierten reichsdeutschen Studierenden an sämtlichen wissenschaftlichen Hochschulen 1933 und 1939 (in %)

Väterberufe	Sommersemester 1933	1939
A. Nicht-gebildete Klassen		
Arbeiter	3.87	3.24
Bauern	7.00	4.97
Handwerker	6.91	5.18
Kleinhändler	7,27	3.71
Untere Beamte	2.52	1.17
A. Zusammen	27.57	18.27
B. Gebildete Klassen		
Höhere Beamte	15.25	17.42
Freie Berufe mit Hochschulbildung	6.87	10.32
Andere freie Berufe	1.79	3.70
Inhaber von Großbetrieben	4.20	6.57
Direktoren von Unternehmen	1.02	1.99
Leitende Angestellte	5.96	3.70
Höhere Militärberufe	1.59	1.39
B. Zusammen	36.68	45.09
C. Mittelschicht		
Mittlere Beamte	26.55	22.95
Nichtleitende Angestellte	6.89	11.43
Agenten, Vertreter usw.	1.48	1.36
Sonstige	0.83	0.90
C. Zusammen	35.75	36.64
Insgesamt	100.00	100.00

Quelle: Kleinberger in: Heinemann 1980, Teil 2, S. 21

Die Kluft zwischen sozialrevolutionärem Anspruch und sozialkonservativer Wirklichkeit, die in diesen Zahlen zum Ausdruck kommt, ist symptomatisch für eine generelle Schwäche nationalsozialistischer Schulpolitik: Zu keinem Zeitpunkt verfügte der Nationalsozialismus über eine durchdachte, in sich widerspruchsfreie bildungspolitische Konzeption, auf deren Grundlage eine langfristig geplante Neugestaltung des Schulwesen möglich gewesen wäre. Blickt man hinter die Kulissen propagandistisch behaupteter Geradlinigkeit, so ergibt sich ein geradezu chaotisches Bild ungeklärter Kompetenzregelungen zwischen Staats- und Parteiinstanzen, parteiinterner Machtkämpfe und persönlicher Rivalitäten, die durch gelegentliche „Führerbefehle" immer nur vorübergehend geschlichtet werden konnten (Eilers 1963, S. 104ff., Scholtz 1973). Die tieferen Ursachen dieser Konzeptionslosigkeit sind, wie einleitend angedeutet, sicherlich darin zu suchen, daß viele Nationalsozialisten, auch Hitler selbst, die Schule ohnehin als ein Relikt des „bürgerlichen Leistungssystems“ verachteten, weshalb sie als politische Sozialisationsinstanz nur noch eine untergeordnete Rolle spielen sollte (Nyssen 1979, S. 55ff.). Nicht „Schule“ und „Unterricht“, sondern „Schulung“ und „Lagerleben“ sind die idealtypischen Formen nationalsozialistischer Jugenderziehung gewesen, weil solche außerschulischen, paramilitärischen Erziehungssituationen einen viel direkteren, totalen Zugriff der Partei auf die jungen „Volksgenossen“ versprachen.

Die angestrebte Funktionsminderung der Schule, der durch sie vermittelten Qualifikationen und Berechtigungen, ist in der zwölfjährigen Herrschaft des Nationalsozialismus nicht gelungen. Schon vor Ausbruch des Zweiten Weltkriegs wurden in Militär- und Industriekreisen Stimmen laut, die einen allgemeinen Leistungsrückgang der Schulabsolventen beklagten und auf die für das Regime gefährlichen Folgen einer solchen Entwicklung hinwiesen (Mason 1977, S. 208ff.; Ottweiler 1979, S. 128ff.; Nyssen 1979, S. 139ff.). Die Qualifikationsanforderungen der entfesselten Kriegsmaschinerie setzten dem Prinzip der Bildungsbegrenzung eine Schranke, die auch die nationalsozialistische Ideologie nicht beseitigen konnte.

8.4 Zusammenfassende Thesen

(1) Das nationalsozialistische Prinzip der Bildungsbegrenzung muß als Ausdruck einer autoritären, ideologisch untermauerten *Krisenstrategie* begriffen werden, deren Vorformen bereits in der „Notverordnungs“-Politik der Weimarer Präsidialkabinette unter den Bedingungen der Weltwirtschaftskrise ausgebildet waren. Am auffälligsten kommt dieses Prinzip in der Zerstörung der hochschulmäßigen Lehrerbildung zum Vorschein.

(2) Die Krisenerfahrung der Jahre 1930-33 hat in weiten Teilen der *Lehrerschaft* gegenüber dem Weimarer Verfassungsstaat zu einem Loyalitätsverlust geführt, der ihre Annäherung an den Nationalsozialismus begünstigte. So stieß die „Gleichschaltung“ der Lehrerverbände, die ideologische Indoktrination der Schule und schließlich auch die Beseitigung der „Hochschulen für Lehrerbildung“ auf keinen besonderen Widerstand.

(3) Die propagandistisch behauptete Planmäßigkeit nationalsozialistischer Schulpolitik kann nicht darüber hinwegtäuschen, daß der Nationalsozialismus im Grunde *keine schulpolitische Gesamtkonzeption* besaß und daß Schule und Unterricht in seinem Indoktrinationssystem ohnehin nur eine untergeordnete Rolle spielen sollten. Der langfristig angelegte

Versuch, das „liberalistische“ Leistungs- und Berechtigungswesen durch parteigebundene Bewährungs- und Aufstiegschancen zu ersetzen, scheiterte schon vor Ausbruch des Zweiten Weltkriegs an den Qualifikationsanforderungen des Militärs und der Rüstungsindustrie.

8.5 Weiterführende Literatur

Unter pädagogischen und bildungspolitischen Gesichtspunkten besteht die wichtigste Aufgabe eines Studiums des Nationalsozialismus nach wie vor darin, sich von den ideen- und sozialgeschichtlichen Voraussetzungen seiner Möglichkeit (und seiner möglichen Wiederholbarkeit!) einen Begriff zu machen. Daher sei die Lektüre von KATER (1975) und BREYVOGEL (1979) dringend empfohlen, weil in diesen beiden Untersuchungen der historische Zusammenhang von kollektiver sozialer Lage und präfaschistischer Bewußtseinsveränderung gründlich herausgearbeitet und belegt wird. – Ein anderer, vielleicht noch überzeugenderer Weg der Problemaneignung kann sich über autobiographische Materialien und Reflexionen ergeben, wie sie z.B. KLAFKI (1988) enthält. – Für eine Vertiefung unerläßlich dürfte es sein, sich mit Hitlers „Weltanschauung“ auseinanderzusetzen, wozu JÄCKEL (1981) eine vorzügliche Anleitung bietet. – Bd. V des „Handbuchs der deutschen Bildungsgeschichte“ (LANGEWIESCHE/TENORTH 1989) faßt den gegenwärtigen Stand erziehungswissenschaftlichen Wissens sowohl über die Weimarer Republik wie über die NS-Diktatur aspekt- und materialreich zusammen, wobei schulgeschichtlich die Beiträge von ZYMEK (1989) und MÜLLER-ROLLI (1989) besonders wichtig sind, tiefere Einsichten in den „Zeitgeist“ dieser Epoche sich aber erst aus dem vergleichenden Studium weiterer Artikel, z.B. über „Grundzüge der Bildungsgeschichte von 1918 bis 1945“ oder über „Familie, Kindheit, Jugend“ ergeben. Eine vergleichbare Funktion erfüllt auch KEIM Bd. 1 und 2 (1995/1997). – Als Einführung speziell in die nationalsozialistische Schulpolitik ist EILERS (1963) immer noch unentbehrlich. Während die NS-Eliteschulen von SCHOLTZ (1973) und die Volksschule im „Dritten Reich“ von OTTWEILER (1979) detailliert untersucht worden sind, fehlt es bislang an Spezialstudien über die „Oberschule“, mit Ausnahme der wichtigen, auch methodisch originellen Untersuchung von NATH (1988). – Das wissenschaftsgeschichtliche Interesse der Pädagogik am Nationalsozialismus ist in den letzten Jahren stark angewachsen, wie u.a. die Aufsatzsammlungen von HERRMANN/OELKERS (1988) und KEIM (1988) sowie die Monographien von DUDEK (1995) und HORN (1996) belegen.

Kapitel 9

Die Restauration des Schulwesens in der Bundesrepublik 1945-1965

9.1 Die Wiederherstellung des dreigliedrigen Schulwesens nach 1945

Die nationalsozialistische Bildungspolitik hatte den traditionellen Schulaufbau nicht angetastet, ja durch die Vereinheitlichung und Aufwertung der Mittelschule noch komplettiert (KUHLMANN 1970, S. 148f.). Als unmittelbar nach Kriegsende die alliierten Besatzungsmächte – unterstützt von lokalen deutschen Verwaltungskräften – darangingen, den Schulalltag möglichst schnell wiederherzustellen, geschah dies auf der Grundlage der Schulorganisation, die den Krieg überdauert hatte. Nur in Ausnahmesituationen besonderer Not wurden Schulen unterschiedlichen Typs zusammengefaßt, unterrichteten Lehrer verschiedener Schularten zusammen (KUHLMANN 1969, S. 45). Das vordringliche Interesse lag darin, angesichts des vollständigen Zusammenbruchs des politisch-gesellschaftlichen Lebens in Deutschland einer Basisinstitution wie der Schule zu einem „ordentlichen Betrieb“ zu verhelfen; Kinder und Jugendliche, z.T. ohne Eltern oder voll in die Sicherung des Überlebens eingespannt, „von der Straße wegzubekommen“ und in den notdürftig reparierten Schulen unterzubringen. Die Zerstörungen des Schulraums waren beträchtlich (besonders in den Großstädten, z.B. in Berlin ca. ein Drittel der Schulen, Bremen 84% des Schulraums, Hamburg mehr als die Hälfte der Schulen; BERICHT 1967, S. 353, 375, 394), so daß bis Mitte der 50er Jahre noch Schichtunterricht abgehalten wurde.

Parallel zu den Wiederaufbaubemühungen löste die Befreiung von der nationalsozialistischen Herrschaft in den ersten Jahren nach Kriegsende jedoch eine breite bildungs*politische* Bewegung aus, in der unterschiedliche Gruppierungen eine mehr oder weniger grundlegende Veränderung des Schulwesen forderten und zu verwirklichen begannen. Gemeinsamer Bezugspunkt dieser Reforminitiativen war die leidvolle Erfahrung der menschenverachtenden und -vernichtenden nationalsozialistischen Herrschaft und die später nachdrücklich verdrängte Frage, welches die tieferliegenden gesellschaftlichen und historischen Ursachen für ihre

Durchsetzung und Duldung gewesen waren – Ursachen, die nicht einfach durch das Verbot nationalsozialistischer Organisationen und die Entlassung und Bestrafung einzelner Personen aus der Welt geschafft werden konnten. Da diese Ursachen nicht nur im Bereich des Bildungswesens, sondern auch im politischen System, in der Wirtschaftsverfassung und in anderen gesellschaftlichen Bereichen zu suchen waren, machten die Bildungsreforminitiativen nur einen kleinen Teil des letztlich gescheiterten Versuchs einer tiefgreifenden *Gesellschaftsreform* aus, für die anders als 1918 jedoch eine politische Unterstützung in der Bevölkerung fehlte.

Träger der Reforminitiativen im Bildungsbereich waren einerseits die alliierten Besatzungsmächte, andererseits innerdeutsche, in der Nazizeit unterdrückte politische Organisationen und Einzelpersonen, die nach der erzwungenen Emigration nach Deutschland zurückkehrten. An drei Stellen erschienen bildungspolitische Eingriffe notwendig: bei der umfassenden *Revision der Inhalte* schulischen Lernens; beim Auswechseln des an der nationalsozialistischen Herrschaft beteiligten *Lehrerpersonals* und bei Veränderungen der *Schulstruktur.* Ansätze hierzu fanden sich in den Programmen der vier Besatzungsmächte, in den programmatischen Erklärungen der sich neu konstituierenden Parteien und in den konkreteren Gesetzesinitiativen der Kultusverwaltungen. Sie alle zielten auf eine grundlegende Demokratisierung der Schule und knüpften damit an republikanische, nicht-sozialistische Traditionen der Schulreform an.

Die maßgeblichen *Alliierten* der Anti-Hitler-Koalition (USA, UdSSR, Großbritannien, Frankreich) bezogen das Bildungswesen in den Kreis derjenigen Institutionen ein, deren Wandel erforderlich erschien, um eine erneute aggressive und expansionistische deutsche Politik dauerhaft zu verhindern. Das hieß zum einen, die Durchdringung der Schule mit nationalsozialistischer Ideologie rückgängig zu machen, zum anderen, den demokratischen Aufbau des gesamten Schullebens in die Wege zu leiten. Die konstruktive Seite dieses Umerziehungsprogramms (*re-education* in der Sprache der anglo-amerikanischen Besatzungsmächte; BUNGENSTAB 1970, PAKSCHIES 1978) fand 1947 in der gemeinsamen *Kontrollratsdirektive* Nr. 54 ihren Niederschlag (MICHAEL/SCHEPP 2. Bd. 1974, S. 233ff.), die maßgeblich von den Vorschlägen der amerikanischen *Zook-Kommission* beeinflußt worden war (SCHLANDER 1975, S. 108ff.; HUSTER/SCHWEIGER 1979, S. 743ff.). Die Kontrollratsdirektive bekräftigte die Prinzipien einer demokratischen Bildungsreform (gleiche Bildungschancen für alle, Unentgeltlichkeit des Unterrichts) und konkretisierte sie vor allem im Sinne des amerikanischen Schulsystems, indem sie sich für ein integriertes, stufenartiges Bildungswesen (comprehensive educational system) und für die starke Betonung staatsbürgerlicher Erziehung sowohl durch ein eigenes Schulfach („Gemeinschaftskunde" im späteren Sprachgebrauch) als auch durch eine demokratische Gestaltung des gesamten Schullebens aussprach. Den Hintergrund dieser Vorschläge bil-dete die scharfe Kritik der Zook-Kommission an der vollständigen Trennung zwischen dem System der höheren Schule als „Schule der Elite“ und der Volksschule.

„Dieses System hat bei einer kleinen Gruppe eine überlegene Haltung und bei der Mehrzahl der Deutschen ein Minderwertigkeitsgefühl entwickelt, das jene Unterwürfigkeit und jenen Mangel an Selbstbestimmung möglich machte, auf denen das autoritäre Führerprinzip gedieh.“

Auch die weiteren Absonderungen und Abtrennungen innerhalb der höheren Schule stießen auf Kritik:

„Nirgends besteht die Möglichkeit eines gemeinsamen Schullebens noch eine andere Stelle für eine breite Grundlage einer gemeinsamen kulturellen und sozialen Erfahrung wenigstens für diejenigen, die zu akademischer Spezialisierung und zu höheren Berufen übergehen. Es ist augenscheinlich, daß das Erziehungssystem eines Landes die Grundlagen des ‚Klassengeistes‘ verstärken oder auch eine kulturelle Gemeinschaft aller Bürger aufbauen kann. Für eine demokratische Gesellschaft kommt nur die zweite Möglichkeit in Frage“ (zit. nach Klafki 1976, S. 274).

An demokratische, noch nicht verwirklichte Forderungen der deutschen schulpolitischen Tradition knüpfte der gemeinsame Aufruf von SPD und KPD aus dem Jahre 1945 an (abgedruckt bei Froese 1969, S. 87ff.). Er sprach sich für ein einheitliches, öffentliches Schulsystem mit klarer Trennung von Kirche und Schule aus, das „im Geiste einer kämpferischen Demokratie“ gestaltet werden sollte und als entscheidende Voraussetzung einer wirklichen Demokratisierung einen neuen Typ des „demokratischen, verantwortungsbewußten und fähigen Lehrers“ nannte. Auch innerhalb der neu gegründeten CDU fanden sich Fürsprecher eines „einheitlichen Schulsystems“ (Kuhlmann 1970, S. 38; S. 90, Anm. 300).

Es blieb indes nicht bei diesen programmatischen Erklärungen: Als 1947 ein Teil der Verwaltungsfunktionen in den Westzonen auf die neu gewählten Länderparlamente und -regierungen überging, entfalteten maßgebliche Stellen in den Kultusverwaltungen aller Länder (bis auf Bayern, Klafki 1976, und Nordrhein-Westfalen, Halbritter 1979) bis Ende 1948 Gesetzesinitiativen, die eine mehr oder weniger einschneidende Umstrukturierung der Schule vorsahen. Dabei lassen sich drei Reformtendenzen ausmachen:

– In Anknüpfung an die Pläne nach 1918 eine *Verlängerung der Grundschulzeit* auf sechs Jahre mit gering ausgeprägten Differenzierungsmaßnahmen in den Klassen 5 und 6 und anschließender Verzweigung der drei Schultypen (so in Württemberg-Baden vom christdemokratischen Kultusminister Bäuerle vorgeschlagen, Japser 1976; in Hamburg, Bremen und Schleswig-Holstein unter sozialdemokratischen

Kultusministern bzw. Senatoren gesetzlich eingeführt, HALBRITTER 1979, S. 93ff.; KUHLMANN 1970, S. 30ff.).

- In Anknüpfung an die Überlegungen zur *Differenzierung der Mittelstufe* Anfang der 30er Jahre (s. LESCHINSKY 1978) die „in sich gegliederte Einheitsschule" des CDU-Kultusministers Stein in Hessen, die auf der Grundlage einer vierjährigen Grundschule und eines zweijährigen förderstufenartigen Abschnitts eine nach „praktischen" Begabungen und Berufen, „gehobenen praktischen" und „wissenschaftlichen" Begabungen und Berufen verzweigte Mittel- und Oberschufe vorsah, deren Zweige indes durch Annäherung der Lehrpläne und Kern-Kurs-Unterricht stärker horizontal miteinander verbunden sein sollten (HUSTER/SCHWEIGER 1979). Nicht so weitgehende, aber immerhin bis 1964 als Schulversuch praktisch realisierte Pläne entwickelte das niedersächsische Kultusministerium mit dem „differenzierten Mittelbau", der – organisatorisch mit der Volksschule verbunden – in den Klassen fünf bis acht den Unterricht durch Lehrer verschiedener Schulformen und einen leichteren Übergang in höhere weiterführende Schule durch Teilnahme an einem Kern-Kurs-Unterricht ermöglichte (KUHLMANN 1970, S. 34f.; HALBRITTER 1979, S. 105ff.).
- Noch weiter als der hessische Gesetzesentwurf ging das (verabschiedete) „Schulgesetz für Groß-Berlin" vom 26. 6. 1948, das eine *zwölfjährige Einheitsschule* vorsah. Sie schloß eine achtjährige gemeinsame Grundschule mit Kern-Kurs-Unterricht ab der 7. Klasse ein und differenzierte sich nach der 8. Klasse in einen eher praktischen Zweig, der über Berufsfindungsjahr und dreijährige Lehre sowie Berufsschule/ Berufsfachschule zu einer praktisch-theoretischen Qualifikation führen sollte, und in einen wissenschaftlichen Zweig, der einen differenzierten Unterricht im Rahmen einer internen Aufgliederung nach naturwissenschaftlicher, neusprachlicher und humanistischer Richtung vorsah (FROESE 1969, S. 106ff.; Einzelheiten bei KLEWITZ 1971).

Mit der Trennung der Westzonen und der SBZ sowie der Konstitution der Bundesrepublik Deutschland veränderten sich die politischen Kräfteverhältnisse zuungunsten der Reformansätze: Projektierte Umwandlungen der Schule wie in Hessen und Württemberg-Baden scheiterten schon im Vorfeld der Gesetzgebung; die vor allem in den Stadtstaaten Berlin, Hamburg, Bremen und in Schleswig-Holstein erzielten Fortschritte wurden unter der Herrschaft von konservativ-liberalen Länderregierungen rückgängig gemacht. Das in der Weimarer Zeit entwickelte, nach der vierjährigen Grundschule sich verzweigende Schulsystem wurde – einschließlich der konfessionellen Trennung der Volksschule – voll wiederhergestellt. In der vereinheitlichenden Typenbezeichnung des Düsseldorfer Abkommens der Kultusminister aus dem Jahre 1955 fand diese Entwicklung einen sichtbaren Ausdruck.

Zum Scheitern der Reformansätze der Jahre 1946 bis 1948 trugen unterschiedliche Entwicklungen bei: *Innerhalb des Schulwesens* der Westzonen führte die teilweise sehr rasche Herstellung eines „geordneten Schulbetriebs“ zur Stabilisierung der traditionellen, „eingespielten“ Schulformen (KUHLMANN 1949, S. 45f.; PAKSCHIES 1978, S. 161). Im Unterschied zu 1918 war die Stellung von Schulreformern in den deutschen Ländern relativ schwach: Vielfach handelte es sich nur um die durch die nationalsozialistische Terrorherrschaft dezimierten und versprengten Reste von Reformern aus der Weimarer Zeit, die von den Alliierten als unbelastete Einzelpersonen in die Kultusverwaltungen eingesetzt wurden, ohne daß sie im Verwaltungsapparat, unter den Lehrern und den Eltern ausreichend Bündnispartner fanden (KUHLMANN 1969, S. 48f.; HALBRITTER 1979, S. 65ff.). Zu dieser Isolierung der Reformkräfte trug auch die Handhabung der Entnazifizierungsverfahren bei. Zwar scheint die Entnazifizierung auf den höchsten Rängen der Verwaltung relativ wirksam gewesen zu sein (MORSEY 1977), an ihrem Erfolg auf mittlerer und unterer Ebene wird jedoch gezweifelt (PAKSCHIES 1978, S. 167). Wie hoch der Anteil der Lehrer ist, der endgültig aus dem Schuldienst ausscheiden mußte, läßt sich nicht exakt angeben, weil genauere Untersuchungen darüber fehlen, wie viele Lehrer wie sehr durch ihre Zugehörigkeit und aktive Rolle in NS-Organisationen belastet waren und in welchem Umfang die Einstufung als „belastet“ tatsächlich zur dauerhaften Entfernung aus dem Schuldienst führte. Es wird aber geschätzt, daß der Anteil an entlassenen Lehrern in der Sowjetischen Besatzungszone erheblich höher lag als in den Westzonen (KLEWITZ 1971, S. 44, Anm. 48). Der über die Entnazifizierung weit hinausgehende, von der SPD unterstützte Plan der Amerikaner, die deutsche Verwaltung durch Einführung eines einheitlichen Dienstrechts, strikte parteipolitische Neutralität und durchgängige Anwendung des Leistungsprinzips zu demokratisieren, wurde im Verlauf der auf Westintegration ausgerichteten Deutschlandpolitik der USA zurückgenommen, so daß sich die konservativen Interessen an einer Herstellung des Berufsbeamtentums durchsetzen konnten (MORSEY 1977, S. 199ff.).

Zur Stärkung der auf Wiederherstellung des traditionellen Schulwesens beharrenden Kräfte trug damit auch die *Besatzungspolitik der Alliierten* ihren Anteil bei. Zwar bedeutete die Zielsetzung vor allem der amerikanischen re-education-Politik, das deutsche Schulwesen grundlegend zu demokratisieren, zunächst eine Stärkung der Reformkräfte. Aber das re-education-Konzept barg in sich einen Konflikt (HALBRITTER 1979, S. 25; KLEWITZ 1971, S. 94): Wenn die Siegermächte – wie die USA und Frankreich (RUGE-SCHATZ 1977) – eine energischere, aktivere Umerziehungspolitik mit autoritären Mitteln verfolgten, provozierten sie den Widerstand der Deutschen, die sie an ihren eigenen demokratischen Maßstäben beurteilten und Anti-Besatzer-Ressentiments mobilisierten; verlegten sich die Alliierten aber – wie die britische Besatzungsmacht – auf pragmatischere Methoden des „indirect rule“, so war ihr Einfluß auf die deutschen Kräfte von vornherein begrenzt. Als die USA sich in ihrer

Außen- und Deutschlandpolitik schließlich ab 1947 auf eine stärkere Ost-West-Konfrontation einstellten, die Integration der drei Westzonen untereinander vorantrieben und ihre Eingliederung als selbständige Bundesrepublik in das ökonomische und bündnispolitische System der wichtigsten kapitalistischen Industriestaaten forcierten, stärkten sie auf der einen Seite jene Kräfte in Deutschland, die die privatkapitalistische Gesellschaftsordnung rein wiederherstellen wollten, und schwächten sie andererseits sozialistische Bestrebungen, z.B. beim Versuch der Sozialisierung von Schlüsselindustrien und der Erweiterung der Mitbestimmung. Deren Bedeutung nahm überdies in dem Maße ab, in dem sich innerhalb der Arbeiterbewegung – nach den auf Annäherung und Vereinheitlichung gerichteten Bestrebungen der ersten Jahre nach dem Krieg – die Abgrenzungspolitik von SPD und KPD/SED durchsetzte (SCHMIDT 1970; HUSTER u.a. 1977).

In der Folge dieser Veränderung der Deutschlandpolitik der Westalliierten gewann im Bildungswesen der konservative Block aus CDU/CSU, Kirchen, Philologen- und Realschullehrerverband, Unternehmervereinigungen und Vertretern der Hochschulen die Oberhand. Ihre je besonderen Interessen trafen sich im Verhindern und Zurückschrauben der demokratischen Schulreformansätze der Nachkriegsjahre (im einzelnen KLEWITZ 1971; JASPER 1976; HUSTER/SCHWEIGER 1979). Die *Rechtfertigung* dieser konservativen Interessen übernahm zunächst vor allem die *Kirche,* die von vielen als eine der wenigen, während der nationalsozialistischen Herrschaft moralisch integer gebliebenen Institutionen angesehen wurde und daher besondere Autorität in Anspruch nehmen konnte (KUHLMANN 1969, S. 48). Gemäß der vorherrschenden moralischen – und nicht soziologisch-politischen – Interpretation des Nationalsozialismus als „Abfall vom christlichen Glauben“ konnte die Kirche demokratische Forderungen nach Entkonfessionalisierung und Integration des Schulwesens mit dem Argument zurückweisen, daß sie genauso „unchristlich“ waren wie die – scheinbar identischen – schulpolitischen Maßnahmen der Nationalsozialisten (JASPER 1976, S. 276f.).

> „Die Regelung der Volksschulfrage“, führte Adenauer im kulturpolitischen Teil einer Rede von 1946 aus, „hat in der Vergangenheit zu erbitterten Kämpfen der Parteien geführt, bis es zu einer vorläufigen Verständigung kam, die durch die Zustimmung der sozialdemokratischen Landtagsfraktion zu dem preußischen Konkordat 1929 auch nach außen hin ihren sichtbaren Ausdruck fand. Die sich auf diese Verständigung gründende bekenntnismäßige Schule hat die nationalsozialistische Regierung im Jahre 1939 durch die Einführung der sogenannten deutschen Einheitsschule unter Bruch des Rechts beseitigt. Was soll jetzt werden?
> Auf allen anderen Gebieten werden die Rechtsbrüche, die die nationalsozialistische Regierung begangen hat, beseitigt. Der frühere Rechtszustand wird wieder hergestellt. Das wollen wir auch für das Volksschulwesen. Es geht nicht an, gerade den Rechtsbruch der Nationalsozialisten zu sanktionieren, der von den breitesten Schichten der Bevölkerung als besonders schwer empfunden

wird. Darum verlangen wir für die preußischen Teile der britischen Zone Wiederherstellung der bekenntnismäßig gegliederten Volksschule als Regelschule entsprechend dem preußischen Gesetz von 1906 und dem preußischen Konkordat von 1929" (zit. bei HUSTER u.a. 1977, S. 405).

Der sich verschärfende Ost-West-Gegensatz führte zur Verschmelzung des skizzierten ideologischen Rechtfertigungsmusters mit dem *Anti-Kommunismus:* Die „rote Diktatur" in der Sowjetischen Besatzungszone verfahre ebenso, wie es die „braune Diktatur" getan hatte. Jedwede Form der „Einheitsschule", für die sich vor 1948 selbst Christdemokraten ausgesprochen hatten, fiel damit in den 50er Jahren unter das Verdikt der „kommunistischen Nivellierung" (vgl. entsprechende Äußerungen bei KUHLMANN 1970, S. 174ff.).

9.2 Stagnation und innerer Ausbau des Schulwesens in den 50er Jahren

Nach Wiederherstellung des dreigliedrigen Schulwesens in allen Bundesländern setzte eine Phase der bildungspolitischen und -organisatorischen Entwicklung ein, die – besonders im Kontrast zur späteren Bildungsreformphase ab 1965 – als Stagnation bezeichnet werden kann. Das gilt einmal für das Fehlen jeglicher Initiative zu einer umfassenden Schulreform; aber auch unter dem Gesichtspunkt des materiellen Ausbaus des Schulwesens kann man die 50er Jahre als Stagnationsphase ansehen, wenn man die *realen,* inflationsbereinigten *Ausgaben* für das Schulwesen, den Vergleich zum Ausbau des *Hochschul- und Wissenschafts*bereichs und den *internationalen* Vergleich heranzieht. So berechnete PALM (1966, S. 69ff.), daß trotz der erheblichen Steigerung der Bildungsausgaben (in jeweiligen Preisen) zwischen 1950 und 1962 der *Anteil* der Bildungsausgaben am Bruttosozialprodukt (in konstanten Preisen von 1954) im selben Zeitraum von ca. 3,0% auf 2,3% sank. Während das Bruttosozialprodukt in diesem Zeitabschnitt um 139% real stieg, wuchsen die Bildungsausgaben nur um 83%. Die Verteilung der Bildungsausgaben auf die Schulen und die Hochschulen zeigt, daß zwischen 1950 und 1960 der Anteil der Schulausgaben von 85% auf 78% absank (1965: 73%), während der Anteil der Hochschulausgaben dementsprechend von 15% im Jahr 1950 auf 22% im Jahr 1960 (27% im Jahr 1965) stieg (BAETHGE 1972, S. 27, Anm. 32). In dieser *Verlagerung der Bildungsfinanzierung zugunsten der Hochschulen* kam zum einen die schon Mitte der 50er Jahre einsetzende starke Nachfrage nach Studienplätzen zum Ausdruck; zum anderen erforderte die staatliche Unterstützung des Ausbaus von Schlüsseltechnologien wie Atomenergie und Luftfahrttechnik nach 1955 erhöhte Zuwendungen an die wissenschaftlich-technische Forschung.

Auch Indikatoren des internationalen Vergleichs zeigen für die Bundesrepublik zwischen 1950 und 1961 ein nur schwaches, gegenüber der Entwicklung in anderen Ländern zurückbleibendes Wachstum. Besonderes Augenmerk wurde in den Vergleichsuntersuchungen ab Mitte der 60er Jahre vor allem auf den Anteil der Hochschulberechtigten am jeweiligen Altersjahrgang gerichtet (s. Tabelle 11).

Daß trotz des relativ zurückbeibenden Ausbaus der schulischen Bildung in den 50er Jahren ein außerordentliches Wirtschaftwachstum („Wirtschaftswunder") möglich war, gehört zu den Besonderheiten der Entwicklung in der Bundesrepublik. Offenbar gab es andere günstige Bedingungen für den wirtschaftlichen Aufschwung (niedriges Lohnniveau als Folge der Schwächung der Arbeiterbewegung durch den Faschismus und als Ergebnis der Nachkriegsarbeitslosigkeit; reichliches Angebot an qualifizierten Arbeitskräften, u.a. durch den Zustrom von Flüchtlingen aus den Ostgebieten und später aus der DDR; hohe Produktivitätsfortschritte der Industrie während der Kriegsjahre; relativ intakt gebliebene Produktionskapazitäten), die bis in die 60er Jahre hinein keine besonderen Anstrengungen zur Qualifizierung der Arbeitskräfte erforderten.

Trotz der politisch und finanziell bedingten Stagnation im Schulwesen der 50er Jahre dürfen die zahlreichen Einzelmaßnahmen des *inneren Ausbaus* der Schule nicht vergessen werden, die – wenig spektakulär – in den einzelnen Bundesländern unter ökonomisch günstigeren Bedingungen das materiell einzulösen begannen, was in der Weimarer Republik zu den Errungenschaften der Novemberrevolution zählte, aber nur unzureichend verwirklicht und in der NS-Zeit regelrecht zurückgenommen wurde. Nachdem nach 1948 der Wiederaufbau und Erweiterungsbau der Schulen in größerem Umfang betrieben werden konnte, sind zu den Maßnahmen des inneren Schulausbaus, die schon vor Beginn der Schulreformdiskussion in den 60er Jahren den verstärkten Übergang zu weiterführenden Schulen begünstigten (vgl. Abb. 6), vor allem zu zählen (Bericht 1967, S. 293ff.; Kuhlmann 1970, S. 21ff.):

– Die Veränderung des Aufnahmeverfahrens für die weiterführenden Schulen. Während nach 1945 zunächst für alle Bewerber eine Aufnahmeprüfung obligatorisch war, wurden in den 50er Jahren die Auslesebestimmungen zugunsten eines Probeunterrichts gelockert. Dem Elternwunsch und der abgebenden Grundschule wurden größeres Gewicht bei der Erstzuweisung auf eine weiterführende Schule eingeräumt und vielfach die 5. und 6. Klasse in eine Beobachtungs- oder Eingangsstufe umgewandelt. In Hessen gab es überdies schon vor den Empfehlungen des „Deutschen Ausschusses für das Erziehungs- und Bildungswesen" Versuche mit einer Förderstufe, in der Lehrer unterschiedlicher Schularten einen kursmäßig differenzierten Unterricht in einigen Fächern erteilten. An den höheren Schulen wurden vereinzelt Maßnahmen ergriffen, die die Anpassung der Schüler an den Fachunterricht erleichtern sollten (automatische Versetzung zwischen 5. und 6. Klasse).

- Die Erleichterung der Übergänge von der Realschule in die Oberstufe der Gymnasien durch Einführung von Übergangsklassen, Aufbauzügen, Aufbaugymnasien.
- Die beginnende Konzentration des ländlichen Schulwesens im Zusammenhang mit dem Ausbau der Volksschuloberstufe zur Hauptschule – eine Veränderung, die vor allem ab Mitte der 60er Jahre in den Flächenstaaten forciert wurde (BAUMERT 1980, S. 596ff.) und hier den erstaunlich reibungslosen Prozeß der Entkonfessionalisierung der Volksschule (LESCHINSKY/ROEDER 1980, S. 328, Abb. 5) erleichtert zu haben scheint.
- Die Reduktion der stofflichen Anforderungen beim Abitur durch die Beschränkung der Zahl der Unterrichtsgebiete, des Lehrstoffs durch paradigmatische Auswahl und Bildung von Schwerpunkten, durch die Umwandlung von Pflichtfächern in Wahlpflichtfächer oder freiwillige Unterrichtsveranstaltungen (ULSHÖFER 1967, S. 48ff.).
- Die Verwirklichung der Schulgeldfreiheit auch für weiterführende Schulen in der zweiten Hälfte der 50er Jahre, nachdem schon Ende der 40er, Anfang der 50er Jahre in einzelnen Bundesländern (Stadtstaaten, Bayern und Hessen) die Schulgeldfreiheit gesetzlich eingeführt worden war. Da mit dem Ausbau eines leistungsfähigen ländlichen Schulwesens Kosten für den Schülertransport entstanden, gehört auch die Neuregelung der Lastenverteilung zwischen Kommunen und Land, die in zahlreichen Bundesländern in den 50er Jahren neu geregelt wurde (BERICHT 1967, S. 293ff.), zu den Maßnahmen des inneren Ausbaus der Schule.

Tabelle 11: Schulabgänger mit erfolgreich abgelegter Reifeprüfung an Sekundarschulen in Langform (in % der gleichaltrigen Bevölkerung)

	1950/51	1960/61	Zunahme in Prozent
USA[1)]	50.8	64.3	28
UdSSR[2)]	4	27	575
Frankreich	5.1	10.9	113
Belgien[3)]	8.2	14.7	80
Bundesrepublik Deutschland	4.3	6.7	56
Italien	5.2	6.6	26
Niederlande[4)]	6.4	9.5	48

1) Einschließlich Abgänger von bestimmten berufsbildenden Schulen, deren Abschlußzeugnis dem der high school entspricht;
2) Daten für 1950 und 1958;
3) Daten für 1954/55 und 1960/61;
4) Daten für 1950/51 und 1959.

Quelle: POIGNANT 1966, S. 64f.

Ihr Erfolg bei den Adressaten der Schulpolitik, den Schülern und Schülerinnen, läßt sich nicht eindeutig bestimmen und zurechnen; es ist aber bemerkenswert, daß z.B. ein durchaus nicht „bildungsfortschrittliches" Land wie Rheinland-Pfalz schon für den Zeitraum von 1950 bis 1966 eine Steigerung des Anteils der Abiturienten an den Sextanern, die neun Jahre zuvor in die höhere Schule eingetreten waren, von 33% auf 44% verzeichnete (Bericht 1967, S. 458). Derartige graduelle, von Bundesland zu Bundesland verschiedene Veränderungen mögen den Hintergrund für die Ende der 50er Jahre einsetzende Bildungsreformdiskussion dargestellt haben. Da Schulpolitik traditionell Ländersache war, konnten vereinheitlichende Vorschläge auf Bundesebene – wie nun vom „Deutschen Ausschuß für das Erziehungs- und Bildungswesen" formuliert – der öffentlichen Aufmerksamkeit sicher sein.

9.3 Die Wiedereröffnung der Bildungsreformdiskussion durch den „Deutschen Ausschuß für das Erziehungs- und Bildungswesen"

Der „Rahmenplan zur Umgestaltung und Vereinheitlichung des allgemeinbildenden Schulwesens" wurde 1959 vom „Deutschen Ausschuß für das Erziehungs- und Bildungswesen", einem ehrenamtlichen, 1953 vom Innenministerium und der Kultusministerkonferenz einberufenen Beratungsgremium, als eine Empfehlung ohne politisch bindende Konsequenzen veröffentlicht. Begründung, Inhalt und anschließende öffentliche Diskussion des Reformvorschlags weisen den „Rahmenplan" als ein Dokument aus, das einen Wendepunkt der schulpolitischen Diskussion signalisierte. Im Unterschied zu den eher pragmatischen und partikularen Veränderungen, die der „innere Ausbau" des Schulwesens in den 50er Jahren erbracht hatte, stellte der Deutsche Ausschuß mit seiner Diagnose, „daß das deutsche Schulwesen den Umwälzungen nicht nachgekommen ist, die in den letzten fünfzig Jahren Gesellschaft und Staat verändert haben" (Deutscher Ausschuss 1964, S. 1), das gesamte allgemeinbildende Schulwesen (die berufliche Bildung und die Hochschulausbildung blieben ausgeklammert) als ein zu änderndes Bildungs*system* zur Disposition.

Zwar ließ der Deutsche Ausschuß keine Zweifel daran, daß das dreigliedrige Schulsystem – aus Gründen der spezialisierten Anforderungen der arbeitsteiligen Gesellschaft – erhalten bleiben müsse. Indem er das in den 50er Jahren wegen des steigenden Übergangs auf weiterführende Schulen virulenter gewordene Problem der Auslese für die höhere

Schule aufgriff und an die mannigfachen, schon praktizierten geänderten Formen des Übergangs anknüpfte, thematisierte er ohnehin schon vorhandene Tendenzen der Bildungsentwicklung. Aber indem er diese bildungs- und gesellschafts*theoretisch* zu reflektieren begann und in ein bestimmtes, auf dem gegebenen Entwicklungsstand nur konsequentes, einheitliches *Organisationsmodell* umsetzte, bedrohte er „berechtigte Interessen" am herkömmlichen Schulwesen und löste eine Reformdiskussion aus, die *weitergehende* Folgerungen aus seiner Diagnose ziehen konnte und dies auch tat. So könnte die Warnung „Wehret den Anfängen!" als Motto über all den ablehnenden konservativen Kritiken stehen, die der Deutsche Ausschuß für seinen „Rahmenplan" erhielt.

Der vom Deutschen Ausschuß konstatierte Andrang zu den weiterführenden Schulen stellte in dreierlei Hinsicht eine Belastung dar und demonstrierte damit den „systemischen" Charakter des Problems: Auf der einen Seite erhielten die höheren Schulen eine Schülerschaft, die nicht mehr voll den herkömmlichen Leistungsanforderungen genüge und die höhere Schule mit dem Problem der Dauerauslese belaste. Auf der anderen Seite sei der Sinn der Grundschule dadurch gefährdet, daß sie ihren Unterricht zu sehr auf die Aufnahmeprüfung abstelle. Und schließlich drohe durch den wachsenden Übergang auf weiterführende Schulen die „Auspowerung" der Volksschule (Deutscher Ausschuss 1964, S. 8f.). Aus gesellschaftspolitischen Gründen, die wesentliche Argumentationsmuster der späteren Bildungsreform vorwegnehmen, sprach sich der Deutsche Ausschuß nun nicht für eine einfache, verschärfte Selektion aus, sondern gedachte die bildungsexpansiven Tendenzen – allerdings innerhalb einer geänderten Schulorganisation – zu stützen:

> „Die Pflicht zu sozialer Gerechtigkeit und der vermehrte Bedarf der modernen Gesellschaft an höher gebildetem Nachwuchs machen es nötig, jedem Kind den Weg zu öffnen, der seiner Bildungsfähigkeit entspricht. Der Schulaufbau muß gestatten, alle kindlichen Begabungen zu wecken und sie nach Art und Grad auch an anspruchsvolleren Aufgaben zu erproben" (Deutscher Ausschuss 1964, S. 16).

Um dies zu erreichen, schlug der Deutsche Ausschuß vor:

- eine Aufwertung der Volksschuloberstufe zur *Hauptschule* durch Einführung eines 9., später auch 10. Schuljahrs, einer obligatorischen Fremdsprache und leistungsmäßig differenzierter Kurse in wichtigen Fächern der oberen Klassen und durch Aufnahme des Fachs „Arbeitslehre" zur Vorbereitung auf die Berufswahl und -welt (vgl. insbesondere die Hauptschulempfehlung des Deutschen Ausschusses von 1964);
- die Einführung einer zweijährigen *Förderstufe* nach der Grundschule, die – „allen drei Oberschulen in grundsätzlich gleicher Weise zugeordnet" (Deutscher Ausschuss 1964, S. 24), organisatorisch restriktiv aber mit der Grund- und Hauptschule verbunden – kindliche Bega-

bungen wecken und den Zeitraum zur endgültigen Entscheidung für eine der drei Schularten verlängern sollte;

- die Differenzierung der höheren Schule in einen neunjährigen humanistischen, die Förderstufe umgehenden Typ *(Studienschule)* und ein siebenjähriges, auf der Förderstufe aufbauendes *Gymnasium,* das sich noch einmal in einen naturwissenschaftlichen, sprachlichen und eventuell musischen Zweig aufteilen sollte. Vor allem am Vorschlag der Studienschule wird das Interesse des Deutschen Ausschusses deutlich, bei aller Förderung gleichwohl an der frühen Selektion von „Hochbegabten“ für die höhere Schule festzuhalten.

In der schulpolitischen Diskussion, die der „Rahmenplan“ auslöste, wurden noch einmal die grundsätzlichen Positionen deutlich, die sich schon in den Auseinandersetzungen um die Reformansätze Ende der 40er Jahre herauskristallisiert hatten (vgl. zum folgenden SCHORB 1960): Eher zustimmende Äußerungen kamen von der SPD, der FDP und der Gewerkschaft der Volksschullehrer, der AGDL (Vorläuferin der GEW), der die Umstrukturierungsvorschläge des Deutschen Ausschusses allerdings nicht weit genug gingen und die demgegenüber auf ihren „Bremer Plan“ (vierjährige Grundstufe, zweijährige Mittelstufe, vierjährige Oberstufe mit Formen interner Differenzierung) verwies. Während sich die CDU eher abwartend und nur in einzelnen Punkten kritisch äußerte, lehnten der Deutsche Industrie- und Handelstag (DIHT) und der Deutsche Philologenverband den Rahmenplan ab. Besonders im Vorschlag einer Förderstufe sahen sie einen unnötigen, ja gefährlichen Einbruch in den bewährten, dreigliedrigen Aufbau des Schulwesens.

Vor allem die Diskussion über zwei Prämissen des Deutschen Ausschusses – daß es unerkannte „Begabungsreserven“ in beträchtlichem Umfang gäbe und daß die Förderstufe eine zuverlässigere und gerechtere Auslese verbürge als die traditionelle, punktuelle Form der Auslese – verdeutlichte den *Mangel an empirischen Kenntnissen* über das Bildungswesen, zu dem die geisteswissenschaftlich ausgerichtete Pädagogik der 50er Jahre ebenso beigetragen hatte wie eine Erziehungspsychologie, die stets die Angeborenheit und Konstanz von „Begabungen“ behauptet hatte, aber nie richtig hatte nachweisen können (hierzu näher KUHLMANN 1970, S. 113ff.). In seiner Antwort auf die Kritiker des „Rahmenplans“ deutete der Deutsche Ausschuß anhand sehr unzureichender statistischer Daten an, daß vor allem Mädchen und Landkinder im Schulsystem benachteiligt seien. In der Kontroverse zwischen den Sozialwissenschaftlern SCHELSKY (1961) und HABERMAS (1961) über den „Rahmenplan“ legte letzterer umfassende empirische Ergebnisse aus den USA und aus England über die schulische Benachteiligung von Kindern aus der Arbeiterschaft bzw. der „Unterschicht“ vor. Der empirischen Forschung in der Bundesrepublik waren damit Fragen aufgegeben, deren Beantwortung sie sich in der ersten Hälfte der 60er Jahre zuwandte. Die dabei gewonnen Einsichten stellten die Reformempfehlungen der Nachfolgeorganisation des Deutschen Ausschusses, des Deutschen Bildungsrats, auf eine gesichertere Grundlage.

9.4 Zusammenfassende Thesen

(1) Die bildungspolitischen Forderungen und Reformansätze der unmittelbaren Nachkriegszeit blieben insgesamt der bürgerlich-demokratischen Reformtradition verhaftet. Selbst sie hatten jedoch keine Chance auf Verwirklichung, weil die westlichen Besatzungsmächte lediglich mit allgemeinen „Umerziehungs"-Direktiven und vergleichsweise zurückhaltenden Entnazifizierungsmaßnahmen eingriffen, die sich eher am Ziel eines „ordnungsgemäßen" Schulbetriebs als an dem einer gründlichen Erneuerung der Schulverwaltung und der Lehrerschaft orientierten. Das Wenige an Unterstützung, das die Alliierten den durch Emigration, Unterdrückung und Krieg geschwächten Reformkräften gleichwohl geben konnten, verringerte sich weiter mit der Westintegration der Bundesrepublik und der Verschärfung des Ost-West-Gegensatzes. Die antikommunistische Ideologie des Kalten Krieges lieferte schließlich die willkommenen Argumente, um selbst bescheidene Reformvorschläge als „sozialistische Experimente" zu diskreditieren und bereits begonnene Reformversuche zurückzunehmen.

(2) Ein entscheidendes Motiv für die bildungspolitische Reformfeindlichkeit der 50er Jahre ist die Erfahrung gewesen, daß der materielle Aufbau der BRD ohne eine durchgreifende Schulreform möglich war. So konnte unter dem Primat der Ökonomie vor der Politik die Bildungspolitik der Bundesländer sich auf den Wiederaufbau des herkömmlichen Schulsystems und auf einzelne Korrekturen (z.B. Abschaffung der punktuellen Auslese für die weiterführenden Schulen, Erleichterung von Übergängen vom mittleren in das höhere Schulwesen, Abschaffung des Schulgeldes) beschränken.

(3) Eine Zusammenfassung der bildungspolitischen Vorstellungen der 50er Jahre, verbunden mit vorsichtigen Veränderungsvorschlägen, legte 1959 der Deutsche Ausschuß für das Erziehungs- und Bildungswesen mit dem „Rahmenplan zur Umgestaltung und Vereinheitlichung des allgemeinbildenden öffentlichen Schulwesens" vor. Zwar rechtfertigte und bekräftigte der „Rahmenplan" im wesentlichen noch einmal die Restauration des dreigliedrigen Schulsystems, eröffnete jedoch zugleich mit seinen bescheidenen Reformvorschlägen eine für die 60er Jahre politisch folgenreiche Bildungsreformdiskussion.

9.5 Weiterführende Literatur

Im Mittelpunkt schulgeschichtlicher Untersuchungen der Nachkriegszeit stehen politologisch-pädagogische Studien über die Schulpolitik in einzelnen Ländern bzw. der einzelnen Besatzungsmächte (exemplarisch für die britische Zone HALBRITTER 1979 und PAKSCHIES 1979, für Bayern KLAFKI 1976). Wie sich unter den besonderen Bedingungen Berlins die Besatzungspolitik *aller* vier Siegermächte auf die Entwicklung des Schulwesens auswirkte und wie sich im Zuge der Spaltung der Stadt und der Teilung Deutschlands restaurative Kräfte auch gegen verhältnismäßig starke sozialistische und demokratische Strömungen in Lehrer- und Elternschaft durchsetzten, schildert sehr detailreich KLEWITZ (1971). (Vgl. zu Berlin unter dem besonderen Aspekt der „Umerziehungspolitik" der USA und der UdSSR neuerdings auch FÜSSL 1994.) Zur Aufhellung des allgemeinen politischen und gesellschaftlichen Kontextes, in dem die Bildungspolitik der Nachkriegsjahre stand, sei neben der Arbeit von HUSTER u.a. (1977), die vor allem auf die internationale Interessenlage und das Verhältnis von ökonomischer und politischer Rekonstruktion abstellen, nachdrücklich auf BRANDTS Regionalstudie über Bremen (1976) verwiesen. Hier wird einerseits deutlich, daß eine antifaschistische, „von unten" gebildete Organisation aus Kommunisten, Sozialisten und Sozialdemokraten die politische Organisation des *Alltags* für eine sehr kurze Zeit maßgeblich beeinflussen konnte, daß sie andererseits aber zu schwach war, der Re-Institutionalisierung von Bürokratien, Partei- und Gewerkschaftsapparaten eine eigenständige Perspektive entgegenzustellen. – Die „Stagnationsphase" seit 1950 ist am gründlichsten von KUHLMANN (1970) untersucht worden, der die Entwicklung der schulischen Differenzierung in den Zusammenhang von politischen, ökonomischen, demographischen und sozialstrukturellen Faktoren stellt. Ergänzende bildungsstatistische Informationen findet man bei HÜFNER/NAUMANN (1977, S. 190ff.), die auch die Entstehung und Arbeit überregionaler Planungs- und Beratungsgremien (wie der „Deutsche Ausschuß") in den 50er und 60er Jahren schildern.

Kapitel 10

Bildungspolitik und Bildungssystem in der SBZ und DDR. Ausgewählte Aspekte der Entwicklung 1945-1989

Thomas Mann, der sein Interesse an der Entwicklung in der SBZ und DDR nicht nur durch seine Besuche und Reden im Goethe- und Schiller-Jahr 1949 und 1955 bekundet hat und dafür Schmähungen aus den Westzonen und der Bundesrepublik hinnehmen mußte, hat im Jahre 1947 in der ostdeutschen Kulturzeitschrift „Ost und West" einen Beitrag veröffentlicht, der die Quintessenz seiner demokratietheoretischen Überlegungen und seiner demokratiepraktischen Erfahrungen in der Emigration zum Ausdruck bringt. Er läßt in diesem Beitrag einen Amerikaner A und einen Europäer B einen fiktiven Dialog miteinander führen: „B., der Europäer, sozialistisch, wie heute alle Europäer, hat recht: Die Gleichheit (zuvor spricht er schon von der „ökonomischen Gerechtigkeit"; E.C.) ist heute der Demokratie ein wichtigeres Anliegen als die Verschiedenheit. ... Und er hat *nicht* recht ..., nicht endgültig. ... So sehr die Freiheit zu ihrer Erhaltung, ... der Disziplinierung bedarf, ... – die Freiheit kann und soll niemals in Gleichheit untergehen, und wir wollen den Wettstreit des Ungleichen als Faktor des menschlichen Fortschritts nicht unterschätzen." Der Sympathisant antizipiert schon die Gefahren: daß die „soziale Reglementierung", ohne die der Gerechtigkeit offensichtlich nicht auf die Sprünge zu helfen ist, der Freiheit zur Gefahr werden könnte.

Vierzig Jahre später und zwei Jahre vor dem Ende der DDR hat Christa Wolf – vermutlich ohne Thomas Manns versteckten Aufsatz zu kennen – in einer ihr oft abgesprochenen Eindeutigkeit die Fragen Thomas Manns in ihrem Buch „Störfall" bilanzierend aufgegriffen: „Treiben die Utopien unserer Zeit notwendig Monster heraus? Waren wir Monster, als wir um einer Utopie willen – Gerechtigkeit, Gleichheit, Menschlichkeit für alle –, die wir nicht aufschieben wollten, diejenigen bekämpften, in deren Interesse diese Utopie nicht lag (nicht liegt) und, mit unseren Zweifeln diejenigen, die zu bezweifeln wagten, daß der Zweck die Mittel heiligt?"

Dieses Moment der Ermöglichung von mehr Gerechtigkeit und Gleichheit durch die Aufhebung „aller Bildungsprivilegien einzelner Schichten“ zusammen mit der „restlosen Vernichtung aller Spuren des Hitlerregimes in Gesetzgebung, Rechtsprechung und Verwaltung“, insbesondere auch in Schule und Universität begleiten wie ein roter Faden die Aufrufe des Zentralausschusses der SPD (Dokumente, Teil 1, 1970, S. 178) und die gemeinsamen Aufrufe von SPD und KPD (Dokumente, Teil 1, S. 192f.) aus den Monaten Juni bis Oktober 1945. Insofern erfüllen anfangs SPD und KPD und die aus dem Zwangsvereinigungsprozeß hervorgegangene SED die Bedingungen von Weltanschauungsparteien im Sinne Max Webers sehr wohl: Sie wollten der „Durchsetzung inhaltlicher politischer Ideale dienen“.

Bei der Analyse der Entwicklung der Bildungspolitik und des Bildungssystems in der SBZ/DDR muß von drei Prämissen ausgegangen werden:

1. Bildung und Wissenschaft standen in der DDR aufgrund einer gemeinsamen deutschen Sprache, Kultur und Geschichte in Traditionszusammenhängen, die für die Forschung die Frage nach den fortwirkenden Gemeinsamkeiten aufwirft.

2. Bildung und Wissenschaft in der DDR waren gleichzeitig Teil der politischen und gesellschaftlichen Ordnung im System des real existierenden Sozialismus, und dies begründet die Frage nach den systembedingten Unterschieden.

3. Neben den „internen Einflußfaktoren“ sahen sich Bildung und Wissenschaft in der DDR herausgefordert durch systemübergreifende Aufgaben („externe Einflußfaktoren“) im Rahmen industriegesellschaftlicher Konkurrenzzusammenhänge gleicherweise wie durch eingegangene Selbstverpflichtungen mit systemübergreifenden Kontrollwirkungen (z.B. KSZE; SPD-SED-Papier) (vgl. Anweiler 1989, S. 370).

Die Periodisierung der Entwicklung der Bildungspolitik in der DDR ist ein Problem. Es hat die Vorschläge gegeben, die großen schulgesetzlichen Zäsuren (1946, 1959, 1965) mit zugrundeliegenden ideologischen Prinzipien (wie z.B. „totalitärer Führungsanspruch der SED“, „Orientierung am sowjetischen Vorbild“ u.a.) zu einem Periodisierungskonzept zu verbinden (so Baske/Engelbert 1966; Baske 1979); Oskar Anweiler hat das Konzept sogenannter dynamischer Faktoren (z.B. Periode der „ideologischen Okkupation“ seit 1950; Periode der Polytechnisierung seit 1958 usw.) zur Grundlage genommen (Anweiler 1988, 1989). Die DDR selbst kannte bis 1989 nur die Kontinuität unterstellende, finalistisch formulierte Dreigliederung der offiziellen Pädagogik-Geschichtsschreibung (so noch in der letzten Auflage der „Geschichte der Erziehung“ aus dem Jahre 1987), hat aber wenige Monate vor dem politischen Umbruch durch die APW eine Periodisierung in die Diskussion gebracht, die die finalistische und harmonisierende Tendenz früherer Vorschläge zu korrigieren begonnen hat (MEUMANN 1989). Dieser Vorschlag soll für die Darstellung herangezogen werden, wobei ich die dynamischen Faktoren, wichtige zugrundeliegende ideologische Prinzipien, aber auch die Widersprüche, nicht zuletzt die Frage nach der Verbesserung/Verschlechterung der „proportionalen Chancengleichheit" (GEISSLER) in die Rekonstruktion der bildungspolitischen Entwicklungsperioden zu integrieren versuche.

10.1 Die Ausgangssituation: „Die antifaschistisch-demokratische Bildungsreform" (1945-1948/49)

DDR-Geschichte und die Geschichte ihrer Bildungspolitik zu schreiben, heißt – zumal für die Frühphase – Revolutionsgeschichte erzählen. Daß sie vorrangig Revolution von oben, aber zugleich in Teilbereichen von einer breiten Akzeptanz begleitet war, hatte mehrere Gründe. Der „politisch induzierte Wandel der Sozialstruktur" (BELWE) hatte viele Nutznießer: Von den in der Bodenreform seit 1945 entschädigungslos enteigneten 14.000 landwirtschaftlichen Großbetrieben profitierten vor allem Flüchtlinge, Vertriebene, ehemalige Landarbeiter und entlassene Kriegsgefangene (von 1946 auf 1947 erhöhte sich die Zahl der Einwohner von 17,8 auf 19,1 Mill. und betrug trotz der großen Abwanderungen in den 50er Jahren vor dem Bau der Mauer immer noch fast soviel wie 1946). Ähnliche Umwälzungen der Eigentumsverhältnisse mit extremen Auswirkungen auf soziale Auf- und Abstiege hatte die Enteignung der sogenannten „Naziaktivisten und Kriegsverbrecher", wie sie durch den sächsischen Volksentscheid aus dem Mai 1946 mit hoher Zustimmung (77,6%) initiiert war. Im Rahmen dieser „Periode antifaschistisch-demokratischer Umwälzung" war der Demokratiebegriff inhaltlich gefüllt durch die egalitären gesellschaftspolitischen Orientierungen, die nicht nur Programm (wie etwa das Ahlener der CDU in den Westzonen) blieben. Der Aufbau einer parlamentarischen und partizipatorischen Demokratie dagegen stand im Widerspruch zum Selbstverständnis der sowjetischen Besatzungsmacht und demjenigen einer Avantgardepartei/einer „Diktatur des Proletariats" in der KPD und später SED. Und seine Einforderung war kaum erwartbar aus den dominanten politischen Mentalitäten der auf dem damaligen Gebiet der SBZ lebenden Generationen: Knapp die Hälfte der Bewohner der SBZ noch war durch das Kaiserreich, fast ein weiteres Drittel nur durch den NS-Staat und nur knapp ein Viertel durch die Weimarer Republik primär politisch sozialisiert worden. Hinzu kam, daß nach der Zwangsvereinigung von KPD und SPD die demokratischen Traditionen der Arbeiterbewegung weitgehend zerstört waren. Der andere programmatische Anspruch, in dem diese Periode sich artikulierte, der Antifaschismus, war sicherlich von einem breiteren Konsens getragen und dürfte als historisches kollektives Bewußtsein durch seine Legitimations-, Entlastungs- und Unterscheidungsfunktion (von den Westzonen und der BRD) eine weit über die Frühperiode hinausreichende identitätsstiftende Wirkung gehabt haben (VIERHAUS 1989, S. 86-90). Und auch der antifaschistische Anspruch ist wie der demokratische (i.S. von egalitär-gesellschaftspolitisch) nicht nur Programm geblieben: er führte einerseits zu einer Reorganisation von Verwaltung, Justiz und Bildungsbereich, zur Aufhebung des Berufsbeamtentums, zur Entlassung und zum sozialen Abstieg vieler Juristen, Professoren, Lehrer und Beamten im Zuge der Entnazifizierung und ermöglichte andererseits den sog. Volksrichtern, Neuwissenschaftlern und Neulehrern einen sozialen Aufstieg (vgl. zum Ganzen: STARITZ 1989, S. 71-78; BELWE 1989, S. 125ff.).

Das „Gesetz zur Demokratisierung der deutschen Schule" (aus dem Mai/Juni 1946) war ein wichtiges Glied in der Kette jenes politisch induzierten Wandels der Sozialstruktur. So wie für die westlichen Besatzungsmächte vielfältig belegt, hat auch die Sowjetische Militär-Administration (SMAD) der im August 1945 eingerichteten „Deutschen Verwaltung für Volksbildung" in Berlin weitreichende Befugnisse für die Schulreform eingeräumt, nachdem sie allerdings zuvor bereits in ihrem Befehl Nr. 40 vom 25. August 1945 durch das Verbot von Privatschulen und des schulischen Religionsunterrichts sowie durch die Berufung des KPD-Mitgliedes Paul Wandel zum Präsidenten der Zentralverwaltung wichtige Rahmenbedingungen geschaffen hatte (Dokumente, Teil 1, S. 182, 184). Trotz des Fortbestehens der fünf Länder erhielt die deutsche Zentralverwaltung für Volksbildung gegenüber den Länderbehörden eine übergeordnete Verantwortung; an die Stelle des Föderalismus im Westen trat in der Bildungspolitik der SBZ sehr früh das Prinzip des Zentralismus. Zu Recht ist darauf hingewiesen worden, daß diesem Gesetz von 1946 die parlamentarische Legitimation gefehlt hat (ANWEILER 1990, S. 15); dem ist aber entgegenzuhalten, daß einer der wenigen nicht-restaurativen Reformansätze in den Westzonen, derjenige von Adolf Grimme in Niedersachsen, ebenfalls nur als „Reform von oben" gelungen ist und daß auch er – um mit Koselleck zu reden – seine „revolutionäre Legitimität" aus den nach dem Nationalsozialismus lange „zurückgestauten Problemen einer neuen Sozial- und Verfassungsordnung" herleitete (CLOER 1986 b, S. 109ff.).

Die Präambel des Gesetzes von 1946 sagte über die alte deutsche Schule – und sie schloß Weimar darin ein: „Sie war Standesschule. Für die Söhne und Töchter des einfachen Volkes waren die Tore der höheren Schule und der Hochschule in der Regel verschlossen . . . "; und sie forderte für die neue: „Die neue demokratische Schule muß frei sein von allen Elementen des Militarismus, des Imperialismus, der Völkerverhetzung und des Rassenhasses. Sie muß so aufgebaut sein, daß sie allen Jugendlichen, Mädchen und Jungen, Stadt- und Landkindern, ohne Unterschied des Vermögens ihrer Eltern das gleiche Recht auf Bildung und seine Verwirklichung entsprechend ihren Anlagen und Fähigkeiten garantiert" (DOKUMENTE, Teil 1, S. 207f.). Das eigentlich Revolutionäre dieses Schulgesetzes, das übrigens in einem Überblickreferat eines leitenden Mitarbeiters von Adolf Grimme in den „Frankfurter Heften" 1946 als ein vorbildliches Reformgesetz bezeichnet wurde, war die für alle Kinder einheitliche achtjährige Grundschule mit dem Pflichtangebot einer modernen Fremdsprache ab Klasse 5 und einem ab Klasse 7 vorgesehenen Kursangebot in einer zweiten Fremdsprache, in Mathematik und den naturwissenschaftlichen Fächern. Nach der 8. Klasse teilte sich die Bildung in zwei Wege: eine dreijährige Berufsausbildung und eine vierjährige Oberschule (Klassen 9-12), die in Anknüpfung an die deutsche Gymnasialtradition einen mathematisch-naturwissenschaftlichen, neusprachlichen und altsprachlichen Kursunterricht vorsah und mit dem Abitur die allgemeine Hochschulreife verlieh (DOKUMENTE, Teil 1, S. 207-210 in Verbindung mit S. 218f.).

Die Schwierigkeiten und Modifikationen bei der Umsetzung dieses Gesetzes angesichts des hohen Anteils einklassiger und weniggegliederter Schulen (der Anteil der voll ausgebauten betrug 1945/46 nur 11,4%), des großen (Fach-)Lehrermangels aufgrund der Entlassung der Altlehrer im Zuge der Entnazifizierung, angesichts der zu integrierenden Flüchtlingsströme (von 1946 auf 1947 erhöhte sich die Einwohnerzahl noch einmal um 1,3 Mill. und lag damit um 2,4 Mill. über dem Stand von 1939) bei gleichzeitiger Verpflichtung zu extrem hohen Reparationen (für den Zeitraum von 1946 bis 1948 werden sie heute auf 25% des Sozialproduktes geschätzt) können hier nicht im Detail untersucht werden. Aber angesichts der angedeuteten ökonomischen, schulorganisatorischen und demographischen Bedingungen geben die nachstehenden Leistungen einen Hinweis auf den Stellenwert der Bildungspolitik in einer sich formierenden Erziehungsgesellschaft: der Anteil der sog. Neulehrer betrug am 1. April 1949 bereits fast 70% – allerdings mit deutlichen Unterschieden zwischen den Ländern (Sachsen 81%; Sachsen-Anhalt 52,5%); der Anteil der einklassigen Schulen konnte nicht zuletzt durch die „Richtlinien zur Durchführung der Schulreform auf dem Lande vom 21. Juni 1946" von über 40% im Jahre 1945 auf 20% im Jahre 1949 gesenkt werden; der Anteil von Kindern ohne Fremdsprachenunterricht ab Klasse 5 betrug im November 1948 – wiederum mit signifikanten Länderunterschieden – nur etwa 10%; unter den Schülern mit Sprachunterricht lernten zu diesem Zeitpunkt etwa 71% Russisch, knapp 24% Englisch, fast 4% Latein (in absoluten Zahlen: 50.703), und das restliche Prozent verteilte sich auf Französisch und Griechisch (errechnet nach: DOKUMENTE, Teil 3, 1974, S. 741f.).

Die Aufhebung des „Bildungsmonopols der herrschenden Klasse“, der „Standes- und Klassenvorrechte in der Schule“ (DOKUMENTE, Teil 1, S. 170, 246) waren erklärte Ziele, die mit der achtklassigen Grundschule/Einheitsschule, der Landschulreform, der Öffnung der Oberschule, der Ausbildung von Neulehrern, nicht zuletzt aber auch durch die Erschließung von neuen Wegen zur Universität außerhalb der Oberschule mit dem Ziel der Erschließung der Begabungsreserven in der Arbeiterschaft erreicht werden sollten. Dem dienten seit 1945 die sog. Begabtenprüfungen für Arbeiter ohne Reifezeugnis, die wegen der geringen Erfolgsquote (nur etwa 10% schafften mit der autodidaktischen Vorbereitung die Aufnahme in die Universität) anfangs durch sog. Vorstudienanstalten, ab 1947 dann durch den Universitäten angegliederte Vorstudienabteilungen (ab 1949 unter der Bezeichnung Arbeiter- und Bauern-Fakultät) abgelöst wurden (WATERKAMP 1985, S. 103-111).

Das Ziel der Brechung des Bildungsmonopols stand in einem ausdrücklichen Spannungsverhältnis zu jenem traditionellen Begabungsverständnis, wie es sich in den gesetzlichen Sprachregelungen artikulierte: da war von den „sprachlich Begabten“ und den „mathematisch Begabten“ die Rede; da sollte ein „Recht auf Bildung . . . entsprechend ihren Anlagen und Fähigkeiten garantiert“ werden (DOKUMENTE, Teil 1, S. 208, 217f.). Eine solche Begrifflichkeit transportierte einen statischen Begabungsbegriff, blieb hinter dem in den 20er Jahren erreichten Diskussionsstand zurück und konnte bestenfalls eine fähigkeits-/leistungsorientierte Chancengleichheit, keineswegs aber eine proportionale (in der die Schichten entsprechend ihrem Anteil an der Gesamtbevölkerung vertreten sein sollen) legitimieren (GEISSLER 1990, S. 84f.; SCHREIER 1990, S. 550). Daß im übrigen die proportionale Chancengleichheit weder zu diesem noch zu einem späteren Zeitpunkt durch den einmaligen Akt der proportionalen Selektion zu erreichen war, sondern kontinuierlicher Begleitmaßnahmen unter Maßgabe des Ausgleichsprinzips (innere Differenzierung, Stützkurse, Reform der Leistungsbeurteilung unter Berücksichtigung einer anstrengungszentrierten Beurteilung u.a.) bedurft hätte (und bedarf), war angesichts der vielen zu lösenden Aufgaben theoretisch nicht vorbereitet.

Diese Fragen einer Brechung des Bildungsmonopols waren – von einer Ausnahme abgesehen – kein Gegenstand der universitären Pädagogik dieser Periode. Von den 42 SBZ-Pädagogik-Professoren hatten nur zwei (Heyde, Petersen) in der Zeit des Nationalsozialismus kontinuierlich gelehrt (in den Westzonen dagegen 34 von 61). Die übrigen 40 Neu- bzw. Wiederberufenen hatten sich in der Zeit des Nationalsozialismus besonders bewährt oder sehr früh ihre Ämter verloren (so Ahrbeck, Litt, Petzelt); die Grundlegung ihres pädagogischen Denkens verwies auf den deutschen Idealismus, Neukantianismus, nicht jedoch auf den Marxismus. Der größte Teil der neuberufenen Professoren in der Lehrerbildung kam aus reformpädagogischen Traditionsbezügen und knüpfte daran an (HERRLITZ 1988, S. 12ff.).

Die Ausnahme, von der zuvor die Rede war, war Robert Alt. Er ist nicht nur der Nestor der Teildisziplin Geschichte der Erziehung in der SBZ/DDR gewesen, er hat durch eine besonders große Zahl von Habilitanden und Doktoranden, durch leitende Funktionen in Wissenschaftsplanung und -organisation sowie als Mitglied des ZK der SED Einfluß auf verschiedene Ebenen einer pädagogischen Wissensproduktion genommen (vor allem auf die APW und die universitäre Pädagogik). Alts Studie „Zur gesellschaftlichen begründung der neuen schule“ in Heft 1 des 1. Jahrganges der Zeitschrift „pädagogik“ hat ein Paradigma entfaltet, das sich als äußerst funktional erweisen sollte für die enge Verknüpfung von Bildung und Ökonomie, Bildungspolitik und staatliche Wirtschaftsplanung sowie dafür, daß in der Oberschule seit den 60er Jahren die mathematisch-naturwissenschaftliche Variante der Bildung die ausschließliche geworden ist.

Alt fand in seiner kritischen Analyse traditionaler Gesellschaften, selbst der formalen Demokratien, ein wechselseitiges Bedingungsgefüge zwischen den Monopolen von Besitz, politischer Macht und Bildung. Die traditionale höhere Schule habe über die Monopolisierung der Bildung (insbesondere im klassisch-humanistischen Typus; ALT 1978, S. 231) und dem „darauf beruhenden berechtigungswesen“ ein „bildungsprestige“ und einen „legitimitätsanspruch“ begründet, „der die bestehende ordnung rechtfertigen“ sollte und dem „auf seiten der mitglieder der legitimationsglaube“ entsprochen habe, den die Oberklasse durch den „gebrauch der sprache, das repräsentative auftreten, zur schau getragenes sicherheits- und überlegenheitsgefühl“ zu stärken versucht habe (ALT 1946, S. 15f.). Alts Konsequenz war aber nicht diejenige westlicher historisch-materialistischer Analysen von Bildung und Herrschaft (Heydorn) – nämlich den Bildungsbesitz dieser Minderheit zum Besitz aller zu machen –, sondern tiefgreifende Veränderungen in den Bildungsinhalten: „Weite bezirke der kulturgüter können als bildende mächte für die großen massen nicht wirken, da der kontakt mit ihnen an besitz gebunden ist“ (ALT 1946, S. 19). Die Beseitigung von Bildungsprestige, Legitimitätsanspruch einerseits und Legitimitätsglauben andererseits waren für Alt begründet in der Überwindung der kapitalistischen Gesellschaftsformation und im Austausch Prestige-konstituierender Bildungsinhalte durch eine Orientierung auf die besonderen „Wirkungen naturwissenschaftlichen Denkens und Erkennens. Es lehrt beobachten, Schlüsse ziehen, fördert die genetische Betrachtung aller Gegebenheiten und enthüllt die Gesetzmäßigkeiten allen Geschehens . . .“ (ALT 1978, S. 211). Dabei erhielt diese Reduktion der Inhalte noch eine folgenschwere Ergänzung durch die Forderung, daß künftighin die Legitimation der Inhalte nicht mehr aus den Bedürfnissen von Kindern oder im Sinne formaler Kräftebildung oder im Sinne eines Kanons des Klassischen erfolgen dürfte, „sondern was gelehrt wird, wem und in welchem umfange es übermittelt wird, bestimmen gesellschaftliche bedürfnisse" (ALT 1946, S. 19). Dieses Paradigma erhielt noch einmal wesentliche Weiterungen in dem schulpädagogisch-systematischen Ertrag seiner historischen Studien zu Komensky, die mit ihrer Betonung des Lernens im Klassenverband, der Gesetzmäßigkeit der Methode, der rationellen Gestaltung des Lehrens und Lernens, der führenden Rolle des Lehrers in der Tendenz einem Modell linearer Einwirkung/intentionaler Beeinflussung, einer Machbarkeitspädagogik und einer affirmativen Theorie der Erziehung nahestanden; der DDR-Pädagoge Werner Salzwedel wird es anfangs der 80er Jahre als „linear-kausal gedachtes Einwirkungsmodell" bezeichnen, das es dringend zu überwinden gilt (vgl. CLOER 1986 c, S. 230). Diese Lesart wird auch in Alts Einschätzung der Reformpädagogik aus dem Jahre 1956 bestätigt, die für mehr als drei Jahrzehnte den reformpädagogischen Diskurs in der DDR bestimmen sollte. Konstitutive Prinzipien wie die Achtung vor dem werdenden Menschen oder die Selbständigkeit wurden aus ihrem weiten bildungs- und lerntheoretischen Begründungsursprung herausgelöst und auf die eine gesellschaftliche Zielvorgabe hin eingeeengt: Achtung vor dem Kind hieß dann, im Kinde den „werdenden Erbauer einer sozialistischen Zukunft" zu achten; Selbständigkeit/Aktivität des Schülers/schöpferisches Tun durften „nur im Rahmen einer planvollen, zielbewußten Erziehung ihren Platz haben", blendeten somit die divergentes Denken ermöglichenden Momente von Phantasie und Intuition bewußt aus, waren ausgerichtet „auf die gesellschaftlich nützliche Arbeit und auf gesellschaftlich notwendige Verhaltensweisen", auf die Steigerung jener „Produktivität", welche „die sozialistische Gesellschaftsordnung zum Siege führen kann" (ALT 1956, S. 363-367). – Ein Paradigma im übrigen, das angesichts des biographischen Hintergrundes – Alt hatte viele Jahre im KZ eingesessen– in seiner ungeduldigen Einforderung der „Verbesserung der menschlichen Dinge" (Komensky war der erste theoretische Pate Alts) nur zu verständlich war, aber gleichwohl der Struktur des pädagogischen Prozesses als eines aktiven Aneignungsprozesses nicht gerecht war (und ist). Die Orientierung auf den mathematisch-naturwissenschaftlichen Wissenstypus als Prototyp eines endgültigen „Wahrheitswissens" (Waterkamp) tendierte zu einer affirmativen Theorie der Bildung.

Noch war dies die Minderheitsposition; noch konnten sich kontroverse pädagogische Denkformen öffentlich artikulieren; noch war die Mehrheitsposition repräsentiert durch Ansätze wie denjenigen eines Theodor Litt, für den die Freiheit als Strukturmoment in der Ich-Du-Relation des pädagogischen Prozesses konstitutiv war, für den es ausgemacht war, daß sich der Erzieher nicht mit „seinem zeitgebundenen Wollen" oder gar als Repräsentant der „Meinungen und Wollungen" der objektiven Mächte (etwa einer Partei oder gar Einheitspartei) in den „Prozeß des Werdens" hineindrängen dürfe. Aber hätte man nicht gerade von Litt, der den Erfolg des NS mit dem Versagen derjenigen „Kreise" erklärte, „die in erster linie berufen gewesen wären, sich schützend" vor die „geistige überlieferung" zu stellen, eine entsprechende Legitimation für eine Demokratisierung der Bildung erwarten müssen? Man sucht sie bei ihm vergebens (LITT 1946, S. 22-32).

10.2 Der Aufbau der „sozialistischen Schule" (1949 bis zum Ende der 50er Jahre)

Im Zuge von Bodenreform, Teilverstaatlichung und Entnazifizierung war bereits in den späten 1940er Jahren ein tiefgreifender Wandel der Sozialstruktur eingetreten. Aber trotz der revolutionären bildungsstrukturellen Voraussetzungen, die durch die achtjährige Grundschule geschaffen waren, zeigten sich bezüglich einer Veränderung der sozialen Zusammensetzung der Schülerschaft nur geringe Effekte. Einerseits stand die Intention im Schatten eines konventionellen Begabungsverständnisses, hatte also Legitimationsdefizite; andererseits drängten die kapitalenteigneten bürgerlichen Schichten für ihre Kinder verstärkt zum kulturellen Kapital. Zur Veränderung in Richtung auf eine proportionale Chancengleichheit bedurfte es nicht nur politischer Intentionen, sondern direkter Interventionen.

Die Voraussetzungen dazu hatte die SED durch ihre seit 1948 offen deklarierte Orientierung am leninistischen Parteiverständnis geschaffen; sie verstand sich als eine Partei, die mit Hilfe des Marxismus/Leninismus die historischen und gesellschaftlichen Gesetzmäßigkeiten erkannt hatte und deshalb als „Vortrupp der Arbeiterklasse" stellvertretend und im gesellschaftlichen Interesse zu handeln beanspruchte. Im Kontext der Ausprägung eines „demokratischen Zentralismus" kam es zu einer Zentralisierung des Machtapparates und der Wirtschaftsleitung. Und nach der 2. Parteikonferenz im Juli 1952 wurde die weitere Auflösung der alten besitzenden Mittelschichten (Handel, Handwerk, Gewerbe und sog. Großbauern mit mehr als 20 ha Besitz) durch die Einrichtung von landwirtschaftlichen Produktionsgenossenschaften (LPG) und Produktionsgenossenschaften des Handwerks (PGH) betrieben. Die nachfolgende Tabelle verdeutlicht die einschneidenden Veränderungen der Klassen- und Schichtenstruktur durch die Umwandlungen des ökonomischen Systems und der Eigentumsstruktur in den ersten 15 Jahren der DDR-Geschichte:

Tabelle 12: Klassen- und Schichtenstruktur der Berufstätigen der DDR 1945 bis 1985 (in %)

Klasse/Schicht	1945	1952	1961	1964	1970	1982	1985
Arbeiterklasse Arbeiter und Angestellte	70,2	73,0	77,5	76,6	77,2	75,0	75,0
Genossenschaftsbauern	–	0,5	12,2	10,9	8,6	6,5	6,8
Intelligenz	–	3,8	4,8	6,6	8,0	15,0	15,0
Genossenschaftshandwerker	–	–	1,0	1,8	3,1	1,8	1,8
Private Gewerbetreibende und Handwerker, Bauern einschließlich mithelfende Familienangehörige	29,8	22,7	4,5	4,0	3,1	1,7	1,7

Quelle: Belwe 1989, S. 131

Die politischen Interventionen in das Bildungssystem im Sinne einer revolutionären Gesellschaftspolitik wurden im Beschluß des Parteivorstandes der SED vom 24. August 1949 vorbereitet und darüber hinaus – für die westliche Verfassungstradition ganz ungewöhnlich – in den Art. 38 und 39 der ersten Verfassung der DDR vom 7. Oktober 1949 in der Qualität von Staatszielen bis hin zur Konkretisierung von Organisationsmodellen (z.B. „Vorstudienanstalten") festgeschrieben. Der Parteivorstand der SED formulierte – interessanterweise immer noch auf der Folie eines konventionellen Begabungsbegriffs („Eignung für diese Schulart") – explizit das Ziel einer proportionalen Chancengleichheit: „Deshalb ist die Auswahl der Oberschüler aus den Kreisen der Werktätigen bei gleichzeitiger Heranziehung von Kindern der Aktivisten und der fortschrittlichen Intelligenz entsprechend dem Anteil dieser Schichten an der Bevölkerung und ihrer Bedeutung zu verstärken" (Dokumente, Teil 1, S. 341).

Der Weg von einer fähigkeits-/leistungsorientierten hin zu einer proportionalen Chancengleichheit ist in den 50er Jahren äußerst konsequent mit „Instrumenten der Gegenprivilegierung" (Geissler) (Bonus für Arbeiter- und Bauernkinder; soziale Quotierung beim Zugang zu Ober-, Fach- und Hochschulen; ABF) beschritten worden. In allen vier Zonen hatte nach dem Kriege der Anteil der Arbeiterkinder unter den Universitätsstudenten ca. 4% betragen; er erreichte in der DDR im Jahre 1958 mit 53% seinen Höhepunkt, betrug 1960 immer noch 40% und hat seither kontinuierlich abgenommen. Zu betonen ist allerdings: proportionale Chancengleichheit bezog sich in dieser Periode stärker auf die Gesellschaftsstruktur als auf die Geschlechtszugehörigkeit. Parallel zur Rückläufigkeit der auf die Sozialstruktur bezogenen proportionalen Chancengleichheit läßt sich seit den 60er Jahren ein Anstieg der auf die Geschlechtszugehörigkeit bezogenen Proportionalität der Chancengleichheit beobachten, der in den späten 80er Jahren sowohl in der EOS als auch unter den Studierenden bei über 50% lag (HILLE 1990, S. 586, 590; vgl. auch Tab. 12). Diese „positive Diskriminierung" der Arbeiter- und Bauernkinder hatte notwendig die Behinderung einer gleichbleibend hohen Nachfrage von Kindern aus (vor allem systemkritischen) bürgerlichen Schichten zur Folge. Der „Arbeiterstatus" konnte aber z.T. durch diese Kinder über die mehrjährige Arbeit in der Produktion erworben werden. Einen besonderen Stellenwert im Kontext dieser am „Ausgleichsprinzip" (Rawls) orientierten Gegenprivilegierung hatten die Arbeiter- und Bauernfakultäten; sie waren anfangs an 11, später an 16 Universitäten als eigenständige, dem Lehrplan der Oberschule in seiner mathematisch-naturwissenschaftlichen Variante folgend, Fakultäten eingerichtet und brachten in den Jahren zwischen 1951 und ihrer Auflösung im Jahre 1962 im Durchschnitt 12 bis 15% der Studienanfänger hervor (DOKUMENTE, Teil 3, 1974, S. 775 mit differenzierten statist. Angaben; GEISSLER 1990, S. 91f.; WATERKAMP 1987, S. 301f.).

Im Unterschied zur politisch-administrativen Ebene hat sich die universitäre Pädagogik in dieser Zeit ausdrücklich um die Legitimation eines dynamischen Begabungsbegriffs bemüht – mit einer interessanten Parallele zu den grundlegenden Aufsätzen Heinrich Roths aus den Jahren 1949 bis 1952 in der BRD. Die DDR-Pädagogik tat dies keineswegs primär unter Bezugnahme auf die Sowjetpädagogik (SCHREIER 1990, S. 551), konnte sich vielmehr u.a. auf frühe Arbeiten des an der Humboldt-Universität (seit 1961 in Göttingen) lehrenden Psychologen Kurt Gottschaldt stützen (vgl. einschlägige Aufsätze im Jg. 1952 der Zeitschrift „Pädagogik"). Im übrigen lieferte das oben bei Robert Alt entfaltete Paradigma der methodisch gezielten Belehrung zusammen mit dem über die Sowjetpädagogik zurückkehrenden Formalstufenschema des Herbartianismus (WATERKAMP 1989, S. 25-27) dem dynamischen Begabungsverständnis flankierende Stützen.

Im Zuge der erfolgreichen Zentralisierung des Machtapparates der SED kam es in den frühen 50er Jahren zu einer zunehmenden ideologischen Penetration von Schule und Universität (Jugendweihe; gesellschaftswissenschaftliches Grundstudium: Marxismus/Leninismus), zu einer offiziell verordneten Orientierung an der Sowjetunion sowie zu einer programmatischen Orientierung der Volksbildung auf die „Forderungen der modernen Industrie": „Die Schule muß auf der Grundlage des Marxismus/Leninismus in den Unterrichtsfächern die fortschrittlichen Ergebnisse der Wissenschaft, insbesondere der Sowjetwissenschaft vermitteln, um die Jugend zu befähigen, den Kampf... um die Erfüllung der im Fünfjahrplan (zur Entwicklung der Volkswirtschaft von 1950; E.C.) gestellten Ziele erfolgreich führen zu können" – so formulierte es das ZK der SED in seiner Entschließung über „Die nächsten Aufgaben der allgemeinbildenden Schule" vom 19. Januar 1951 (DOKUMENTE, Teil 1, S. 382; vgl. auch S. 369f., 454-471).

Die politisch weitgehend durchgesetzte proportionale Chancengleichheit, die in einzelnen Fällen auch zu Lasten des Leistungsprinzips ging, verband sich eng mit der Intention einer politisch-ideologischen Orientierung von Lehrern und Schülern auf den Aufbau des Sozialismus. Dem Verband der Jungen Pioniere (für die Gruppe der 6- bis 14jährigen) und der FDJ wurden in diesem Zusammenhang besondere Aufgaben zugewiesen. Die Resistenz gegen die ideologische Penetration und die vollständige Erfassung durch die FDJ waren jedoch so ausgeprägt (ANWEILER 1988, S. 48), daß sich das Ministerium für Volksbildung das Moment der Gewichtung der ideologischen Zuverlässigkeit bei der Prüfung zur „Mittleren Reife" durch gutachtliche Mitwirkung der „Zentralen Leitung der Grundeinheit der FDJ" zu institutionalisieren gezwungen sah (DOKUMENTE, Teil 1, S. 502-505). Offiziell also tendierte die Politik in dieser Periode bei den Übergangsregelungen zu höheren Bildungsstufen zu einer besonderen Gewichtung der sozialen Herkunft und der politisch-ideologischen Zuverlässigkeit.

Nicht nur in westlichen Analysen ist diese Periode als eine der Sowjetisierung bezeichnet worden (Anweiler, Baske, Froese); auch die kurz vor dem politischen Umbruch erschienene revidierte Schulgeschichte der DDR spricht selbstkritisch von den „Überspitzungen . . . sowohl in der Tendenz, sowjetische Erfahrungen linear und nicht ausreichend theoretisch reflektiert" übernommen zu haben, sowie von „der überzogenen Abkehr von der Reformpädagogik als einem nicht unbedeutenden Teil nationaler Bildungstradition" (MEUMANN u.a. 1989, S. 473). Im einzelnen ist die Sowjetisierungsthese belegt worden unter Hinweis auf:

- die weitgehende Orientierung an den Organisations- und Verwaltungsstrukturen des sowjetischen Bildungssystems und an den didaktisch-methodischen Grundsätzen der Sowjetpädagogik;
- die Einführung der Zehnklassenschulen mit eigenständigem didaktischen Profil neben der achtjährigen Grundschule plus vierjähriger Oberschule in Anlehnung an die sowjetischen zehnklassigen Mittelschulen;
- den Anstieg sowjetpädagogischer Aufsätze in der Zeitschrift „Pädagogik" von 3% im Jahre 1946 auf 41% im Jahre 1951 (ANWEILER 1990, S. 18f.; LANGEWELLPOTT 1973, S. 141).

So richtig diese Hinweise sind, es zeigt sich eine Gleichzeitigkeit des Gegenläufigen:

1. Dietmar Waterkamp in der Bundesrepublik und Franz Hofmann in der DDR haben gezeigt, daß mit der Sowjetpädagogik nationale Traditionslinien des Herbartianismus und solche pädagogischen Denkformen „zurückgekehrt“ sind, in denen das nationale klassisch-humanistische Erbe dialektisch aufgehoben war. Empirisch evident wird Hofmanns These an den 67 historisch-pädagogisch relevanten Habilitationen und Dissertationen der Jahre 1949 bis 1957, die sich – von drei Ausnahmen abgesehen – auf das nationale klassisch-bürgerliche Erbe des 17./18. Jahrhunderts, die Pädagogik und Bildungspolitik der deutschen Arbeiterbewegung sowie die Reformpädagogik bezogen.

2. Nicht nur im historisch-pädagogischen Kontext, sondern auch im Zusammenhang systematisch-pädagogischer Überlegungen ist bei führenden Pädagogen der DDR (z.B. Alt, Deiters, Dorst, Tomaschewsky) gerade in den Jahren zwischen 1954 und 1957 die Berufung auf die nationale, klassisch-humanistische Tradition besonders augenfällig gewesen.

3. Die Periode zwischen 1949 und 1957/58 war keineswegs ideologisch in sich geschlossen. Die „Tauwetterperiode“ zwischen 1953 und 1957 – begründet sowohl in innenpolitischen (Ventil nach dem 17. Juni 1953) als auch intrasystemaren Faktoren (neuer Kurs der nachstalinistischen Sowjetführung) – hat in der DDR zu einem Rückgang der inneren Repression mit deutlichen Auswirkungen auf die Flüchtlingszahlen, zu einer Klimaänderung in der Kulturpolitik (mit besonderer Gewichtung des nationalen deutschen Exil-Kulturerbes) geführt.

4. Der Versuch des Ministeriums für Volksbildung, in einer Reform von oben neben der Oberschule im Mai 1955 sog. Zehnklassenschulen einzuführen, die in ihrer Stundentafel deutlicher als die Oberschule am „Bedarf unserer Volkswirtschaft“ orientiert sein sollten, ist weitgehend gescheitert. Es zeigten sich bei Hochschul- und Oberschullehrern wie auch in der Elternschaft deutliche Vorbehalte gegenüber einer von der deutschen Tradition der Oberschule (auch in ihrer Dreizügigkeit) abweichenden Organisations- und Inhaltsänderung. Ja, in der Spätphase dieser sog. Tauwetterperiode kam es – angestoßen durch die universitäre Pädagogik – sogar zu weitergehenden Vorschlägen für eine Differenzierung der achtklassigen Einheits-Grundschule, die allerdings durch den sehr bald erhobenen Revisionismusvorwurf und schärfste Disziplinierungen einzelner Universitätspädagogen (z.B. Hans-Herbert Becker) im Keim erstickt wurden (vgl. zum Ganzen: Becker 1957; Cloer 1988; Dokumente, Teil 1, S. 512f.; Rang 1982, S. 364-69; Waterkamp 1989).

Überblickt man abschließend diese Periode der „Schaffung der Grundlagen des Sozialismus“, so zeigt sie sich als eine Periode revolutionärer Gesellschaftspolitik, in die die Bildungspolitik durch die Realisierung einer proportionalen Chancengleichheit als ein Kernstück eingefügt war. Zugleich dominierten in dieser Periode die internen Einflußfaktoren: dabei hatten die intrakulturellen, auf dem nationalen Erbe gründenden Traditionen sowohl im Strukturschema des Bildungssystems (insbesondere der Oberschule, aber auch der an die sozialistische Tradition der deutschen Arbeiterbewegung anknüpfenden achtklassigen Einheits-Grundschule) als auch in den diskutierten pädagogischen Denkformen ein Übergewicht gegenüber den intrasystemaren, im System der sozialistischen Länder begründeten Einflußfaktoren.

10.3 Konzipierung und Gestaltung der Schule in der „entwickelten sozialistischen Gesellschaft" (Ende der 50er bis Ende der 70er Jahre)

Jene beiden Jahrzehnte, die in westlichen zeitgeschichtlichen Analysen als „Modernisierung im Obrigkeitsstaat" (60er Jahre) und als „Wohlfahrtssozialismus" (70er Jahre, so STARITZ 1989) bzw. im Selbstverständnis der DDR als „Wandel zum Realismus" (so der 8. Parteitag 1971) bezeichnet worden sind, waren stärker durch externe als durch interne Einflußfaktoren bestimmt. Die Expansion der westlichen Industrieproduktion und die darin begründeten Abwanderungsschübe gerade junger hochqualifizierter Arbeitnehmer seit den späten 50er Jahren zeigten, daß das Vorhaben, bei offenen Grenzen den Sozialismus als das ökonomisch überlegene System zu etablieren, nicht realisierbar war.

Der Mauerbau hat die DDR aber „erst einmal stabilisiert, gewissermaßen aufs Neue gegründet" (STARITZ 1989, S. 76). Wichtige Bereiche der Gesellschaft wurden in rascher Folge durch Gesetze neu geregelt: das Gesetzbuch der Arbeit (1961), das Jugendgesetz (1964), das Familiengesetz (1965), das Gesetz über das einheitliche sozialistische Bildungssystem (1965), das Strafgesetzbuch (1968) (BELWE 1989). Aber diese Stabilisierung war nicht zu haben ohne innere Befriedung. Und diese wurde zu erreichen gesucht über das 1963 eingeleitete „Neue ökonomische System der Planung und der Leitung der Volkswirtschaft" (NÖSPL), das sich deutlicher an den materiellen Interessen von Konsumenten und Produzenten zu orientieren suchte. Diese im NÖSPL angelegte Intention fand ihre Fortsetzung und Vertiefung seit dem VIII. Parteitag, auf dem Honecker als neue Hauptaufgabe die „Einheit von Wirtschafts- und Sozialpolitik" definierte; diese Zielsetzung konkretisierte sich seit 1971 in einer Förderung des privaten Verbrauchs, im Verbot von Preiserhöhungen im sog. Grundbedarf, in der Auflage eines umfangreichen Wohnungsbauprogramms. Dieser Wohlfahrtssozialismus wie auch die später eingegangenen Selbstverpflichtungen in der KSZE-Schlußakte sowie im SPD-SED-Papier bargen ein mehrfaches Risiko: Die Partei setzte sich einer

Leistungskontrolle von innen und außen aus; sie betrieb mit der notwendig werdenden Subventionierung des Grundbedarfs (dieser wuchs von 8,5 Milliarden im Jahre 1971 auf ca. 50 Milliarden im Jahre 1988) eine ruinöse Haushaltspolitik; und sie verzichtete mit der Betonung der materiellen Aspekte zunehmend auf die utopischen Aspekte der gesellschaftlichen Revolution (Staritz 1989, S. 76ff.; Belwe 1989, S. 128).

Der politisch induzierte Wandel der Sozialstruktur und die bildungspolitisch induzierte proportionale Chancengleichheit in den 50er Jahren gerieten unter den Bedingungen des Wettstreits der Systeme und der darin begründeten Vorherrschaft der ökonomischen vor den gesellschaftspolitischen Zielen sehr bald in den Hintergrund. Die USA (und mit einiger Verzögerung auch ihre Bündnispartner) tätigten in der Folge des Sputnik-Schocks die größten Bildungsinvestitionen ihrer Geschichte. Die Länder des real existierenden Sozialismus unter Führung der UdSSR setzten sich auf dem Hintergrund der Sputnik-Euphorie das ehrgeizige Ziel, durch die rasche Entwicklung der Wissenschaft „die Überlegenheit des Sozialismus über den Kapitalismus in der Sphäre der materiellen Produktion und im geistig-kulturellen Leben" nachzuweisen (Dokumente, Teil 2/2, 1969, S. 432).

Tabelle 13: Sozialprofil der Studierenden an wissenschaftlichen Hochschulen der DDR 1945-1989 (in %)

	DDR					BRD	
	Intelligenz	Arbeiter	Angestellte	Mitgl. von LPG/PGH	Selbständige Sonstige	Arbeiter Studierende	Studienanfänger
1945/46		ca. 4				ca. 4	
1954	12	48	24	6	11	5	
1958	14	53	19	6	9	5 (1959)	
1960	19	39	30	3	8	5	
1967	30	30	26	6	7	7 (1966)	7 (1966)
1976						13	16
1979	59	max 11–19				15	15
1982	69	max 10–15				16	14
1985						15	12
1989	78	max 7–10				15 (1988)	9

Quelle: Geissler 1992, S. 227

Tabelle 13 zeigt einen Rückgang der Arbeiterkinder unter den Direktstudenten von 39% im Jahre 1960 auf 30% im Jahre 1967 und den gleichzeitigen Anstieg der Kinder aus der Schicht der Intelligenz von 19 auf 30%. Zwischen 1967 und 1979 hat sich der Anteil der Kinder aus der Intelligenz bei einem Anstieg von 30 auf 59% nahezu verdoppelt, um bis 1982 noch einmal signifikant auf 69% anzusteigen. Der (auf Schätzungen beruhende) Anteil der Arbeiterkinder betrug Ende der 70er Jahre im günstigsten Fall nur noch etwa 19% (Geissler 1990, S. 92; 1992, S. 226ff.).

Die zunehmende soziale Schließung der Hochschulen hat eine Reihe von Gründen, auf die detailliert im Abschnitt 10.4 einzugehen sein wird. Hier sei schon darauf hingewiesen, daß die Verlautbarungen der Partei gleicherweise wie die neue Verfassung der DDR vom 9. April 1968 für den Übergang zu höheren Bildungsstufen eine entscheidende Veränderung der Auslesekriterien vornahmen; so formulierte Artikel 26 der Verfassung: „Der Staat sichert die Möglichkeit des Übergangs zur nächsthöheren Bildungsstufe bis zu den höchsten Bildungsstätten, den Universitäten und Hochschulen, entsprechend dem Leistungsprinzip, den gesellschaftlichen Erfordernissen und unter Berücksichtigung der sozialen Struktur der Bevölkerung“ (zit. nach BASKE 1979, S. 207). Die Verfassung schrieb hier im übrigen eine Rangfolge fest, die das Gesetz von 1965 bereits so formuliert hatte: „Für die höheren Bildungseinrichtungen werden die Besten und Befähigtesten ausgewählt“ (DOKUMENTE, Teil 2/2, 1969, S. 573). Diese neue Rangfolge der Auslesekriterien spiegelt deutlich die faktisch seit Beginn der 60er Jahre sich abzeichnende Überlagerung der gesellschaftlichen durch die wissenschaftlich-technische Revolution.

Diese Umorientierung von einer proportionalen zu einer leistungsorientierten Chancengleichheit, diese „Entideologisierung“ der Auslesekriterien vollzog sich interessanterweise parallel zu der Verschärfung der ideologischen und ökonomischen Systemauseinandersetzung in der Folge des Sputnik-Ereignisses 1957. Die Konvergenzen sind verblüffend. Verantwortliche Bildungspolitiker in den USA kritisierten dort die bisherige Überbetonung der Chancengleichheit zu Lasten der Förderung von Leistungseliten und die Auslese von Hochbegabten und entwickelten seit dem „National Defense Education Act“ von 1958 Förderungsprogramme insbesondere für die Bereiche Sprache, Mathematik, Naturwissenschaften und Begriffsbildung (CLOER 1975). Es kann daher nicht überraschen, daß sich auch in der Bildungspolitik der beiden deutschen Staaten seit Beginn der 60er Jahre solche Konvergenzen zeigen: Die „wissenschaftlich-technische Revolution“ in der DDR und die „zweite industrielle Revolution“ (so die geläufige Bezeichnung in der BRD) führten dazu, daß Fragen der Bildungspolitik, Bildungsplanung und des Bildungswesens für mehr als ein Jahrzehnt in den Mittelpunkt traten, daß in beiden deutschen Staaten das Bildungswesen in seiner Bedeutung für das wirtschaftliche Wachstum und deshalb in seiner Funktion der Schaffung eines Bildungsvorlaufs betont wurden, daß eine wissenschaftlich begründete Bildungsplanung sich nicht mehr an den sog. Anforderungen des Beschäftigungssystems, sondern an den prognostizierten künftigen Qualifikationsanforderungen zu orientieren begann und daß die mathematischen, naturwissenschaftlichen und technischen Bildungsinhalte im Zusammenhang der „Meisterung der wissenschaftlich-technischen Revolution“ einen besonders hohen Stellenwert erhielten (ANWEILER 1990, S. 19-21, 25f.).

Die ideologische Betonung der Wissenschaft als erster Produktivkraft in der DDR, die Rolle, die zumal der Mathematik, den Natur- und Technikwissenschaften als „unmittelbarer Produktivkraft" für den ökonomischen und sozialen Fortschritt in den 60er Jahren zugewiesen wurde, hatten Auswirkungen auf die Bildungsexpansion, das Bildungssystem, die Bildungsinhalte (das Verständnis von Allgemeinbildung) sowie das Unterlaufen des Einheitsschulprinzips durch Spezialschulen und Klassen mit verstärktem Fremdsprachenunterricht unter der Maßgabe des Leistungsprinzips.

Tabelle 14: Anteil der Schüler in Klasse 9 und Klasse 11 des allgemeinbildenden Schulwesens in % der Altersgruppe[1] 1960-1987 (DDR – BRD)

	Klasse 9			Klasse 11	
	DDR	Bundesrepublik Deutschland insges.	davon an Hauptsch.	DDR EOS	Bundesrepublik Deutschland Gymnasium/ Gesamtschule
Jahr					
1960	51,1	32,6	7,5	9,0	10,1
1965	61,9	40,0	14,6	10,2	10,6
1970	73,6	86,4	50,2	11,0	15,8
1975	86,6	79,3*	36,3*	9,4	20,3
1980	87,2	90,6	36,9	8,1	22,2
1985	89,6	95,8	36,6	8,9+	23,0
1987	82,2	92,6	34,6	8,9	24,8

1 Aus Gründen der Datenangleichung wurden für beide Staaten die 15- bis unter 16jährigen und die 17- bis unter 18jährigen zugrundegelegt.
* Rückgang bedingt durchSchuljahresumstellung.
+ Beruht auf den Angaben für 1984.

Quelle: KÖHLER/SCHREIER 1990, S. 131

Tabelle 15: Absolventen der Berufsausbildung mit Abitur in der DDR 1965-1983

Jahr	BA mit Abitur	in % des Altersjahrgangs
1965	4 338	3,2 %
1970	7 129	2,7 %
1975	8 500	3,3 %
1980	9 900	3,5 %
1983	11 147	3,9 %

Quelle: ANWEILER 1988, S. 132

Tabelle 14 verdeutlicht, daß der Anteil derjenigen, die auf dem Wege zu einer 10jährigen Oberschulbildung waren, in dem Zeitraum von 1960 bis 1970 von 51,1 % auf 73,6 % und damit um fast 50 % gesteigert worden ist. Gleichzeitig wurde die Zulassung zur Erweiterten Oberschule (EOS) von 9 % auf 11 % des Altersjahrganges gesteigert, so daß die Abiturientenquote 1970 in der DDR bei ca. 13,7 % (die 2,7 % Absolventen der Berufs-

Tabelle 16: Grunddaten zum Hochschulbereich 1960-1987 (DDR)

Jahr	Universitäten/ Hochschulen	Studierende in Tsd.[1] Insgesamt	darunter Direktstud.	Fernstud.	Abendstud.	Neuaufnahmen in Tsd. Insgesamt absolut	in % d. Jahrg.[2]	darunter Direktstud.	Fernstud.	Absolventen in Tsd. Insgesamt absolut	in % d. Jahrg.[3]	darunter Direktstud.	Fernstud.
1960	44	99,9	73,0	24,4	1,4	30,1	10,1	20,7	7,7	15,0	5,6	11,9	2,7
1965	44	111,6	74,6	29,5	3,4	24,7	17,1	16,4	6,3	20,9	7,4	13,7	5,5
1970	54	143,2	99,9	36,3	1,3	44,0	17,1	30,8	10,0	22,3	15,5	14,6	4,8
1975	54	136,9	103,1	25,2	0,3	34,4	13,0	27,8	4,3	36,5	14,3	25,2	8,7
1980	53	130,0	105,9	14,8	0,2	31,9	11,2	26,8	2,9	24,2	9,2	19,5	2,1
1985	54	129,9	108,9	11,8	0,2	31,6	11,9	26,5	2,3	25,0	8,9	20,3	2,1
1987	53	132,6	111,8	13,8	0,1	30,9	12,6	25,3	2,9	22,8	7,9	18,7	2,0
		darunter Frauen in %											
1960	*x*	*25,2*	*31,4*	*8,2*	*7,5*								
1965	*x*	*26,1*	*31,0*	*15,7*	*7,8*	*28,4*		*33,9*	*19,4*	*28,3*		*36,1*	*11,8*
1970	*x*	*35,4*	*43,2*	*15,9*	*10,8*	*37,3*		*44,7*	*16,4*	*30,1*		*35,7*	*17,9*
1975	*x*	*48,2*	*56,0*	*21,4*	*31,5*	*45,5*		*49,0*	*29,1*	*41,1*		*50,2*	*17,9*
1980	*x*	*48,7*	*52,8*	*26,5*	*29,8*	*49,4*		*53,1*	*30,2*	*47,6*		*51,8*	*20,3*
1985	*x*	*50,1*	*52,2*	*31,6*	*33,6*	*50,8*		*51,5*	*34,4*	*50,4*		*53,3*	*25,6*
1987	*x*	*50,2*	*51,9*	*32,4*	*33,3*	*50,2*		*51,2*	*32,2*	*50,6*		*52,6*	*31,7*

1 Die Forschungsstudenten sind nicht enthalten und auch nicht ermittelbar.
2 Die Anfängerquote ist bezogen auf die 19- bis unter 21jährigen.
3 Die Absolventenquote ist bezogen auf die 24- bis unter 26jährigen.

Quelle: KÖHLER/SCHREIER 1990, S. 127

bildung mit Abitur aus Tab. 15 sind zu addieren) und damit noch in der Nähe der bundesrepublikanischen Quote lag. Tab. 16 zeigt darüber hinaus den starken Ausbau des Hochschulbereiches. 10 neue Hochschulen wurden gegründet; die Zahl der Studierenden (und zwar der Direkt- und Fernstudenten in etwa gleichen Relationen) wurde um fast 45 % gesteigert; der Anteil der Absolventen erreichte mit 15,5 % des Altersjahrganges im Jahre 1970 den höchsten Stand in der Geschichte der DDR.

Tab. 14 und 16 verdeutlichen aber zugleich die divergenten Entwicklungen in der DDR und der BRD in den 70er und 80er Jahren. Während in der BRD die größte Expansion in der deutschen Bildungsgeschichte erfolgte (vgl. Kap. 11), nahm die DDR im Zuge der „Wende zum Realismus“ neue Proportionssetzungen in der Nachwuchsplanung vor, in deren Folge es zu einer Drosselung des Zugangs zu den EOS und Hochschulen und einer bildungspolitischen Konzentration auf den hochqualifizierten Facharbeiternachwuchs kam.

Solange die mathematisch-naturwissenschaftliche Variante der Bildung ihre Legitimation ausschließlich im Zusammenhang der Brechung des Bildungsmonopols erhalten hatte (vgl. das bei Robert Alt entwickelte Paradigma in Abschnitt 1), konnte sich die Oberschule in ihrer an der nationalen Tradition anknüpfenden Dreizügigkeit (altsprachlich, neusprachlich, mathematisch-naturwissenschaftlich) gegen die Zehnjahresschulen/Mittelschulen, die bereits in den 50er Jahren dieser mathematisch-naturwissenschaftlichen Variante folgten, relativ erfolgreich behaupten. Jetzt aber, da die Legitimation intrasystemar durch die Zielsetzungen des XX. Parteitages der KPdSU und intersystemar durch die Verschärfung

Abbildung 3: Schema des Bildungswesens in der DDR in den achtziger Jahren

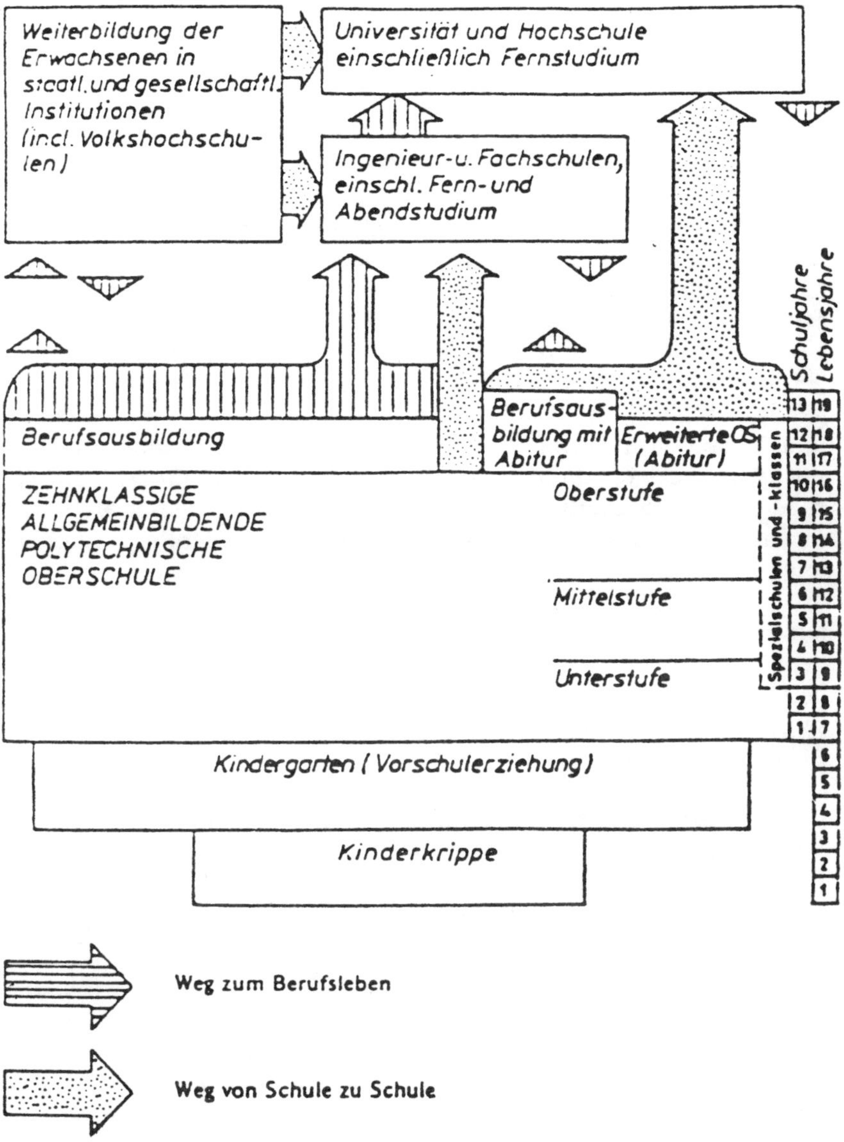

Quelle: ANWEILER 1988, S. 128

der Konkurrenz der Systeme entschieden erweitert war, war die Durchsetzung der mathematisch-naturwissenschaftlichen als der ausschließlichen Variante der Bildung leichter möglich. Beginnend mit dem Gesetz von 1959, das die „zehnklassige allgemeinbildende polytechnische Oberschule" für alle Schüler verbindlich vorschrieb, ist sie stufenweise und abschließend durch das „Gesetz über das einheitliche sozialistische Bildungssystem vom 25. Februar 1965" verbindlich gemacht worden (Dokumente, Teil 2/2, 1969, S. 569-605; vgl. Abb. 3).

In diesen Kontext der Durchsetzung des mathematisch-naturwissenschaftlich geprägten Bildungskonzeptes gehören auch die Anfänge der (statistisch so sehr im Dunkeln gebliebenen) Spezialschulen und -klassen. Parallel zur Vorbereitung des Schulgesetzes von 1965, das ein zehnjähriges Einheitsschulkonzept mit geringen Differenzierungen realisiert hat (die Stundentafeln von 1967 kannten nur für die Klassen 7-10 drei Stunden fakultativen Unterricht), kam es zu strukturellen Ausgrenzungen i.S. der Förderung von Leistungseliten, die wiederum auch im konvergenztheoretischen Zusammenhang erklärbar sind. Der entscheidende Beschluß vom 3. Juli 1963 zur „Entwicklung von Spezialschulen und -klassen" verwies in seiner Begründung auf die Qualifizierung für solche Berufe der „führenden Wirtschaftszweige", „die für die Durchsetzung des wissenschaftlich-technischen Fortschritts in diesen Bereichen und in der gesamten Volkswirtschaft von grundlegender Bedeutung sind und besonders hohe mathematische und naturwissenschaftliche Kenntnisse verlangen" (z.B.: „Elektrotechnik und Automatisierung"). Sie sollten als Ganztags- und Internatsschulen organisiert werden, für die solche Schüler durch eine „Eignungsprüfung" ausgewählt werden sollten, „die besonders in den mathematisch-naturwissenschaftlichen Disziplinen sehr gute Fähigkeiten und Leistungen" aufwiesen (Dokumente, Teil 2/2, 1969, S. 505ff.). Mit ähnlicher Begründung (gesellschaftlicher Bedarf einer wachsenden Zahl „hochqualifizierter Kader mit hervorragenden Fremdsprachenkenntnissen") wurden, beginnend mit dem Schuljahr 1967/68, Klassen mit verstärktem Fremdsprachenunterricht (Russisch, Englisch, Französisch, Spanisch, Polnisch, Tschechisch und seit 1970 auch wieder Latein und Griechisch) eingerichtet (Dokumente, Teil 2/2, 1969, S. 693; Teil 3/1, 1974, S. 246ff.).

Aber die Periode seit den 60er Jahren war nicht nur durch die beschriebene „Entideologisierung" der Auslesekriterien, nicht nur durch Konvergenzen im Rahmen des ökonomischen Systemwettstreits der Großmächte und ihrer jeweiligen Verbündeten und somit durch externe Faktoren gekennzeichnet. Es gab auch in dieser Periode die Gleichzeitigkeit des Gegenläufigen: Mit dem Rückgriff auf ein zentrales Moment der Marxschen Bildungskonzeption, die „polytechnische Erziehung", und ihre schrittweise und seit 1965 sehr stabile Integration als eines der Kernstücke in den Kanon einer schulischen Allgemeinbildung mit berufsvorbereitenden Aufgaben, erhielten interne Faktoren ein hohes Gewicht;

intern in jenem Doppelsinn von intrakulturell (Anknüpfung an das nationale deutsche sozialistische Kulturerbe) und intrasystemar (Anknüpfung an die theoretische Vorlaufdiskussion seit den 1920er Jahren in der UdSSR und die unter Chruschtschow initiierte Schulreform von 1958). Marx hatte in der sog. Genfer Resolution von 1866 sein Bildungskonzept als die Einheit von „geistiger Bildung" (durch Sperrung hervorgehoben), „körperlicher Ausbildung" und „polytechnischer Erziehung" entworfen, wobei letztere „die allgemeinen wissenschaftlichen Grundsätze aller Produktionsprozesse mitteilt, und die gleichzeitg das Kind und die junge Person einweiht in den praktischen Gebrauch und die Handhabung der elementarischen Instrumente aller Geschäfte" (zit. nach ANWEILER 1969, S. 15). Mit dieser „Polytechnisierung" (vgl. dazu HÖRNER 1990) erhielt die mathematisch-naturwissenschaftliche Variante der Bildung eine tiefgreifende Erweiterung in Richtung auf eine mathematisch-naturwissenschaftlich-polytechnische Variante der Bildung. Und mit dieser didaktischen Konzeption kam es – eine sehr zutreffende Kennzeichnung – zur eigentlichen„Systemfindung" (ANWEILER) des Bildungssystems in der DDR.

Schon die Stundentafel von 1970/71 wies für diesen mathematisch-naturwissenschaftlich-polytechnischen Block einen Anteil von insgesamt 40,4 % aus (Mathematik/Naturwissenschaften 29,8 %; „Einführung in die sozialistische Produktion" 10,6 %). Dieser Anteil erhöhte sich in den Stundentafeln der 80er Jahre sogar noch auf 48,6 % (Mathematik/Naturwissenschaften 34,3 %; „Einführung in die sozialistische Produktion" 14,3 %); er lag damit allein schon im mathematisch-naturwissenschaftlichen Anteil gleichauf mit den entsprechenden Anteilen des mathematisch-naturwissenschaftlichen Gymnasiums in Bayern (34,4 %) (ANWEILER 1988, S. 95, in Verb. mit MITTER 1990, S. 196f.).

Dieses System einer Verbindung von Allgemeinbildung und Berufsbildung bzw. berufsvorbereitenden Bildungselementen, wie es charakteristisch gewesen ist für die zehnklassige polytechnische Oberschule und die EOS seit dem Schulgesetz von 1965, hatte seine Entsprechung im Bereich der Berufsbildung; dort sind seit dem Schuljahr 1959/60 „Abiturklassen in der Berufsbildung" eingerichtet worden, die durch die gleichzeitige Vermittlung der allgemeinen Hochschulreife (Abitur) und einer abgeschlossenen Berufsausbildung (Facharbeiterabschluß) eine wirkliche Doppelqualifikation erbrachten. Obwohl die EOS als der ältere und prestigereichere Weg zur Hochschulreife eine entschieden höhere Akzeptanz hatte, hat es kontinuierlich im Interesse der Bildungspolitik gelegen, gerade den Weg der Berufsbildung mit Abitur zu fördern; durch gezielte Zulassungssteuerung hat sich in den 80er Jahren eine Relation von Abiturienten in der EOS zu Abiturienten in der Berufsbildung von ca. zwei zu eins ausgeprägt (vgl. oben Tab. 14, 15) (SCHÄFER 1990, S. 351-356; ausführlich ANWEILER 1988, S. 58-78).

Diese auf einer genuin sozialistischen Denktradition aufruhende Polytechnisierung als Verbindung von Allgemeinbildung und Berufsbildung (bei Marx in den bildungstheoretisch relevanten Begriffen der Totalität und Disponibilität tiefer entfaltet) erwies sich im Unterschied zur sozialegalitären Ideologie der proportionalen Chancengleichheit als durchaus funktional für die Produktionszwänge im Zuge der Verschärfung des Systemwettstreits in den 60er Jahren.

Die rigiden Lehrplanvorgaben aber zusammen mit dem dominant bleibenden Modell der linearen Einwirkung, die sich verschärfenden restriktiven Maßnahmen beim Zugang zu höheren Bildungsabschlüssen, vor allem aber die zuvor erörterte bildungsinhaltliche Einseitigkeit – alle diese Momente trugen dazu bei, daß sich die Bildungs- und Schulpolitik immer weiter von der sozialistischen Vision einer allseitigen Entfaltung der Person/der „freien Entwicklung eines jeden“ (Marx im „Kommunistischen Manifest) entfernten. Zu fragen ist, ob hier die universitäre Pädagogik in ihrer Wissensproduktion ausschließlich Legitimationswissenschaft mit einer „fatale(n) Kapitulation vor der Obrigkeit“ gewesen ist, wie es immer häufiger, so zuletzt bei GRUSCHKA (1992), behauptet wird (ohne dic notwendige Differenzierung der pädagogischen Denkformen auf den für die DDR typischen drei Ebenen des „pädagogischen Establishments“: der politisch-administrativen, der APW, der universitären Pädagogik). Obwohl die Rekonstruktion der pädagogischen Denkformen in der früheren DDR noch ganz am Anfang steht (z.B. BENNER/LENZEN 1991; BEUTLER u.a. 1992; CLOER 1973; 1986 a,c, 1988; GRUSCHKA 1992; LANGEWELLPOTT 1972; RANG 1982; WATERKAMP 1990), kann beispielsweise an der Studie von Franz Hofmann zur „Allgemeinbildung“ (die 1966, also ein Jahr nach dem Schulgesetz von 1965, erschienen ist) gezeigt werden, daß er unter Bezugnahme auf Comenius und Pestalozzi kritisch seine Stimme gegen die Intentionen einer Staatspädagogik erhoben hat. Mit Pestalozzi hat er das reflexive Moment im Bildungsprozeß betont: daß Bildung letztlich „Werk meiner selbst“, Ergebnis eines „hochgradig selbsttätigen Aneignungsprozesses“ und somit eben nicht Resultat vor allem linearer Einwirkung sein dürfe. Unter Bezugnahme auf Komenskys didaktische Maßgabe des Pansophischen hat er die Gefahr der Orientierung der sozialistischen Allgemeinbildung auf die Wissenschaften, die er nicht missen wollte, herausgearbeitet: daß sie in ihrer polymathischen und enzyklopädischen Tendenz leicht das „Wissen vom Ganzen“ aus dem Auge verlieren könnte (vgl. meine Analyse und ähnliche Belege für die DDR-Pädagogen KLINGBERG, MANNSCHATZ, SALZWEDEL in: CLOER 1986 a, c).

10.4 „Am Beginn qualitativ neuer Entwicklungen“ (80er Jahre)

Zwei große, interdisziplinär angelegte Arbeiten zur vergleichenden Deutschlandforschung sind in den Jahren 1989 und 1990 veröffentlicht worden; beide konnten den politischen Umbruch noch nicht berücksichtigen (ANWEILER 1990; WEIDENFELD/ZIMMERMANN 1989). Viele der insgesamt 78 dort versammelten Deutschlandexperten halten sehr selbstverständlich an dem Fortbestand zweier deutscher Staaten fest. Andere benennen mit großer analytischer Schärfe jene Bedingungen, unter denen ein langfristiges Weiterbestehen der DDR denkbar sei. Der Politikwissenschaftler Gert-Joachim Glaessner schließt seinen Beitrag über den politischen Prozeß in der DDR mit folgendem Gedanken ab: „Für die Zukunft der DDR wird es entscheidend sein, ob die SED die Kraft aufbringt, die in den sozialen und kulturellen Veränderungen liegenden Chancen aufzugreifen und für einen Modernisierungsschub des Herrschaftssystems zu nutzen“ (GLAESSNER 1989, S. 529).

Die sozialen Veränderungen, von denen im Zitat die Rede ist, waren in der Tat in den 80er Jahren einschneidend. Der „Wissenschaftliche Rat für Soziologische Forschung in der DDR“ war im Jahre 1981 mit der folgenden programmatischen Erklärung an die Öffentlichkeit getreten: „Die ungenügende Differenzierung ... und der damit unzureichend individuell erlebte, direkte Zusammenhang zwischen Leistung und Einkommen hemmen in hohem Maße die Entfaltung solcher Verhaltensweisen, die für die Erreichung wissenschaftlich-technischer Leistungen von internationalem Rang . . . unerläßlich sind“ (zit. nach GEISSLER 1990, S. 88). Diese These von der Triebkraftfunktion sozialer Unterschiede für das ökonomische Wachstum enthielt eine totale Relativierung lange Zeit gültig gewesener ideologischer Prämissen und bedurfte daher einer sorgfältigen Legitimation. Die bisherige, an sozial-egalitären und auf fortschreitende Homogenisierung der Gesellschaft hin orientierte Maßgabe hätte – so wurde argumentiert – eher eine „Nivellierung nach unten“ und keinen realen sozialen Fortschritt erbracht. Es müsse daher ein anderer Weg erprobt werden, weil auch aus sozialen Unterschieden und Differenzierungen Triebkräfte für den wissenschaftlich-technischen Fortschritt hervorgehen könnten.

Diese von den Gesellschaftswissenschaften ausgehende und von den Wirtschaftsfunktionären stark unterstützte These konnte sich auf Richtlinien des X. Parteitages der SED (1981) stützen, der die DDR als „moderne sozialistische Industriegesellschaft“ erneut darauf verpflichtet hatte, „mit der weltweiten wissenschaftlich-technischen Revolution Schritt zu halten, ja, dabei an Boden zu gewinnen“ (zit. nach ANWEILER 1990, S. 26). Die politisch induzierte Umsetzung dieser These hat rasche und nachhaltige Auswirkungen auf die gesellschaftlichen Binnendifferenzierungen in Richtung einer beruflichen und sozialen Polarisierung mit der Folge einer wachsenden sozialen Ungleichheit gezeitigt. Innerhalb der Schicht der Intelligenz hat sich neben der alten Funktionärselite leistungsabhängig eine ebenfalls mit vielen Privilegien (deutlich höhere Einkommen, bessere Wohnverhältnisse, Westreisen u.a.) ausgestattete wissenschaftliche und kulturelle Elite ausgeprägt. Innerhalb der Arbeiterschaft hat sich eine kleine Gruppe einer „Rationalisierungselite" entwickelt, die sich von den Un- und Angelernten und den sog. normalen Facharbeitern als dem „neuen Proletariat" deutlich abgrenzte (BELWE 1989, S. 135-139).

Die Bildungspolitik stellte sich sehr bald in den Dienst der Förderung dieser Triebkraftfunktion sozialer Unterschiede. Margot Honecker als Minister für Volksbildung betonte seit Mitte der 80er Jahre die neue Rolle des „subjektiven Faktors": Bei Schülern müßten „Initiative, Risikobereitschaft, Entscheidungsfreude, Entschlußkraft", bei den Professoren der „wissenschaftliche Meinungsstreit" gefördert werden, und bei den Studierenden müßten „kleinliche Reglementierungen" und die totale Verplanung der vorlesungsfreien Zeit aufhören, um für mehr Eigeninitiative Platz zu schaffen (HONECKER 1986, S. 7, 9, 33; 1989, S. 554, 556). In ihrer letzten Rede auf dem IX. Pädagogischen Kongreß 1989 traten pädagogische, am Ausgleichsprinzip orientierte Vorstellungen von Begabung und Chancengleichheit ganz hinter der Legitimation der Erhaltung der internationalen Wettbewerbsfähigkeit zurück: „Das verlangt . . . durch die konsequente Verwirklichung des Prinzips ‚Jeder nach seinen Fähigkeiten, jedem nach seiner Leistung' immer neue Triebkräfte für den ökonomischen und sozialen Fortschritt freizusetzen" (HONECKER 1989, S. 554). Auf dieser Folie konnte nun ungeschützt über das ausgebaute System von Spezialschulen und über die durch andere Institutionen und Organisationen betriebene Förderung der Besten, der „Spitzenleistungen" (so der Präsident der APW) gesprochen und gleichzeitig gefordert werden, daß dies ein „Feld sei, das noch weitaus besser bestellt werden" müsse (ebd., S. 557). Man mag diese Bestenförderung unter dem makrosoziologischen Industriegesellschaftsmodell als Modernisierungsmaßnahme bewerten, in ihrer nun so deutlichen bildungspolitischen Prioritätensetzung jedoch hat sie zu der Maßgabe einer Verbesserung der sozialen Chancengleichheit in der Denktradition einer sozialistischen Pädagogik in einem deutlichen Widerspruch gestanden.

Viel eher vielleicht wäre man geneigt, Margot Honeckers Betonung des subjektiven Faktors im Erziehungsprozeß, ihre Ermunterung zum „konstruktiven Meinungsstreit", ihre Option für die Ausprägung der Individualität eines jeden Schülers, auch die in ihrer letzten Rede vorgelegten Vorschläge für eine Ausweitung des fakultativen Unterrichts, die ja in ihrer Wechselwirkung eine tendenzielle Öffnung zu einer nicht-affirmativen Erziehung enthielten, als „Modernisierungsmaßnahmen" zu bezeichnen – wenn, ja wenn da nicht im gleichen Atemzuge davor gewarnt worden wäre, einem „pluralistischen Sozialismus“ Platz einzuräumen. Daß im übrigen diese zuvor genannten Momente einer pädagogischen „Modernisierung“ nur bei einer umgehenden Veränderung der Schulverfassung der DDR, bei der Auflösung des so dominanten Frontalunterrichts durch andere Sozialformen des Unterrichts, durch Innovationen im Bereich einer inneren Differenzierung und nicht zuletzt durch eine Lösung vom Paradigma der linearen Einwirkung eine Chance gehabt hätten, versteht sich von selbst.

Abbildung 4: Begabungsförderung in der DDR für Schüler allgemeinbildender Schulen – Modell –

Quelle: SCHREIER 1990, S. 533

Der Schein eines Einheitsschulsystems konnte in jüngster Zeit nur dadurch gewahrt werden, daß die Rekrutierung der „Leistungselite" zunehmend aus dem schulisch-institutionellen Normalrahmen hinausverlagert worden ist in spezielle Institutionen oder Organisationsformen mit hochselektivem Charakter (vgl. Abb. 4). Da waren einmal die Spezialschulen und -klassen, über die bereits in Abschnitt 3 berichtet worden ist. Von großer Bedeutung im Zusammenhang dieser „Begabten-/Hochbegabtenförderung" sind die „Spezialistenlager", „Schülerakademien" und die „Pionier-Urania" gewesen. Sie waren eine Art Mischsystem aus massenhafter und selektiver Förderung – ein Mischsystem insofern, als sie Interessierten offenstanden, aber doch in der Regel eine besondere Leistung in einem bestimmten Fachgebiet voraussetzten. Bereits ausschließlich leistungsselektiv orientiert waren die „Schülerolympiaden und -wettbewerbe" (in Mathematik, Russisch, Physik, Chemie, Technik), ebenfalls eine typische Form außerschulischer Begabtenförderung. Den zweifellos höchsten Stellenwert im Rahmen der Hochbegabtenförderung haben die „wissenschaftlichen Schülergesellschaften" gehabt. Sie wurden in der Regel von Hochschulen oder den Forschungsabteilungen großer Industriekombinate getragen und ermöglichten den ausgewählten Schülern bereits eine intensive Förderung durch Professoren bzw. leitende Kader der industriellen Forschungsabteilungen.

So haben sich in den 80er Jahren über die unterschiedlichen Institutionen der Bestenförderung „Vernetzungen" ergeben, „die kumulative Effekte bei der Zuteilung von Karrierechancen" (natürlich bereits im Vorfeld der Studienplatzvergabe) auslösten und die nachhaltigen gesellschaftlichen Binnendifferenzierungen, von denen eingangs dieses Abschnittes die Rede gewesen ist, mit konstituieren halfen (Schreier 1990, S. 552-558). Darüber hinaus hat sich diese bildungspolitische Prioritätensetzung im Bereich der Hochbegabtenförderung zusammen mit der Drosselung der Zugangsmöglichkeiten zur EOS und den Hochschulen verschärfend auf die soziale Schließung und damit die „zunehmende soziale Ungleichheit der Bildungschancen" in den 80er Jahren ausgewirkt (Geissler 1992, S. 229f.).

Die jüngste Entwicklung hat gezeigt, daß neue Gruppen (vor allem auch technische Intelligenz) ihre Macht über Bildung sichern konnten. Robert Alts Hoffnung, die Aufhebung des Eigentums an Produktionsmitteln habe das Bildungsmonopol auf Dauer gebrochen, ist somit dringend revisionbedürftig (Alt 1978, S. 318). Vielmehr hat sich die Schicht der Intelligenz bei der Nutzung der Bildungschancen in den 80er Jahren als besonders bevorteilt erwiesen; ihre Selbstreproduktion lag zuletzt mit 78 % der eingeschriebenen Studierenden signifikant über derjenigen in der Bundesrepublik. Im Vorteil waren die Akademikerkinder insofern, als deren Eltern aufgrund eigener Bildungserfahrungen und kultureller Ressourcen das spezifische Wertsystem hoher Bildung trotz fehlender materieller Anreizsysteme in einer einkommensmäßig stark nivellierten Gesellschaft der 60er und 70er Jahre besser begleiten und stützen konnten als die Eltern von Arbeiterkindern. In einer Gesellschaft, in der unter den drei die soziale Plazierung begründenden Kapitalressourcen die ökonomischen nur eine sehr begrenzte Rolle spielten, mußten – mit Bourdieu geredet – das „kulturelle" und das „soziale Kapital" eine ausschlaggebende Rolle erhalten (Bathke 1990, S. 125-126). In einer Periode, in der keine politisch induzierte Gegenprivilegierung unter der Maßgabe der proportionalen Chancengleichheit mehr stattfand – und darauf verzichtete der DDR-Sozialismus in seiner „Wende zum Realismus" –, mußte notwendig der Anteil der Kinder aus der Schicht der Intelligenz im Bildungssystem ständig anwachsen (vgl. dazu noch einmal Tab. 12). Daß dieser Prozeß durch die These von der Triebkraft der sozialen Unterschiede für die ökonomische und soziale Entwicklung sowie durch das hochselektive System der Bestenförderung immens beschleunigt wurde, ist nur zu verständlich.

10.5 Zusammenfassende Thesen

1. Die Bildungspolitik der SBZ und DDR war seit dem Schulgesetz von 1946 in ihrem programmatischen Anspruch orientiert an den Prinzipien der Weltlichkeit, Einheitlichkeit, Allseitigkeit, Staatlichkeit, der Wissenschaftlichkeit der Bildungsinhalte und der Gleichheit der Bildungsmöglichkeiten. Mit seiner Aufhebung der Trennung von höherer und volkstümlicher Bildung, der Wissenschaftsorientierung der Bildung, der Aufhebung einer speziellen Mädchenbildung, der Einführung einer für alle verpflichtenden Fremdsprache ab Klasse 5, der Zusammenführung aller sozialen Schichten in einer achtklassigen Grund-/Einheitsschule beschritt das Schulgesetz von 1946 in der deutschen Bildungsgeschichte ganz neue (in der Denktradition einer sozialistischen Pädagogik allerdings längst „vorgeträumte") Wege. Als „Bildungsreform von oben", die zwar einer parlamentarischen Legitimation entbehrte, unterschied sie sich substantiell von einer mehrheitlich restaurativen Bildungspolitik in den Westzonen. Sie erfüllte zweifellos den Anspruch von Modernisierung, insofern sie die Verbesserung der Chancengleichheit durch Bildungsbeteiligung für cinc großc Gruppe bislang bildungsferner Schichten einlöste.

2. Im Zuge der einschneidenden Wirkungen der externen, systemübergreifenden Einflußfaktoren der zweiten industriellen Revolution seit den 60er Jahren jedoch sind deutliche Erosionserscheinungen in den Prinzipien der Einheitlichkeit und Gleichheit sichtbar geworden. Die Spezialschulen, das entwickelte System einer außerschulischen Hochbegabtenförderung zusammen mit der Drosselung der Zugangsmöglichkeiten zur

Oberschulbildung und den Universitäten haben sich als kumulative Effekte bei der Zuteilung von Karrierechancen erwiesen und die „bipolare Sozialstruktur“ (die dem Anspruch der klassenlosen Gesellschaft widersprach) mit konstituiert.

3. Mit der Überlagerung der revolutionären Gesellschaftspolitik durch die wissenschaftlich-technische Revolution kam es seit den 60er Jahren zu einer weitgehenden Ablösung der proportionalen durch eine leistungsbezogene Chancengleichheit. Die reale Entwicklung in der DDR hat sich im Zuge bildungspolitischer Prioritätensetzung im Bereich einer Begabten- und Hochbegabtenförderung zunehmend dem liberalen Konzept von Chancengleichheit („Aufstieg der Tüchtigen“) und einer „meritokratischen Wirklichkeit“ (gesellschaftliche Hierarchiebildung auf der Grundlage unterschiedlicher Abschlüsse und damit verknüpfter Berechtigung) westlicher Industriegesellschaften angenähert (ANWEILER 1990, S. 686f.). Sie geriet damit zunehmend in Spannung zu einer in der Denktradition einer sozialistischen Pädagogik liegenden Forderung nach stärkerer Berücksichtigung des Ausgleichsprinzips im Sinne einer Theorie der Gerechtigkeit. Leistung, gesellschaftliche Erfordernisse und – erst an dritter Stelle – die Berücksichtigung der sozialen Struktur der Bevölkerung waren seit den 60er Jahren die Auslesekriterien für die Erweiterte Oberschule. Das Bildungssystem hat sich bis 1989 zunehmend sozial geschlossen. An die Stelle des Bildungsmonopols der „bürgerlichen Klasse“ in der alten „Standesschule“ ist in den 80er Jahren ein Bildungsmonopol der Schicht der Intelligenz getreten.

4. Der Antifaschismus hatte in der Frühphase der SBZ und DDR für viele Intellektuelle und Remigranten Legitimations- und Unterscheidungsfunktion (Unterscheidung von den Westzonen und der BRD). Von daher bekam die Umerziehung einen sehr hohen Stellenwert. Dabei prägte sich ein affirmatives Erziehungsverständis aus, das Erziehung als ein Instrument planvoller, zielbewußter pädagogischer Führung des Lehrers verstand und das sich bildende Subjekt in seinem aktiven Aneignungsprozeß aus dem Auge verlor. Diese pädagogische Denkform erwies sich als äußerst funktional für ein extrem geschlossenes Herrschaftssystem und ein Schulsystem, das sich durch die Direktorialverfassung, durch die Einflußmöglichkeiten der Schulparteiorganisation und durch das integrierte „zweite Erziehungssystem“ der Jungen Pioniere und der FDJ in den „Bahnen obrigkeitsstaatlicher Traditionen“ (Anweiler) ausgeprägt hat.

5. Alle vorgenannten Momente zusammen mit den rigiden Lehrplanvorgaben haben einen dirigistischen Führungsstil vieler Lehrer gefördert. Als in den 80er Jahren aufgrund der Erfordernisse des sog. wissenschaftlich-technischen Fortschritts selbst die politisch-administrative Ebene zu pädagogischen „Modernisierungsmaßnahmen“ in Richtung einer nichtaffirmativen Erziehung ermunterte (Entfaltung schöpferischer Selbstä-

tigkeit, Betonung der Subjektposition im Aneignungsprozeß, Ermutigung der Lehrer zu größerer methodischer Freiheit u.a.), waren es diese in vierzig Jahren verfestigten Strukturen und das bei Alt rekonstruierte Paradigma, die der Verwirklichung einer nicht-affirmativen Erziehung und Bildung entgegenstanden.

10.6 Weiterführende Literatur

Die für unseren Zusammenhang umfassendste Bilanz der Bildungspolitik und des Bildungssystems in den beiden deutschen Staaten liegt vor in der vom früheren Bundesministerium für innerdeutsche Beziehungen geförderten und von einer wissenschaftlichen Kommission unter Leitung von Oskar Anweiler durchgeführten Untersuchung (Anweiler 1990). Es handelt sich um eine von 32 Experten vorgenommene Bilanz zu allen Teilbereichen des Bildungssystems (von der Vorschulerziehung bis zur Erwachsenenbildung), die durch Informationsdichte, den erreichten Aktualitätsgrad (bis 1988), vor allem aber durch die Integration der historischen und komparatistischen Dimension besticht. – Oskar Anweiler hat (fast) parallel dazu eine Monographie als Länderstudie (ohne Vergleich mit der Entwicklung in der Bundesrepublik) vorgelegt (Anweiler 1988). Auch dort besticht der multidisziplinäre Ansatz. Der Autor verbindet bildungssoziologische, politisch-soziologische, organisationssoziologische, schulrechtliche und ideologiegenetische mit pädagogisch-einheimischen Fragen zu einem komplexen, aber sehr gut lesbaren Analyserahmen, der einen historischen und einen systematischen Teil enthält. – Für einen ersten raschen Einblick in Teilbereiche des Bildungswesens der DDR ist immer noch besonders empfehlenswert das „Handbuch zum Bildungswesen der DDR“ von Dietmar Waterkamp (Waterkamp 1987). In seinem Aufbau folgt es wie Anweiler (1990) den Teilbereichen des Bildungswesens, konzentriert sich allerdings ganz auf die Entwicklung in der früheren DDR.

Während solche Darstellungen bis 1990 gewissermaßen nur „von außen“ möglich waren, hat sich die Forschungslage seither entscheidend verbessert – vor allem durch die Öffnung der DDR-Archive und die sehr rasch begonnene Erschließung bis dahin kaum zugänglichen Archivmaterials. Eine theoriegeleitete Rekonstruktion der bislang vorliegenden Ergebnisse DDR-thematischer Bildungsforschung findet sich einleitend in Cloer (1998). Von grundsätzlicher Bedeutung ist die inzwischen geleistete theoretische Klärung der im vorstehenden Kapitel verwendeten Begriffe „Erziehungsstaat“, „Staatspädagogik“ und „affirmative Pädagogiken“ durch Benner/Sladek (1998). – Zu den Intentionen, Institutionen und Praktiken der Politisierung des Schulalltags und der Jugendkultur liegen besonders umfangreiche Forschungen und Dokumentationen vor (TENORTH/KUDELLA/PAETZ 1996; GEISSLER/WIEGMANN 1996). Fragen der Wirksamkeit und der Grenzen einer Durchsetzung des schulpolitischen Anspruchs der SED haben u.a. GEISSLER/WIEGMANN (1995) und HÄDER/TENORTH (1996) analysiert, während BENNER u.a. (1996 a und b) neue Wege zur Untersuchung von Bildungs- und Lehrplänen beschritten haben. – Erfolgversprechende Ansätze gibt es auch auf dem Gebiet der regionalgeschichtlichen Schulstrukturforschung, die die langfristigen Entwicklungslinien der deutschen Bildungsgeschichte betont und von daher die SED-These von einem Sonderweg des DDR-Bildungssystems in Frage stellen kann (DREWEK 1997; ZYMEK 1997). – Auf dem Gebiet der Mädchen- und Frauenbildung der DDR ist einerseits eine kontinuierliche Förderung in den mathematisch-naturwissenschaftlichen Fächern sowie von Arbeitertöchtern an den Hochschulen nachgewiesen worden (KÜHN 1995; SCHARNHORST 1994), andererseits hat man aber auch ernüchternde Befunde bezüglich der Wirksamkeit solcher Fördermaßnahmen konstatieren müssen (KLEINAU/OPITZ 1996, S. 434ff., 497ff., 534ff.).

Kapitel 11

Schulreform und Bildungsexpansion in der Bundesrepublik Deutschland 1965-1990

Der „Rahmenplan" des Deutschen Ausschusses für das Erziehungs- und Bildungswesen steht auf doppelte Weise an einem Wendepunkt der Bildungspolitik und Schulentwicklung der Nachkriegszeit: wenige Jahre später – 1965 – beginnt der etwa 10 Jahre dauernde Versuch, von der Bundesebene aus eine umfassende Strukturreform des Schulwesens voranzutreiben. Aber auch in quantitativer Hinsicht – der Entwicklung der Bildungsbeteiligung in den verschiedenen Schulformen – beginnt Anfang der 60er Jahre eine historisch beispiellose, nun schon 30 Jahren anhaltende Expansion der „weiterführenden" Sekundarschulen und der Hochschulen. Beide Momente der Modernisierung – das qualitative und das quantitative – stehen seitdem in enger Wechselbeziehung. Reformdiskussion, tatsächliche Veränderung der Schulformen und Bildungsinhalte sowie die Entwicklung der Bildungsbeteiligung sind nicht isoliert voneinander verstehbar. Nur aus Darstellungsgründen beginnen wir mit den Ausgangsbedingungen und handlungsleitenden Motiven der Reformen von 1965 bis 1975. Danach beschreiben wir genauer das Reformkonzept des Deutschen Bildungsrates und die tatsächlich verwirklichten Teilreformen. Der dabei sichtbar werdende erhebliche Umbau des westdeutschen Schulwesens zu einem gegliederten System mit integrierten Teilen erlaubt es anschließend, die quantitativen Entwicklungen der Bildungsbeteiligung nachzuzeichnen. Eine Betrachtung der sich in den 80er Jahren abzeichnenden Ergebnisse und Folgeprobleme der Bildungsreformen und -expansion schließt das Kapitel ab.

11.1 Ausgangsbedingungen und Motive der Schulreform

Auf der Ebene der handlungsleitenden Motive der bildungspolitisch Verantwortlichen war die Modernisierung des Schulsystems zunächst aus den vermuteten *ökonomischen* Defiziten des Bildungswesens, vor allem der höheren Bildung und der Hochschule, begründet. So häuften sich gegen Ende der 50er Jahre die Hinweise, daß eine Veränderung der Wirtschaftslage der Bundesrepublik Anpassungen im Bildungswesen erfordern könnte: Mit Erreichen der „Vollbeschäftigung" (2 % Arbeitslose nach damaliger Definition) und mit dem Schließen der Grenze zwischen DDR und BRD im Jahre 1961, über die ein beträchtlicher Anteil von hochqualifizierten Arbeitskräften in den Westen übergewechselt war, drohte das knapper werdende Arbeitskräfteangebot einer der entscheidenden Engpässe für das allmählich sinkende Wirtschaftswachstum zu werden. Es erschien nur durch eine Intensivierung der Produktion, d.h. zunehmende Sachkapitalinvestitionen in höher entwickelte Technik, durch den Ausbau von Wissenschaft und Forschung aufrechterhaltbar zu sein. In diesem Zusammenhang gewannen volkswirtschaftliche Überlegungen, vor allem aus USA und England, Einfluß, die eine enge Verknüpfung von Investitionen in Ausbildung („Humankapital") und Wirtschaftswachstum behaupteten (Übernahme der Bildungsökonomie in der Bundesrepublik). Auch machte sich zunehmend die Konkurrenz der westlichen Länder untereinander sowie zwischen ihnen und den Ostblockländern bemerkbar. Spektakuläre technologische Durchbrüche (Atomenergie, Raumfahrt) warfen die Frage auf, ob in der Bundesrepublik genügend hochqualifizierte Arbeitskräfte zur Verfügung ständen, um den technischen Fortschritt voranzutreiben.

Blieben die anfänglichen Bedarfsschätzungen noch sehr ungenau, so wurde den bildungspolitisch Verantwortlichen die ökonomische Dimension von Ausbildung und Erziehung in voller Schärfe bewußt, als aufgrund einer Fortschreibung der Schülerentwicklung die erste quantifizierte Prognose des Lehrerbedarfs in der Bundesrepublik Deutschland vorgelegt wurde. Nach der „Bedarfsfeststellung 1961-1970" der Kultusministerkonferenz aus dem Jahre 1963 hätte sich – unter der Voraussetzung, daß die Trends der 50er Jahre nur fortgeschrieben würden – 1970 ein Fehlbestand von 50.000 Lehrern ergeben – fast soviel wie ein kompletter Abiturientenjahrgang. Georg Picht (1964) popularisierte die Ergebnisse der „Bedarfsfeststellung"; er prägte das Schlagwort von der „deutschen Bildungskatastrophe", die er in beschwörenden Worten als nationalen Notstand ausmalte. Konkret handelte es sich zunächst um den *Eigenbedarf* des Bildungswesen an Lehrkräften, den die zu steigernden Absolventenzahlen zu befriedigen hatten. Die Bildungsverwaltung zog aus diesen Signalen zwei bedeutsame Konsequenzen für die weitere Entwicklung:

(1) Den noch offenen Vorstellungen etwa des „Rahmenplans" über die notwendige Anpassung der Schule an gewandelte Anforderungen wurde ein klarer, *einseitiger Richtwert* gegeben: *Erhöhung der Zahl der Abiturienten* durch eine Reihe von Maßnahmen, die die Organisation des Schulwesens beibehielten, aber seine Durchlässigkeit erhöhten (Einführung von

Aufbauformen im weiterführenden Bildungswesen, Erleichterung der Übergänge durch flexiblere Handhabung der Fremdsprachenanforderungen – vgl. „Hamburger Abkommen“ der Kultusminister von 1964). Damit war die Expansion der weiterführenden Schulen und der Universitäten unter Vernachlässigung der Probleme des beruflichen Bildungswesens vorprogrammiert.

(2) *Verstärkung der Bildungsplanungsaktivitäten* durch Aufbau eines entsprechenden Apparates in den Ministerien, Grundgesetzänderungen zwecks stärkerer Beteiligung des Bundes am – prinzipiell föderalistisch organisierten – Schulwesen, Einrichtung zentraler Beratungs- und Planungsgremien.

1965 wurde der „Deutsche Bildungsrat“ als Nachfolgeorganisation des „Deutschen Ausschusses“ gegründet. Anders als der „Deutsche Ausschuß“ versuchte er, Vertreter der Bildungspolitik und -verwaltung stärker in die Arbeit zu integrieren, indem er einer „Bildungskommission“ (vor allem Wissenschaftler) eine „Verwaltungskommission“ zuordnete. Die „Gutachten und Studien“ und „Empfehlungen“ der Bildungskommission stellen die gründlichste Bestandsaufnahme und Konzeptentwicklung dar, die es in der Geschichte des deutschen Schulwesens gegeben hat. Die „Bund-Länder-Kommission für Bildungsplanung“ schließlich war eine reine Verwaltungskommission, die Konzepte in Bildungspolitik umsetzen und dabei Bundes- und Länderebene koordinieren sollte.

Die empirische Untersuchung möglicher „Begabungsreserven“ zur Deckung des Bedarfs an höher qualifizierten Absolventen identifizierte vier Gruppen der Bevölkerung, deren Bildungsfähigkeiten in keiner Weise dem tatsächlichen Besuch höherer Bildungseinrichtungen entsprachen. Indem dieser Tatbestand jedoch weniger als ein Problem der Aufschließung von „Begabungsreserven“, sondern als *Diskriminierung* interpretiert wurde, orientierte sich die Bildungspolitik verstärkt am sozialpolitischen Ziel vermehrter Chancengleichheit. Eine der diskriminierten Gruppen waren *Mädchen,* die systematisch auf allen Stufen des Bildungssystems – vom Eintritt in die höhere Schule bis zum Hochschullehrerberuf – benachteiligt waren. Die zweite Gruppe bildeten Bewohner *ländlicher* Gebiete, in denen schlechte Wirtschaftslage und -struktur, stagnierende Bevölkerungsentwicklung und unzureichendes Bildungsangebot zusammentrafen. Als dritte benachteiligte Gruppe erwiesen sich die *Katholiken* im Vergleich zu den Protestanten. Und schließlich konnte man auch die Benachteiligung von *Arbeiterkindern* bzw. allgemeiner von Kindern aus Familien unterer Schichten nachweisen. So warf vor allem ein Zahlenpaar ein Schlaglicht auf die klassen- und schichtspezifische Benachteiligung: 50 % der erwerbstätigen Bevölkerung waren Arbeiter, aber nur 5 % der Studenten, die in der Regel später die Vorgesetzten der Arbeiter waren, stammten aus Arbeiterfamilien (Wintersemester 1962/63).

Die von der empirischen Bildungsforschung Mitte der 60er Jahre vorgelegten Zahlen waren für kritische Zeitgenossen ein Beleg dafür, daß – wie Dahrendorf sich ausdrückte – „die soziale Frage in Deutschland immer noch nicht gelöst ist ..." (Dahrendorf 1965, S. 22). Der schon von aufgeklärten Wirtschaftsbürgern Mitte des 19. Jahrhunderts erhobene allgemeine Anspruch, die „soziale Frage" gerade durch *Bildungs*politik lösen zu wollen, wurde wiederbelebt und aufgrund der historisch mittlerweile entwickelten Bestimmung des Staates als *Sozial*staat sowie gewonnener empirischer Einsichten über die sozialen Determinanten der Bildung und der beruflichen Stellung *konkretisiert:* Es reichte nicht aus, den Verfassungsgrundsatz des Rechts auf freie Wahl der Bildung und des Berufs – unabhängig von der Herkunft, der Konfession, der Nationalität usw. – lediglich als (negatives) Schutzrecht der Individuen vor dem Staat zu begreifen. Ja, es genügte auch nicht, etwa durch die Unentgeltlichkeit des Unterrichts ökonomische Hindernisse zu beseitigen, die das Recht auf Bildung einschränken.

Die Wurzeln der Ungleichheit liegen tiefer: Wenn Teile der Bevölkerung aufgrund ihrer mannigfach diskriminierten *Lebenslage verhaltens*mäßig nicht in der Lage sind, von ihrem Grundrecht den vollen Gebrauch zu machen, dann muß der Staat als Sozialstaat sie aktiv dazu befähigen. Er muß entweder auf die sozioökonomische Lebenslage oder auf das von ihr beeinflußte individuelle Verhalten (oder auf beide zugleich) einwirken. Die Schule bildet die naturwüchsigen, in den Familien aufgrund unterschiedlicher Lebenslagen und innerfamilialer Unterschiede entstandenen, ungleichen Ergebnisse des Sozialisationsprozesses dann nicht einfach als individuelle Leistungsunterschiede ab, sondern sie übernimmt gemäß der Konzeption „materialer Chancengleichheit" *teilweise* „private" Funktionen der Familie in planmäßiger, an politischen Zielen orientierter Form.

Das Prinzip der „materialen Chancengleichheit" im Unterschied zur nur rechtlich-formalen Gleichheit vor dem Gesetz erfuhr in den politischen Traditionen des Liberalismus und der Sozialdemokratie als denjenigen Kräften, die die Bildungsreformen ab 1965 maßgeblich anregten und realisierten, eine unterschiedliche Interpretation. Für den Liberalen Dahrendorf, dessen Veröffentlichungen Mitte der 60er Jahr ähnlich richtungsweisend waren wie die von Picht, bedeutete „materiale Chancengleichheit" in der Tradition der Aufklärung die „Lösung der Menschen aus ungefragten Bindungen und Befreiung zu freier Entscheidung" (1965, S. 26f.). Allen vier im Bildungswesen diskriminierten Gruppen – Mädchen, Katholiken, Landbewohnern, Arbeitern – war ein Merkmal gemeinsam: ihr „Traditionalismus der Unmündigkeit", den es durch den reformerischen Schritt in die „Modernität" zu überwinden galt (1965, S. 67). Die Herstellung „materialer Chancengleichheit" reduzierte sich damit für Dahrendorf auf die Veränderung von *Einstellungen* (Mobilität, Wandlungsbereitschaft, Neugierverhalten usw.), an der Staat und Schule beteiligt sein sollten. Der Ungleichheit der Lebenslagen trug Dahrendorf nur insoweit Rechnung, als er sich für ein regional ausgeglicheneres Schulangebot aussprach, für alle Eltern die gleiche *Informationsbasis* ihrer Schulentscheidungen (Bildungswerbung) forderte und für die Eltern aus diskriminierten Gruppen die besondere Förderung der Bildungs*motivation* anregte. Eine Strukturveränderung des Schulsystems sah Dahrendorfs Konzept nicht vor, sondern nur die Erweiterung der höheren Abschlüsse innerhalb getrennter, aber stärker pädagogisch-fördernder Schultypen.

Die sozialdemokratische Vorstellung von „materialer Chancengleichheit" setzte demgegenüber andere Akzente: Auf der einen Seite betonte sie stärker den Gedanken der *Kompensation* von als defizitär erachteten Verhaltensweisen unterprivilegierter Kinder *innerhalb* der Schule. Was die empirische Familienforschung an sozial bedingten Defiziten des kindlichen Sprachvermögens, der Motivation, des Sozialverhaltens usw. ermittelt hatte, sollte durch entsprechende kompensatorische Maßnahmen innerhalb der Schule in etwa angeglichen werden. Auf der anderen Seite erhofften sich sozialdemokratische Politiker und ihnen nahestehende Wissenschaftler von einer massiven Erweiterung höherer Bildungsabschlüsse eine Veränderung der *Lebensverhältnisse,* die Ungleichheiten der Bildung bewirken. Wenn höhere berufliche Stellungen durch höhere Ausbildung zu erreichen waren, dann erschien die Kombination zwischen der Kompensation sozial bedingter Defizite in der Schule und der Expansion der weiterführenden Bildungsgänge als eine sinnvolle Strategie, um langfristig soziale Ungleichheiten abzubauen. Die Institution, die allein dies bewirken konnte, war nach Überzeugung der Sozialdemokraten, ihnen nahestehender politischer Kräfte (GEW, DGB) und einzelner Wissenschaftler die integrierte Gesamtschule (vgl. SANDER u.a. 1967). Sie auf der Ebene bundeszentraler Planungen zu verankern und in den Ländern als Schulversuch oder als normale Schulform schrittweise durchzusetzen, machte einen Großteil der schulpolitischen Kontroversen von 1965 bis 1980 aus. Entsprechende Auseinandersetzungen fanden in der Hochschulpolitik um die Gesamthochschule statt, die Universitäten und Fachhochschulen vereinen sollte.

11.2 Das Schulreformkonzept des „Deutschen Bildungsrates" und die Grenzen seiner Realisierung

Obwohl die Verfasser des „Strukturplans für das Bildungswesen" sich nicht auf die integrierte Gesamtschule als schulorganisatorisches Modell festlegten (vgl. DEUTSCHER BILDUNGSRAT 1970, S. 20), sondern nur

Schulversuche mit Gesamtschulen befürworteten, erscheint dieser besonders gründlich durchdachte und breit rezipierte Plan dazu geeignet, allgemeine Prinzipien der „sozial-liberalen“ Schulreform zu verdeutlichen. Als äußeren Aufbau der Schule empfiehlt der Deutsche Bildungsrat ein *Stufenschulsystem* (1970, S. 26), das mit der vorschulischen Elementarerziehung beginnt. Auf ihr baut der Primarbereich (bisherige Grundschule) auf, an den sich die Sekundarstufe I anschließt. Die Klassenstufen 5 und 6 sind als Orientierungsstufe konzipiert. Sollen Elementarerziehung und Primarbereich vor allem der Kompensation von Lerndefiziten dienen, die sich nach den Erkenntnissen der Sozialisationsforschung vor allem in der frühen Kindheit aufgrund familien- und schichtspezifischer Milieuunterschiede ergeben haben, so soll in der Sekundarstufe I eine zunehmende Differenzierung nach Neigungen und Fähigkeiten einsetzen. Auf die Sekundarstufe I, die mit dem „Abitur I“ abschließen soll, folgt die Sekundarstufe II, die eine stärkere Integration allgemeiner und beruflicher Bildung ermöglichen soll (Abschluß mit dem „Abitur II“). Den Bereich der Hochschulen klammert der „Strukturplan“ aus.

Dem Ziel größtmöglicher Chancengleichheit versucht der Bildungsrat durch drei Prinzipien bzw. Maßnahmebündel zu entsprechen:

– *Schulorganisatorisch* durch die Auflösung typisierter Bildungsgänge mit dem Zwang zu frühen Selektionsentscheidungen zugunsten differenzierter Lerneinheiten, die weitgehende Wahl- und Kombinationsmöglichkeiten der Schüler erlauben und frühe Festlegungen vermeidbar bzw. korrigierbar machen sollen. Hieraus resultieren zwei Probleme, die bei der internen Weiterentwicklung integrierter Schulformen zu unterschiedlichen Lösungen geführt haben: zum einen das Problem der horizontalen Differenzierung – d.h. der Vermeidung einer fast beliebigen Kombination von Lerneinheiten im Rahmen eines „Baukastensystems“ zugunsten einer sinnvollen Strukturierung nach „Fächerschwerpunkten“.
  Das andere Problem, das sich aus dem Wegfall voneinander getrennter Schultypen ergibt, ist die *vertikale* Differenzierung nach Leistungsfähigkeiten innerhalb eines integrierten Schulsystems. Der Bildungsrat möchte zwar daran festhalten, auch in der Sekundarstufe I einen „allen gemeinsamen Grundbestand an Lernbereichen und Lernzielen“ zu erhalten und gleichzeitig nach individueller Leistungsfähigkeit und Neigung zu differenzieren (1970, S. 150). Es zeigt sich aber, daß sich vom Elementarbereich ausgehend über den Primarbereich bis in den Sekundarbereich hinein die potentiell konfliktreiche Beziehung von gleichheitsverpflichteter Förderung und differenzierender Auslese verschärfte, je näher der unterschiedlich berechtigende Abschluß der Sekundarstufe I rückt: Geht es im Elementar- und Primarbereich noch vorrangig um die an Ergebnisgleichheit orientierte Vermittlung grundlegender sprachlicher, sozialer, intellektueller und emotionaler

Fähigkeiten, so setzt mit der Orientierungsstufe eine stärkere vertikale Differenzierung ein, die letztlich auf die unterschiedliche Wertigkeit des Abitur I als Voraussetzung für den Besuch der Sekundarstufe II oder den Beginn einer Lehre zurückgeht.

– *Didaktisch-curricular* soll das Ziel größerer Chancengleichheit durch die Wissenschaftsorientierung der schulischen Inhalte für *alle* Schüler ermöglicht werden. Es soll keinen Unterschied mehr zwischen der volkstümlichen, der praktisch-theoretischen und der rein theoretisch-wissenschaftlichen Bildung geben (DEUTSCHER BILDUNGSRAT 1970, S. 33). Freilich zeigt sich auch hier die Spannung einer allen gleichermaßen vermittelten wissenschaftlichen Bildung und einer Wissenschaftsorientierung „in abgestuften Graden".

– Der Verwissenschaftlichung der Inhalte entspricht auf der Ebene der *Unterrichtsmethodik* die Förderung des entdeckenden Lernens, das unmerklich in „soziales Lernen" übergeht. Auf der Primarstufe sollen über Rechnen, Schreiben und Lesen hinaus soziale, emotionale und intellektuelle Fähigkeiten vermittelt werden: „die Entwicklung des Verstehens und des Gebrauchs der Sprache; der Mut und die Fähigkeit, Fragen zu stellen, um so viele Informationen wie möglich einzuholen; die Entwicklung von Verhaltens- und Handlungsweisen, um mit unbekannten und schwierigen Situationen selbständig fertig zu werden, also die Entwicklung problemlösenden und nicht zurückweichenden Verhaltens" (DEUTSCHER BILDUNGSRAT 1970, S. 42).

Der „Strukturplan für das Bildungswesen" stellte einen weitreichenden, in Details teilweise noch unklaren Rahmen dar, der einer künftigen Reform zumindest die Richtung – nämlich Integration des abgeschotteten, auf Ausgrenzungen bedachten Schulwesens – weisen wollte. Das Mißverständnis der politisch bewegten spätsechziger Jahre lag möglicherweise darin, daß dieser Rahmen schon für die konkrete, in den nächsten Jahren realisierbare Gestalt der Schule genommen wurde. Das weckte sowohl falsche Hoffnungen wie falsche Befürchtungen. Wie sich zeigen sollte, konnte eine derartig weitreichende Reform, die eine *gesamte Gesellschaft* mit all ihren divergierenden Gruppen, Strebungen und Interessen berührte, nicht zügig und „nach Plan" realisiert werden. Dies wurde in der ersten Hälfte der 70er Jahre bei der Frage der Integration von beruflicher und allgemeiner Bildung, beim Problem der Finanzierung und bei der Frage der bundesweiten Einführung von Gesamtschulen deutlich (vgl. hierzu genauer v. FRIEDEBURG 1989, S. 403ff.):

– Die Integration von allgemeiner und beruflicher Bildung – unter größerer Beteiligung staatlicher Instanzen – scheiterte am Widerstand der Unternehmer, die den Verlust der Kontrolle über die berufliche Bildung ebenso befürchteten wie das Überwechseln von Lehrlingen aus der betrieblichen Ausbildung für Arbeiterberufe in die allgemeine, berechtigende Bildung.

– Waren die allgemeinen Ziele und Reformvorstellungen des „Strukturplans“ unter den Regierungsparteien (SPD/FDP) und der Opposition (CDU/CSU) für einen kurzen Zeitraum unumstritten, so zerbrach der bildungspolitische Konsens bei der Frage der Umsetzung in einen langfristigen „Bildungsgesamtplan“ (1971-1974): Die Finanzminister waren nicht bereit, zugunsten einer massiven Erhöhung der Bildungsausgaben Steuererhöhungen oder Umschichtungen in anderen Etats zuzulassen. Dies um so weniger, als die „erste Ölkrise“ von 1974 einen Einbruch im Wirtschaftswachstum, in der Beschäftigung und in der Preisentwicklung erbrachte. Hatten die Jahre von 1965 bis 1970 gegenüber der planerisch zurückhaltenden CDU-Ära unter den Kanzlern Adenauer und Erhard geradezu einen Schub an Planungsaktivitäten erbracht, so war seit 1974 ein wachsender Unwille zu beobachten, angesichts unklarer ökonomischer Perspektiven langfristige Mittelfestlegungen einzugehen. Darüber hinaus geriet Bildungspolitik unter den zunehmenden Druck anderer, dringlich gewordener Politikbereiche. Waren dies zunächst Arbeitslosigkeit, Renten- und Gesundheitspolitik, so drängten die Energie- und Umweltprobleme in den 80er Jahren die Bildungspolitik noch weiter in den Hintergrund.
– Die Konkretisierung der Reform im „Bildungsgesamtplan“ scheiterte nicht nur an der Finanzierungsfrage, sondern auch an inhaltlichen Divergenzen in den einzelnen Reformbereichen. Zu fast allen Bereichen legten die CDU/CSU-Vertreter Sondervoten vor. Als in der zweiten Amtsperiode des „Bildungsrates“ (1970-1975) Gutachten erstellt wurden, die eine weitergehende Demokratisierung der Schule und größere Unabhängigkeit von der Schulverwaltung vorsahen, nahmen dies die Länder Baden-Württemberg und Bayern zum Anlaß, das Mandat des Bildungsrates nicht mehr zu verlängern.

Am Scheitern der Umwandlung des Schulwesens in Richtung eines Stufenschulsystems ist – ungeachtet aller „Nebenkonflikte“ zwischen Bundeszuständigkeit und Kulturhoheit der Länder, zwischen Finanzpolitikern und Bildungspolitikern, zwischen Bildungspolitik und anderen Politikbereichen – unschwer auch heute noch das hartnäckige Interesse an Privilegien- und Herrschaftssicherung durch Bildung und Ausbildung erkennbar. Gleichwohl, dies zeigt die Studie von ZEDLER (1985) eindringlich, setzt sich ein solches Interesse nicht blank und einlinig durch. „Stagnation und Bedeutungswandel“ der Strukturreformen zwischen 1970 und 1975 waren nicht allein ein Problem der Bildungspolitik, sondern auch der Erziehungswissenschaft und Bildungsforschung. Am Beispiel der Forderungen nach Chancengleichheit und nach Verwissenschaftlichung der Bildungsinhalte kann Zedler zeigen, daß die politische Zurücknahme von Reformzielen mit der Relativierung seitens der Wissenschaft einherging. Konnte sich die Politik auf die Zweifel der Wissenschaft an Zielen und Mitteln der Reform berufen, so bedeuteten die eingeschränkten Vorgaben der Politik für die Wissenschaft, sich aus der Reformdiskussion zurückzuziehen und sich begrenzteren Modellprojekten zuzuwenden.

Nachdem der Versuch gescheitert war, eine von allen politischen Kräften getragene Veränderung des Schulwesens einzuleiten, gingen die Bundesländer wieder verstärkt eigene Wege und stimmten sich lediglich minimal über die Kultusministerkonferenz ab. Dies zeigt sich deutlich bei der Weiterentwicklung der intgegrierten Gesamtschule oder anderer integrierter Schulformen. In Bundesländern mit klarer konservativer Mehrheit (Bayern, Baden-Württemberg) ist die Gesamtschule nicht über vereinzelte Versuchsschulen hinausgekommen. Waren die parteipolitischen Gewichte ausgeglichener, wie in Nordrhein-Westfalen, so gelang es dem „konservativen Block“ aus CDU, Lehrer- und Elternverbänden, ein landesweites Reformvorhaben wie die „kooperative Schule“ zu verhindern. Einzelne Kommunen trugen in diesem Fall zur Errichtung von Gesamtschulen bei. Nur dort, wo die „Reformfraktion“ schon über eine längere, stabile landespolitische Mehrheit verfügte (norddeutsche Stadtstaaten, Hessen), konnten integrierte Gesamtschulen in breiterem Umfang verankert werden (vgl. die Zusammenstellung bei HANSEN/ROLFF 1983, S. 156). Allerdings verzichteten auch die sozialdemokratisch geführten Bundesländer seit Ende der 70er Jahre darauf, die Gesamtschule umfassend durchzusetzen. Indem sie ihre Errichtung an den Elternwillen koppelten, gaben sie den Gesamtschulen eine Legitimation und beschränkten sie zugleich.

Obwohl das Schulkonzept des „Bildungsrates“ nicht verwirklicht wurde, hat sich das bundesdeutsche Schulwesen seit der „Ära der Bildungsreformen“ (1965 bis 1975) gleichwohl erheblich in Richtung eines Systems verändert, das zwar an der herkömmlichen Typenbildung festhält, diese aber in mehrfacher Hinsicht einschränkt (vgl. dazu Abbildung 5):

1. Der Übergang von der Grundschule in die Sekundarstufe I erfolgt in vielen Bundesländern in der Form einer zweijährigen Orientierungsstufe. Dabei sind unterschiedliche Organisationsformen möglich: die Aufstockung der Grundschule um zwei Jahre und die schulformunabhängige Orientierungsstufe stehen einem Stufenkonzept nahe, während die schulformabhängige Orientierungsstufe stärker an die Schultypen der Sekundarstufe I gebunden ist. Zwischen 1975 und 1989 hat sich der Anteil von Schülern und Schülerinnen in Orientierungsstufen von ca. 50 auf 70 % erhöht, davon 30 % in schultypenunabhängigen Orientierungsstufen bzw. 5. und 6. Klassen von integrierten Gesamtschulen (vgl. Bundesminister für Bildung und Wissenschaft 1991, S. 64).

2. Neben die herkömmlichen Schultypen Sonderschule, Hauptschule, Realschule, Gymnasium ist die integrierte Gesamtschule getreten. Zwar besuchen 1990 im Bundesdurchschnitt nur etwa 7 % der Siebtkläßler integrierte Gesamtschulen, aber die Anteile schwanken zwischen den Ländern der alten Bundesrepublik erheblich (maximal 2 % in Bayern und

Abbildung 5: Grundstruktur des Bildungswesens in der Bundesrepublik Deutschland 1990

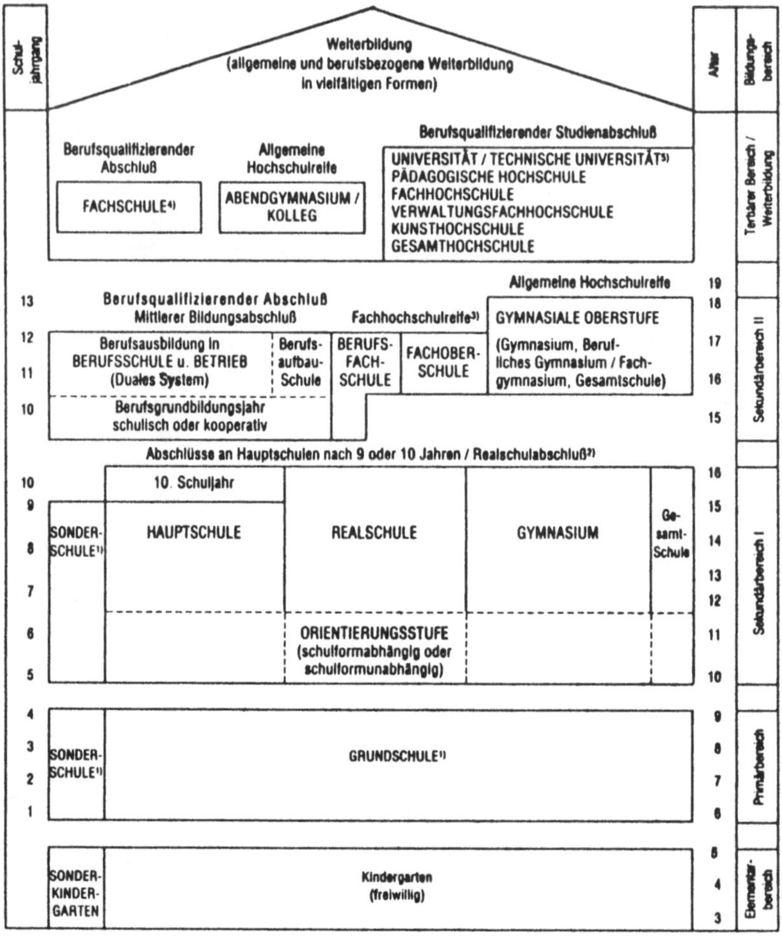

Schematisierte Darstellung. In einzelnen Ländern bestehen Abweichungen. Durchlässigkeit zwischen den Schulformen ist bei Erfüllung bestimmter Voraussetzungen grundsätzlich gewährleistet. Vollzeitschulpflicht 9 Jahre (in BE und NW 10 Jahre), Teilzeitschulpflicht 3 Jahre.

1) Sonderschulen mit verschiedenen Sparten entsprechend den Behinderungsarten im Bereich der allgemeinbildenden und beruflichen Schulen.

2) Nachträglicher Erwerb dieser Abschlüsse für Erwachsene an Abendhauptschulen und Abendrealschulen möglich.

3) Die Fachhochschulreife kann auch z. B. an Berufsfachschulen und Fachschulen erworben werden.

4) Dauer 1–3 Jahre; einschließlich Schulen des Gesundheitswesens die für Berufe des Gesundheits- und Pflegedienstes eine berufliche Erstausbildung vermitteln.

5) Einschließlich Hochschulen mit einzelnen universitären Studiengängen (z. B. Theologie, Philosophie, Medizin, Verwaltungswissenschaften, Sport).

Quelle: Bundesminister für Bildung und Wissenschaft (Hrsg.): Grund- und Strukturdaten 1990/91. Bonn 1990.

Baden-Württemberg, 20 bis 30 % in den Stadtstaaten Berlin und Bremen).

3. Die Einführung des Kurssystems in der Neugestalteten Gymnasialen Oberstufe seit 1972 stellt einen tiefen Einschnitt in der Geschichte des Gymnasiums dar. Damit wird die Teilung des gymnasialen Bildungsgangs zwischen einer „Mittel“- und einer „Studienstufe“ betont und die früher deutlichere Profilierung nach altsprachlichen, neusprachlichen, mathematisch-naturwissenschaftlichen Schulzweigen abgeschwächt. Neuartige inhaltliche Profile in der Sekundarstufe II ermöglichen auch Schulformen, die eine stärkere Verbindung zur beruflich-technischen Bildung suchen: die Berufsoberschulen/Technischen Oberschulen, die in einem zweijährigen Ausbildungsgang zur fachgebundenen Hochschulreife führen, und die Fachgymnasien, die in drei Jahren die allgemeine Hochschulreife vermitteln. Hier ist auch die „Kollegschule Nordrhein-Westfalen“ zu nennen, die berufliche Fachausbildung und Allgemeinbildung verknüpft.

4. Im Anschluß an den Realschulabschluß ist mit der Fachoberschule eine Schulform eingerichtet worden, die die Berechtigung zum Besuch der Fachhochschule vermittelt. Darüber hinaus sind im Bereich der beruflichen Bildung (Teilzeitausbildung im dualen System oder Vollzeitschulen) mehrere Schulformen entwickelt worden, die die Realschulreife oder die ihr gleichgestellte Fachschulreife vermitteln (so die Berufsaufbauschule und die Berufsfachschule).

5. Eine im organisatorischen Aufbau nicht sichtbare, aber die herkömmliche Typisierung ebenfalls abschwächende Veränderung liegt darin, daß die Lehrpläne und Stundentafeln der Schulen der Sekundarstufe I angenähert wurden. Haupt- und Realschule vermitteln nicht mehr nur einen einzigen Abschluß, sondern auch die Berechtigung zum Besuch der nächsthöheren Schulform. Zum Teil wird dies durch Leistungskursdifferenzierung innerhalb eines Schultyps vorbereitet. Schätzungen zufolge erwerben bis zu 35 % der erfolgreichen Hauptschüler durch ein 10. Schuljahr oder während ihrer beruflichen Lehre noch den Realschulabschluß. Auch in der Realschule setzen 25 bis 30 % ihre Ausbildung mit dem Ziel der (teils fachgebundenen) Hochschulreife fort (vgl. Arbeitsgruppe Bildungsbericht 1994, S. 223f.). Die „Durchlässigkeit“ zwischen den Schultypen ist damit auf eine andere Weise erhöht worden, als die Befürworter des dreigliedrigen Schulsystems ursprünglich anstrebten: nicht als (relativ seltener) Wechsel *zwischen* den Schulformen der Sekundarstufe I, sondern als Übergang *nach* Absolvieren einer in den oberen Klassen leistungsdifferenzierten Schule der Sekundarstufe I.

Das herkömmliche Typen-Schulsystem hat sich in den letzten 20 Jahren damit als durchaus flexibel erwiesen. Es hat in einem geringen Umfang integrierte Gesamtschulen als weitere Schulform zugelassen; es hat Elemente eines Stufenschulsystems übernommen, ohne am Kern der

Schultypen in der Sekundarstufe I etwas zu ändern. Dabei ist allerdings eine Einschränkung zu machen: Indikator dieser Flexibilität sind die herkömmlichen Schulformen und -abschlüsse mit den ihnen eigenen Zielsetzungen; qualitativ andere Zielsetzungen, wie sie mit der Gründung von Gesamtschulen ebenfalls verbunden waren, sind damit nicht berücksichtigt.

Noch ist es zu früh, die Folgen der Vereinigung der beiden deutschen Teilstaaten nach 1990 für die Strukturentwicklung des Schulsystems abschließend zu beurteilen. Aber die Anfang der 90er Jahre in den neuen Bundesländern getroffenen Organisationsentscheidungen fügen sich in das oben geschilderte Muster – Erhaltung des herkömmlichen, gegliederten Schulsystems bei flexibler Aufnahme integrativer Elemente – ein. Die in der DDR bis 1990 für das gesamte „Territorium" verbindliche Schulorganisation von Polytechnischer Oberschule und Erweiterter Oberschule wurde aufgegeben; die einzelnen wiedergegründeten Länder konnten in eigener Kulturhoheit unterschiedliche Schulformen einrichten. Dabei zeigt sich – je nach parteipolitischem Kräfteverhältnis – eine erhebliche Bandbreite von Organisationsformen, deren wesentliche Elemente so zusammengefaßt werden können (vgl. hierzu FUCHS/REUTER 1994):

– Das Land Brandenburg hat von allen neuen Bundesländern den entschiedensten Schritt in Richtung integrativer Elemente der Schulorganisation vollzogen. Wie in den norddeutschen Stadtstaaten und in Berlin dauert die Grundschule sechs Jahre. Die Hauptschule ist abgeschafft worden; die Gesamtschule gehört neben der Realschule und dem Gymnasium zu den drei Schulformen der Sekundarstufe I und soll besonders gefördert werden. Die Schulzeit bis zum Abitur beträgt 13 Jahre.

– Die übrigen ostdeutschen Bundesländer variieren stärker typisierende und integrative Elemente auf jeweils besondere Weise. Mecklenburg-Vorpommern übernimmt die in Westdeutschland übliche Trennung der vier Schultypen der Sekundarstufe I (Haupt-, Real- und Gesamtschule, Gymnasium) am klarsten, ordnet allen Typen – bis auf die Gesamtschule – allerdings als schwaches integratives Moment eine schulform*abhängige* Orientierungsstufe zu. Sachsen, Sachsen-Anhalt und Thüringen legen demgegenüber die Realschule und die Hauptschule in verschieden benannten Sekundarschultypen zusammen (Sachsen: Mittelschule; Sachsen-Anhalt: Sekundarschule; Thüringen: Regelschule). Sachsen-Anhalt und Sachsen sehen keine Gesamtschule in der Sekundarstufe I vor; aber während Sachsen auch am Gymnasium eine schulformabhängige Orientierungsstufe einrichtet (Klassen 5 und 6), hat Sachsen-Anhalt das Gymnasium grundständig, mit Beginn der 5. Klasse eingeführt. Auch Thüringen führt das Gymnasium – wie die Gesamtschule – grundständig. Da in der Mehrzahl der neuen Bundesländer das Abitur – wie zu Zeiten der DDR – nach 12 Jahren abgelegt werden kann

(Mecklenburg-Vorpommern, Sachsen, Sachsen-Anhalt, Thüringen), umfaßt die Sekundarstufe II nur zwei Jahre (Mecklenburg-Vorpommern), oder sie beginnt – bei dreijährigem Kurs – bereits in der 10. Klasse (übrige neue Bundesländer, außer Berlin und Brandenburg; Stand 1994).

Es wird abzuwarten sein, ob die neuen Organisationsformen der Sekundarstufe I in einigen ostdeutschen Bundesländern auf die Sekundarschulentwicklung in den westdeutschen Bundesländern zurückwirken werden. Für den gegenwärtig schon spürbaren starken Rückgang der Schülerzahlen in den neuen Bundesländern (vgl. dazu WEISHAUPT/ZEDLER 1994, S. 410ff.) stellen integrierte Schulen der Sekundarstufe I eine gewisse Auffangposition dar, um die Schulversorgung zu sichern. Damit ist das Verhältnis von Institutionenentwicklung und quantitativer Entwicklung angesprochen, dem wir uns nun – bezogen auf die „alte Bundesrepublik" – zuwenden.

11.3 Quantitative und qualitative Aspekte der Bildungsexpansion

Die Veränderungen im westdeutschen Schulwesen, die in den vorigen Abschnitten beschrieben wurden, spielten sich vor dem Hintergrund erheblicher quantitativer Veränderungen des Schulbesuchs ab. Sie veränderten das Gewicht und die innere Verfassung der einzelnen Schulformen nachhaltig. Entscheidend für den Zeitabschnitt nach 1960 ist dabei die „Bildungsexpansion", d.h. insbesondere das Wachstum der Schülerzahlen in den weiterführenden Sekundarschulen (Realschulen, Gesamtschulen, Gymnasien) und in den Hochschulen. Von erheblicher Bedeutung sind aber auch zwei weitere quantitative Entwicklungen: zum einen die Entwicklung der Geburtenzahl, die von 1945 bis 1965 stetig anstieg, um dann in einem kurzen Zeitraum von 10 Jahren auf fast die Hälfte abzusinken. Der Schrumpfungsprozeß der Geburtsjahrgänge verlagerte sich von den Kindergärten in die höheren Klassenstufen des Schulsystems und stellte insbesondere die praktische Schulpolitik vor erhebliche Anpassungsprobleme. Schließlich verschob sich durch den Zuzug von Ausländern das quantitative Verhältnis von deutschen und ausländischen Schülern im Schulsystem und stellte ganz neue Integrationsprobleme.

Tabelle 17: Schüler/Schülerinnen und Studierende in der BRD nach Schul- und Hochschularten 1950-1990 (in 1.000)

	1950	1960	1970	1980	1990
Grundschulen[1]	.	3.099,9	3.977,2	2.785,9	2.561,3
Orient.stufe[2]	–	–	–	337,9	218,3
Hauptschulen[3]	.	2.122,4	2.374,9	1.933,7	1.054,2
Realschulen[4]	235,8	432,6	872,3	1.360,0	875,4
Gymnasien[5]	657,1	860,3	1.394,9	2.145,3	1.579,9
Sonderschulen	103,9	142,9	322,0	354,3	251,9
Gesamtschulen[6]	–	–	9,0	207,1	269,7
Allgemeinbildende Schulen insgesamt	7.581,1	6.655,1	8.937,6	9.124,2	6.810,7
Berufsschulen	1.699,2	1.661,9	1.599,4	1.847,5	1.469,4
BVJ/BGJ[7]	–	–	0,5	122,2	109,2
Berufsaufbauschulen (RS[8])					
Berufsfachschulen	–	125,6	182,7	325,6	245,6
Fachoberschulen (FHR)	–	–	50,3	79,3	74,5
Fachgymnasien/ Berufs-/Tech. Oberschulen (F/AHR)	–	–	9,0	58,5	68,3
Berufliche Schulen insgesamt[9]	1.699,2	1.787,5	1.841,9	2.433,1	1.967,0
Universitäten/ Gesamthochschulen/ Kunsthochschulen[10]	.	246,9	421,0	842,2	1.212,5
Ingenieurschulen/ Fachhochschulen (1989 incl. Verwaltungsfachhochschulen)	.	44,2	89,5	202,0	372,6
Studierende insgesamt	.	291,1	510,5	1.044,2	1.585,2
In % der 19- bis unter 26jähr. Bevölkerung		4,3	9,5	15,9	22,8

Anmerkungen:

1 Ohne Vorklassen/Schulkindergärten, mit Primarschülern an integrierten Gesamtschulen und Waldorfschulen.

2 Schulformunabhängige Orientierungsstufe.

3 Grund- und Hauptschule für 1950 noch nicht getrennt.

4 Ab 1960 einschließlich Abendrealschule.
5 Ab 1960 einschließlich Abendgymnasien/Kollegs.
6 Einschließlich freie Waldorfschulen; Schüler des Sekundarbereichs I und II zusammen.
7 Berufsvorbereitungs- und -grundbildungsjahr.
8 Abkürzungen für Abschlüsse: RS = Realschule oder Äquivalent; F/AHR = fachgebundene u. fakultativ allg. Hochschulreife.
9 Die Kollegschule NRW vermittelt eine allgemeine und berufliche Qualifikation auf unterschiedl. Niveaus.
9 Ohne Kollegschule NRW, ohne Fachschulen, ohne Fach- u. Berufsakademien sowie Schulen d. Gesundheitswesens.
10Deutsche u. ausländische Studierende.

Quellen: Für 1950: Köhler 1978, S. 160f. Ab 1960: Bundesminister für Bildung und Wissenschaft (Hrsg.) 1980, S. 26f., 105; ders. 1985, S. 26 und ders. 1991, S. 42, 141.

Die Bildungsexpansion stellte sich den Beteiligten zunächst als rasantes Wachstum der *absoluten* Schüler- und Studentenzahl (vgl. Tab. 17), als Vervielfachung der Zahl von weiterführenden Schulen und Hochschulen und als Vergrößerung der einzelnen Institutionen dar. Für ein solch expandierendes Schulsystem mußten zusätzliche Gebäude errichtet, mehr Lehrer und Lehrerinnen ausgebildet und eingestellt sowie insgesamt mehr Finanzmittel aufgebracht werden. Zu den quantitativen Aspekten dieser Expansion gehörte ab Mitte der 70er Jahre der schwieriger werdende Übergang von der Schule in den Beruf, der sich als Jugendarbeitslosigkeit, eingeschränkte Berufswahl, als Verdrängungswettbewerb unter Absolventen oder als Akademikerarbeitslosigkeit zeigte. Auf diese Begleiterscheinungen und Folgen der Expansion soll im nächsten Abschnitt eingegangen werden.

Unter analytischen Gesichtspunkten wird hier die Bildungsexpansion zunächst nicht als Wachstum absoluter Zahlen begriffen, weil darin Schwankungen der Bevölkerungsentwicklung enthalten sind. Aussagekräftiger ist vielmehr der relative Schulbesuch, d.h. die Verteilung des jeweiligen Schülerjahrgangs auf die unterschiedlichen Bildungsinstitutionen. Hierbei sind zwei Übergangsschwellen von besonderem Interesse: der Übergang nach der Grundschule bzw. Orientierungsstufe auf die verschiedenen Schulformen der Sekundarstufe I und der Übergang nach der Sekundarstufe I in die duale Berufsausbildung bzw. auf unterschiedliche weiterführende Bildungsgänge des Sekundar- und Tertiärbereichs.

Für die erste Übergangsschwelle ist der relative Schulbesuch der 13jährigen ein aussagekräftiger Indikator, weil in diesem Alter die Zuweisung auf die Schulformen der Sekundarstufe I weitgehend abgeschlossen ist. So zeigt Abbildung 6, daß im Jahr 1952 knapp 80 % der 13jährigen die damalige Volksschule besuchten, während nur noch knapp 35 % der 13jähri-

Abb. 6: Relativer Schulbesuch der 13jährigen in der BRD nach Schularten 1952-1990

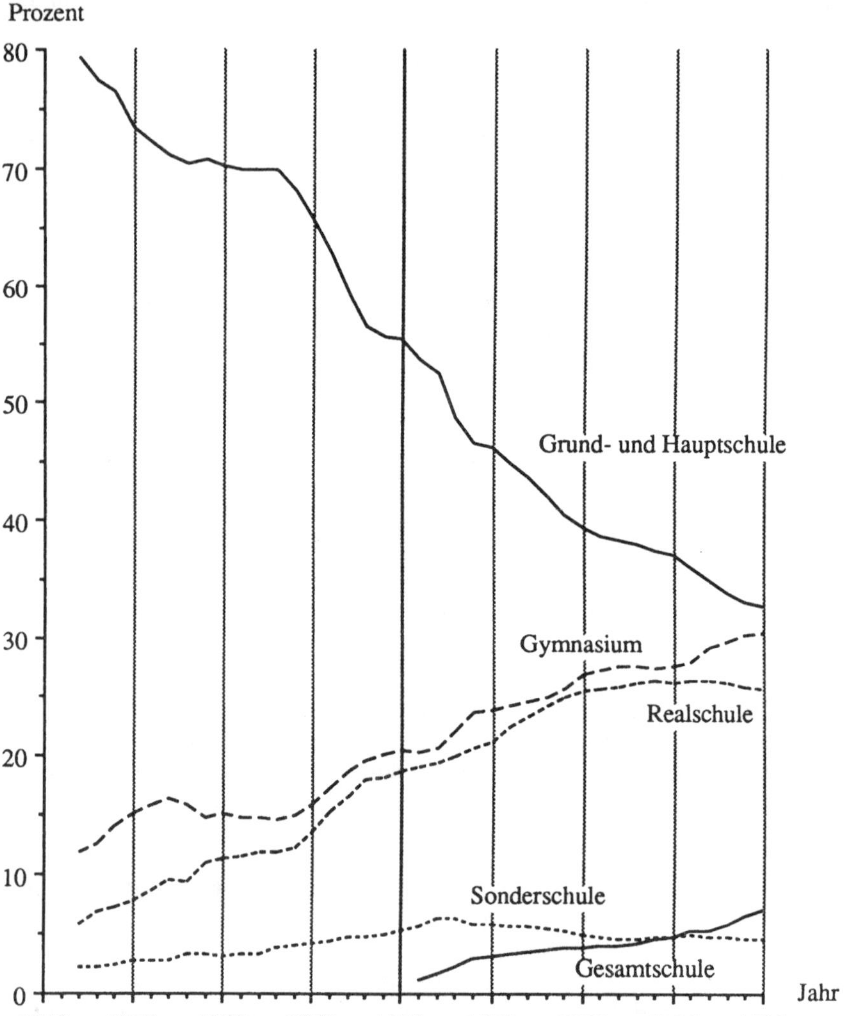

Quelle: Köhler 1990, S. 35. Fortschreibung 1987 bis 1990: persönl. Mitteilung des Autors.

gen 1988 die Hauptschule besuchen (Bundesdurchschnitt alte Bundesländer). Der Anteil der 13jährigen, die das Gymnasium besuchten, verdoppelte sich von knapp 15 auf 30 %, und der Anteil der Realschüler vervierfachte sich von 6 auf 25 %. Nimmt man den relativen Schulbesuch von Gesamtschulen hinzu (7 % der 13jährigen im Jahr 1990), so besuchten 1990 ca. 62 % der 13jährigen Realschulen, Gesamtschulen und Gymnasien. Da ein Teil der Hauptschüler überdies die Fachoberschulreife erwirbt, kann man zu Recht sagen, daß der mittlere Abschluß sich in den 30 Jahren Bildungsexpansion zum „neuen Bildungsstandard“ entwickelt hat (Arbeitsgruppe Bildungsbericht 1990, S. 268).

Die Kurven der Grund- und Hauptschüler einerseits und der Realschüler/Gymnasiasten andererseits lassen deutlich einen Verlauf in Wellen verstärkter Orientierung an weiterführenden Schulen erkennen: a) Schon von 1952 bis 1959 (als der „Deutsche Ausschuß“ gegenüber dem Andrang aufs Gymnasium seine selektive Funktion hervorhebt!) verstärkt sich der Zugang zu weiterführenden Schulen aufgrund des „Sogeffekts“, den die bestehenden Bildungseinrichtungen auf die schwachen Geburtsjahrgänge der Kriegszeit ausüben, und aufgrund der hohen, erst zu Beginn der 60er Jahre abgebauten Jugendarbeitslosigkeit. Zwischen 1960 und 1965 befinden sich die geburtenstärkeren Jahrgänge in den weiterführenden Schulen; die Übertrittsquoten können in diesem Zeitraum nur konstant gehalten werden. b) Ab 1964 dagegen wird der verstärkte Übergang auf weiterführende Schulen im Unterschied zur „ersten Welle“ bei *wachsenden* Geburtsjahrgängen ermöglicht. Die Halbierung der Geburtsjahrgänge zwischen 1965 und 1975 („Pillenknick“) wirkt sich seit Ende der 70er Jahre auf den relativen Schulbesuch der 13jährigen aus und könnte – da die Kapazitäten der weiterführenden Bildungseinrichtungen aus der Expansionsphase vorher vorhanden sind – erneut einen „Sogeffekt“ bei sinkenden absoluten Schülerzahlen ausgeübt haben. Denn nach 1985 verstärkt sich der Übergang auf Gymnasium und Gesamtschule (nicht dagegen: Realschule) erneut.

Wie sich durch die Bildungsexpansion das Niveau der Schulabschlüsse im allgemeinbildenden Schulwesen verändert hat, verdeutlicht für den kürzeren Zeitraum 1970 bis 1990 die Tabelle 18:

Tabelle 18: Schulabgänger nach Schulform in der Bundesrepublik Deutschland 1970 bis 1990 (in Prozent)

	Hauptschule o. Abschluß	HSA	RSA	HR	Schulabgänger insges. (in Tsd.)
1970	18,0	44,7	25,6	11,7	780,7 (100%)
1980	9,6	34,2	36,9	19,4	1.144,7 (100%)
1990	6,6	24,6	35,0	33,8	812,2 (100%)

HSA: Hauptschulabschluß; RSA: Realschulabschluß; HR: Hochschulreife.

Quelle: Bundesminister für Bildung und Wissenschaft (Hrsg.): Grund- und Strukturdaten 1991/2, S. 20f.

Die Zahl der Hochschulabschlüsse (Universitätsdiplome und entsprechende Abschlüsse, Promotionen, Lehramtsprüfungen und Fachhochschuldiplome) erhöhte sich in den alten Bundesländern zwischen 1960 und 1989 von 47.800 auf ca. 163.000 (deutsche und ausländische Studierende) (Bundesminister für Bildung und Wissenschaft 1991, S. 210f.). Wenn ein Viertel eines Altersjahrgangs die allgemeine Hochschulreife oder die Fachhochschulreife erwirbt, verliert das Abitur seinen exklusiven Charakter, auch wenn noch nicht das Niveau eines „Massenhochschulsystems“ erreicht ist, bei dem etwa 40 % eines Altersjahrgangs studieren. Bei derartigen globalen Zahlen zur Expansion der postsekundären und tertiären Ausbildung muß allerdings berücksichtigt werden, daß der traditionelle Bildungsweg über das Gymnasium mit Abitur und anschließendem Universitätsstudium mittlerweile durch rasch expandierende „Nebenwege“ ergänzt wird, die sich unmittelbar an den Realschulabschluß oder an Lehre/Berufserfahrung mit Realschulabschluß anschließen. Hier sind vor allem die Fachoberschulen zu nennen, deren Abschluß zum Studium der Fachhochschule berechtigt, sowie die Fachgymnasien und Berufs- bzw. Technischen Oberschulen, deren Abschluß die allgemeine oder fachgebundene Hochschulreife vermittelt (vgl. Tabelle 18). Gerade die Fachhochschulen erfreuen sich bei Politikern, die eine Entlastung der Hochschulen anstreben, großer Beliebtheit. Die Expansion der Hochschulausbildung soll damit zunehmend in klarer getrennten, vertikalen Niveaus kanalisiert werden, so daß die Stellung der privilegiertesten Ausbildungsinstitution, der Universität, zwar etwas geschwächt erscheint, aber durch die Erweiterung der sich „nach unten“ anschließenden Bildungsgänge nicht grundlegend erschüttert wird (vgl. TEICHLER u.a. 1976, S. 84ff.) – ein Muster, das uns aus der Expansion und gleichzeitigen Kanalisierung der Schüler an höheren Schulen Ende des 19. Jahrhunderts geläufig ist.

Die naheliegendste Erklärung der Bildungsexpansion sieht die Ursachen in geänderten Bildungswünschen von Eltern und Schülern auf der einen Seite und geänderten Auslese- und Förderpraktiken der Schulen andererseits. Elternbefragungen zwischen 1972 und 1987 zeigen, daß noch 1972 etwa je ein Drittel der Familienvorstände für ihre Kinder den Hauptschulabschluß, den Realschulabschluß oder die Fachhochschul-/Hochschulereife wünschten (TROMMER-KRUG 1980, Tab. 11, S. 261). 1987 wünschten nur noch 11 % der Eltern den Hauptschulabschluß, den Realschulabschluß 37 % und das Abitur/die Hochschulreife 52 % (H.-G. ROLFF u.a. (Hrsg.) 1988, S. 16). Die Wünsche liegen damit weit vor der Realität.

Von der Seite der Schule wurde die Bildungsexpansion durch eine Vielzahl von Veränderungen erleichtert, die sich unterhalb der Ebene der Typenentwicklung vollzogen. Dazu gehören Maßnahmen zur Verbesserung der Übergangsauslese nach der Grundschule; zum Aufbau leistungsfähiger Schulen, die durch eine gewisse Mindestgröße Differenzierung, spezialisierten Unterricht und stoffliche Vielfalt ermöglichten (z.B. die Konzentration des ländlichen Schulwesens; Ausbau des Schülertransportwesens). Dazu gehört ebenfalls die Leistungs- und Wahldifferenzierung in Haupt- und Realschule sowie die Lockerung strenger

Fremdsprachenanforderungen für das Gymnasium. Schließlich sind auch Möglichkeiten der Schwerpunktbildung/Stoffreduktion in der Oberstufe der Gymnasien dazu zu zählen (Saarbrücker Vereinbarung von 1960; Einrichtung der Neugestalteten Gymnasialen Oberstufe nach 1972). Daß die kumulative Wirkung derartiger einzelner Veränderungen die innere Selektivität einer Schulform erheblich verändert haben muß, belegt der Anteil der Abiturienten an den Quartanern sieben Jahre vorher: Betrug dieser Anteil 1961 erst 41,5 %, so steigerte sich die „Haltekraft" des Gymnasiums auf 70,4 % im Jahr 1973 (RUGE 1978, S. 779).

Wie die Veränderung des relativen Schulbesuchs zeigte, wird die Bildungsexpansion nicht allein durch Ursachen „von außen" erhalten: In einer Phase des wachsenden Nachfrage*drucks* nach weiterführender Bildung geschaffene Kapazitäten können im Anschluß *Sog*effekte auf den Besuch weiterführender Schulen ausüben. Die Bildungsexpansion unterliegt einer gewissen Eigendynamik und trägt sich selbst. Dies kann in mittel- und längerfristiger Perspektive auch für die Bildungswünsche gelten: Da im Zuge der Bildungsexpansion ein höherer Abschluß als Eintrittsbedingung für höhere Berufe aufgewertet, wegen der Expansion der Abschlüsse aber entwertet wird (vgl. GEISSLER 1992, S. 220f.), streben immer mehr Schüler bzw. Eltern höhere Abschlüsse an, die jedoch immer weniger sicher den Eintritt in höhere Berufsstatus verbürgen. In längerfristiger Perspektive ist der Befund wichtig, daß Eltern mit einem hohen Bildungsabschluß auch besonders häufig einen höheren Bildungsabschluß für ihre Kinder wünschen. Jedes „upgrading" der Abschlüsse im Zuge der Bildungsexpansion bedeutet damit für die nächste Generation mindestens einen Erhalt, wenn nicht Anstieg der Bildungswünsche.

Aus der historischen Analyse der Entwicklung der Studentenzahlen wissen wir außerdem, daß sich die Studentenzahlen über zwei Jahrhunderte in langen Zyklen der „Überfüllung" und des „Mangels" entwickelt haben (TITZE 1990). Die Zyklen pulsieren mit bemerkenswerter, eigendynamischer Konstanz und strahlen auf die Entwicklung des höheren Schulwesens aus. So ist recht wahrscheinlich, daß ein Teil der Bildungsexpansion seit den 60er Jahren auch als Beginn einer neuen, längeren Aufschwungswelle gedeutet werden kann. Gleichwohl wird eine rein zyklische Erklärung der Bildungsexpansion ihr hohes Niveau über einen längeren Zeitraum nicht erklären können. Wir sind anscheinend Zeugen eines historischen Trendbruches in der Beteiligung an sekundärer und tertiärer Bildung, wie er im letzten Drittel des 19. Jahrhunderts für die Gymnasialbildung im Kaiserreich zu beobachten war. In solchen Umbruchphasen spielen vermutlich *äußere* Bedingungen der Bildungsexpansion eine größere Rolle als eigendynamische. Wir können nur einige dieser Bedingungen ohne Anspruch auf Vollständigkeit benennen:

– Die Wohlstandsentwicklung in den Nachkriegsjahrzehnten hat – zusammen mit der Verringerung der Familiengrößen – vermutlich dazu geführt, daß in größerem Maß der Druck von Jugendlichen genommen wurde, möglichst schnell „arbeiten zu gehen“ oder zu heiraten. Auf diese Weise wurde über das absolute Minimum an Ausbildung hinaus überhaupt ein Freiraum für Bildungsteilhabe geschaffen.

– Die Umarbeitung des hierarchischen, Männer privilegierenden Geschlechterverhältnisses zugunsten partnerschaftlicher Beziehungen hat Folgen für die Bildungsbeteiligung der Mädchen gehabt, die die Expansion der weiterführenden Bildung in größerem Maße getragen haben als Jungen (vgl. KÖHLER/ZYMEK 1981).

– Die Entwicklung der Wirtschaft in Richtung einer Dienstleistungsökonomie, der Ausbau des Sozialstaates und – vermutlich – der allgemeine Anstieg von Qualifikationsanforderungen in der Privatwirtschaft haben ein permanentes, immer wieder bestätigtes Bewußtsein dafür geschaffen, daß anspruchsvollere Ausbildungen inhaltlich notwendig sind und individuell Früchte tragen, seien sie immaterieller oder materieller Art. Dieses Signal ist vom Arbeitsmarkt verstärkt worden: die hohe Sockelarbeitslosigkeit seit Mitte der 70er Jahre, die Qualifikationsstruktur der Arbeitslosen und die Verdrängungsprozesse beim Eintritt in Berufsausbildung und Beruf haben ganzen Schülerjahrgängen den Marktwert weiterführender Ausbildung eindringlich vor Augen geführt (vgl. HURRELMANN 1983).

11.4 Ergebnisse und Folgeprobleme von Schulreform und Bildungsexpansion

Die Bildungsexpansion und die Reformen des Schulwesens haben das quantitative Verhältnis der einzelnen Schulformen zueinander und ihre innere Zusammensetzung verändert. Sie haben die Hauptschule und ihre Klientel tendenziell zu „Modernisierungsverlierern“ gemacht. Sie haben zu einer Anhebung des Niveaus schulischer Abschlüsse geführt und darüber hinaus zu einem Strukturwandel der Jugendphase beigetragen, der die Lebenssituation von Jugendlichen und jungen Erwachsenen verändert hat. Bis heute sind Bildungsexpansion und -reformen von Hoffnungen und Befürchtungen begleitet gewesen, die mittlerweile einer empirischen Bilanz zugänglich werden.

Mit der Bildungsreform von 1965 bis 1975 war vor allem die Hoffnung verbunden, mehr Bildungschancengleichheit für benachteiligte Gruppen (Mädchen, Arbeiter- und Landkinder) zu erzielen. Als nach 1975 die Arbeitslosigkeit der Bundesrepublik stark anstieg und auch beim anhaltenden Wirtschaftswachstum der 80er Jahre auf hohem Niveau verharrte, nahm die Befürchtung zu, daß die steigende Zahl an besser ausgebildeten Schul- und Hochschulabsolventen keine angemessene Beschäftigung würde finden können. Schließlich hat der – trotz Rückgangs der Geburtenzahlen – ungebremste Anstieg der Studentenzahlen in der zweiten Hälfte der 80er Jahre die früher erhoffte „Untertunnelung des Studentenberges“ vereitelt. Seitdem verschärft sich die konservative Kritik an Schule und Hochschule. Immer nachdrücklicher werden der angebliche Leistungsverfall der Universitäten und des expandierenden Gymnasiums sowie die Entwertung des Abiturs angeprangert, wird die Rückkehr zur Auslesefunktion des Gymnasiums verlangt. Daß dieses sich so erfolgreich gegenüber der Gesamtschule behaupten konnte, gerät ihm nun zum Manko. Die Kritik geht so weit, daß in der stillschweigenden Unterstützung des Gymnasiums, das angeblich schon auf dem Wege zur Gesamtschule sei, eine besonders tückische Strategie des „Systemwandels“ vermutet wird. Was sagen empirische Befunde zu der Befürchtung, daß die Bildungsexpansion am Arbeitsmarkt vorbei Hochschulabsolventen „über- und fehlqualifiziert“ habe? Was zur These eines Leistungsverfalls der Sekundarausbildung und was zu den früheren Hoffnungen auf mehr Chancengleichheit durch Bildungsreform und -expansion?

Anders als die konservative Kritik der späten 70er Jahre glauben machen wollte, hat die starke Zunahme von Abiturienten und Hochschulabsolventen nicht zu massiven Fehlqualifikationen oder gar – wie Ende der 20er Jahre beim Ausbau der Hochschulen befürchtet – zu einem „akademischen Proletariat“ geführt. Zwar sind seit dem Entstehen der hohen Sockelarbeitslosigkeit Mitte der 70er Jahre und der Reduzierung des *staatlichen* Stellenangebots die Hochschulabsolventen von Arbeitslosigkeit und instabilen Beschäftigungsverhältnissen in den ersten Berufsjahren betroffen. Aber insgesamt haben sich Absolventen der weiterführenden Schulen und der Hochschulen beim Besetzen von traditionell nichtakademischen Berufsfeldern als recht flexibel erwiesen. Es ist kein „akademisches Proletariat“ entstanden, das aus Wut und Verzweiflung über eine blockierte Zukunft zu radikalen Positionen – und dies waren in der Geschichte Deutschlands häufig rechtsradikale Postionen – überging. Die Studentenbewegung der späten 60er Jahre dürfte hier ebenso als „Filter“ gewirkt haben wie die neuen sozialen Bewegungen der 70er und 80er Jahre.

Die eigentlichen Opfer des Zusammentreffens von Bildungsexpansion und Verknappung des Arbeitsangebots waren in der Zeit von 1975 und 1985 vielmehr die Absolventen der Hauptschulen und der Sonderschulen bzw. die Abbrecher ohne Abschluß (vgl. BAETHGE 1984). Sie mußten – gegen die Konkurrenz der Realschüler und Abiturienten – zunehmend mit unattraktiven Berufsausbildungen bzw. Berufen vorlieb nehmen oder wurden – wenn sie Mädchen bzw. junge Frauen waren – überproportional häufig ganz aus dem Arbeitsmarkt hinausgedrängt. Daß gehobene Bildungsabschlüsse immer deutlicher eine notwendige Voraussetzung für den Berufseinstieg darstellen, ihn aber nicht verbürgen können, erhöhte den Druck auf den Erwerb mindestens des Realschulabschlusses zusätzlich und koppelte Absolventen ohne Hauptschulabschluß oder ohne Lehre vom Beschäftigungssystem mehr und mehr ab. Die Hierarchie der Bildungsgänge bedeutet für den Übergang Schule-Beruf, daß die niedrigeren Abschlüsse mit einem größeren Beschäftigungsrisiko behaftet sind.

Für – heute kaum noch zu findende – Vertreter einer extremen Theorie vollkommen angeborener Begabungen *muß* die Bildungsexpansion der letzten Jahrzehnte geradezu naturnotwendig zu einem Sinken des Leistungsniveaus geführt haben. Aber auch ohne eine solche extreme Auffassung ist bei den Gegnern und Kritikern der Expansion die Meinung verbreitet, daß das Wachstum der Realschulen, Gymnasien und Hochschulen nur durch „Verbilligung" der Anforderungen zu haben war und daß das tatsächliche Qualifikationsniveau der Schüler und Schülerinnen – jenseits des schönen Scheins von Zertifikaten – gesunken sein muß. Der Beweis hierfür fehlt. Die wenigen, meist indirekten Informationen über die Entwicklung des Leistungsniveaus im allgemeinen und am Gymnasium im besonderen ergeben dagegen ein anderes Bild (vgl. BAUMERT 1986; BAUMERT 1991): danach dürfte es das Gymnasium geschafft haben, trotz einer wachsenden Heterogenität der Schülerschaft (als Folge der Bildungsexpansion) seine Leistungsansprüche zu behaupten und zu verwirklichen.

Im Hinblick auf das Ziel größerer Bildungschancengleichheit fällt die vorläufige Bilanz der Bildungsreform und -expansion zwiespältig aus. Als „vorläufig" muß sie deshalb gelten, weil detaillierte Informationen über die Altersgruppen, die an der Bildungsexpansion voll teilhatten, noch gar nicht vorliegen. Deskriptiv läßt sich immerhin feststellen, daß von den vier „klassischen" Benachteiligungen der 60er Jahre – nach Geschlechtszugehörigkeit, nach Religion, nach Region und sozialer Schicht – die ersten beiden in den 70er Jahren verschwunden sind, während sich regionale und schichtspezifische Unterschiede erhalten haben (vgl. EIGLER u.a. 1980; KÖHLER/ZYMEK 1981; DITTON 1995). Bildungsexpansion und -reform haben nicht dazu geführt, daß Arbeiterkinder im Vergleich zu Kindern aus mittleren und höheren Schichten entscheidende Gewinne der Bildungsbeteiligung erzielen konnten. Kinder aus *allen* Schichten bzw. Bildungsgruppen haben – in unterschiedlichem Grad – ihre Anteile an den berechtigenden Realschulen und Gymnasien erhöhen können. Die Differenzen *zwischen* den Schichten haben sich dabei jedoch nur wenig verändert. Immerhin weist Tab. 19 aus, daß 13- und 14jährige Arbeiterkinder im Zeitraum von 1972 bis 1989 ihren Anteil an Realschulen erheblich steigern konnten, während die Zunahme an Gymnasien bescheiden blieb und seit 1980 stagniert. Hier erhöhen Kinder von Angestellten, Beamten und Selbständigen gerade in der kurzen Spanne zwischen 1985 und 1989 ihren Anteil an Gymnasien erheblich.

Tabelle 19: Besuch weiterführender Schulen nach dem Beruf des Familienvorstandes (Bundesrepublik 1972-1989, 13- und 14jährige)

	Von jeweils 100 Kindern aus den verschiedenen Berufsgruppen besuchten					
	alle Berufsgruppen	Arbeiter	Angestellte	Beamte	Selbständige o. Beschäftigte	Selbständige m. Beschäftigten
	eine Realschule					
1972	19	16	25	23	20	25
1976	21	20	25	22	25	25
1980	25	22	30	25	26	30
1985	27	26	30	26	33	31
1989	27	26	29	24	29	26
Differenz 1972–1989	8	10	4	1	9	1
	ein Gymnasium					
1972	19	6	36	46	16	34
1976	22	9	38	47	20	37
1980	24	10	39	51	20	35
1985	26	11	41	51	19	36
1989	29	11	44	58	26	45
Differenz 1972–1989	10	5	8	12	10	11

Quelle: Sonderauswertungen des Mikrozensus (nach GEISSLER 1992, S. 222).

Dieses Ergebnis bezieht sich allerdings auf die Folgen der Bildungsexpansion innerhalb der herkömmlichen Schultypen. Vergleiche zwischen dem traditionellen System und integrierten Gesamtschulen zeigen – zumindest zum Zeitpunkt der ersten Hälfte der 70er Jahre – starke Verbesserungen der Bildungschancen von Kindern aus der „Grundschicht" in integrierten Gesamtschulen (FEND u.a. 1976).

Die stagnierende Bildungsbeteiligung von Arbeiterkindern an Gymnasien in den 80er Jahren könnte eine indirekte Folge der Überfüllungskrise in den akademischen Berufen seit Mitte der 70er Jahre darstellen. Aus langfristigen historischen Untersuchungen ist bekannt, daß in Überfüllungsphasen Kinder aus unteren Sozialschichten sich leichter vom Studium abbringen lassen bzw. auf niedrigere Ausbildungsgänge verdrängt werden (TITZE 1990). Eine Untersuchung zur Studienwahl Mitte der 80er Jahre – als die Kürzungen an der Ausbildungsförderung ihren Höhepunkt erreichten – ergab, daß junge Frauen und Kinder aus Arbeiterfamilien besonders empfindlich auf unsichere Berufsaussichten und Finanzierungsschwierigkeiten der Ausbildung reagieren und „freiwillig" auf eine anspruchsvolle Ausbildung verzichten (vgl. BÖTTCHER u.a. 1988).

Diese deskriptiven Ergebnisse zur geschlechts- und schichtspezifischen Bildungsbeteiligung bedürfen allerdings der Präzisierung. Seitdem Mädchen auf der Ebene der Schulabschlüsse mit Jungen gleichgezogen haben, verlagert sich die Diskussion über geschlechtsspezifische Chancenungleichheit zunehmend auf zwei Probleme: a) auf die Benachteiligung von Mädchen und jungen Frauen bei der *Verwertung* ihrer Bildungsabschlüsse in Weiterbildung und Beruf. Hier sind auf der Ebene der Universitäten ebenso Benachteiligungen von Frauen festzustellen wie in nicht-universitären Berufen. Fortschritte für die Gleichberechtigung von Männern und Frauen sind damit nicht mehr durch die Angleichung schulischer Abschlußniveaus zu erzielen als vielmehr durch eine direkte Veränderung der beruflichen Rekrutierung von Frauen und der familialen Arbeitsteilung zwischen Männern und Frauen. b) Die Angleichung des formalen Bildungsniveaus von Jungen und Mädchen hat – ausgelöst durch die Kritik der Frauenbewegung an der Koedukation in den Schulen, die nur eine „Ko-Instruktion" sei – das Interesse auf Unterschiede in der Behandlung von Jungen und Mädchen in der Schule und auf geschlechtsspezifische Fachinteressen gelenkt. So wählen Mädchen trotz Angleichung der Bildungsabschlüsse weniger als Jungen naturwissenschaftliche Fächer in der Sekundarstufe II (vor allem nicht: Physik) und im Studium, während Jungen in geringerem Maße kulturwissenschaftliche und neusprachliche Fächer wählen. Die Debatte über ungleiche Bildungschancen wird damit zunehmend *qualitativ* geführt und mündet in Veränderung von Schule und Unterricht, die stärker den Schulalltag und das Verhalten der Beteiligten berühren.

Bei der Betrachtung der schicht- und geschlechtsspezifischen Bildungsbeteiligung muß – ganz unabhängig von der Frage der Organisationsstruktur des Schulwesens – genauer zwischen der Expansion von Ausbildungsplätzen/Abschlüssen und der Veränderung der Zugangschancen zu Plätzen/Abschlüssen unterschieden werden. Wird die Chancenstruktur – wie auch in Tabelle 19 oben – nur als Prozentanteil von Kindern unterschiedlicher Schichten an Schulformen bestimmt, so geht diese wichtige Differenz verloren. Bei konstanten Zugangschancen von Arbeiter- und Beamtenkindern beispielsweise kann sich die beobachtete Prozentdifferenz der Bildungsbeteiligung einfach dadurch erhöht haben, daß durch die Bildungsexpansion mehr höhere Abschlüsse geschaffen wurden (vgl. Handl 1985). In Tabelle 20 ist auf der Grundlage von Tabelle 19 für zwei unterschiedliche Gruppen – Arbeiterkinder und Beamtenkinder – die Veränderung der Chancen zum Gymnasialbesuch *unabhängig* von der Verteilung der Ausbildungsplätze berechnet worden (vgl. Spalte 4: Prozentquotient).

Hier zeigt sich, daß auch in Zeiten konstanter Prozentdifferenzen zwischen Arbeiter- und Beamtenkindern (1972 bis 1985) sich die Zugangschancen für Arbeiterkinder verbesserten, während sie zurückgingen, als sich die Schere im Gymnasialbesuch wieder weiter öffnete. Da ein Wert von 1 Chancengleichheit anzeigt, belegt der beobachtete niedrige Wert von ca. 0.2 die trotz Bildungsexpansion niedrig gebliebenen Zugangschancen von Arbeiterkindern.

Tabelle 20: Chancenentwicklung für Arbeiter- und Beamtenkinder am Gymnasium der BRD 1972-1989

	Von jeweils 100 Kindern von Arbeitern	von Beamten	Prozent-differenz	Prozent-quotient
	besuchten ein Gymnasium			
	(1)	(2)	(3)=(2)–(1)	(4)=(1):(2)
1972	6	46	40	0.13
1976	9	47	38	0.19
1980	10	51	41	0.20
1985	11	51	40	0.22
1989	11	58	47	0.19

Indem schichtspezifische Bildungsungleichheiten so wenig sichtbar reduziert und weitreichende Veränderungen im Curriculum und in der Schulorganisation nur langsam eingeführt werden konnten, geriet das sozial-liberale Konzept der materialen Chancengleichheit in eine Krise. Da das Bildungssystem beim Abbau schicht- und regionalspezifischer Benachteiligung offenbar so wenig effektiv ist, erscheint die Orientierung an Bildungschancengleichheit als illusionär und als Überforderung der Schule. Es mehren sich die Stimmen, daß sie sich auf ihren „eigentlichen", inneren Bildungsauftrag zu besinnen und allenfalls eine nebulös bleibende „individuelle Chancengerechtigkeit" zu verwirklichen habe. Dieses „Auskühlen" des Chancengleichheitsthemas ist nicht nur das Ergebnis eines Lernprozesses über die Grenzen des Einflusses der Schule; sie folgt nicht nur der politischen Machtverschiebung in den 80er Jahren zugunsten konservativer und ordoliberaler Positionen, die bewußt Elitedenken, Konkurrenz und Leistungsunterschiede betonen. Der politische Rückzug vom Chancengleichheitsthema wird auch durch einen Bewußtseinswandel in der Bevölkerung getragen, die auf die Überfüllungskrise mit „realistischeren", reduzierten Erwartungen an Bildungspolitik reagiert (Titze 1988).

Darüber hinaus – und dies verweist abschließend auf mögliche längerfristige Konsequenzen der Bildungsexpansion – könnten sich hierin auch Veränderungen ankündigen, die mit den Stichworten „Individualisierung" und „Wertewandel" verbunden sind. In einer zunehmend individualisierten Gesellschaft, die „post-materialistischen" Werten stärker Geltung verschafft, würden *strukturelle* Benachteiligungen im Bildungswesen immer weniger beachtet und in Politik umgesetzt. Das Bildungssystem treibt diesen Wandel selbst voran: Seine Modernisierung und die Bildungsexpansion fördern Individualisierung und Wertwandel. Damit entzieht es Schritt für Schritt einer Auslegung von Chancenungleichheit als Benachteiligung gesellschaftlicher Gruppen die subjektiven Grundlagen.

Die Entwicklung der Schule in den Nachkriegsjahrzehnten hat der Bevölkerung den Sinn einer „Berechtigungsgesellschaft", in der Lebenschancen von Bildungsvorleistungen abhängen, in früher ungekanntem Maß vor Augen geführt. Dies ist nicht nur abstrakt klar geworden, sondern die geschilderten Veränderungen legen jedem einzelnen praktisch nahe, sich um Qualifikationen zu bemühen und eigene Entscheidungen über den Bildungs- und Lebensweg zu fällen. Das wird Schülern und Schülerinnen, die sich instrumentell an den äußeren Aspekten des Lernens – Noten, Abschlüsse, Aufstiege – orientieren, schon in jungen Jahren bewußt (vgl. HURRELMANN 1983). Auf der einen Seite sind die Kosten dieser Individualisierung innerhalb der Schule – nämlich begrenztes inhaltliches Interesse, Konkurrenzdruck, Vereinzelung und psychosoziale Belastungen (BAETHGE 1985; ENGEL/HURRELMANN 1989) – unabweisbar. Andererseits kann aus dem erfolgreichen „Management" der eigenen Bildungslaufbahn ein Bewußtsein individueller Macht- und Kompetenzfülle entstehen, das auf solidarisches Handeln zur Durchsetzung eigener Wünsche meint verzichten zu können und den Blick für die zur Minderheit gewordenen Opfer der „Berechtigungsgesellschaft" verliert. So läßt ein Vergleich des Selbstbildes von 18- bis 25jährigen zwischen 1975 und 1989 aufhorchen: Während es 1975 die höher Qualifizierten waren (Realschule und mehr), die sich anders als niedriger Qualifizierte Sorgen um andere machten, ist es 1989 umgekehrt: die besser Ausgebildeten beschreiben sich als unbekümmert um andere und selbstbewußt, während nun die niedrig Qualifizierten sich mehr um andere sorgen und wenig selbstbewußt erscheinen (BRÄHLER/WIRTH 1991).

Zur Individualisierung als Folge der Bildungsexpansion sind aber auch gegenläufige Entwicklungen beobachtbar. Die Verlängerung der Jugendphase bedeutet eine Verlängerung des psychosozialen Moratoriums, das bei Studierenden in Form der Post-Adoleszenz bis zum Alter von 25 bis 30 Jahren dauern kann (vgl. DÖBERT/NUNNER-WINKLER 1975). Der Spielraum zum Erproben alternativer Lebensvorstellungen und -formen nimmt dadurch ebenso zu wie die Möglichkeit, post-materialistische Werte – wie Selbstentfaltung, Teilhabe an politischen Entscheidungen, Erhaltung der Natur – gegenüber materialistischen Werten (z.B. Wachstumssteigerung, Erhaltung der öffentlichen Sicherheit und Ordnung) vorzuziehen. So kann BAUMERT (1991) zeigen, daß im Vergleich der Altersjahrgänge 1912-1935, 1936-1951 und 1952-1967 der Anteil von „Post-Materialisten" stetig zugenommen hat und daß ihr Anteil bei Befragten mit Hochschulreife stets am höchsten, bei Absolventen der Hauptschule am niedrigsten lag. Es kann hier offenbleiben, ob „mehr Chancengleichheit" einen post-materialistischen oder einen materialistischen, an herkömmlichen Verteilungsfragen orientierten Wert darstellt. Wenn die zweite Akzentuierung überwiegt, dann dürfte sich die Bindung an diesen Wert bei den „Kindern der Bildungsexpansion" abschwächen, nachdem sie selbst von ihr begünstigt worden waren. Man mag dies bedauern – zugleich birgt dieser Wandel die Chance, neue und wichtiger gewordene Ziele anzustreben.

11.5 Zusammenfassende Thesen

(1) In den drei Jahrzehnten von 1960 bis 1990 hat sich das Schulwesen in den alten Ländern der Bundesrepublik durch inhaltliche Reformen und die ungebrochene Expansion der weiterführenden Schulen in historisch ungekanntem Maße verändert. Nahezu unbemerkt sind mit der Einrichtung koedukativer Schulen getrennte, staatliche Mädchenschulen aufgegeben worden. Andere grundlegende Merkmale sind erhalten geblieben, allerdings auch abgeschwächt worden. Das allgemeinbildende Schulwesen hat mit der Orientierungsstufe und der Gesamtschule integrative Unterrichtsformen aufgenommen; die Reform der gymnasialen Oberstufe hat die Typisierung im Gymnasium abgeschwächt. Durch die Fachhochschulen und die Fachoberschulen ist die Realschule unterster Teil eines zwar gegenüber der höheren Schule/Universität minderberechtigten, aber vertikal anschlußfähigen Bildungsganges geworden.

(2) Diese Veränderungen sind teils politisch gewollt worden, teils die Folge eines wenig steuerbaren gesellschaftlichen Drucks in Richtung längerer und anspruchsvollerer Ausbildungen. Ausdruck des politischen Reformwillens waren vor allem die Versuche von 1965 bis 1975, ein modernisiertes Bildungswesen einzurichten, das sich durch vier Merkmale auszeichnen sollte: Verwissenschaftlichung der Inhalte, Integration der Schulformen, Betonung sozialen Lernens und verstärkte individuelle Verantwortung für die eigene Bildungslaufbahn. Trotz mannigfacher Kritik und Widerstände gegen die – letztlich nicht verwirklichte – Konzeption des Deutschen Bildungsrates hat sie den gedanklichen Rahmen für viele Teilveränderungen des Schulwesens geschaffen.

(3) Die Bildungsexpansion der letzten Jahrzehnte ist weniger eine Folge demographischer Veränderungen als das Ergebnis gestiegener Bildungserwartungen. Dies gilt vor allem für Mädchen, die die Expansion der Realschulen und Gymnasien in stärkerem Maße als Jungen getragen haben. Durch die Veränderung des relativen Schulbesuchs ist der mittlere Abschluß zum Bildungsstandard geworden und die Hauptschule mehr und mehr auf dem Weg zu einer „Restschule“, die jenseits des herkömmlichen Streits um die Gesamtschule neue Integrationsanstrengungen erfordert.

(4) In der Überfüllungssituation der 70er und 80er Jahre hat sich – wie in der Vergangenheit – die soziale Selektivität weiterführender Schulen und Hochschulen wieder verstärkt. Der Übergang zu einem „Massenhochschulsystem“ setzt als historisch neues Phänomen die Hochschulen

einem verstärkten Differenzierungsdruck aus, so daß der Gegensatz von Modernisierung und Herrschaftssicherung immer noch virulent ist. Individualisierung und Wertwandel beginnen ihm jedoch eine andere Form zu geben: Die Konturen der Gruppen, die über Bildung ihre Privilegien zu sichern suchen, werden undeutlicher, wenn Berechtigungen breit gestreut sind. Der von der Bildungsexpansion selbst mitgeförderte Wertwandel schließlich setzt neue Probleme – Umwelterhaltung, Friedenssicherung, Bürgerrechte – auf die Tagesordnung.

11.6 Weiterführende Literatur

Um die Motive und wissenschaftlichen Begründungen für die umfassende Reform der Schule Mitte der 60er Jahre zu verstehen, ist die Lektüre des von Heinrich ROTH herausgegebenen, mehrfach aufgelegten Sammelbandes „Begabung und Lernen" (1970) immer noch wertvoll. Aus der Sicht des politisch Beteiligten hat Ludwig v. FRIEDEBURG (1989) eine spannende, detailreiche Darstellung der Reformphase gegeben. Als kritische Stimme zur Bildungsreform der 60er Jahre ist der Beitrag von A. FLITNER (1977) lesenswert. Mit größerer wissenschaftlicher Distanz haben verschiedene Autorenteams des Max-Planck-Instituts für Bildungsforschung die Bildungsreform bilanziert und durch zahlreiche empirisch-statistische Angaben ergänzt (vgl. HÜFNER/NAUMANN 1977; HÜFNER u.a. 1986; Arbeitsgruppe Bildungsbericht 1994). Über aktuelle Entwicklungen informiert das von H.-G. ROLFF und Mitarbeitern herausgegebene „Jahrbuch der Schulentwicklung" (1980ff.). Diese Autorengruppe hat es unternommen, der bildungspolitischen Diskussion durch einen neuen „Bildungsgesamtplan" am Ende der 80er Jahre neue Impulse zu geben (KLEMM u.a. 1990).

Wegen der raschen politischen und sozialen Entwicklung in den neuen Bundesländern nach 1990 ist es schwierig, aktuelle Informationen mit analytischen Einsichten über die Veränderungen in Ostdeutschland zu verbinden. Die gesetzlichen und politischen Schritte des Umbaus des ostdeutschen Bildungssystems dokumentieren sehr gründlich FUCHS/REUTER (1995). Die „Arbeitsgruppe Bildungsbericht" (1994) unternimmt den Versuch, bei zahlreichen Einzelthemen Informationen über die neuen Bundesländer zu integrieren. Zur historisch umfassenderen Einbettung der Entwicklung in den neuen Bundesländern vgl. die in Kap. 10.6 genannte weiterführende Literatur.

Schlußwort

Vergegenwärtigt man sich die schulgeschichtliche Entwicklung der letzten zweihundert Jahre in einer distanzierten Schlußbetrachtung, dann tritt als beherrschender Grundzug deren hohe Kontinuität hervor, und es bestätigt sich die Einsicht, zu der Friedrich Paulsen bereits zu Beginn unseres Jahrhunderts kam, daß nämlich „das Bildungswesen keine Eigenbewegung hat, sondern von dem großen Gang der allgemeinen Kulturbewegung bestimmt wird" (Paulsen 1906, Vorwort).

Auf diesem Hintergrund ist der Strukturwandel des preußisch-deutschen Schulwesens in seinen langfristigen Entwicklungstendenzen nicht überraschend. Er entspricht dem Übergang von einer noch stark ständisch geprägten Gesellschaft mit einer „ständisch" typisierten Schulorganisation zu einer modernen Industriegesellschaft mit mehr oder weniger offenen Klassen und Schichten und einem integrierteren, anschlußfähigen *System* einzelner Bildungsinstitutionen. Der Begriff „ständisch" ist dabei durchaus weit zu verstehen: er meint nicht nur die Trennung von hohem und niederem Bildungswesen nach Standes- und Klassenzugehörigkeit, sondern auch die Trennung von Jungen- und Mädchenbildung und die Trennung nach Konfessionen. Gemeinsames Merkmal dieser das 19. umd 20. Jahrhundert noch lange beherrschenden, konfliktreichen Spaltungen der deutschen Gesellschaft und Schule ist die traditionalistische Auffassung, daß der sozialen Herkunft, der Geschlechtszugehörigkeit und der Konfession eine eigenständige Lebensführung entspricht und daher die Bildung der Kinder für diese Lebensführung auch „ständisch", in deutlich getrennten Ausbildungsinstitutionen mit ihnen eigenen Zielen, Lerninhalten und Umgangsformen zu erfolgen hat. Kinder „von Stand" sollten eine andere Bildung bekommen als Kinder „aus dem Volk". Die Bildung eines „richtigen Jungen" muß eine andere sein als die eines „richtigen Mädchens".

Dieses Schulwesen gerät seit Mitte des 19. Jahrhunderts immer wieder unter Modernisierungsdruck – die traditionellen, von starken Interessen gestützten Strukturen prägen noch eine längere Zeit den Systemaufbau, aber sie verändern sich dabei auch. So entwickelten sich das niedere und das höhere Schulwesen bis zum Ersten Weltkrieg zunehmend *institutionell auseinander.* Besonders in der Expansionsphase im Kaiserreich, in der die Industrialisierung mit Breitenwirkung im Bildungswesen durchschlug, differenzierten sich die niederen und höheren Schulen zu konsolidierten eigenen Systemen aus, die schroff gegeneinander abgeschlossen waren.

Die Weimarer Republik markiert einen Wendepunkt: Seither zeigt sich eine allmähliche *Annäherung* der eigenständig ausdifferenzierten Schulsysteme. In der Einführung der für alle Kinder gemeinsamen vierjährigen Grundschule (1920) fand der Beginn dieser gegenläufigen Tendenz seinen sichtbarsten Ausdruck. Zugleich verdeutlicht der „Einbau" des höheren Mädchenbildungswesens in das Schulsystem die Ungleichzeitigkeit der Entwicklungen: von der Ausbildungsdauer, der Differenzierung der Schulzweige und den Berechtigungen her waren Mädchen nunmehr den Jungen fast gleichgestellt – es *blieb* jedoch die Differenz von Jungen- und Mädchenschulen, die erst in den 50er und 60er Jahren aufgehoben wurde. Die Tendenz zur Annäherung des höheren und niederen Schulwesens blieb bis in die 50er Jahre schwach ausgeprägt. Seither erfuhr sie einen deutlichen Aufschwung, wie sich an der Verbreitung von Orientierungsstufen und an der Durchsetzung der Gesamtschule als „vierte Schulform" neben den herkömmlichen Schulen der Sekundarstufe I zeigt. Wenn die Entwicklung zu integrierten Bildungssystemen seit Mitte der 70er Jahre auch gebremst erscheint, so wird diese Tendenz – verstärkt durch die Schulentwicklung vor allem in Brandenburg – vielleicht doch weiterwirken und sich gegen konservative Interessen und politische Widerstände behaupten.

Wie erst die Französische Revolution bzw. die erzwungene preußische „Revolution von oben" der *liberalen* bürgerlichen Forderung nach allgemeiner Menschenbildung endgültig zum Durchbruch verhalf, so konnte der erste Baustein für ein demokratisiertes Schulwesen, die allgemeine Grundschule, erst *nach* der „sozialistischen" Revolution gelegt werden. Dieser Umstand, daß erst die *sozialen* Demokraten nach dem verlorenen Weltkrieg eine Forderung durchsetzen konnten, die bereits siebzig Jahre vorher von Wortführern des liberalen „Fortschritts" (wie Diesterweg) erhoben worden war, macht sowohl die *Schwäche des Liberalismus* deutlich als auch den allgemeinen *demokratischen Nachholbedarf* der deutschen Gesellschaft, der wegen dieser Schwäche schicksalbestimmend wurde.

Nicht zuletzt unter dem Eindruck der Revolution flossen auch in die Bildungs- und Schulartikel der Weimarer Reichsverfassung anspruchsvolle *sozialstaatliche* Elemente ein, die nur als *Programmsätze für eine demokratische Weiterentwicklung* der Gesellschaft Sinn und Substanz hatten. Solange diese Zugeständnisse des in seinen Privilegien bedrohten Besitz- und Bildungsbürgertums freilich nicht der Ausdruck einer echten Anerkennung der demokratischen Teilhabeansprüche der Arbeiter waren, sondern durch die ungebrochen weiterwirkenden elitären Ressentiments täglich widerrufen und entwertet wurden, mußten sie als leere Formelkompromisse eben bloßes Programm bleiben. So ließ sich die Chance zur Demokratie, die aus mangelnder Kompromiß- und Integrationsfähigkeit verspielt wurde, auch in den Schulen und Hochschulen der Weimarer Republik nicht wiedergewinnen. Angesichts der autoritären Vorbelastungen aus dem Kaiserreich konnten die Bildungsanstalten in der ersten deutschen Republik nicht die Integrationskraft entfalten, die ihnen nach der Verfassung zugedacht war. In der machtvollen Kontinuität der traditionalistisch geprägten Widerstände gegen Modernität und Liberalismus stellten die eineinhalb Jahrzehnte der Weimarer Republik eine zu kurze Phase dar, als daß sich der langfristig aufgestaute demokratische Nachholbedarf noch produktiv und befreiend hätte aufholen lassen.

An die bescheidenen republikanischen Ansätze zur Demokratisierung und Integration des klassenspezifischen Schulwesens ließ sich deshalb erst wieder nach dem Zusammenbruch von 1945 anknüpfen. Die zwölf Jahre des „Tausendjährigen Reiches" stellen bildungsgeschichtlich gleichsam eine *Sackgasse* dar, in der sich die deutsche Gesellschaft, zumal das Besitz- und Bildungsbürgertum, aufgrund mangelnder Erfahrungsreife und Lernfähigkeit erst verrannte, ehe sie aus dem sozialen Immobilismus der Klassengesellschaft herausfand.

In der langfristigen Perspektive markieren erst die 60er Jahre die Schwelle, über die das Schulwesen aus der *Traditionsverhaftung* an das 19. Jahrhundert heraustrat und Anschluß an *moderne, sozialstaatliche Entwicklungstendenzen* gewann. Die Intensität des Wandels, der sich im deutschen Bildungswesen seit drei Jahrzehnten vollzieht, ist vor dem Hintergrund der starken Beharrungstendenzen in der deutschen Bildungsgeschichte erstaunlich, wenn nicht sogar beispiellos. Seit der Mitte der 60er Jahre ist in den Schulen und Hochschulen mehr in Bewegung gekommen als in jeder Epoche der deutschen Bildungsgeschichte seit Beginn des 19. Jahrhunderts.

Diese Einschätzung muß nach drei Jahrzehnten Bildungsexpansion und Reformen in zwei gänzlich verschiedene Richtungen argumentativ präzisiert werden. Ging es Ende der 70er Jahre zunächst um Klagen über das „Scheitern der Bildungsreformen" der 60er Jahre, so ist Anfang der 90er Jahre das Klagen über den übergroßen Erfolg der Bildungsexpansion hinzugetreten. „Masse statt Klasse", „Humboldt in der Masse erstickt" – dies sind Schlagworte der gegenwärtigen, vor allem hochschulpolitischen Diskussion, die restriktive Folgen für die Schulentwicklung ziehen will und mittlerweile auch dem herkömmlichen Gymnasium nicht mehr die traditionelle Auslesefunktion zutraut.

Indes relativiert sich in längerfristiger historischer Perspektive der Einfluß, den „Politik" auf die Entwicklung der Schule auszuüben in der Lage ist. Realistischer ist die Unterstellung, daß das Bildungswesen in hochdifferenzierten Gesellschaften viel stärker von der eigendynamischen „allgemeinen Kulturbewegung" bestimmt wird, auf deren Fortgang „steuernde" politische Eingriffe nur einen vergleichsweise bescheidenen Einfluß ausüben können, die deswegen freilich nicht „gleichgültig" und zu vernachlässigen sind. Insofern war die Klage über das „Scheitern" der Bildungsreformen der 60er Jahre problematisch; ganz analog wird sich Ernüchterung einstellen, wenn die restriktiv gemeinten Versuche zur Kanalisierung der gegenwärtigen Bildungsexpansion die „Kulturbewegung“ zu mehr und höherer Bildung nicht brechen werden.

Gemessen an ihren hochgesteckten *Erwartungen* wurden die meisten Ziele sozialliberaler Bildungsreformen nicht erfüllt. Dies soll weder in Abrede gestellt noch beschönigt werden. Aber die Anstrengungen und Bemühungen der Reformkräfte waren dennoch *nicht erfolglos;* denn wenn man die in den letzten Jahrzehnten erzielten Fortschritte an der Wirksamkeit der Reformbewegungen mißt, die sich seit dem Vormärz und der Revolution von 1848 immer wieder für eine Demokratisierung des Bildungswesens einsetzten, dann kommt man durch diese traditionsbewußtere Betrachtung zu einer historisch gerechteren Einschätzung.

Die schulische Benachteiligung der Mädchen wurde seit der Aufklärungsbewegung am Ende des 18. Jahrhunderts als Problem gesehen, das dann über ein Jahrhundert lang verdrängt und durch die bürgerlichen Rollenzwänge traditionalistisch verschüttet wurde. In den 60er und 70er Jahren wurden diese hartnäckigen geschlechtsspezifischen Benachteiligungen wenigstens im allgemeinbildenden Schulwesen relativ rasch ausgeglichen. Die seit dem Kaiserreich diskutierten konfessionellen Diskrepanzen in der Bildungsbeteiligung (Benachteiligung der *Katholiken)* sind in den vergangenen Jahrzehnten, ebenfalls erstaunlich rasch, überwunden worden. Die Benachteiligung der *Kinder aus unteren Sozialschichten* ist immer noch erheblich, aber in keiner vergleichbaren Phase der geschichtlichen Entwicklung wurden größere Fortschritte bei der Annäherung der Bildungschancen erreicht. In den 50 Jahren von 1860 bis 1910 stagnierte der Anteil der Arbeiterkinder unter den Studierenden an Universitäten unter 1 Prozent. Bis 1930 erhöhte er sich auf bescheidene 3 Prozent, und wiederum eine Generation später in den 60er Jahren entzündete sich die Reformdiskussion am 5-Prozent-Niveau der Arbeiterkinder an Universitäten. Wenn man sich diese historischen Beharrungstendenzen vor Augen führt, erscheinen die in den 70er Jahren – nach nur einem Reformjahrzehnt – erreichten Anteile (bis knapp 20 Prozent bei den Erstsemestern) in einem anderen Licht.

Es war eine unrealistische, gegen alle historischen Erfahrungen unreife und insofern auch naive Hoffnung, wenn man Ende der 60er Jahre die Erwartung hegte, das überkommene Bildungswesen ließe sich innerhalb weniger Jahre grundlegend reformieren. Fortschritte im Schulwesen, das zeigt die deutsche Bildungsgeschichte, waren immer nur geringfügig und mußten gegen Interessengruppen mühsam und zäh errungen werden. Es ist eine Illusion, daß die Schulen einer Gesellschaft freier, demokratischer und menschlicher sein könnten als die gesellschaftlichen Lebenszusammenhänge, in die sie notwendig eingebettet sind. Die Erfahrungen der jüngsten Vergangenheit und der Gegenwart bestätigen diese alte Einsicht, die ein Grund zur Nüchternheit, nicht zur Mutlosigkeit ist.

Verzeichnis der Abbildungen und Tabellen

Zeittafel

24. 1.1787	Einrichtung des „Ober-Schulcollegiums" als zentrale Schulaufsichtsbehörde in Preußen
23.12.1788	Einführung des Abiturientenexamens in Preußen („Reglement für die Prüfung an den Gelehrten Schulen und an den Universitäten")
16.12.1808	Auflösung des Ober-Schulkollegiums und Einrichtung der „Section für Cultus und den öffentlichen Unterricht" im preußischen Innenministerium (Sektionschef Wilhelm v. Humboldt 17.12.1808-23. 6.1810)
16. 8.1809	Gründung der Universität Berlin (Eröffnung Herbst 1810)
12. 7.1810	Edikt wegen Prüfung der Kandidaten des höheren Schulamts („Examen pro facultate docendi")
12. 6.1812	Erneuerte Abiturienten-Prüfungsordnung in Preußen
12. 1.1816	J. W. Süverns „Unterrichts-Verfassung der Gymnasien und Stadtschulen" in Preußen
3.11.1817	Einrichtung eines selbständigen „Ministeriums der Geistlichen, Unterrichts- und Medicinal-Angelegenheiten" (Erster preußischer Kultusminister Freiherr v. Altenstein 1818-1840)
27. 6.1819	J. W. Süverns „Entwurf eines allgemeinen Gesetzes über die Verfassung des Schulwesens im preußischen Staate"
8. 3.1832	Vorläufige Instruktion für die Entlassungsprüfungen an höheren Bürger- und Realschulen in Preußen
4. 6.1834	Verbindliche Durchsetzung des Abiturienten-Examens in Preußen
24.10.1837	Erlaß eines „Normalplans" für den Gymnasialunterricht in Preußen
9. 2.1839	Regulativ über die Beschäftigung jugendlicher Arbeiter in den Fabriken
26. 4.1848	Erste gesamtpreußische Lehrer-Versammlung in Berlin („Tivoli-Versammlung")
28.- 30. 9.1848	Gründungsversammlung des Allgemeinen Deutschen Lehrervereins in Eisenach
1.,2.,3. 10.1854	Regulative über die Einrichtung des evangelischen Seminar-, Präparanden- und Elementarschulunterrichts in Preußen („Stiehlsche Regulative")
7. 1.1856	Erneuerung des „Normalplans" für den Gymnasialunterricht in Preußen
6.10.1859	Unterrichts- und Prüfungsordnung für die Real- und höheren Bürgerschulen in Preußen
29.- 30. 9.1872	Weimarer Versammlung der Dirigenten, Lehrer und Lehrerinnen deutscher höherer Mädchenschulen
15.10.1872	Allgemeine Bestimmungen betr. das Volksschul-, Präparanden- und Seminarwesen in Preußen („Falksche Bestimmungen")
31. 3.1882	Einführung revidierter Lehrpläne für die höheren Schulen in Preußen
1. 5.1889	„Allerhöchste Ordre" Wilhelms II.
4.- 17.12.1890	Verhandlungen über Fragen des höheren Unterrichts in Berlin („Dezember-Konferenz")

31. 5.1894	Bestimmungen über das Mädchenschulwesen und die wissenschaftliche Lehrerinnenprüfung in Preußen
4.- 8. 6.1900	Verhandlungen über Fragen des höheren Unterrichts in Berlin („Juni-Konferenz“)
26.11.1900	„Allerhöchster Erlaß“ betr. die Gleichwertigkeit der Reifezeugnisse von Gymnasien, Realgymnasien und Oberrealschulen („Kieler Erlaß“)
23.- 24. 1.1906	Berliner Konferenz zur Reform der höheren Mädchenschule und des Frauenbildungswesens („Januarkonferenz“)
18. 8.1908	Bestimmungen über die Neuordnung des höheren Mädchenschulwesens in Preußen
3. 2.1910	Bestimmungen über das mittlere Schulwesen in Preußen
18. 1.1911	Erlaß des preußischen Ministers der Geistlichen, Unterrichts- und Medizinal-Angelegenheiten betr. „Jugendpflege“
27.11.1918	Erlaß des preußischen Ministers für Wissenschaft, Kunst und Volksbildung über die Aufhebung der geistlichen Ortsschulaufsicht
28. 4.1920	Gesetz betr. die Grundschulen und Aufhebung der Vorschulen („Reichs-Grundschul-Gesetz“)
11.- 19. 6.1920	Reichsschulkonferenz in Berlin
13. 3.1924	Richtlinien für die Lehrpläne der höheren Schulen Preußens
1. 6.1925	Bestimmungen über die Mittelschulen in Preußen
7. 4.1933	Gesetz zur Wiederherstellung des Berufsbeamtentums
25. 4.1933	Gesetz gegen die Überfüllung deutscher Schulen und Hochschulen
1. 5.1934	Einrichtung eines „Reichsministeriums für Wissenschaft, Erziehung und Volksbildung“
29. 1.1938	Richtlinienerlaß über „Erziehung und Unterricht in der Höheren Schule“
6. 7.1938	Reichsschulpflichtgesetz
25. 8.1945	Befehl Nr. 40 der Sowjetischen Militärverwaltung über die Vorbereitung der Schulen zum Schulbetrieb in der SBZ
18.10.1945	Gemeinsamer Aufruf der KPD und SPD zur demokratischen Schulreform
Mai/ Juni 1946	Gesetz zur Demokratisierung der deutschen Schule in den fünf Ländern und Provinzen der Sowjetischen Besatzungszone
25. 6.1947	Kontrollratsdirektive Nr. 54: „Grundprinzipien für die Demokratisierung des Bildungswesens in Deutschland“
8.- 10. 9.1947	II. Pädagogischer Kongreß in Leipzig („Grundsätze der deutschen demokratischen Schule“)
26. 6.1948	Schulgesetz für Groß-Berlin
1. 9.1949	Gründung des Deutschen Pädagogischen Zentralinstituts (DPZI) in Berlin
22. 9.1953	Konstituierung des „Deutschen Ausschusses für das Erziehungs- und Bildungswesen“
17. 2.1955	Abkommen zwischen den Ländern der Bundesrepublik zur Vereinheitlichung auf dem Gebiet des Schulwesens („Düsseldorfer Abkommen“)
24.- 25. 4.1958	Schulkonferenz der SED („Vorschläge zur sozialistischen Erziehung der Schuljugend“)
1. 9.1958	Einführung des obligatorischen polytechnischen Unterrichts in der DDR

17. 1.1959	Thesen des ZK der SED „Über die sozialistische Entwicklung des Schulwesens in der DDR“
14. 2.1959	Deutscher Ausschuß: „Rahmenplan zur Umgestaltung und Vereinheitlichung des allgemeinbildenden öffentlichen Schulwesens“
1. 9.1959	Einführung des Lehrplanwerks für die zehnklassige allgemeinbildende polytechnische Oberschule in der DDR
2.12.1959	Gesetz über die sozialistische Entwicklung des Schulwesens in der Deutschen Demokratischen Republik
3. 7.1963	Gemeinsamer Beschluß des Politbüros des ZK der SED und des Ministerrates der DDR über die Grundsätze der weiteren Systematisierung des polytechnischen Unterrichts, der schrittweisen Einführung der beruflichen Grundausbildung und der Entwicklung von Spezialschulen und -klassen
28.10.1964	Neufassung des Abkommens zwischen den Ländern der Bundesrepublik zur Vereinheitlichung auf dem Gebiet des Schulwesens („Hamburger Abkommen“)
25. 2.1965	Gesetz über das einheitliche sozialistische Bildungssystem in der DDR
17. 3.1966	Konstituierung des „Deutschen Bildungsrats“ in Bonn
30.-31. 1.1969	Empfehlungen des Deutschen Bildungsrats zur Einrichtung von Schulversuchen mit Gesamtschulen
13. 2.1970	Deutscher Bildungsrat: „Strukturplan für das Bildungswesen“ in der Bundesrepbulik
25. 6.1970	Errichtung des Bundesministeriums für Bildung und Wissenschaft (BMBW)
15. 9.1970	Gründung der Akademie der Pädagogischen Wissenschaften der DDR (anstelle des DPZI)
7. 7.1972	Vereinbarung der Kultusministerkonferenz (KMK) zur Neugestaltung der gymnasialen Oberstufe („Bonner Vereinbarung“)
15. 6.1973	Bund-Länder-Kommission für Bildungsplanung: „Bildungsgesamtplan“ für die Bundesrepublik
22. 2.1978	Bericht der Bundesregierung über die strukturellen Probleme des föderativen Bildungssystems („Mängelbericht“)
1. 9.1978	Beginn des obligatorischen Wehrunterrichts an den Oberschulen in der DDR
27./28. 5.1982	KMK-Rahmenvereinbarung für die gegenseitige Anerkennung von Abschlüssen an Gesamtschulen in der Bundesrepublik
4.12.1987	Erneuter Beschluß der KMK über die Durchführung der Vereinbarung zur Neugestaltung der gymnasialen Oberstufe
12.-15. 6.1989	IX. Pädagogischer Kongreß der DDR
31. 8.1990	Vertrag über dic Herstellung der Einheit Deutschlands („Einigungsvertrag“)
4.-5.10.1990	Erklärung der KMK anläßlich ihrer 250. Sitzung über die Aufnahme der fünf neuen Länder
21. 3.1991	Der Thüringer Landtag verabschiedet das Vorläufige Bildungsgesetz
26. 4.1991	Der Landtag des Landes Mecklenburg-Vorpommern verabschiedet das Erste Schulreformgesetz des Landes Mecklenburg-Vorpommern

24. 5.1991 Das Schulreformgesetz für das Land Sachsen-Anhalt (Vorschaltgesetz) wird verabschiedet

28. 5.1991 Der Landtag des Landes Brandenburg verabschiedet das Erste Schulreformgesetz für das Land Brandenburg

20. 6.1991 Der sächsische Landtag verabschiedet das Schulgesetz für den Freistaat Sachsen

1. 8.1991 Das Schulgesetz, das Schulverfassungsgesetz und das Privatschulgesetz West-Berlins treten in den Ost-Berliner Bezirken in Kraft

26. 6.1992 Die KMK trifft die Vereinbarung über die gegenseitige Anerkennung von Lehramtsprüfungen nach Recht der Länder Berlin, Brandenburg, Mecklenburg-Vorpommern, Sachsen, Sachsen-Anhalt und Thüringen

7. 5.1993 Die KMK verabschiedet eine Vereinbarung über die Anerkennung und Zuordnung der Lehrerausbildungsgänge der ehemaligen DDR zu herkömmlichen Laufbahnen

3. 6.1993 Das Land Brandenburg nimmt mit insgesamt 296 Gesamtschulen (54 Prozent aller Schulen) bundesweit den Spitzenplatz ein

3. 8.1993 Das Kultusministerium des Landes Sachsen lehnt die Einrichtung einer Gesamtschule als Schulversuch ab

1.12.1995 Richtungsentscheidung der KMK zur Weiterentwicklung der Prinzipien der gymnasialen Oberstufe und des Abiturs

1.12.1995 Beschluß der KMK über die Neuregelung der deutschen Rechtschreibung zum 1.8.1998 mit einer Übergangsfrist bis zum Jahr 2005

Literaturverzeichnis

ADAM, H./EICHLER, W.: Versäumnisse und Chancen. Alte und neue Versuche zur Strukturierung der Bildungsinhalte der DDR-Schule, Braunschweig 1990

Aktenstücke zur Geschichte und zum Verständnis der drei Preußischen Regulative vom 1., 2. und 3. October 1854, hrsg. von F. STIEHL, Berlin 1855

ALBISETTI, J. C.: Secondary School Reform in Imperial Germany, Princeton 1983

Ders.: Schooling German Girls and Women. Secondary and Higher Education in the Nineteenth Century, Princeton 1988

ALT, R.: Zur gesellschaftlichen begründung der neuen schule, in: pädagogik 1 (1946) H. 1, S.12-22

Ders.: Über unsere Stellung zur Reformpädagogik, in: Pädagogik 11 (1956), S. 345-367

Ders.: Das Bildungsmonopol, Berlin 1978

AMLUNG, U./HAUBFLEISCH, D./LINK, J.-W./SCHMIDT, H. (Hrsg.): „Die alte Schule überwinden“. Reformpädagogische Versuchsschulen zwischen Kaiserreich und Nationalsozialismus (= Sozialhistorische Untersuchungen zur Reformpädagogik und Erwachsenenbildung Bd. 15), Frankfurt a.M. 1993

ANWEILER, O. (Hrsg.): Polytechnische Bildung und technische Elementarerziehung, Bad Heilbrunn 1969

Ders.: Schulpolitik und Schulsystem in der DDR, Opladen 1988

Ders.: Bildung und Wissenschaft in der DDR, in: WEIDENFELD/ZIMMERMANN (Hrsg.) 1989, S. 370-388

Ders. (Hrsg.): Vergleich von Bildung und Erziehung in der Bundesrepublik Deutschland und der Deutschen Demokratischen Republik, Köln 1990

Ders.: Grundzüge der Bildungspolitik und der Entwicklung des Bildungswesens seit 1945, in: Ders. (Hrsg.) 1990, S. 11-33

Ders.: Bildung und Erziehung in der Bundesrepublik Deutschland und in der DDR – Versuch einer Bilanz, in: Ders. (Hrsg.) 1990, S. 677-706

Ders. u.a. (Hrsg.): Bildungspolitik in Deutschland 1945-1990. Ein historisch-vergleichender Quellenband, Opladen 1992

APEL, H.-J.: Das preußische Gymnasium in den Rheinlanden und Westfalen 1814-1848, Köln 1984

Ders.: Sonderwege der Mädchen zum Abitur im Deutschen Kaiserreich, in: Zeitschrift für Pädagogik 34 (1988), S. 171-189

Arbeitsgruppe Bildungsbericht am Max-Planck-Institut für Bildungsforschung: Das Bildungswesen in der Bundesrepublik Deutschland. Stukturen und Entwicklungen im Überblick. Vollst. überarb. Neuausgabe, Reinbek 1994

BAETHGE, M.: Die Bedeutung von Veränderungen von Arbeits- und Arbeitsmarktstrukturen für das Bildungssystem, in: BOHNSACK, F. (Hrsg.): Sinnlosigkeit und Sinnperspektive: Die Bedeutung gewandelter Lebens- und Sinnstrukturen für die Schulkrise, Frankfurt a.M. 1984, S. 32-48

Ders.: Individualisierung als Hoffnung und Verhängnis. Aporien und Paradoxien der Adoleszenz in spätbürgerlichen Gesellschaften oder: die Bedrohung von Subjektivität, in: Soziale Welt 36 (1985), S. 299-312

BÄUMER, G.: Die Geschichte der Frauenbewegung in Deutschland, in: LANGE, H./BÄUMER, G. (Hrsg.): Handbuch der Frauenbewegung, 1. Teil, Berlin 1901
BALSCHUN, H.: Zum schulpolitischen Kampf um die Monopolstellung des humanistischen Gymnasiums in Preußen im letzten Drittel des 19. Jahrhunderts, Phil. Diss. Halle 1964
BASKE, S./ENGELBERT, M. (Hrsg.): Zwei Jahrzehnte Bildungspolitik in der Sowjetzone Deutschlands. 2 Bde., Berlin 1966
BASKE, S. (Hrsg.): Bildungspolitik in der DDR 1963-1976. Dokumente, Berlin 1979
BATHKE, G.-W.: Soziale Reproduktion und Sozialisation von Hochschulstudenten in der DDR, in: BURKART, G. (Hrsg.): Sozialisation im Sozialismus. Lebensbedingungen in der DDR im Umbruch, in: Zeitschrift für Sozialisationsforschung und Erziehungssoziologie, 1. Beiheft 1990, S. 114-128
BAUMERT, J.: Aspekte der Schulorganisation und Schulverwaltung, in: Max-Planck-Institut für Bildungsforschung, Projektgruppe Bildungsbericht (Hrsg.): Bildung in der Bundesrepublik Deutschland. Bd. 1, Reinbek 1980, S. 589-748
Ders.: Die Leistungen werden schlechter – oder? Bildungsexpansion und Wandel der Schülerschaft, in: Pädagogische Beiträge, H. 9, 1987, S. 22-26
Ders.: Langfristige Auswirkungen der Bildungsexpansion, in: Unterrichtswissenschaft 19 (1991), S. 333-349
BAUMGART, F.: Zwischen Reform und Reaktion. Preußische Schulpolitik 1806-1859, Darmstadt 1990
BAUMGART, P. (Hrsg.): Bildungspolitik in Preußen zur Zeit des Kaiserreichs, Stuttgart 1980
BECKER, H. H.: Über das Wesen der Allgemeinbildung und einige aus ihm sich ergebende Folgerungen für das System der Volksbildung, in: Pädagogik 12 (1957), S. 663-676, 727-745
BECKER, H./KLUCHERT, G.: Die Bildung der Nation, Stuttgart 1993
BELWE, K.: Sozialstruktur und gesellschaftlicher Wandel in der DDR, in: WEIDENFELD/ZIMMERMANN (Hrsg.) 1989, S. 125-143
BENNER, D.: Wilhelm von Humboldts Bildungstheorie. Eine problemgeschichtliche Studie zum Begründungszusammenhang neuzeitlicher Bildungsreform, WEINHEIM/München 1990
Ders./LENZEN, D. (Hrsg.): Erziehung, Bildung, Normativität, Versuche einer deutsch-deutschen Annäherung, Weinheim 1991
BENNER, D./MERKENS, H./GATZEMANN, T. (Hrsg.): Pädagogische Eigenlogiken im Transformationsprozeß von SBZ, DDR und neuen Ländern. Neue Ergebnisse aus der an der Freien Universität Berlin und der Humboldt-Universität zu Berlin eingerichteten DFG-Forschergruppe, Berlin 1996 (a)
BENNER, D./MERKENS, H./SCHMIDT, F. (Hrsg.): Bildung und Schule im Transformationsprozeß von SBZ, DDR und neuen Ländern. Untersuchungen zu Kontinuität und Wandel. Erste Ergebnisse aus der an der FU Berlin und der Humboldt-Universität zu Berlin eingerichteten DFG-Forschergruppe, Berlin 1996 (b)
BENNER, D./SLADEK, H.: Vergessene Theoriekontroversen in der SBZ und DDR. 1946 bis 1961, Weinheim 1998
BENZE, R. (Hrsg.): Deutsche Schulerziehung. Jahrbuch des Deutschen Zentralinstituts für Erziehung und Unterricht 1940. Bericht über die Entwicklung der Deutschen Schule 1933-39, Berlin 1940
Ders. (Hrsg.): Deutsche Schulerziehung. Jahrbuch des Deutschen Zentralinstituts für Erziehung und Unterricht 1941/42, Berlin 1943

BERG, CH.: Die Okkupation der Schule. Eine Studie zur Aufhellung gegenwärtiger Schulprobleme an der Volksschule Preußens (1872-1900), Heidelberg 1973
Dies. (Hrsg.): Staat und Schule oder Staatsschule? Stellungnahmen von Pädagogen und Schulpolitikern zu einem unerledigten Problem 1787-1889, Königstein/Ts. 1980
Dies. (Hrsg.): Handbuch der deutschen Bildungsgeschichte. Bd. IV (1870-1918), München 1991
BERICHT über den Stand der Maßnahmen auf dem Gebiet der Bildungsplanung, Bonn 1967
BEUTLER, K. u.a. (Hrsg.): Jahrbuch für Pädagogik 1992. Erziehungswissenschaft im deutsch-deutschen Vereinigungsprozeß, Frankfurt a.M. 1992
BLANKERTZ, H.: Bildung im Zeitalter der großen Industrie. Pädagogik, Schule und Berufsbildung im 19. Jahrhundert, Hannover 1969
Ders.: Die Geschichte der Pädagogik. Von der Aufklärung bis zur Gegenwart, Wetzlar 1982
Ders.: Geschichte der Pädagogik und Narrativität, in: Zeitschrift für Pädagogik 29 (1983), S. 1-9
BLOCHMANN, E.: Das „Frauenzimmer" und die „Gelehrsamkeit". Eine Studie über die Anfänge des Mädchenschulwesens in Deutschland, Heidelberg 1966
BÖCKENFÖRDE, E.-W. (Hrsg.): Moderne deutsche Verfassungsgeschichte 1815-1918, Köln 1972
BÖLLING, R.: Volksschullehrer und Politik. Der Deutsche Lehrerverein 1918-1933, Göttingen 1978
Ders.: Sozialgeschichte der deutschen Lehrer. Ein Überblick von 1800 bis zur Gegenwart, Göttingen 1983
Ders.: Lehrerarbeitslosigkeit in Deutschland im 19. und 20. Jahrhundert, in: Archiv für Sozialgeschichte 27 (1987), S. 229-258
BÖTTCHER, W./HOLTAPPELS, H. G./RÖSNER, E.: Wer kann sich Studieren noch leisten? Die Wende in der staatlichen Ausbildungsfinanzierung und ihre sozialen Folgen, Weinheim/München 1988
BRÄHLER, E./WIRTH, H.-J.: Abwendung von sozialen Orientierungen: Auf dem Weg in einen modernisierten Sozialdarwinismus? In: HEITMEYER, W./JACOBI, J. (Hrsg.): Politische Sozialisation und Individualisierung. Perspektiven und Chancen politischer Bildung, Weinheim/München 1991
BRANDAU, H.-W.: Die mittlere Bildung in Deutschland. Historisch-systematische Untersuchung einiger ihrer Probleme, Weinheim 1959
BRANDT, P.: Antifaschismus und Arbeiterbewegung. Aufbau – Ausprägung – Politik in Bremen 1945/46, Hamburg 1976
BREYVOGEL, W.: Die soziale Lage und das politische Bewußtsein der Volksschullehrer 1927-1933. Eine Studie zur Gewerkschaftsfrage in der Volksschullehrerschaft, Königstein/Ts. 1979
Bundesminister für Bildung und Wissenschaft (Hrsg.): Grund- und Strukturdaten, Bonn 1979ff.
BUNGARDT, K.: Die Odyssee der Lehrerschaft. Sozialgeschichte eines Standes, Frankfurt a.M. 1959
BUNGENSTAB, K. E.: Umerziehung zur Demokratie? Re-education-Politik im Bildungswesen der US-Zone 1945-1949, Düsseldorf 1970
CAMPE, J. H.: Väterlicher Rath für meine Tochter. Ein Gegenstück zum Theophron. Der erwachsenen weiblichen Jugend gewidmet (1789). Neudruck der Ausgabe Braunschweig 1796, Paderborn 1988

Centralblatt für die gesammte Unterrichts-Verwaltung in Preußen, Jg. 1ff., Berlin 1859ff.
Christ, K.: Sozialdemokratie und Volkserziehung. Die Bedeutung des Mannheimer Parteitags der SPD im Jahre 1906 für die Entwicklung der Bildungspolitik und Pädagogik der deutschen Arbeiterbewegung vor dem Ersten Weltkrieg, Bern/Frankfurt a.M. 1975
Cloer, E.: Geschichte der Erziehung in der DDR. Untersuchungen zur Theorie, Geschichte und Leistungswirksamkeit einer „Grenzwissenschaft", in: Pädagogische Rundschau 27 (1973), S. 601-636
Ders.: Kompensatorische Erziehung in der Diskussion. Vorüberlegungen zu einem erziehungstheoretischen Bezugsrahmen für die Elementar- und Primarstufe, in: Pädagogische Rundschau 29 (1975), S. 189-227
Ders.: Allgemeinbildung in der Bundesrepublik Deutschland und der DDR. Untersuchungen zur jüngeren Begriffs- und Aufgabenbestimmung in den beiden deutschen Staaten und Ansätze eines interpretierenden Vergleichs, in: Vergleichende Erziehungwissenschaft. Informationen. Berichte. Studien. Nr. 15/16, Münster 1986(a), S. 1-45
Ders.: Bildungspolitik und universitäre Pädagogik in der Geburtsstunde des Landes Niedersachsen 1945-1948, in: Overesch, M. u.a.: Zeitenwende, Hannover 1986(b)
Ders.: Pädagogische Wissenschaft und Allgemeine Pädagogik in der DDR. Anmerkungen zur aktuellen Lage und Diskussion, in: Dilger, B./Kuebart, F./Schäfer, H.-P. (Hrsg.): Vergleichende Bildungsforschung, Berlin 1986(c), S. 219-236
Ders.: Ausgewählte Aspekte der Entwicklung des pädagogischen Denkens in der SBZ und DDR, in: Die Deutsche Schule 80 (1988), S. 19-32
Ders.: Theoretische Pädagogik in der DDR. Eine Bilanzierung von außen, Weinheim 1998
Dahrendorf, R.: Bildung ist Bürgerrecht. Plädoyer für eine aktive Bildungspolitik, Hamburg 1965
Deppisch, H./Meisinger, W.: Vom Stand zum Amt. Der materielle und soziale Emanzipationsprozeß der Elementarlehrer in Preußen, Wiesbaden 1992
Deutscher Ausschuß für das Erziehungs- und Bildungswesen: Rahmenplan zur Umgestaltung und Vereinheitlichung des allgemeinbildenen öffentlichen Schulwesens (Empfehlungen und Gutachten, Folge 3), Stuttgart 1964
Deutscher Bildungsrat, Empfehlungen der Bildungskommission: Strukturplan für das Bildungswesen, Bonn 1970
Diederich, J./Tenorth, H.-E.: Theorie der Schule. Ein Studienbuch zu Geschichte, Funktionen und Gestaltung, Berlin 1997
Dieterici, F. W. G. (Hrsg.): Mitteilungen des Statistischen Bureau's in Berlin, Jg. 1, Berlin 1848
Dithmer, R. (Hrsg.): Schule und Unterricht in der Endphase der Weimarer Republik. Auf dem Wege in die Diktatur, Neuwied 1993
Ditton, H.: Ungleichheitsforschung, in: Rolff, H.-G. (Hrsg.): Zukunftsfelder von Schulforschung, Weinheim 1995, S. 89-124
Döbert, R./Nunner-Winkler, G.: Adoleszenzkrise und Identitätsbildung, Frankfurt a.M. 1975
Dokumente zur Geschichte des Schulwesens in der Deutschen Demokratischen Republik. Teil 1: 1945-1955: Ausgewählt von Uhlig, G., eingeleitet von Günther, K.-H./Uhlig, G. (Monumenta Paedagogica, Bd. VI), Berlin

1970. Teil 2: 1956-1967/68, 2 Halbbände: Ausgewählt von GÜNTHER, K.-H. unter Mitarbeit von LOST, CH. (Monumenta Paedagogica, Bd. VII, 1 und 2), Berlin 1969. Teil 3: 1968-1972/73, 2 Halbbände: Ausgewählt von GÜNTHER, K.-H./LOST, CH. (Monumenta Paedagogica, Bd. XVII, 1 und 2), Berlin 1974 und 1975

DREWEK, P.: Begriff, System und Ideologie der „Einheitsschule". Ein Kommentar zu Gerhart Neuners Beitrag über „Das Einheitsprinzip im DDR-Bildungswesen", in: Zeitschrift für Pädagogik 43 (1997), S. 639-657

DUDEK, P.: Der Rückblick wird sich nicht vermeiden lassen. Zur pädagogischen Verarbeitung des Nationalsozialismus in Deutschland (1945-1990), Wiesbaden 1995

EIGLER, H. u.a.: Quantitative Entwicklungen: Wem hat die Bildungsexpansion genutzt?, in: ROLFF, H.-G. u.a. (Hrsg.): Jahrbuch der Schulentwicklung, Bd. 1, Weinheim 1980, S. 45-71

EILERS, R.: Die nationalsozialistische Schulpolitik. Eine Studie zur Funktion der Erziehung im totalitären Staat, Köln/Opladen 1963

ENGEL, U./HURRELMANN, K.: Psychosoziale Belastung im Jugendalter. Empirische Befunde zum Einfluß von Familie, Schule und Gleichaltrigengruppe, Berlin/New York 1989

ERLINGHAGEN, K.: Katholisches Bildungsdefizit in Deutschland, Freiburg 1965

Erziehung und Unterricht in der Höheren Schule. Amtliche Ausgabe des Reichs- und Preußischen Ministeriums für Wissenschaft, Erziehung und Volksbildung, Berlin 1938

FEITEN, W.: Der Nationalsozialistische Lehrerbund – Entwicklung und Organisation, Weinheim/Basel 1981

FEND, H. u.a.: Gesamtschule und dreigliedriges Schulsystem – Eine Vergleichsstudie über Chancengleichheit und Durchlässigkeit, Stuttgart 1976

FLESSAU, K.-I.: Schule der Diktatur. Lehrpläne und Schulbücher des Nationalsozialismus, München 1977

FLITNER, A.: Mißratener Fortschritt. Pädagogische Anmerkungen zur Bildungspolitik, München 1977

Frauenbildung. Zeitschrift für die gesamten Interessen des weiblichen Unterrichtswesens, Jg. 1-16, Leipzig/Berlin 1902-1917

FREVERT, U.: Frauen-Geschichte zwischen bürgerlicher Verbesserung und neuer Weiblichkeit, Frankfurt a.M. 1986

FREYTAG, H.-P.: Zur Problematik mittlerer Bildungsqualifikationen. Eine historische und bildungsökonomische Untersuchung, Weinheim 1969

FRIEDEBURG, L. v.: Bildungsreform in Deutschland. Geschichte und gesellschaftlicher Widerspruch, Frankfurt a.M. 1989

FRIEDRICH, G.: Die Volksschule in Württemberg im 19. Jahrhundert, Frankfurt a.M. 1978

FROESE, L. (Hrsg.): Bildungspolitik und Bildungsreform, München 1969

FUCHS, H.-W./REUTER, L. R. (Hrsg.): Bildungspolitik seit der Wende. Dokumente zum Umbau des ostdeutschen Bildungssystems (1989-1994), Opladen 1995

FÜHR, C.: Zur Schulpolitik der Weimarer Republik. Die Zusammenarbeit von Reich und Ländern im Reichsschulausschuß (1919-1923) und im Ausschuß für das Unterrichtswesen (1924-1933). Darstellung und Quellen, Weinheim 1972[2]

FÜSSL, K.-H.: Die Umerziehung der Deutschen. Jugend und Schule unter den Siegermächten des Zweiten Weltkriegs 1945-1995, Paderborn 1994

GAMM, H.-J.: Der braune Kult. Das Dritte Reich und seine Ersatzreligion. Ein Beitrag zur politischen Bildung, Hamburg 1962
Ders.: Führung und Verführung. Pädagogik im Nationalsozialismus, München 1964
GEISSLER, G./WIEGMANN, U.: Schule und Erziehung in der DDR. Studien und Dokumente, Berlin 1995
Dies.: Pädagogik und Herrschaft in der DDR. Die parteilichen, geheimdienstlichen und vormilitärischen Erziehungsverhältnisse, Frankfurt a.M. 1996
GEISSLER, R.: Entwicklung der Sozialstruktur und Bildungswesen, in: ANWEILER, O. (Hrsg.) 1990, S. 83-111
Ders.: Die Sozialstruktur Deutschlands. Ein Studienbuch zur sozialstrukturellen Entwicklung im geteilten und vereinten Deutschland, Opladen 1992
GERTH, H.: Bürgerliche Intelligenz um 1800, Göttingen 1976
GIESE, G. (Hrsg.): Quellen zur deutschen Schulgeschichte seit 1800, Göttingen 1961
GIESECKE, H.: Zur Schulpolitik der Sozialdemokraten in Preußen und im Reich 1918/19, in: Vierteljahreshefte für Zeitgeschichte 13 (1965), S. 162-177
GLAESSNER, G.-J.: Der politische Prozeß in der DDR, in: WEIDENFELD/ZIMMERMANN (Hrsg.) 1989, S. 509-531
GOLDBERG, B.: Schulgeschichte als Gesellschaftsgeschichte. Die höheren Schulen im Berliner Vorort Hermsdorf (1893-1945), Berlin 1994
GREINERT, W.-D.: Schule als Instrument sozialer Kontrolle und Objekt privater Interessen. Der Beitrag der Berufsschule zur politischen Erziehung der Unterschichten, Hannover 1975
GROH, D.: Negative Integration und revolutionärer Attentismus. Die deutsche Sozialdemokratie am Vorabend des Ersten Weltkrieges, Frankfurt a.M. 1974
GRÜNTHAL, G.: Reichsschulgesetz und Zentrumspartei in der Weimarer Republik, Düsseldorf 1968
GRUNER, P. (Hrsg.): Angepaßt oder mündig? Briefe an Christa Wolf im Herbst 1989, Berlin 1990
GRUSCHKA, A.: Die Pädagogik läßt sich nicht abwählen. Das Verhältnis von bürgerlicher und sozialistischer Pädagogik nach dem Ende der DDR, in: Zeitschrift für Pädagogik 38 (1992), S. 575-596
GUDJONS, H./KÖPKE, A. (Hrsg.): 25 Jahre Gesamtschule in der Bundesrepublik Deutschland. Eine bildungspolitische und pädagogische Bilanz, Bad Heilbrunn 1996
GÜNTHER, K.-H. u.a.: Geschichte der Erziehung, 14. grundlegend neubearb. Aufl. Berlin 1986
HABERMAS, J.: Pädagogischer Optimismus vor Gericht einer pessimistischen Anthropologie, in: Neue Sammlung 1 (1961), S. 251-278
HÄDER, S./TENORTH, H.-E. (Hrsg.): Bildungsgeschichte einer Diktatur. Bildung und Erziehung in SBZ und DDR im historisch-gesellschaftlichen Kontext, Weinheim 1996
HAGENER, D.: Radikale Schulreform zwischen Programmatik und Realität (= Veröffentlichungen aus dem Staatsarchiv der Freien Hansestadt Bremen, Bd. 39), Bremen 1973
HALBRITTER, M.: Schulreformpolitik in der britischen Zone von 1945 bis 1949, Weinheim 1979
HAMBURGER, F.: Lehrer zwischen Kaiser und Führer. Der Deutsche Philologenverband in der Weimarer Republik. Eine Untersuchung zur Sozialgeschichte der Lehrerorganisation, Diss. phil. Heidelberg 1974

HANDL, J.: Mehr Chancengleichheit im Bildungssystem. Erfolg der Bildungsreform oder statistisches Artefakt? in: Kölner Zeitschrift für Soziologie und Sozialpsychologie 37 (1985), S. 698-722

HANSEN, R./ROLFF, H.-G.: Sinkende Schülerzahlen, Schulstruktur und Lernbedingungen: die Sekundarstufe I in den 80er Jahren, in: ROLFF, H.-G. u.a. (Hrsg.): Jahrbuch der Schulentwicklung. Daten, Beispiele und Perspektiven. Bd. 3, Weinheim/Basel 1984, S. 146-175

HARMS, B.: Handwerkersöhne an höheren Lehranstalten, in: Jahrbücher für Nationalökonomie und Statistik 1901, S. 215-226

HARTNACKE, W.: Bildungswahn – Volkstod!, München 1932

HEINEMANN, M.: Schule im Vorfeld der Verwaltung. Die Entwicklung der preußischen Unterrichtsverwaltung von 1771-1800, Göttingen 1974

Ders. (Hrsg.): Sozialisation und Bildungswesen in der Weimarer Republik, Stuttgart 1976

Ders. (Hrsg.): Der Lehrer und seine Organisation, Stuttgart 1977

Ders. (Hrsg.): Erziehung und Schulung im Dritten Reich. Teil 1 und 2, Stuttgart 1980

HERRLITZ, H.-G.: Studium als Standesprivileg, Frankfurt a.M. 1973

Ders.: Die Restauration der deutschen Erziehungswissenschaft nach 1945 im Ost-West-Vergleich, in: Die Deutsche Schule 80 (1988), S. 4-18

Ders./TITZE, H.: Überfüllung als bildungspolitische Strategie. Zur administrativen Steuerung der Lehrerarbeitslosigkeit in Preußen 1870-1914, in: Die Deutsche Schule 68 (1976), S. 348-370

HERRMANN, U. (Hrsg.): Schule und Gesellschaft im 19. Jahrhundert, Weinheim 1977

Ders. (Hrsg.): Geschichte des Erziehungs- und Bildungswesens in Deutschland, Bd. 1ff., Weinheim/Basel 1981ff.

Ders. (Hrsg.): „Die Formung des Volksgenossen." Der „Erziehungsstaat" des Dritten Reichs (= Geschichte des Erziehungs- und Bildungswesens in Deutschland, Bd. 6), Weinheim/Basel 1985

Ders. (Hrsg.): „Neue Erziehung" – „Neue Menschen". Ansätze zur Erziehungs- und Bildungsreform in Deutschland zwischen Kaiserreich und Diktatur (= Geschichte des Erziehungs- und Bildungswesens in Deutschland, Bd. 5), Weinheim/Basel 1987

Ders./OELKERS, J. (Hrsg.): Pädagogik und Nationalsozialismus (= 22. Beiheft der Zeitschrift für Pädagogik), Weinheim/Basel 1988

HERRMANN, U. G.: Sozialgeschichte des Bildungswesens als Regionalanalyse. Die höheren Schulen Westfalens im 19. Jahrhundert, Köln 1991

HILLE, B.: Mädchen- und Frauenbildung, in: ANWEILER, O. (Hrsg.) 1990, S. 581-596

HIPPEL, TH. G. V.: Ueber die bürgerliche Verbesserung der Weiber, Berlin 1792

HISTORISCHE KOMMISSION DER DEUTSCHEN GESELLSCHAFT FÜR ERZIEHUNGSWISSENSCHAFT (Hrsg.): Jahrbuch für Historische Bildungsforschung Bd. 1-3, Weinheim/München 1993-96

HOFFMANN, J. G.: Sammlung kleiner Schriften staatswirthschaftlichen Inhalts, Berlin 1843

HÖRNER, W.: Polytechnischer Unterricht in der DDR und Arbeitslehre in der Bundesrepublik Deutschland, in: ANWEILER, O. (Hrsg.) 1990, S. 218-232

HONECKER, M.: Die Schulpolitik der SED und die wachsenden Anforderungen an den Lehrer und die Lehrerbildung, in: Pädagogik 41 (1986), S. 2-37

DIES.: UNSERSOZIALISTISCHES Bildungssystem – Wandlungen, Erfolge, neue Horizonte, in: Pädagogik 44 (1989), S. 549-605
HOPPE, R. (Hrsg.): Dokumente zur Geschichte der Lage des arbeitenden Kindes in Deutschland von 1700 bis zur Gegenwart, Berlin 1969
HORN, K.-P.: Pädagogische Zeitschrift im Nationalsozialismus. Selbstbehauptung, Anpassung, Funktionalisierung, Weinheim 1996
HÜFNER, K./NAUMANN, J.: Konjunkturen der Bildungspolitik in der Bundesrepublik Deutschland. Bd. 1: Der Aufschwung (1960-1967), Stuttgart 1977
Ders./NAUMANN, J./KÖHLER, H./PFEFFER, G.: Hochkonjunktur und Flaute: Bildungspolitik in der Bundesrepublik Deutschland 1967-1980, Stuttgart 1986
HUERKAMPF, C.: Bildungsbürgerinnen, Göttingen 1996
HURRELMANN, K.: Kinder der Bildungsexpansion. Die Interpretation der eigenen Bildungs- und Berufschancen durch die Angehörigen der Geburtsjahrgänge 1962-1964, in: Zeitschrift für Sozialisationsforschung und Erziehungssoziologie 3 (1983), S. 263-283
HUSTER, E.-U./KRAIKER, G./SCHERER, B./SCHLOTMANN, F.-K./ WELTEKE, M.: Determinanten der westdeutschen Restauration 1945-1949, Frankfurt a.M. 1977[5]
HUSTER, E.-U./SCHWEIGER, H.: Die 'vergessene' Einheitsschule. Schulpolitik in Hessen zwischen Neuordnung und Restauration 1945-1951, in: Die Deutsche Schule 71 (1979), S. 740-758
JACHMANN, R. B.: Die Nationalschule, in: Archiv deutscher Nationalbildung, Berlin 1812, S. 61ff.
JÄCKEL, E.: Hitlers Weltanschauung, Stuttgart 1981
Jahrbücher des Preußischen Volks-Schul-Wesens, hrsg. von L. von BECKEDORFF, Berlin 1825ff.
JASPER, G.: Die Schulreformdiskussion in Württemberg-Baden 1947 bis 1950 und der Einfluß der Kirchen, in: Ders. (Hrsg.): Tradition und Reform in der deutschen Politik. Gedenkschrift für WALDEMAR BESSON, Frankfurt a.M. 1976, S. 255-285
JEISMANN, K.-E.: Das preußische Gymnasium in Staat und Gesellschaft. Bd. 1: Die Entstehung des Gymnasiums als Schule des Staates und der Gebildeten 1787-1817, Stuttgart 1974. Bd. 2: Höhere Bildung zwischen Reform und Reaktion 1817-1859, Stuttgart 1996
Ders. Hrsg.): Bildung, Staat, Gesellschaft im 19. Jahrhundert, Stuttgart 1989
Ders./LUNDGREEN, P. (Hrsg.): Handbuch der deutschen Bildungsgeschichte. Bd. III (1800-1870), München 1987
KAELBLE, H.: Chancenungleichheit und akademische Ausbildung in Deutschland 1910-1960, in: Geschichte und Gesellschaft 1 (1975), S. 121-149
KÄTHNER, M.: Der weite Weg zum Mädchenabitur. Strukturwandel der höheren Mädchenschulen in Bremen (1854-1916). Frankfurt a.M./New York 1994
KATER, M. H.: Studentenschaft und Rechtsradikalismus in Deutschland 1918-1933. Eine sozialgeschichtliche Studie zur Bildungskrise in der Weimarer Republik, Hamburg 1975
KEIM, W. (Hrsg.): Pädagogen und Pädagogik im Nationalsozialismus – Ein unerledigtes Problem der Erziehungswissenschaft, Frankfurt a.M. 1988
Ders.: Erziehung unter der Nazi-Diktatur. Bd. 1: Antidemokratische Potentiale, Machtantritt und Machtdurchsetzung. Bd. 2: Kriegsvorbereitung, Krieg und Holocaust, Darmstadt 1995/1997

KERSCHENSTEINER, G.: Staatsbürgerliche Erziehung der deutschen Jugend. Gekrönte Preisarbeit, Erfurt 1901
KITTEL, H.: Die Entwicklung der Pädagogischen Hochschulen 1926 bis 1932, Berlin 1957
KLAFKI, W.: Restaurative Schulpolitik 1945-1950 in Westdeutschland: Das Beispiel Bayern, in: Ders.: Aspekte kritisch-konstruktiver Erziehungswissenschaft, Weinheim 1976, S. 253-299
Ders. (Hrsg.): Verführung – Distanzierung – Ernüchterung. Kindheit und Jugend im Nationalsozialismus. Autobiographisches aus erziehungswissenschaftlicher Sicht, Weinheim/Basel 1988
KLEINAU, E./OPITZ, C. (Hrsg.): Geschichte der Mädchen- und Frauenbildung. Bd. 1: Vom Mittelalter bis zur Aufklärung. Bd. 2: Vom Vormärz bis zur Gegenwart, Frankfurt a.M./New York 1996
KLEMM, K. u.a.: Bildungsgesamtplan '90. Ein Rahmen für Reformen, Weinheim/München 1990
KLEWITZ, M.: Berliner Einheitsschule 1945-1951, Berlin 1971
KLINGER, F.: Wirtschaftsentwicklung, Beschäftigungssystem und Bildungswesen, in: ANWEILER, O. (Hrsg.) 1990, S. 57-82
KOCKA, J.: Unternehmensverwaltung und Angestelltenschaft am Beispiel Siemens 1847-1914, Stuttgart 1969
Ders. (Hrsg.): Bürger und Bürgerlichkeit im 19. Jahrhundert, Göttingen 1987
KÖHLER, H.: Der relative Schul- und Hochschulbesuch in der Bundesrepublik Deutschland 1952 bis 1975 (= Max-Planck-Institut für Bildungsforschung: Materialien aus der Bildungsforschung, Nr. 13), Berlin 1978
Ders.: Neue Entwicklungen des relativen Schul- und Hochschulbesuchs. Eine Analyse der Daten für 1975 bis 1987 (= Materialien aus der Bildungsforschung, Nr. 37), Berlin 1990
Ders./ZYMEK, B.: Chancengleichheit für Frauen durch Bildungsvorteile? in: Die Deutsche Schule 73 (1981), S. 50-64
Ders./SCHREIER, G.: Statistische Grunddaten zum Bildungswesen, in: ANWEILER, O. (Hrsg.) 1990, S. 112-155
KÖNIG, H. u.a.: Beiträge zur Bildungspolitik und Pädagogik der revolutionären deutschen Arbeiterbewegung in der Zeit der Novemberrevolution und der revolutionären Nachkriegskrise 1918-1923, Teil 1 (= Monumenta Paedagogica Bd. IV), Berlin 1968
KOSELLECK, R.: Preußen zwischen Reform und Revolution, Stuttgart 1967, 2. Aufl. 1975
Ders.: Staat und Gesellschaft in Preußen 1815-1848, in: WEHLER, H.-U. (Hrsg.): Moderne deutsche Sozialgeschichte, Köln 1968, S. 55-84
KOZAKIEWICZ, M.: Bildung und Beschäftigung – ein wachsendes Problem zentralgeplanter Gesellschaften, in: Zeitschrift für Pädagogik 30 (1984), S. 457-469
KRAUL, M.: Gymnasium und Gesellschaft im Vormärz. Neuhumanistische Einheitsschule, städtische Gesellschaft und soziale Herkunft der Schüler, Göttingen 1980
Dies.: Das deutsche Gymnasium 1780-1980, Frankfurt a.M. 1984
Dies.: Höhere Mädchenschulen, in: BERG, CH. (Hrsg.): Handbuch der deutschen Bildungsgeschichte. Bd. IV (1870-1918), München 1991, S. 279-303
KRAUSE-VILMAR, D.: Zur schulpolitischen Entwicklung in der Zeit der Weimarer Republik. FU Hagen 1977

KRÜGER, H.-H./MAROTZKI, W. (Hrsg.): Pädagogik und Erziehungsalltag in der DDR, Opladen 1994
KÜHN, H.: Mädchenbildung in der DDR? Wahrnehmungen und Reflexionen eines nicht existenten Themas, in: Zeitschrift für Pädagogik 41 (1995), S. 83-99
KÜPPER, E.: Die höheren Mädchenschulen, in: JEISMANN, K.-E./ LUNDGREEN, P. (Hrsg.): Handbuch der deutschen Bildungsgeschichte. Bd. III (1800-1870), München 1987, S. 180-191
KUHLEMANN, F.-M.: Niedere Schulen, in: BERG, CH. (Hrsg.): Handbuch der deutschen Bildungsgeschichte. Bd. IV (1870-1918), München 1991, S. 179-227
Ders.: Modernisierung und Disziplinierung. Sozialgeschichte des preußischen Volksschulwesens 1794-1872, Göttingen 1992
KUHLMANN, C.: Versäumte Chancen in der Neuordnung des westdeutschen Schulwesens nach 1945, in: SPECK, J. (Hrsg.): Probleme der Curriculum-Forschung, Münster 1969, S. 43-58
Ders.: Schulreform und Gesellschaft in der Bundesrepublik Deutschland. Die Differenzierung der Bildungswege als Problem der westdeutschen Schulpolitik, in: ROBINSOHN u.a.: Schulreform im gesellschaftlichen Prozeß, Bd. I, Stuttgart 1970, S. 1-206
LANGE, H.: Kampfzeiten. Aufsätze und Reden aus vier Jahrzehnten. Bd. 1, Berlin 1928
LANGEWELLPOTT, CH.: Erziehungswissenschaft und pädagogische Praxis in der DDR. Zwei wissenschaftstheoretische Modelle 1945-1952, Düsseldorf 1973
LANGEWIESCHE, D./TENORTH, H.-E. (Hrsg.): Handbuch der deutschen Bildungsgeschichte. Bd. V (1918-1945), München 1989
LEMMERMANN, H.: Kriegserziehung im Kaiserreich. Studien zur politischen Funktion von Schule und Schulmusik 1890-1918. 2 Bde., Lilienthal 1984
LENHARDT, G./STOCK, M.: Bildung, Bürger, Arbeitskraft. Schulentwicklung und Sozialstruktur in der BRD und der DDR, Frankfurt a.M. 1997
LESCHINSKY, A.: Sekundarstufe I oder Volksschuloberstufe? Zur Diskussion um den Mittelbau des Schulwesens am Ende der Weimarer Zeit, in: Neue Sammlung 18 (1978), S. 404-430
Ders./ROEDER, P. M.: Schule im historischen Prozeß. Zum Wechselverhältnis von institutioneller Erziehung und gesellschaftlicher Entwicklung, Stuttgart 1976
Ders./ROEDER, P. M.: Didaktik und Unterricht in der Sekundarstufe I seit 1950. Entwicklungen und Rahmenbedingungen, in: Max-Planck-Institut für Bildungsforschung, Projektgruppe Bildungsbericht: Bildung in der Bundesrepublik Deutschland, Bd. 1, Reinbek 1980, S. 283-391
LEXIS, W. (Hrsg.): Die Reform des höheren Schulwesens in Preußen, Halle 1902
Ders. (Hrsg.): Das Unterrichtswesen im Deutschen Reich, Bd. III: Das Volksschulwesen und das Lehrerbildungswesen; Bd. IV, 3: Der mittlere und niedere Fachunterricht, Berlin 1904
LINGELBACH, K. C.: Erziehung und Erziehungstheorien im nationalsozialistischen Deutschland. Ursprünge und Wandlungen der 1933 bis 1945 in Deutschland vorherrschenden erziehungstheoretischen Strömungen, ihre politischen Funktionen und ihr Verhältnis zur außerschulischen Erziehungspraxis des „Dritten Reiches“, Frankfurt a.M. 1987[2]
LITT, TH.: Die bedeutung der pädagogischen theorie für die ausbildung des lehrers, in: pädagogik 1 (1946) H. 4, S. 22-32

LÖFFLER, E.: Das öffentliche Bildungswesen in Deutschland, Berlin 1931

LOHE, P. u.a.: Die Reform der gymnasialen Oberstufe und ihre Verwirklichung in den Ländern der Bundesrepublik Deutschland, in: Max-Planck-Institut für Bildungsforschung, Projektgruppe Bildungsbericht: Bildung in der Bundesrepublik Deutschland, Bd. 2, Reinbek 1980, S. 1177-1213

LÜTGE, F.: Deutsche Wirtschafts- und Sozialgeschichte, Berlin/Göttingen/Heidelberg 1960

LUNDGREEN, P.: Die Bildungschancen beim Übergang von der „Gesamtschule" zum Schulsystem der Klassengesellschaft im 19. Jahrhundert, in: Zeitschrift für Pädagogik 24 (1978), S. 101-113

Ders.: Sozialgeschichte der deutschen Schule im Überblick. Teil I: 1970-1918, Göttingen 1980, Teil II: 1918-1980, Göttingen 1981

MANEGOLD, K.-H.: Universität, Technische Hochschule und Industrie, Berlin 1970

MARX, K.: Die Frühschriften, hrsg. von S. LANDSHUT, Stuttgart 1964

MASKUS, R.: Der Realschullehrer und seine Organisation, in: WOLLENWEBER, H. (Hrsg.): Die Realschule, Bd. 1, Paderborn 1979, S. 319-336

MASON, T. W.: Sozialpolitik im Dritten Reich. Arbeiterklasse und Volksgemeinschaft, Opladen 1977

MATZAT, H.: Die Überfüllung der gelehrten Fächer und die Schulreformfrage, Berlin 1889

MEDICK, H.: Naturzustand und Naturgeschichte der bürgerlichen Gesellschaft, Göttingen 1973

MENZE, C.: Die Bildungsreform Wilhelm von Humboldts, Hannover 1975

MESSER, A.: Die Reformbewegung auf dem Gebiete des preußischen Gymnasialwesens von 1882 bis 1901, Leipzig/Berlin 1901

MEUMANN u.a.: Thesen zur Geschichte der zehnklassigen polytechnischen Oberschule in der Deutschen Demokratischen Republik, in: Pädagogik 44 (1989), S. 449-537

MEYER, A.: Schule und Kinderarbeit. Das Verhältnis von Schul- und Sozialpolitik zu Beginn des 19. Jahrhunderts, Diss. phil. Hamburg 1971

Ders.: Ludolph von Beckedorff (1778-1858), in: SCHEUERL, H. Hrsg.): Klassiker der Pädagogik. Bd. I, München 1979, S. 270-282

MEYER, F.: Schule der Untertanen. Lehrer und Politik in Preußen 1848-1900, Hamburg 1976

MICHAEL, B./SCHEPP, H.-H. (Hrsg.): Die Schule in Staat und Gesellschaft. Dokumente zur deutschen Schulgeschichte im 19. und 20. Jahrhundert, Göttingen/Zürich 1993

Dies. (Hrsg.): Politik und Schule von der Französischen Revolution bis zur Gegenwart. Eine Quellensammlung zum Verhältnis von Gesellschaft, Schule und und Staat im 19. und 20. Jahrhundert, 2 Bde., Frankfurt a.M. 1973/74

MILBERG, H.: Schulpolitik in der pluralistischen Gesellschaft. Die politischen und sozialen Aspekte der Schulreform in Hamburg 1890 bis 1935, Hamburg 1970

MITTER, W.: Allgemeinbildendes Schulwesen. Grundfragen und Überblick, in: ANWEILER, O. (Hrsg.) 1990, S. 171-200

MORSEY, R.: Personal- und Beamtenpolitik im Übergang von der Bizonen- zur Bundesverwaltung (1947-1950), in: Ders. (Hrsg.): Verwaltungsgeschichte, Berlin 1977, S. 191-238

MÜLLER, D. K.: Sozialstruktur und Schulsystem. Aspekte zum Strukturwandel des Schulwesens im 19. Jahrhundert, Göttingen 1977(a)
Ders.: Qualifikationskrise und Schulreform, in: Zeitschrift für Pädagogik, 14. Beiheft, Weinheim 1977(b), S. 13-35
Ders./ZYMEK, B.: Sozialgeschichte und Statistik des Schulsystems in den Staaten des Deutschen Reiches 1800-1945 (Datenhandbuch zur deutschen Bildungsgeschichte Bd. II/1, Göttingen 1987
MÜLLER, S. F.: Die höhere Schule Preußens in der Weimarer Republik, Weinheim 1977
MÜLLER-ROLLI, S.: Lehrer, in: LANGEWIESCHE, D./TENORTH, H.-E. (Hrsg.) 1989, S. 240-258
MUTHESIUS, K.: Die Berufslaufbahn des Volksschullehrers, in: PETERSEN, P. (Hrsg.): Der Aufstieg der Begabten, Leipzig 1916, S. 60-77
Nath, A.: Die Studienratskarriere im Dritten Reich. Systematische Entwicklung und politische Steuerung einer zyklischen „Überfüllungskrise" 1930 bis 1944, Frankfurt a.M. 1988
NAVE, D.-H.: Die allgemeine deutsche Grundschule. Ihre Entstehung aus der Novemberrevolution von 1918, Weinheim 1961
NIPPERDEY, TH.: Volksschule und Revolution im Vormärz, in: KLUXEN, K./ MOMMSEN, W. J. (Hrsg.): Politische Ideologien und nationalstaatliche Ordnung. Festschrift für Th. Schieder, München/Wien 1968, S. 117-142
Ders.: Deutsche Geschichte 1800-1866. Bürgerwelt und starker Staat, München 1987[4]
Ders.: Deutsche Geschichte 1866-1918. Erster Band: Arbeitswelt und Bürgergeist, München 1991[2]. Zweiter Band: Machtstaat vor der Demokratie, München 1992
NYSSEN, E.: Schule im Nationalsozialismus, Heidelberg 1979
NYSSEN, F.: Das Sozialisationskonzept der Stiehlschen Regulative und sein historischer Hintergrund. Zur historisch-materialistischen Analyse der Schulpolitik in den fünfziger und sechziger Jahren des 19. Jahrhunderts, in: HARTMANN, K. u.a. (Hrsg.): Schule und Staat im 18. und 19. Jahrhundert, Frankfurt a.M. 1974, S. 292-322
OELKERS, J.: Reformpädagogik. Eine kritische Dogmengeschichte, Weinheim/ München 1989
OTTWEILER, O.: Die Volksschule im Nationalsozialismus, Weinheim 1979
PAKSCHIES, G.: Umerziehung in der britischen Zone 1945-1949, Weinheim 1979
PANTER, U. (HRSG.): Staat und Jugend (Kleine Päd. Texte Bd. 32), Weinheim 1965
PAULSEN, F.: Die Geschichte des gelehrten Unterrichts auf den deutschen Schulen und Universitäten vom Ausgang des Mittelalters bis in die Gegenwart. 2. Bd., Berlin/Leipzig 1921[3]
Ders.: Das deutsche Bildungswesen in seiner geschichtlichen Entwicklung, Leipzig 1912[3]
PETRAT, G.: Die gezielte Öffnung der Hochschulreife für alle Volksschichten in der Weimarer Republik, in: HEINEMANN, M. (Hrsg.): Sozialisation und Bildungswesen in der Weimarer Republik, Stuttgart 1976, S. 75-91
Ders.: Schulunterricht. Seine Sozialgeschichte in Deutschland 1750-1850, München 1980
PICHT, G.: Die deutsche Bildungskatastrophe, Olten/Freiburg 1964

PIETZKER, F./TREUTLEIN, P.: Der Zudrang zu den gelehrten Berufsarten, seine Ursachen und etwaigen Heilmittel, Braunschweig 1889
POIGNANT, R.: Das Bildungswesen in den Ländern der EWG. Eine Studie zum Vergleich mit den Vereinigten Staaten, Großbritannien und der Sowjetunion, Frankfurt a.M. 1966
POSTE, B.: Schulreform in Sachsen 1918-1923. Eine vergessene Tradition deutscher Schulgeschichte (= Studien zur Bildungsreform Bd. 20), Frankfurt a.M. 1993
RANG, A.: Historische und gesellschaftliche Aspekte der Gesmtschule, in: Zeitschrift für Pädagogik 14 (1968), S. 1-20
RANG, B.: Pädagogische Geschichtsschreibung in der DDR. Entwicklungen und Entwicklungsbedingungen der pädagogischen Historiographie 1945-1965, Frankfurt a.M. 1982
REISIG, H.: Der politische Sinn der Arbeiterbildung, Berlin 1975
ROEDER, P. M.: Gemeindeschulen in Staatshand. Zur Schulpolitik des Preußischen Abgeordnetenhauses, in: Zeitschrift für Pädagogik 12 (1966), S. 539-569
RÖNNE, L. v.: Die Verfassung und Verwaltung des Preußischen Staates, 8. Teil: Das Unterrichtswesen des Preußischen Staates, Bd. 1-3, Berlin 1843-1855
ROESSLER, W.: Die Entstehung des modernen Erziehungswesens in Deutschland, Stuttgart 1961
ROLFF, H.-G. u.a. (Hrsg.): Jahrbuch der Schulentwicklung. Daten, Beispiele und Perspektiven. Bd. 1ff., Weinheim/Basel und Weinheim/München 1980ff.
Ders./SANDER, T./WINKLER, G.: Die demokratische Leistungsschule, Hannover 1967
ROSENBERG, A.: Geschichte der Weimarer Republik, Frankfurt a.M. 1977^{18}
ROSENBERG, H.: Die Pseudodemokratisierung der Rittergutsbesitzerklasse, in: Ders.: Probleme der deutschen Sozialgeschichte, Frankfurt a.M. 1969, S. 7-49
RUGE, R.: Ziele und Ergebnisse der Bildungspolitik. Ansätze zu einem System von Bildungsindikatoren, in: ZAPF, W. (Hrsg.): Lebensbedinungen in der Bundesrepublik Deutschland, Frankfurt a.M./New York 1978^{2}, S. 743-841
RUGE-SCHATZ, A.: Umerziehung und Schulpolitik in der französischen Besatzungszone 1945-1949, Frankfurt a.M. 1977
SAUER, M.: Volksschullehrerbildung in Preußen, Köln/Wien 1987
SAUL, K.: Der Kampf um die Jugend zwischen Volksschule und Kaserne. Ein Beitrag zur „Jugendpflege“ im wilhelminischen Reich 1890 bis 1914, in: Militärgeschichtliche Mitteilungen 1/1971, S. 97-143
SCHACHT, L.: Über die Gleichberechtigung der Realschule I. Ordnung mit dem Gymnasium, Berlin 1878
SCHÄFER, H.-P.: Verbindung von Allgemeinbildung und Berufsbildung, in: ANWEILER, O. (Hrsg.) 1990, S. 351-356
SCHARNHORST, E.: Die Geschlechterfrage in der Pädagogik der DDR. In: Jahrbuch für Pädagogik 1994, Geschlechterverhältnisse und die Pädagogik, Frankfurt a.M. 1994, S. 43-68
SCHELSKY, H.: Anpassung oder Widerstand? Soziologische Bedenken zur Schulreform, Heidelberg 1961
SCHIFFLER, H./WINKELER, R.: Bilderwelten der Erziehung. Die Schule im Bild des 19. Jahrhunderts, Weinheim/München 1991
SCHLANDER, O.: Reeducation. Ein politisch-pädagogisches Prinzip im Widerstreit der Gruppen, Bern/Frankfurt a.M. 1975

SCHMEDING, O.: Die Entwicklung des realistischen höheren Schulwesens in Preußen bis zum Jahre 1933 unter besonderer Berücksichtigung der Tätigkeit des Deutschen Realschulmännervereins, Köln 1956
SCHMIDT, E.: Die verhinderte Neuordnung 1945-1952. Zur Auseinandersetzung um die Demokratisierung der Wirtschaft in den westlichen Besatzungszonen und in der Bundesrepublik Deutschland, Frankfurt a.M. 1970
SCHOLTZ, H.: Nationalsozialistische Ausleseschulen. Internatsschulen als Herrschaftsmittel des Führerstaates, Göttingen 1973
Ders.: Politische und gesellschaftliche Funktionen der Lehrerbildungsanstalten 1941-1945, in: Zeitschrift für Pädagogik 29 (1983), S. 693-709
Ders.: Erziehung und Unterricht unterm Hakenkreuz, Göttingen 1985
SCHORB, A. O. (Hrsg.): Für und wider den Rahmenplan. Eine Dokumentation, Stuttgart 1960
SCHREIER, G.: Begabungsförderung in der DDR, in: ANWEILER, O. (Hrsg.) 1990, S. 551-560
SCHULZ, H.: Die Schulreform der Sozialdemokratie, Berlin 1919[2]
Schweim, L. (Hrsg.): Schulreform in Preußen 1809-1819. Entwürfe und Gutachten, Weinheim 1966
SONTHEIMER, K.: Antidemokratisches Denken in der Weimarer Republik. Die politischen Ideen des deutschen Nationalismus zwischen 1918 und 1933, München 1983[3]
SPIEKER, I.: Bürgerliche Mädchen im 19. Jahrhundert. Erziehung und Bildung in Göttingen 1806-1866, Göttingen 1990
SPRANGER, E.: Gedanken über Lehrerbildung, Leipzig 1920
STARITZ, D.: Zur Geschichte der DDR, in: WEIDENFELD/ZIMMERMANN (Hrsg.) 1989, S. 69-85
Stenographische Berichte über die Verhandlungen der durch das allerhöchste Patent vom . . . einberufenen Kammern. Haus der Abgeordneten (im Text jeweils angegebene Jahre).
STIPPEL, F.: Die Zerstörung der Person. Kritische Studien zur nationalsozialistischen Pädagogik, Donauwörth 1957
STOLZE, T./REMUS, K.: Die Mittelschule. Die 'Bestimmungen' vom 1. Juni 1925 und einschlägige Erlasse (Stand vom 1. Juni 1931), Berlin 1931[3]
STRATMANN, K.: Die Krise der Berufserziehung im 18. Jahrhundert als Ursprungsfeld pädagogischen Denkens, Ratingen 1967
Ders.: „Zeit der Gärung und Zersetzung". Arbeiterjugend im Kaiserreich zwischen Schule und Beruf, Weinheim 1992
SÜVERN, W.: Johann Wilhelm Süvern. Preußens Schulreformer nach dem Tilsiter Frieden, Berlin/Leipzig 1929
TEICHLER, U./HARTUNG, D./NUTHMANN, R.: Hochschulexpansion und Bedarf der Gesellschaft, Stuttgart 1976
TENORTH, H. E.: Hochschulzugang und gymnasiale Oberstufe in der Bildungspolitik von 1945 bis 1973, Bad Heilbrunn 1975
Ders.: Zur deutschen Bildungsgeschichte 1918-1945, Köln/Wien 1985
Ders.: Lehrerberuf und Lehrerbildung, in: JEISMANN, K.-E./LUNDGREEN, P. (Hrsg.): Handbuch der deutschen Bildungsgeschichte. Bd. III (1800-1870), München 1987, S. 250-270
Ders./KUDELLA, S./PAETZ, A.: Politisierung im Schulalltag der DDR. Durchsetzung und Scheitern einer Erziehungsambition (= Bibliothek für Bildungsforschung Bd. 2), Weinheim 1996

Tessaring, M.: Zum Verbleib der Hochschulabsolventen seit 1971, in: Mitteilungen aus der Arbeitsmarkt- und Berufsforschung 11 (1978), S. 171-177
Tews, J.: Ein Volk – eine Schule. Darstellung und Begründung der deutschen Einheitsschule, Osterwieck 1919
Thiele, G.: Die Organisation des Volksschul- und Seminarwesens in Preußen 1809-1819, Leipzig 1912
Titze, H.: Die Politisierung der Erziehung, Frankfurt a.M. 1973
Ders.: Die soziale und geistige Umbildung des preußischen Oberlehrerstandes von 1870 bis 1914, in: Zeitschrift für Pädagogik, 14. Beiheft, Weinheim 1977, S. 107-128
Ders. unter Mitarbeit v. Herrlitz, H.-G./Müller-Benedict, V./ Nath, A.: Das Hochschulstudium in Preußen und Deutschland 1820-1944 (Datenhandbuch zur deutschen Bildungsgeschichte Bd. I/1), Göttingen 1987
Ders.: Politsche Abkühlung als Massenphänomen. Zur historischen Aneignung eines aktuellen Forschungsberichtes, in: Die Deutsche Schule 80 (1988), S. 436-441
Ders.: Der Akademikerzyklus. Historische Untersuchungen über die Wiederkehr von Überfüllung und Mangel in akademischen Karrieren, Göttingen 1990
Ders.: Lehrerbildung und Professionalisierung, in: Berg, Ch. (Hrsg.): Handbuch der deutschen Bildungsgeschichte. Bd. IV (1870-1918), München 1991, S. 345-370
Ders. unter Mitarbeit von Herrlitz, H.-G./Müller-Benedict, V./Nath, A.: Wachstum und Differenzierung der deutschen Universitäten 1830-1945 (Datenhandbuch zur deutschen Bildungsgeschichte Bd. I/2), Göttingen 1995
Trommer-Krug, L./Krappmann, L.: Soziale Herkunft und Schulbesuch, in: Max-Planck-Institut für Bildungsforschung, Projektgruppe Bildungsbericht (Hrsg.): Bildung in der Bundesrepublik Deutschland. Bd. 1, Reinbek 1980, S. 217-281
Ulshöfer, R. (Hrsg.): Die Geschichte des Gymnasiums seit 1945. Dokumente und Kommentare, Heidelberg 1967
Verhandlungen über Fragen des höheren Unterrichts, Berlin 4. bis 17. Dezember 1890. Im Auftrage des Ministers der geistlichen, Unterrichts- und Medizinal-Angelegenheiten, Berlin 1891
Verhandlungen über Fragen des höheren Unterrichts, Berlin 6. bis 8. Juni 1900. Nebst einem Anhange von Gutachten hrsg. im Auftrage des Ministers der geistlichen, Unterrichts- und Medizinal-Angelegenheiten, Halle 1901
Vierhaus, R.: Geschichtsbewußtsein in Deutschland, in: Weidenfeld/ Zimmermann (Hrsg.) 1989, S. 86-96
Wagner-Winterhager, L.: Schule und Eltern in der Weimarer Republik, Weinheim 1979
Waterkamp, D.: Das Einheitsprinzip im Bildungswesen der DDR. Eine historisch-systemtheoretische Untersuchung (= Bildung und Erziehung, 3. Beiheft), Köln/Wien 1985
Ders.: Handbuch zum Bildungswesen der DDR, Berlin 1987
Ders.: Lehrplanarbeit in der DDR, in: Bildung und Erziehung 42 (1989), S. 21-37
Ders.: Erziehung in der Schule, in: Anweiler, O. (Hrsg.) 1990(a), S. 261-277
Ders.: Schule in der DDR – eine Bilanz, in: Rolff, H. G. u.a. (Hrsg.): Jahrbuch der Schulentwicklung. Bd. 6, Weinheim/München 1990(b), S. 105-122
Weber, M.: Wirtschaft und Gesellschaft, Köln/Berlin 1964

WEHLER, H.-U.: Das Deutsche Kaiserreich 1871-1918, Göttingen 1973
Ders.: Deutsche Gesellschaftsgeschichte. Bd. 1-3, München 1987/1995
Ders.: Bibliographie zur neueren deutschen Sozialgeschichte, München 1993
WEIDENFELD, W./ZIMMERMANN, H. (Hrsg.): Deutschland-Handbuch. Eine doppelte Bilanz 1949-1989 (Schriftenreihe der Bundeszentrale für Politische Bildung), Bonn 1989
WEIMER, H./JACOBI, J.: Geschichte der Pädagogik, Berlin/New York 1992[19]
WEISHAUPT, H./ZEDLER, P.: Aspekte der aktuellen Schulentwicklung in den neuen Ländern, in: ROLFF, H.-G. u.a. (Hrsg.): Jahrbuch der Schulentwicklung. Daten, Beispiele und Perspektiven, Bd. 8, Weinheim/München 1994, S. 395-429
WENNING, N.: Das Gesetz gegen die Überfüllung deutscher Schulen und Hochschulen vom 25. April 1933 – ein erfolgreicher Versuch der Bildungsbegrenzung?, in: Die Deutsche Schule 78 (1986), S. 141-160
WESTPHALEN, R. Graf von: Akademisches Privileg und demokratischer Staat, Stuttgart 1979
WIESE, L.: Lebenserinnerungen und Amtserfahrungen. 2 Bde., Berlin 1886
WIESE, L./KÜBLER, O.: Verordnungen und Gesetze für die höheren Schulen in Preußen, Berlin 1886
WINKLER, H. A. (Hrsg.): Organisierter Kapitalismus, Göttingen 1974
WITTWER, W. W.: Die Schulpolitik der deutschen Sozialdemokratie 1869-1933. Ein Beitrag zur politischen Schulgeschichte, Berlin 1980
ZÄNKER, O.: Akademikertum in der Krisis, Wolfratshausen 1933
ZEDLER, P.: Stagnation und Bedeutungswandel. Zu Stand, Entwicklung und Folgen ausbleibender Strukturreformen im Bildungswesen, in: Zeitschrift für Pädagogik 31 (1985), S. 501-524
Zeitschrift für weibliche Bildung in Schule und Haus. Zentralorgan für das deutsche Mädchenschulwesen, Jg. 1-29, Leipzig 1873-1901
ZINNECKER, J.: Sozialgeschichte der Mädchenbildung. Zur Kritik der Schulerziehung von Mädchen im bürgerlichen Patriarchismus, Weinheim/Basel 1973
ZYMEK, B.: Der Strukturwandel des höheren Mädchenschulsystems in Preußen 1908-1941, in: Zeitschrift für Pädagogik 34 (1988), S. 191-203
Ders.: Schulen, in: LANGEWIESCHE, D./TENORTH, H.-E. 1989, S. 155-208
Ders.: Die Schulentwicklung in der DDR im Kontext einer Sozialgeschichte des deutschen Schulsystems. Historisch-vergleichende Analyse lokaler Schulangebotsstrukturen in Mecklenburg und Westfalen, 1900 bis 1990, in: HÄDER/TENORTH 1997, S. 25-53